中国社会科学院近代史研究所民国史研究室
复旦大学历史学系　主办

中华民国史青年论坛

第 2 辑

YOUNG SCHOLARS' FORUM ON THE HISTORY
OF REPUBLICAN CHINA, VOLUME 2

李在全　马建标　主编

社会科学文献出版社
SOCIAL SCIENCES ACADEMIC PRESS (CHINA)

目　录

CONTENTS

民初历史

民初唐绍仪内阁与袁世凯关系新论[*]

罗　毅

内容提要　南北议和后，唐绍仪内阁在南北合作的基础之上组建起来，唐氏本人也把调和南北作为自己的基本政策，在政治上表现出某种超然性。北洋派却视其政策有违本派利益，群起而攻之。参议院中的原立宪派势力亦因敌视同盟会而攻唐，致使唐内阁发生动摇。袁世凯从统治的全局出发，采取了维护唐内阁的态度，居间斡旋，也显示出一定的超然性。然而，在王芝祥督直问题上，唐绍仪的调和政策与袁世凯的统一政策发生了矛盾，并最终导致袁、唐关系决裂。由于调和南北政策破产，唐绍仪终于弃职而去，唐内阁亦随之瓦解。唐内阁的解体，意味着统一政策压倒了调和政策，预示了西方式民主政治失败和大一统集权政治的复活。

关键词　唐绍仪内阁　袁世凯　南北统一　南北议和

唐绍仪内阁是南北统一后民国首届内阁，学界历来关注较多。但既有的研究多受革命话语的影响，表现出明显的"崇唐抑袁"倾向，异口同声地谴责袁世凯为实行独裁，肆意破坏《临时约法》和责任内阁制，处心积虑要搞垮唐内阁；对唐绍仪则大加称颂，把他说成是资产阶级民主革命果实的捍卫者，为了维护约法上的副署权，不惜同袁世凯决裂，脱离北

---

* 本文为陕西省教育厅科研计划项目"民国政坛上的'外交系'研究"（项目编号：15JK1718）的阶段性成果。

洋集团。[①] 这种说法流传虽广，却忽视了不少重要的历史面相，尚有进一步探讨的必要。本文通过对若干基本史实的考察和梳理，认为袁世凯逼垮唐内阁之说不能成立；相反，在唐内阁受到多方冲击而动摇时，袁还曾设法予以维护。最后导致袁、唐关系破裂和唐内阁倒台的，亦非守法与违法、革命与反革命之争，而是调和南北与统一中国两种政策之间的冲突。

一　唐绍仪组阁的政策取向

还在南北议和期间，双方的代表就讨论过清帝退位以后，未来新政府的组成人选。1912年1月15日，北方代表唐绍仪、杨士琦与南方代表王宠惠、汪精卫等人在上海唐绍仪寓所开会，拟由袁世凯出任南北统一后民国的大统领，孙中山副之，唐绍仪任内阁总理大臣，黎元洪、陈锦涛、张謇、汤寿潜分别担任海军、度支、农商、邮传各部大臣。[②] 由于未来官制尚不确定，对中央政府各部长官，仍以“大臣”相称。该方案囊括了当时中国政治舞台上的三大势力——北洋派、革命派和立宪派。这个名单清楚地显示，南北议和中的北方首席代表唐绍仪将成为民国的第一任总理。

唐绍仪膺选民国首任总理绝非偶然。他在辛亥南北议和中担任北方的

---

① 民国时期历史学家李剑农所著《中国近百年政治史》一书即执此说，书中写道：“唐的头脑比较清新，不若其他的北洋官僚，只知有私党，不知有公责；虽然与袁关系很深，要他作袁个人的走狗，袁就认错了他了。他虽然也不是同盟会的元老党员，但他既居在内阁总理负责任的地位，要他放弃责任以内的权力，也是决不肯的。”见李剑农《中国近百年政治史》，商务印书馆，2011，第352页。李剑农的看法多采自谷钟秀撰写的《中华民国开国史》，因而具有浓厚的革命史叙事色彩。百年来的海内外研究，受此影响甚深，对唐绍仪内阁的叙述均不脱此窠臼。相关论文见苏苑《论唐绍仪在创建民国中的作用》，《暨南学报》1992年第1期；姚琦《唐绍仪内阁述评》，《贵州大学学报》1995年第1期；李吉奎《论民元唐绍仪内阁》，《学术研究》2013年第2期；张玉法《民国初年的内阁》，张玉法主编《中国现代史论集第四辑·民初政局》，台北，联经出版事业公司，1980，第131~168页；等等。相关论著见朱宗震《民国初年政坛风云》，河南人民出版社，1990；张焕宗《唐绍仪与清末民国政府》，河北人民出版社，1998；杨凡逸《折冲内外：唐绍仪与近代中国的政治外交：1882~1938》，东方出版社，2016；等等。

② 《新政府组织案纪闻》，《申报》1912年1月26日，第3版。

首席谈判代表，表现出同情革命的态度，竭力推动共和在北方的实现。[①]
对于结束两千余年的君主制度，缔造南北统一的民国，唐的功绩是有目共
睹的。中国能够以和平方式完成辛亥革命，舆论普遍目为奇迹，认为
"此唐虞以来生民未有之光荣"，[②] "曾不数月，竟举数千年之君主国体一
变而为民主国体"。[③] 唐也因此而声望大增，跻身民国开国功臣之列。一
方面，唐绍仪通过自己的行动把共和制度推向北方，帮助革命势力达到了
政治目的；另一方面，此举也为袁世凯取得总统大位，登上民国的权力巅
峰铺就了道路。这使他获得了南北两方面的信任，从而成为组阁的不二
人选。

从某种意义上讲，唐绍仪最大的政治资本，得自调和南北政策的成
功，正是这项成就使他当上了总理。袁世凯的属下唐在礼回忆，唐绍仪在
担任总理之后，"对南方表现了继续接近"。[④] 这并不能视为唐完全站到南
方一边，而是说明他继续把调和南北作为自己的一项基本政策。同时，南
北议和的成功也使得唐绍仪相信南北是可以合作"建国"的。蔡元培后
来对人说，唐绍仪在南京时非常乐观，"大言炎炎，不可一世，觉天下事
皆可任宜玩弄"。[⑤] 清帝下诏逊位后，孙中山按照约定，向南京临时参议
院辞去临时大总统职务，并推荐袁世凯接任，又提出临时政府地点设于南
京、新总统到南京就任后现任总统始行解职、新总统必须遵守《临时约
法》三项条件。[⑥] 随后，南方派出蔡元培等人组成专使团北上，迎袁南下
就职。唐绍仪与专使团同行，2 月 26 日抵达北京，"当夜即入袁总统府
中，与袁密商一切"。[⑦] 此时南北双方正就国都地点展开争执。北方主张
统一临时政府设在北京，袁世凯在复孙中山的电报中称："舍北而南，则

---

① 关于唐绍仪在南北议和中的表现，参见丁贤俊、陈铮《唐绍仪与辛亥南北议和》，《历史研究》1990 年第 3 期。

② 《勖哉新共和之国民》，《申报》1912 年 2 月 21 日，第 1 版。

③ 《释民主民之地位》，《申报》1912 年 2 月 25 日，第 1 版。

④ 唐在礼：《辛亥以后的袁世凯》，杜春和、林斌生、丘权政编《北洋军阀史料选辑》上册，中国社会科学出版社，1981，第 84 页。

⑤ 《总理出亡后之政海潮》，《申报》1912 年 6 月 25 日，第 2 版。

⑥ 陈锡祺主编《孙中山年谱长编》上册，中华书局，1991，第 656 页。

⑦ 《纪南京代表行抵北京之盛况》，《申报》1912 年 2 月 28 日，第 2 版。

实有无穷窒碍。北方军民意见尚多纷歧，隐患实繁，皇族受外人愚弄，根株潜长，北京外交团向以凯离此为虑，屡经言及，奉、江两省时有动摇，外蒙各盟迭来警告，内讧外患，递引互牵。"① 南方则针锋相对，力主都城设在南京。黄兴表示，"袁公虽与清廷脱离关系，尚与清帝共处一城。民国政府移就北京，有民军投降之嫌，军队必大鼓噪"。② 这反映出南北虽在形式上已告统一，但彼此缺乏信任，猜忌甚深，正如当时报上所言，"北则务欲保其固有之雄威，南则不忍坐失已成之大局"。③ 唐绍仪在同袁世凯会谈时，"颇有允认北京建都之意"，但请袁 "先赴南京，后再颁行北京建都布告"。④ 汤觉顿在向梁启超报告京津政情的信中，也透露说 "唐极主袁南行"。⑤ 袁世凯向唐绍仪和迎袁专使团表示，愿赴南京就任。⑥ 不难看出，唐绍仪在定都和袁就职地点问题上，周旋于南北之间。《顺天时报》曾发表一篇评论，称唐绍仪 "随同江宁专使相携来燕，即劝总统南行，则唐代表之还京，恰似代表南省奉江宁欢迎之专使也"，"呜呼！唐代表往时代表北省，来时代表南省，一人之身，贤劳如此，然其使命何在？古今行人未尝有如此之变幻不测者也"。⑦ 这些文字对唐虽不无揶揄之意，却形象地表明，此时的唐正积极扮演着南北间政治掮客的角色。

由于北京兵变的发生，袁世凯南下就职计划中辍。⑧ 经南北协商，南方同意袁世凯在北京就职，但国务总理及各国务员须在南京接收政府交代事宜。⑨ 3 月 8 日，袁世凯致电孙中山，正式提名唐绍仪为内阁总理。电文称："国基初定，万国具瞻，必须华洋信服、阅历中外者，始足膺斯艰

---

① 《袁世凯覆孙总统电》，《申报》1912 年 2 月 21 日，第 3 版。

② 《复庄蕴宽李书城书》（1912 年 2 月 24 日），湖南省社会科学院编《黄兴集》，中华书局，2011，第 130 页。

③ 《去争篇（续）》，《申报》1912 年 2 月 26 日，第 1 版。

④ 《袁总统与唐使之会谈》，《顺天时报》1912 年 2 月 28 日，第 7 版。

⑤ 丁文江、赵丰田编《梁启超年谱长编》，上海人民出版社，1983，第 624 页。

⑥ 《再纪代表抵京后情形》，《申报》1912 年 2 月 29 日，第 2 版。

⑦ 《唐专使之为南北省代表》，《顺天时报》1912 年 3 月 1 日，第 2 版。

⑧ 有关此事详情，参见尚小明《论袁世凯策划民元 "北京兵变" 说之不能成立》，《史学集刊》2013 年第 1 期。

⑨ 《致黎元洪及各省都督电》（1912 年 3 月 8 日），中国社会科学院近代史研究所中华民国史研究室等编《孙中山全集》第 2 卷，中华书局，1982，第 197～198 页。

巨，唐君此其选也。"① 次日，孙中山电复袁世凯，对唐绍仪任国务总理表示"极赞成"，并代咨送参议院。② 3月11日，南京临时参议院开会投票表决，以17票对4票的多数通过。③ 袁世凯随即发布命令，任命唐绍仪为国务总理。④

在组阁过程中，最具实权的陆军总长一职成为南北争夺的焦点。袁世凯提名段祺瑞为陆军总长，遭到南京临时参议院反对，"拟俟袁总统改用黄兴为陆军总长，然后承认云"。此举得到了南方军界的大力支持，粤籍军人刘毅、朱先悖联合各军致书参议院，不承认段祺瑞为陆军总长，要求改任黄兴。⑤ 唐绍仪在此问题上是赞同南方主张的。孙中山在写给章太炎的一封信中披露："清帝未宣布退位之前，季新、少川曾私约克仍掌陆军或参谋。"⑥ 季新、少川和克〈强〉分别是汪精卫、唐绍仪、黄兴的字。这表明，唐绍仪在南北议和期间就已考虑由黄兴出任未来的陆军总长。不过，唐的这种态度并不能简单地解释为他站在南方一边，反对北方。就当时南北两方军事实力对比而言，无疑是北强于南。⑦ 因此，由南方革命派人士掌管南北统一后中央政府的陆军部，是平衡南北的一种手段。由于北方军界和社会各界强烈反对，唐绍仪后来放弃了这个想法，同意由段祺瑞出任陆军总长，但作为交换，他又支持南京临时参议院的提议，以南方阵营人物担任北方三省都督，即"以柏文蔚为山东都督，王芝祥为直隶都督，某某为河南都督，力求照此发表"。⑧

经南北双方商议，敲定阁员名单如下：外交总长陆徵祥、内务总长赵

---

① 《咨参议院请议决袁世凯拟派唐绍仪为国务总理文》（1912年3月9日），《孙中山全集》第2卷，第198页。

② 《复袁世凯电》（1912年3月9日），《孙中山全集》第2卷，第201页。

③ 李强选编《北洋时期国会会议记录汇编》第5册，国家图书馆出版社，2011，第129～130页。

④ 《新总统之新令》，《申报》1912年3月16日，第2版。

⑤ 《新内阁人员之纷议》，《申报》1912年3月17日，第2版。

⑥ 《复章太炎函》（1912年2月22日），《孙中山全集》第2卷，第121页。

⑦ 据熊希龄武昌起义后的观察，南方军队"兵非久练，其力仍不及北方"。见《有虑时局致赵凤昌函》（1911年11月11日），周秋光编《熊希龄集》第2册，湖南人民出版社，2008，第404页。

⑧ 《袁总统以去就争自举都督》，《申报》1912年4月13日，第2版。

秉钧、财政总长熊希龄、陆军总长段祺瑞、海军总长刘冠雄、教育总长蔡元培、司法总长王宠惠、工商总长陈其美、农林总长宋教仁、交通总长梁如浩。① 该名单由唐绍仪携往南京，交临时参议院审批。3 月 29 日，经议员们投票表决，除梁如浩外，其余均获通过。议员中有人建议由唐绍仪本人暂兼交通总长。② 次日，袁世凯即据此发布大总统令，予以正式任命。③ 就在同一天，唐绍仪在南京临时政府为其举行的宴会上，由孙中山主盟，黄兴、蔡元培做介绍人，起立宣誓加入同盟会。唐入同盟会，是孙、袁之间早已商量好的。④ 由于袁世凯和唐绍仪均属北洋派，此举显然是为了在总统、总理两巨头间制造某种南北平衡。而唐于内阁成立后才履行入会手续，这旨在表明唐并非以同盟会成员的身份组阁。显而易见，唐内阁是一个南北各派与各界人士的混合内阁。唐绍仪出身北洋派而加入同盟会，象征着他调和南北的政治方针。当时的舆论将此称为"含宏主义"，即"融各党于一炉而冶之"。⑤ 从这个意义上讲，唐的政治立场有一定的超然性。

唐绍仪为了平息南方对让出陆军总长一职的不满，还同意阁员及参议员北上时"随带军队一万人，以为护卫"。此举引起北方军人的集体抗议，冯国璋、段祺瑞、姜桂题等数十位北军将领联名通电，称"国务员北来，北方军界力任保护之责，若必携带重兵，则是有心猜忌，北方军人万难忍受"。⑥ 在此之前，北京兵变发生时，南京临时政府就曾准备派兵北上。孙中山为此解释道："今日之事，当以平乱为第一义。"⑦ 黄兴致电袁世凯，提议南军北调："移南方业已编成之军填扎北省。在南方可节饷需，在北方得资保卫。"⑧ 对此，北京各团体公开通电反对："勿劳大军北

---

① 《专电》，《申报》1912 年 3 月 31 日，第 1 版。
② 《记参议院表决国务员》，《申报》1912 年 4 月 1 日，第 2 版。
③ 《大总统命令》，《申报》1912 年 4 月 1 日，第 1 版。唐绍仪在兼任交通总长后不久，由其侄女婿、曾在京汉和京奉铁路局任职的职业外交官施肇基出任交通总长。见《施肇基早年回忆录》，中华书局，2016，第 58 页。
④ 高平叔：《蔡元培年谱长编》上册，人民教育出版社，1996，第 431、458 页。
⑤ 《新内阁之内幕》，《申报》1912 年 4 月 12 日，第 2 版。
⑥ 《北方各界力阻南军》，《申报》1912 年 4 月 13 日，第 2 版。
⑦ 陈锡祺主编《孙中山年谱长编》上册，第 671 页。
⑧ 《致袁世凯等电》（1912 年 3 月 11 日），《黄兴集》，第 140 页。

来，恐秩序甫定之时，人心复生惊疑。"① 不难看出，南方一再借"平乱""保卫"等名目，企图将革命派势力伸展到北方。南京临时政府陆军次长蒋作宾透露，同盟会领导人曾商定，"南京、武汉、北京三点，须由吾党确实占据，民国始有保障"。② 唐绍仪支持阁员带兵北上，是为了推行融合南北的政策，与革命派单纯想扩张武力于北方有所不同。然而，唐绍仪此一做法极易被北洋派视为助南祸北之举，其调和南北的隐衷得不到谅解。唐内阁成立后迟迟不能北上，稽延达半个月之久，此事亦系一因。袁世凯对此极为焦虑，在京集议办法，表示"国家危急已至如此，而国务诸公尚多猜疑，必欲拥兵北上，外则贻笑友邦，内则徒生意见"，并发电催促阁员尽快动身，其他方面电报也有数百通。③ 在袁世凯和北方各界一再电催之下，唐绍仪及各国务员只得表示，"准期二十一日可以抵京，并不带兵随护"。④

二　袁世凯对唐内阁的维护

1912 年 4 月 19 日，唐绍仪抵达天津，次日到京，随行的只有教育总长蔡元培和农林总长宋教仁及部员数十人。⑤ 此时，外交总长陆徵祥尚在驻俄公使任上，其职务由胡惟德暂署。⑥ 加上此前就一直在京的内务总长赵秉钧和陆军总长段祺瑞，共有 6 位阁员在京。唐内阁遂于 4 月 21 日上午 10 时在总统府召开第一次内阁会议，所议重要事项为：宣布国务院成立命令，各部组织办法，任用各部司官办法。⑦ 自此，唐内阁正式投入运作。阁员定于每周二、四、六在国务院开会，每周一、三、五在总统府开

---

① 《北京各团体电阻南军北上》，《申报》1912 年 3 月 14 日，第 2 版。
② 《蒋作宾回忆录》，台北，传记文学出版社，1985，第 34 页。
③ 《盼望国务员到京之迫切》，《申报》1912 年 4 月 16 日，第 3 版。
④ 《专电》，《申报》1912 年 4 月 16 日，第 1 版。
⑤ 许恪儒整理《许宝蘅日记》第 2 册，中华书局，2010，第 405 页。
⑥ 《大总统命令》，《申报》1912 年 4 月 1 日，第 1 版。
⑦ 《国务院成立之手续》，《申报》1912 年 4 月 27 日，第 2 版。

会，每日下午则各治本部事务。①

唐内阁移京办事后，总理唐绍仪首先遭到来自同派——北洋派的攻击和排挤。由于唐绍仪此前加入了同盟会，并赞同阁员带兵北上，京城"最有权力之某员"指责唐"专事献媚同盟会，行动离奇"，还在军界统一会等军人团体中煽动反唐情绪。② 同时，唐绍仪支持南方阵营人士担任直隶、河南、山东三省都督，引起该三省现任都督的不满。他们发电弹劾唐绍仪，称其"依势附利，借同盟会为奥援，植党营私，扼交通部为利薮，不顾大局，但徇私情，遇事依违，因循误国"。③ 受此影响，竟有传闻唐氏总理之位将不保，继任者为孙宝琦或梁士诒。④ 这类传言并不表示唐真的要倒台，而是说明唐已失去北方军界的信任，其地位开始动摇。

接下来，更严重的冲突发生在唐绍仪和内务总长赵秉钧之间。民国成立后，北京政府改变治边政策，以"五族共和"和"内政统一"为名，试图消除内地和边疆在政治上的差异，加强对边疆地区的控制和管理，即"视蒙藏回疆与内地各省平等，将来各该地方一切政治俱属内务行政范围"，为此，裁撤理藩部，其事务划归内务部管辖。⑤ 赵秉钧调用旧理藩部司员数十人到内务部新设的蒙藏事务处任职，而唐绍仪却想多用南方人员，少用旧人。赵秉钧因久掌民政，内务部熟人颇多，感到左右为难。内务部旧司员闻此消息，全体辞职，以保全面子，导致内务部工作陷入瘫痪。⑥ 唐绍仪在这个问题上，并非有意偏袒南方，而是秉持其一贯的融合南北政策行事。赵秉钧面对如此情形，遂向袁世凯提出辞职，受到袁的慰留。⑦

在 5 月 1 日举行的内阁会议上，袁世凯发言称："我国共和创造伊始，

---

① 《专电》，《申报》1912 年 4 月 30 日，第 2 版。
② 《京华短柬》，《申报》1912 年 4 月 20 日，第 3 版。
③ 《专电》，《申报》1912 年 4 月 22 日，第 1、2 版。
④ 《唐总理与各公使会晤情形》，《申报》1912 年 4 月 25 日，第 2 版。
⑤ 《大总统命令》，《申报》1912 年 4 月 24 日，第 1 版。
⑥ 《新旧京官现形记》，《申报》1912 年 4 月 30 日，第 3 版。
⑦ 《内务总长辞职不成》，《申报》1912 年 5 月 1 日，第 2 版。

止同心协力、匡救时艰之日，岂可互生意见，致妨政治统一。"① 这话显然是针对唐、赵关系而发，意在调停。但袁的调停未能奏效，没过多久，赵秉钧又亲至总统府见袁，再次提出辞职，声称自己"于新政知识毫无所得，万勿以秉钧一人，遗误民国要政，情愿放归田里，作一民国公民"，袁仍极力慰留。② 唐、赵冲突绝非孤立事件，它实际上是唐绍仪与整个北洋派关系的缩影。赵秉钧的态度集中反映了北洋派对唐绍仪将南方势力引入北方的不满情绪。在唐、赵冲突中，袁世凯并非像过去的研究所认为的那样，支持赵秉钧同唐绍仪对抗，拆总理的台，③ 而是表现出一定的超然态度，对二人关系进行调解。袁之所以采取这种立场，是因为对身为大总统的袁来说，维持内阁的团结，符合他的利益。袁曾对人说："总理易人，则国务院必须全体解散，方兹大局危迫，更张殊觉不妥，且将来新人物欲一一得参议院之同意，于情势亦多窒碍。"④ 民国成立伊始，内外形势极为严峻：对内要遣散辛亥革命中产生的大量军队，消除地方上的军人跋扈现象，树立中央政府的统治权威；对外要同英、俄两国进行交涉，设法解决西藏、外蒙古分离主义运动带来的严重边患。如果新内阁因阁员之间不能合作而走向解体，导致政府无法正常施政，就会影响内政外交的大局，从而连带影响总统的政治地位。

唐绍仪在失去同派的信任和支持后，又受到来自异党的猛烈攻击。中国的财政，自清末以来，就靠借外债以维持。经过辛亥年的战乱，军费激增，"光复未及百日，而军队满地，兵饷丘山"，⑤ 中央财政更是雪上加霜。据唐绍仪在南京临时参议院发表政见时所称，"今年岁出岁入比较，计短八千余万"。⑥ 面对此种困难情形，除了举借外债，别无救急之策。

---

① 《总统之调停忙》，《申报》1912 年 5 月 4 日，第 3 版。

② 《内务总长又请辞职》，《申报》1912 年 5 月 16 日，第 3 版。

③ 如有学者认为"袁氏怂恿、支持赵秉钧、段祺瑞、熊希龄等人不配合唐绍仪的工作，架空内阁总理，且不断地对唐进行'捶打'，直至逼唐出走"。见李吉奎《论民元唐绍仪内阁》，《学术研究》2013 年第 2 期。

④ 《京华零拾》，《申报》1912 年 5 月 25 日，第 3 版。

⑤ 《敬告今之就地练兵者》，《申报》1912 年 1 月 22 日，第 2 版。

⑥ 《记参议院表决国务员》，《申报》1912 年 4 月 1 日，第 2 版。

由于与银行团的谈判进展缓慢，唐绍仪不待新内阁成立，便于 3 月 16 日同华比银行单独签订借款 100 万英镑合同，以应急需。此举招致银行团的抗议，因前清度支部的主管官员早已承诺，在未来大宗政治借款上将优先考虑银行团。① 5 月初，六国公使提出借款条件：除退还续借比款外，还须监督借款用途。② 据说，此项要求肇因于唐绍仪此前赴南方"共用银五百万，并无簿记可凭"，失去外交信用，故银行团"以中国财政前途如此危险，坚持非监督财政，决不滥予巨款"。③ 唐绍仪拒绝了监督借款用途的要求，并表示，如果借款不成，将向国内绅富劝募公债。④ 借款谈判陷入僵局。5 月 5 日，唐主持召开内阁会议，"拟办公债，暂时发行不换纸币，以济眉急"。⑤ 随后，唐通告银行团，借款交涉一事由新到京的财政总长熊希龄接办。⑥

唐绍仪同银行团之间的冲突，给参议院攻击政府提供了一个绝好的机会。一些参议员以"借款滥用"为由，对唐绍仪进行声讨。⑦ 5 月 6 日，袁世凯在同新当选的参议院正、副议长吴景濂和汤化龙谈话时说："唐总理拟行勒捐及不换纸币，仆不谓然，苟行其说，全国骚然，危亡立见。"接着又委婉地为唐绍仪辩护道，"其实唐总理人极明达，前言亦一时愤激之谈，未必有实行之意"。对此，吴、汤二人表示，"唐总理于外交界夙有声誉，此次似于外交上颇露失败之象，至于勒捐及发行不换纸币，极其弊害，诚如大总统之论"。⑧ 可见，袁世凯在设法缓和参议院对唐绍仪的不满情绪。

熊希龄在接手大借款谈判后，形势有所改善，银行团方面的条件也有所松动。根据熊的建议，银行团同意不再派员监督财政，改设借款管理

---

① 《颜惠庆自传：一位民国元老的历史记忆》，吴建雍、李宝臣、叶凤美译，商务印书馆，2002，第 105 页。

② 《大借款要求纪详》，《申报》1912 年 5 月 3 日，第 2 版。

③ 《五日前之借款消息》，《申报》1912 年 5 月 10 日，第 2 版。

④ 《专电》，《申报》1912 年 5 月 5 日，第 1 版。

⑤ 《专电》，《申报》1912 年 5 月 6 日，第 1 版。

⑥ 《大借款最近之消息》，《申报》1912 年 5 月 8 日，第 2 版。

⑦ 《专电》，《申报》1912 年 5 月 12 日，第 1 版。

⑧ 《参议院正副议长访谒大总统情形》，《申报》1912 年 5 月 14 日，第 2 版。

员，"中外各派一员，会同监理用途"。① 5 月 15 日，议妥第一批借款 1000 万英镑，后批借款约 4000 万英镑，允即交银 300 万两，"监理借款 用途一节，依照前议，由华洋人员合办"。② 熊希龄于如此短的时间内， 在借款交涉上取得进展，并达成协议，外交团盛赞其"为新政府大有希 望之人物"，③ 这反过来印证了唐绍仪确已失去外人的信任。

5 月 20 日，参议院召开秘密会议，内阁总理及各部总长均到场。唐 绍仪在会上受到众多议员的诘责，其中张伯烈"大声疾呼、诘问最力"， 唐本人则"理曲词穷，无可答复"。财政总长熊希龄不忍坐视，甘冒越俎 代庖之嫌，要求发言，为唐辩护。参议员李国珍"登台演说，侃侃而 谈"，指责唐绍仪"实陷吾国外交上之地位于一败涂地，非徒唐总理一身 之辱，实致吾民国将为埃及之恶因"。④ 唐绍仪在参议院的这番经历，对 其刺激极大。唐事后对人讲，"吾生平未经如此之蹭蹬，再到参议院者， 必非人类"。⑤ 面对行政首脑同立法机构之间关系恶化，袁世凯致函各政 党："参议院及外间人士对于唐总理为种种之论议，意欲参劾之。然今方 国事多难，唐总理若辞职，内阁必将瓦解，大局立即糜烂，民国前途可 危。予亦不堪重任，应即辞职。"⑥ 与过去扮演和事佬的角色相比，这一 次袁世凯直接表明了力挺唐绍仪的态度，甚至不惜以辞职相威胁，这也更 加清楚地显示出总统与总理利害与共。

参议院中借外交问题攻唐的，多为共和党籍议员，张伯烈、李国珍均 系共和党人。共和党是以原立宪派人士为中心组成的政党。立宪派因对清 廷统治失望而成为革命派反清斗争的同路人，但双方的宗旨分歧并未因此 消融。立宪派人物多出自士绅阶层，他们热爱秩序，害怕暴力蔓延，对政

---

① 《专电》，《申报》1912 年 5 月 16 日，第 1 版。
② 《大借款成立确耗》，《申报》1912 年 5 月 17 日，第 2 版。
③ 《专电》，《申报》1912 年 5 月 18 日，第 1 版。
④ 《共和党参议员李国珍质问唐绍仪发言词》（1912 年 5 月 20 日），朱宗震、杨光辉编 《民初政争与二次革命》上编，上海人民出版社，1983，第 23 ~ 24 页。
⑤ 《北京之八面观》，《申报》1912 年 6 月 17 日，第 3 版。
⑥ 《致各政党函》（1912 年 5 月 29 日刊载），骆宝善、刘路生主编《袁世凯全集》第 20 卷，河南大学出版社，2013，第 71 页。

治激进主义怀有本能的恐惧，故在思想上更接近北洋派而不是革命派。早在武昌起义前，江浙立宪派领袖张謇就已转向拥袁。① 南京临时政府成立后，张謇、汤寿潜等人虽被任命为内阁总长，但对政事表现消极，"仅一度就职，参列各部会议，即离宁住居上海租界"。② 立宪派之所以如此，是因为在政治上另有他图。清帝退位后，尚在海外的梁启超致书袁世凯，替袁出谋划策，建议他"利用健全之大党，使为公正之党争，彼自归于劣败"，这里的"彼"指革命派，而"健全之大党，则必求之旧立宪党，与旧革命党中之有政治思想者"。③ 立宪派对革命派的态度可见一斑。南京临时参议院主要由独立各省都督委派代表组成，基本上掌握在革命派手中。这种情况引起了原立宪派控制的各省议会的不满，在他们的压力下，临时参议院进行了改选和补选，后迁往北京。在北京临时参议院中，形成了同盟会、共和党和统一共和党三足鼎立之势，"共和党与同盟会相对待，而统一共和党则出入于二党之间，自成为第三党"。④ 改选后的参议院，原立宪派势力大增，开始挑战既有的权力格局。共和党先是与统一共和党联手，将同盟会籍的议长林森赶下台，由两党瓜分正、副议长席位，现在又以借款失败为由，攻击唐绍仪。由于唐绍仪是同盟会籍，攻唐意在攻击同盟会。

同盟会方面亦不甘示弱。5 月 24 日，黄兴借外交问题发难，通电指责熊希龄与银行团签订的垫款合同"损失国权处极多"，且"违法专断，先行签约，悍然不顾"。⑤ 次日，熊希龄特复黄兴一电，为自己辩解："此种借款条件，实非龄所情愿，实逼处此，无可奈何！""至于事实原委，则国务员全体赞成，参议院亦先商及。"⑥ 平心而论，在借款条件方面，熊希龄已经尽力，而且确实有进步。黄兴攻击熊希龄，并非对熊个人有何意见，两人本是同乡，又系至交；民国财政极端困难，舍借款外另无

---

① 张朋园：《立宪派与辛亥革命》，吉林出版集团有限责任公司，2007，第 176 页。
② 高平叔：《蔡元培年谱长编》上册，第 395～396 页。
③ 丁文江、赵丰田编《梁启超年谱长编》，第 617 页。
④ 《参议院与政党》，《申报》1912 年 5 月 18 日，第 2 版。
⑤ 《致各省都督议会等电》（1912 年 5 月 24 日），《黄兴集》，第 197 页。
⑥ 《解释借款事复黄兴电》（1912 年 5 月 25 日），周秋光编《熊希龄集》第 2 册，第 646 页。

他方，黄兴又岂能不知？就在此前不久，黄兴还有一电给熊希龄："已悉借款为难情形。公艰苦卓绝，不辞劳怨，稍知大局者皆当曲谅，何恶名之有？"① 前后不过一周时间，黄兴对熊希龄的态度就有了天壤之别，可见这完全是党派斗争的需要。熊是共和党员，黄之所以攻熊，是为了打击共和党。然而，攻熊的借口是借款失败、丧权辱国，在这个问题上，却同样无法为唐绍仪辩护。因此，以黄兴为代表的同盟会方面只能消极地攻击敌党，无法积极地力挺唐绍仪。唐从同盟会方面获得的支持十分有限。

三　袁、唐决裂与内阁瓦解

北洋派的排挤、参议院的攻击、外交团的不信任，以及同盟会不能提供有力的支持，所有这些严重地动摇了唐绍仪的总理地位，削弱了唐内阁的政治基础，以致外间传说纷纭，"内阁有朝不保暮之势"。② 恰逢此时，外交总长陆徵祥从欧洲归国，"到津数日，尚未来京"。③ 陆的这种态度，表明他对现任内阁没有信心，意存观望，这从一个侧面反映了唐内阁已岌岌可危。不过，上述这些因素还不足以使唐绍仪去职，因为他还拥有总统袁世凯的支持。无论是对于唐和北洋派的龃龉，还是唐与参议院的冲突，袁都从中调解，设法平息。当唐表露出辞职意向时，袁还竭力慰留，劝唐"勿争意气"，"既处其地位，即不能不负其责任"。④ 这说明袁一直是想维持唐内阁的。然而，在直隶都督的任用问题上，袁、唐之间却产生了不可调和的矛盾。

早在 3 月 15 日，袁世凯就发布命令，将北方各省督抚一律改称都督，以示同南方一致，⑤ 并于同日任命张锡銮署直隶都督。⑥ 3 月 20 日，孙中

---

① 《复熊希龄电》（1912 年 5 月 17 日），《黄兴集》，第 187 页。
② 《京华零拾》，《申报》1912 年 5 月 25 日，第 3 版。
③ 《专电》，《申报》1912 年 5 月 27 日，第 2 版。
④ 《唐总理、熊总长之辞职》，《申报》1912 年 5 月 29 日，第 2 版。
⑤ 《东三省总督等河南巡抚等改为都督令》（1912 年 3 月 15 日），骆宝善、刘路生主编《袁世凯全集》第 19 卷，河南大学出版社，2013，第 637 页。
⑥ 《委任张锡銮职务令》（1912 年 3 月 15 日），骆宝善、刘路生主编《袁世凯全集》第 19 卷，第 638 页。

山致电袁世凯，转达南京临时参议院议员吴景濂、谷钟秀、彭占元、李鎏、刘星南等人的意见，要求"都督必须由本省人民公举"，直隶谘议局已"公举"驻宁第三军军长、广西副都督王芝祥为直隶都督，请袁下令委任。① 王芝祥是直隶通州人，清末在广西为官，辛亥革命时倒向革命阵营，出任广西副都督，属于革命派中的温和派。举王为直督，是南京临时参议院一些议员，由直隶籍参议员谷钟秀居中牵线，联络直隶谘议局所为。很显然，南方企图以"公举"都督的名义，剥夺袁世凯对北方各省都督的任命权，其目的是要将南方势力嵌入北方各省，首先要伸进北京政府统治的核心地带——直隶地区。唐绍仪从维持南北实力均衡出发，赞同王芝祥督直的提议。他致电袁世凯，称："准参议院咨文及各处函电，皆谓本省都督应先由人民公举，再由大总统委任。王芝祥既经直人举为都督，应请速予发表。"② 对此，袁世凯复电表示"万难承认"，还激动地说："兄老矣，生死不足计。倘使大局从此糜烂，谁执其咎。"③ 这番话当然反映了袁的真实想法，不过，这只是袁私下对唐的表态；在公开场合，袁既未正式表示反对，也未发布王芝祥督直的命令，等于将此事搁置了下来。

4月19日，谷钟秀、王法勤、王观铭等直隶名流致电袁世凯，催促他迅速发表王芝祥督直命令："直隶都督事，据顺直谘议局议长阎凤阁称，已蒙面允委任王君芝祥……惟至今委任状未下，不知是何用意，岂大总统面允后忽有二三宵小荧惑，又欲中变耶？"④ 此电口气异常强硬，几乎是在质问袁。该电提到，袁曾向直隶谘议局议长阎凤阁"面允"委任王芝祥。鉴于这是谷钟秀等人的一面之词，袁是否真的"面允"过此事，不得而知。但可以肯定的是，袁至少在这个问题上对阎凤阁表现出模棱两可的态度，致使阎误认为袁已"面允"，或者阎故意夸大其词，对外声称

---

① 《致袁世凯电》（1912年3月20日），《孙中山全集》第2卷，第266页。

② 《国务总理唐绍仪来电》（1912年4月5日），骆宝善、刘路生主编《袁世凯全集》第19卷，第699页。

③ 《致国务总理唐绍仪电》（1912年4月6日），骆宝善、刘路生主编《袁世凯全集》第19卷，第699页。

④ 《直人电催委任王芝祥为直隶都督》，《申报》1912年4月27日，第6版。

袁已"面允"。① 不论是哪种情况，都反映了袁想用政治手段解决问题，避免就此事同南方及直隶地方派摊牌和决裂。

5月5日，唐绍仪就委任直督一事致电黄兴，称袁世凯对王芝祥"极意倚重"，之所以迟迟未予任命，是因为担心过早宣布会导致"旧任急于求去，地方无人镇慑，人心易致动摇"，并信誓旦旦地保证"铁老（按，王芝祥字铁珊）一到京，即行发表，望催促北来"。② 以袁世凯在此事上的一贯态度来看，他不可能答应唐绍仪委任王芝祥为直督。据时任总统府和国务院英文秘书的顾维钧回忆，在4月底5月初，袁、唐二人当着他的面谈论过委派直隶都督的事，但"讨论显然没有取得结论"。③ 因此，唐绍仪很可能是向黄兴佯称袁已承诺委任王，以使王早日来京，然后再设法迫袁任命。

至此可以看出，围绕直隶都督的选任问题，在总统袁世凯、总理唐绍仪、南方革命势力、直隶地方势力四方之间，展开了激烈的角逐，形成了错综复杂的关系。直督问题的实质是：南方想将自己的势力扩展到直隶，直隶谘议局则想要扩大自身的政治权力和政治影响力；袁世凯想要确保其对直隶的控制权，而唐绍仪则想调和南北以维持政治平衡。在这里，直隶谘议局的态度最为微妙。这个以直隶当地立宪派人士为主体的机构，在政治上是拥袁的。袁在清任直隶总督时，率先在直隶试办地方自治，赢得了立宪派的好感。清帝退位后，直隶谘议局曾通电拥戴袁世凯为大总统："共和诏下，中国再造，我公声色不惊，能措天下于泰山之安，丰功伟烈，方之中外，无有伦比。"④ 但直隶谘议局在拥袁的同

---

① 6月20日，袁世凯曾对人谈及此事："当三月间，直隶谘议局议长阎凤阁来谒，曾以此为请。余当即告以都督专掌兵权，南方各都督亦多由军队拥戴，并非人民选举，直省先由人民选举，深恐军队或有猜嫌。至王芝祥君，不妨请其北来，此间徐与军队接洽之后，再行设法。"见《大总统直掬肺腑以相示矣》，《申报》1912年6月28日，第3版。根据袁的这段自述，其对阎凤阁的表态可谓相当圆滑，既流露了反对都督民选之意，又说可以让王芝祥来京，设法任命，但始终没有做出任何承诺。

② 《唐绍仪为商任王芝祥为都督致黄兴电稿》（1912年5月5日），中国第二历史档案馆编《中华民国史档案资料汇编》第2辑，江苏人民出版社，1981，第151页。

③ 中国社会科学院近代史研究所译《顾维钧回忆录》第1分册，中华书局，2013，第78页。

④ 《各省推戴袁总统电文》，《申报》1912年2月26日，第3版。

时，又想扩大自治权，不欲完全受制于袁，这在直督问题上表现得淋漓尽致。王芝祥虽曾附和革命，毕竟出身前清官僚，是直隶士绅可以接受的人物。不论是直隶谘议局还是南京参议院，都需要通过王芝祥督直，才能达到目的。而王芝祥督直这件事，则唯有假手唐绍仪去推动袁世凯，才能实现。这样一来，矛盾的焦点便集中到袁、唐两人的关系上了。

唐绍仪之所以极力促成王芝祥督直，乃其一贯的调和南北政策使然。本来，调和南北也是为袁世凯所赞同的。1912 年 2 月 13 日，清帝刚退位，袁世凯的亲信梁士诒就致电梁启超："项城急于融洽党派，曾电季直疏通，且亟申延揽兄，季深韪之。"① 所谓"融洽党派"，其实就是调和南北的另一种说法。该电透露，袁世凯为了调和南北，曾经请立宪派首领张謇出力，还想笼络梁启超，张謇对此深以为然。但是，对袁世凯来说，相较于调和南北，更重要的是统一全国。反过来讲，唐绍仪也并非不赞成统一全国的政策。5 月 13 日，唐在参议院宣布政见时说："军民分治，黎副总统倡议于前，大总统赞成于后，绍仪等按之东西各国，皆持此法以为治，行之久远，因进于强盛之域，我民国自当引为导师。绍仪等拟本军民分治之意，期渐举行政统一之实，因时因势因地，施合宜之地方制度。"② 唐绍仪在这里强调了要通过"军民分治"来实现"行政统一"。不过，与袁世凯不同的是，唐绍仪把调和南北看得更重。调和南北与统一全国之间，也存在某种一致性：南北要是不和，势必会影响到国家的统一。但这二者并非在任何时候、任何情况下都是一致的：为了调和南北，可能会牺牲中央对地方的控制权。这一点恰好在直督选任问题上集中地体现出来。

就当时的形势而言，中国远远没有达到统一。美国驻华公使嘉乐恒注意到，北京政府"名义上控制着 20 个省份，这些省份由都督们统治，他

---

① 丁文江、赵丰田编《梁启超年谱长编》，第 614 页。
② 《内外时报·各国务员之政见》，《东方杂志》第 9 卷第 1 号，1912 年 7 月，第 37 页。

们对中央政府的服从程度是大有疑问的"。① 事实上，当时的国家权力处于碎片化状态。民初中国面临严重的内忧外患，为此，需要建立强有力的中央政府，首先要建立北京政府对全国的有效统治。袁世凯之所以想要确保对直隶省的控制，正是从统一全国的政治高度出发，并非单从直隶一省着眼。此时，北方其他省份也出现了和直隶类似的情况，"袁总统所委任北省各都督，已到任者既为绅民所反对，未到任者又为绅民不承认，均欲自举都督，请总统另加委任"。② 在这种情况下，袁如果在直督问题上松口，就会失去对整个北方的控制。反过来讲，只有确保对直隶省的控制权，才能确保对其他北方各省的控制权，进而才能够建立起中央对地方的全面控制。直督问题因而具有了全局意义。

武昌起义发生后，南方各省大都经历了程度不同的"革命"行动，推翻了清王朝委任的督抚，由各省谘议局或地方团体推举出新的军政府都督。北方各省则与此不同，由于受到革命的冲击较小，是以"和议"方式被纳入共和轨道的，因此，北方各省都督是由清督抚更名而来，在产生方式上则一仍其旧，由中央政府任命。袁世凯正是据此任命了数位北方省份的都督，除直隶外，尚有甘肃、山西、河南、山东等省。袁在答复国民共进会的信函中表示，都督一职本属临时性质，"今南之听其地方公举，与北之仍由中央委任，皆为维持现状，不欲以纷更而生枝节。各守旧规，以待新制，未尝有成见于其间"，况都督为军职，"世界通例，未有以军官而从民选者。今之都督既非民政长官，若听由民选，军人能否服从？"③其委婉地表达了不赞成都督民选的意思。袁还断然否决了河南一些当地人士推举他的六弟袁世彤为河南都督的提议，并严斥之为"少数人民自称

---

① "The American Minister to the Secretary of State, May 7, 1912," in *Papers Relating to the Foreign Relations of the United States, 1912*, Washington: Government Printing Office, 1919, p. 78.

② 《公举都督问题续志》，《申报》1912 年 4 月 3 日，第 2 版。

③ 《复国民共进会函》（1912 年 3 月 25 日），骆宝善、刘路生主编《袁世凯全集》第 19 卷，第 666 页。

代表，擅举都督"。① 作为李鸿章死后中国最大的洋务派，袁世凯始终追求富国强兵，而要达此目的，必须建立强大有力的中央政府。因此，袁在政治体制的选择上是倾向集权的。但是他也认识到要实现富国强兵，某种程度和形式的宪政也为中国所必需。还在清帝退位前，时任清廷内阁总理大臣的袁世凯在接受英国《泰晤士报》驻京记者采访时就表示，"欲竭其全力，建设一文明强健之中央政府，以救正各省分裂之祸"。② 这里的"文明"可以理解为在政治上学习西方，而"强健"即指中央集权，反映了他融宪政主义与集权主义于一体的统治思路。但总的来说，在袁心中，集权主义是第一位的，宪政主义是第二位的。

5 月底，王芝祥抵达北京。③ 因有唐绍仪承诺在先，王氏此来，是准备接受直隶都督一职的。然而，此事立即遭到直隶各军公开通电反对。袁世凯令国务院严电申斥军人干政，称"该镇等所陈王芝祥不宜督直之理由，殊越军人之分际。本大总统迭经通令，不许军人干涉政治"等。但与此同时，袁对直隶地方舆论采取了压制措施。王芝祥来京后，天津各团体和保定绅商学界加紧了拥戴王为直督的活动，袁世凯通令声明"都督统辖文武，责任重大，任免之权，理宜操自中央"，不能"听本省人民随意迎拒"，要求直隶地方当局"剀切劝导，俾喻此意"。④ 在答复部分参议员质询时，袁世凯更援引《临时约法》支持自己的观点："大总统除国务员须参议院同意外，有任命文武官吏之权……则都督自应由大总统任命，无论何人不得干预。"⑤ 不难看出，在直督问题上，直隶士绅所争，为自治权，袁世凯所争，为统治权。此电实际上等于袁世凯公开表态拒绝委任王芝祥为直隶都督。同时，开始传出袁"拟令王芝祥为督办整理南京军

① 《大总统批王赓彤等呈请委任袁世彤为河南都督文》（1912 年 5 月 14 日），《政府公报》第 16 号，1912 年 5 月 16 日。

② 《西访员述袁世凯之君主谈》，《申报》1912 年 2 月 2 日，第 3 版。

③ 《专电》，《申报》1912 年 5 月 30 日，第 2 版。

④ 《国务院致张锡銮不准各界迎拒都督电（二件）》（1912 年 6 月 2 日），朱宗震、杨光辉编《民初政争与二次革命》上编，第 33、34 页。

⑤ 《答参议院议员质问不任命王芝祥为直隶都督事》（1912 年 6 月 12 日），骆宝善、刘路生主编《袁世凯全集》第 20 卷，第 100 页。

队事务"的消息。① 鉴于袁世凯的态度骤然变得强硬，唐绍仪试图退让，提出用吉林都督交换直隶都督的变通办法，派王芝祥去东北担任吉督。② 但袁依旧不肯赞成。袁的这种态度恰好说明他考虑的并非一省一地之利害关系，而是中央政府对地方长官的任命权。财政总长熊希龄见袁、唐关系行将决裂，企图进行调解，在 6 月 14 日的内阁会议上建议，让王芝祥入阁担任交通总长。③ 熊的方案与唐不同，是用中央官交换地方官，但唐"坚执不肯通融"。④ 唐之所以不同意熊的方案，是因为内阁中已有数名革命派阁员，让王入阁，起不到平衡南北的作用。袁世凯也和唐绍仪一样固执己见，坚持要让王芝祥返回南方去任职。由于唐绍仪拒绝在委派王芝祥为"督办南京军队整理事宜"的命令上副署，该命令没有正式公布，⑤ 我们只能从王氏离京的时间去推断袁世凯下令的时间。6 月 20 日，袁世凯与人谈及王芝祥"原定十四日起程，后予留其多延一日，及十五日，余饬人前往接洽事件，则王君已出京矣"。⑥ 由此可知，派遣王南下的命令不迟于 6 月 14 日下达。次日清晨，唐绍仪即不辞而别，离开北京，乘火车前往天津。⑦

唐绍仪弃职后，袁世凯立刻派总统府秘书长梁士诒赶赴天津，劝唐回京。⑧ 但唐"不允返京"。⑨ 袁之所以派梁前去，是因为梁、唐二人不仅系广东同乡，而且梁是通过唐的介绍才加入北洋集团的。可以说，两人论公谊私交，关系都非比寻常。因此，唐绍仪对前来劝驾的梁士诒讲了一通肺腑之言："我与项城交谊，君所深知。但观察今日国家大势，统一中国，

① 《专电》，《申报》1912 年 6 月 3 日，第 1 版。
② 《专电》，《申报》1912 年 6 月 11 日，第 1 版。
③ 《专电》，《申报》1912 年 6 月 18 日，第 1 版。
④ 《致赵凤昌暨各报馆各省都督电》（1912 年 6 月 22 日），章伯锋、李宗一主编《北洋军阀（1912～1928）》第 2 卷，武汉出版社，1990，第 52 页。
⑤ 严泉：《民国初年王芝祥"直改委"事件考》，《民国档案》2013 年第 2 期。该文认为正是由于唐绍仪没有副署该命令，致使该命令无法正式公布，这表明《临时约法》在当时还是起了一定的约束作用。
⑥ 《大总统直掬肺腑以相示矣》，《申报》1912 年 6 月 28 日，第 3 版。
⑦ 《特约路透电》，《申报》1912 年 6 月 16 日，第 2 版。
⑧ 《特约路透电》，《申报》1912 年 6 月 18 日，第 2 版。
⑨ 《专电》，《申报》1912 年 6 月 19 日，第 1 版。

非项城莫办；而欲治理中国，非项城诚心与国民党合作不可。然三月以来，审机度势，恐将来终于事与愿违，故不如及早为计也。国家大事，我又何能以私交徇公义哉！"① 这番话点明了唐绍仪调和南北与袁世凯统一全国的政策冲突，也道出了唐突然弃职的真实原因，即他希望袁"诚心与国民党合作"，然而却"事与愿违"，实际上就是指调和南北政策的破产。唐在直督问题上未能贯彻自己的意志，意味着这项政策遭到挫败，他作为内阁总理的政治生命也就结束了。

唐绍仪离京之后，同盟会本部发表声明，称赞"唐之此举，不徒拥护共和、尊重信义、服从党见之点"，其"态度之严正果决，方之东西大政治家实无愧色"。② 但除同盟会外，其他方面多无好评。共和党通电指斥唐"蔑视职守，自无回任之理"。③ 外交团在获悉此事后，"无何等之骇怪，其神情甚为淡漠"。④ 某英国要人与袁世凯晤面时，更直截了当指出："中华民国成立伊始，第一次总理如此不负责任，大失外交界之信用，唐氏不去，信用不易恢复。"⑤ 鉴于共和党是同盟会的敌党，而唐又早已失去外人信任，他们采取这种态度是不足为怪的。不过，由于唐绍仪是以一种非正常方式离职的，这就给舆论的攻击留下了把柄。唐离京的头一天晚上，内阁会议结束后，国务院附近忽然响起枪声，绵延至午夜，国务院内也有卫兵在酒醉后误放枪。次日一大早，唐即匆匆赶往天津。事后查明，国务院附近枪声系麦田守护者鸣枪驱贼。⑥ 坊间因而盛传唐绍仪弃职原因是为枪声所惊吓，惧怕遭到谋杀。故唐氏此举，在当时恶评如潮，被视为潜逃行为。《泰晤士报》驻京记者莫理循称唐"正在受精神崩溃的折磨"，

---

① 凤冈及门弟子编《三水梁燕孙先生年谱》上册，沈云龙主编《近代中国史料丛刊》第 75 辑，台北，文海出版社，1966，第 122 页。

② 《中国同盟会本部通告各支部唐绍仪出京原因电》，章伯锋、李宗一主编《北洋军阀（1912～1928）》第 2 卷，第 39 页。

③ 《共和党为唐绍仪离职致各省都督电》（1912 年 6 月 20 日），章伯锋、李宗一主编《北洋军阀（1912～1928）》第 2 卷，第 47 页。

④ 《总理出亡后之政海潮》，《申报》1912 年 6 月 25 日，第 3 版。

⑤ 《总理出京之政海潮》，《申报》1912 年 6 月 30 日，第 3 版。

⑥ 《咄咄民国竟有出亡之总理》，《申报》1912 年 6 月 22 日，第 2 版。

患上了"迫害妄想症"。① 国内报纸也对唐极尽嘲讽之能事:"唐总理之潜逃,乃诚前无古人,后无来者矣。"② 甚至有消息说,唐在六国饭店勾搭上一西妇,系德国某医生之遗孀,"近有外人知其事者,将与唐寻衅,唐大惧乃逃"。③ 真是令人啼笑皆非。此时还远未形成后来那种"扬唐抑袁"的话语。潜逃者形象的形成,与枪声事件的发生和唐氏离京的方式有直接关系。其实,与其说国务院的枪声导致了唐的出走,还不如说这给了唐一个脱身的机会。

袁世凯在得知唐绍仪去意已决后,于 6 月 17 日发布命令,以唐绍仪请病假名义,"着给假五日",由外交总长陆徵祥暂代国务总理职务。④ 病假之说,是为了缓冲唐弃职在政治上带来的冲击。随后,同盟会籍阁员蔡元培、王宠惠、宋教仁、王正廷⑤四人商定,在唐绍仪假满辞职之日,即联袂辞职出阁。对此,袁世凯竭力予以挽留,由梁士诒居间奔走,做说服工作;而后又通过刘冠雄、陆徵祥、章太炎、赵秉钧等人代为劝说,但四总长仍不肯留任。⑥ 可见,袁虽然准了唐的辞职,却仍想把同盟会阁员留在新内阁中。由于直督问题已表明调和南北政策失败,故而袁氏此举,就仅仅是为了笼络南方以支撑门面,维持南北合作的表象罢了。革命派曾企图借唐绍仪的调和南北政策,扩张势力于北方,然而却在直督问题上受阻。同盟会内部在一番争论后,决定"以政党内阁为号召,在选举时争胜"。⑦ 意即采取以退为进的策略,暂时不过问北京政治,专心于党的组织建设,通过不久之后的正式国会选举,来问鼎中央政权。这便是同盟会籍阁员在唐绍仪解职之后,坚决要退出内阁的原因。7 月 14 日,袁世凯

---

① 《致达·狄·布拉姆函》(1912 年 6 月 22 日),骆惠敏编《清末民初政情内幕——〈泰晤士报〉驻北京记者、袁世凯政治顾问乔·厄·莫理循书信集(1895~1912)》上卷,刘桂梁等译,知识出版社,1986,第 968 页。

② 《如火如荼之北京政界》,《申报》1912 年 6 月 26 日,第 2 版。

③ 《唐少川有桑中之喜》,《申报》1912 年 6 月 27 日,第 2 版。

④ 《命令》,《申报》1912 年 6 月 21 日,第 2 版。

⑤ 由于工商总长陈其美未北上就职,袁世凯下令由王正廷署理工商总长。见《临时大总统令》(1912 年 5 月 7 日),《政府公报》第 8 号,1912 年 5 月 8 日。

⑥ 高平叔:《蔡元培年谱长编》上册,第 459、465 页。

⑦ 张国淦:《孙中山与袁世凯的斗争》,中国科学院历史研究所第三所编《近代史资料》总 7 号,科学出版社,1955,第 144 页。

"令准"四人辞去总长之职，并于两日后宣布"所有各该部部务，着各该部次长暂行代理"。① 唐内阁至此瓦解。

四 结语

唐绍仪内阁作为民国第一届内阁，其政治生命如昙花一现，甚为短暂，总共存在时间不超过 4 个月，实际运作时间更短，从 1912 年 4 月 21 日召开第一次内阁会议，到 6 月 15 日唐绍仪弃职而去，共计不到两个月。南北统一后的民国首届内阁在如此短的时间内走向瓦解，给民国历史罩上了一层挥之不去的阴影。

唐内阁是南北议和的产物，而南北议和在当时被看作政治成功的典范，唐绍仪本人也踌躇满志，以调和南北自任。然而从一开始，唐内阁的运行就步履维艰。南北通过和谈方式完成统一、实现共和，并不代表南北间的政治对立和分歧已经消除。南北对立不是地域意义上的对立，而是北洋派与革命派两种异质政治力量的对立。就历史渊源而言，北洋派是从前清体制中分化出来的，这个政治集团一方面同中国的现代化事业有着非常密切的关系，甚至可以说是清末民初中国现代化进程的中坚；另一方面，它同旧的制度、思想和习惯有着千丝万缕的联系，因而又具有保守性，是保守的改革主义者。革命派则起源于海外华人社会，以青年知识分子和会党势力为中心，以推翻清廷统治为职志，具有明显的反体制取向，激进主义色彩浓厚。因此，二者之间缺乏最起码的信任感和亲和性，难以凝聚政治共识，实现有效的合作。立宪派则介乎其中，兼具体制内和反体制两种特点，既有政治改革的诉求，又有对政治秩序的渴望，很自然地与北洋派相结合，共同排斥革命派。在这样的政治格局当中，唐绍仪调和南北的政策既受到北洋派的敌视，也得不到立宪派的支持。唐绍仪与赵秉钧的不和，以及同参议院的冲突，均是其具体表现。

对唐内阁的致命打击来自袁世凯和唐绍仪之间的冲突。袁、唐二人在

---

① 高平叔：《蔡元培年谱长编》上册，第 470 页。

王芝祥督直问题上发生了正面碰撞，并无法妥协。袁、唐之争，究其实质，并非破坏约法与维护约法之争，而是统一全国与调和南北之争。唐绍仪出身北洋派，是袁世凯多年的亲信和好友，他能够超越狭隘的北洋利益，把调和南北作为自己的基本政策，与他辛亥南北议和这段经历是分不开的。袁世凯是北洋派的领袖，同时是民国的总统，因此他在考虑和处理问题的时候，亦有从全国大局出发，超越北洋派系利益的一面。当唐绍仪同赵秉钧发生冲突并受到参议院攻击时，袁设法从中调解，维持唐内阁，正有力地说明了这一点。这样，唐与袁在政治上就具有了某种一致性，即都有超越党派利益的超然性。不过，唐之注意力专在融合南北，热衷于在南北之间搞平衡，袁则高屋建瓴，着眼于建立中央政府对全国的统治，两者之间难免发生矛盾。表现在直督问题上，即袁要确保他对地方长官的任免权，而唐则要兑现他对南方的承诺，维持南北均势。唐之所以决然去职，根本原因不在于维护约法上的副署权，而是调和南北政策破产，导致其政治资本丧失殆尽，不得不一走了之。在这种情况下，唐若选择继续留在总理任上，只能成为袁推行统一政策的工具，即不啻沦为总统的政治傀儡，这是个性强烈的唐绍仪无论如何不愿为之的。

质言之，唐绍仪内阁的解体，意味着调和南北政策的顿挫，统一政策压倒了调和政策，埋下了"二次革命"的伏线，预示了西方式民主政治失败和大一统集权政治的复活。

〔罗毅，西北大学历史学院〕

洪宪帝制宪法问题考论[*]

承红磊

内容提要 洪宪帝制与宪法问题相始终。正如袁世凯未能正式登基，帝制宪法也最终流产。但是，帝制宪法涉及对洪宪帝制的了解和评价，探讨洪宪帝制无法回避宪法问题。既往研究虽已涉及，但并未充分讨论。所幸，帝制派要角杨度、周自齐、杨士琦、梁士诒以及法制局顾问有贺长雄等，均曾谈过帝制宪法问题，且有资料留存。以这些表述为基础，辅以公私文件及报刊风说，即能大致了解帝制派所设想的洪宪帝制宪法概况。

关键词 洪宪帝制 宪法 护国运动

1915～1916 年的洪宪帝制运动，逆转了民初国家迈向统一和中央集权的趋势，开启了此后十年军阀混战的先河，是近代中国历史上有转折性意义的大事件。对这一事件，近年来虽有新的阶段性的研究，^① 但对它的认识还有不少模糊之处。比如颇为重要的宪法问题，就一直众说纷纭。有学者认为洪宪帝制是要恢复"封建帝制"；^② 也有学者指出暂不论选举过程的争议性，袁的皇帝之位是"选举"产生的，"中华帝国"废除了叩头

---

* 本文为笔者主持的国家社科基金青年项目"近代中国'社会'概念研究"（项目编号：17CZS034）的中期成果。

① 唐启华之《洪宪帝制外交》，即其一例。见唐启华《洪宪帝制外交》，社会科学文献出版社，2017。

② 李新、李宗一主编《中华民国史》第 2 卷，中华书局，2011，第 770、771、777 页；阙光联：《古德诺与民初政治》，《百年潮》2004 年第 4 期。

等旧式礼仪，且"中华帝国"标榜"立宪"；① 还有学者指出，洪宪帝制所指向的绝非英式的君主立宪，而是德、日式的君主立宪。② 且不论观点如何，以上观点皆未有充分论证。

既往研究未能详细讨论洪宪帝制宪法问题的主要原因应是资料问题，帝制运动相关史料被袁政府有意销毁，且北洋政府时期政府方面档案散佚较为严重，"巧妇"亦难为"无米之炊"。笔者在阅读有关洪宪帝制的涉外文献③时，发现有不少关于洪宪帝制宪法问题的记载，辅以当事人记载和报刊资料，大致能勾勒出洪宪帝制宪法的轮廓及洪宪帝制宪法问题演变的过程，以此就教于学界。

一 帝制发起与宪法

根据 1914 年 5 月 1 日公布的《中华民国约法》和 1914 年 10 月 27 日公布的《立法院组织法》，直至 1915 年 7 月，中华民国宪法与国会（立法院）皆在推进当中。1915 年 3 月 18 日，袁世凯发布策令，任命筹备立法院事务局局长顾鳌兼任办理国民会议事务局局长。④ 5 月 25 日，袁政府批准《国民会议暨立法院议员初选举资格调查期限令》，以 1915 年 9 月 30 日为资格调查完毕日期。⑤ 6 月 10 日，袁政府申令筹备立法院事务局兼办理国民会议事务局，迅速分别办理选举事务，以便立法院及国民会议

---

① Ernest P. Young, *The Presidency of Yuan Shih-k'ai: Liberalism and Dictatorship in Early Republican China*, Ann Arbor: The University of Michigan Press, 1977, p. 215. 在杨格（Ernest P. Young）论述的基础上，山田辰雄由树立强有力的指导者和共和制这两重意义来重新思考洪宪帝制及其与辛亥革命的联系，颇有启发性。见山田辰雄「袁世凯帝制論再考—フランク・グッドナウと楊度」山田辰雄编『歴史のなかの現代中国』劲草书房、1996、168～195 頁。

② 张学继：《立什么样的宪？——质疑资中筠、任晓先生》，《博览群书》2004 年第 11 期；张学继：《古德诺与民初宪政问题研究》，《近代史研究》2005 年第 2 期。

③ 此处所称的"涉外文献"，指的是与外国或外国人有关的文献，比如外交档案、外人报告、信函等。

④ 《顾鳌关于筹办国民会议及立法院议员选举情形呈及批令》（1915 年 5 月 20 日），中国第二历史档案馆、云南省档案馆编《护国运动》，江苏古籍出版社，1988，第 162 页。

⑤ 《大总统公布国民会议组织法关于选举施行细则及国民会议暨立法院议员初选举资格调查期限令》（1915 年 5 月 25 日），《护国运动》，第 164～165 页。

克期成立。其中有云：

> 立法院为国家立法机关，国民会议为国家造法机关，均关重要，而运用宪政，尤以立法与行政相辅，乃能共谋国是，徐企富强。现今时局孔棘，待理万端，非急起直追，无以刷新政治。非集思广益，无以宏济艰难。本大总统夙夜兢兢，甚盼立法机关早日观成，慰我民望。至国民会议，职在决定宪法，关系根本大计，亦应积极进行，俾图长治久安之业。①

6 月 20 日，《申报》预计，9 月底国民会议选民资格调查完毕，12 月举行初选，1916 年 1 月复选，2 月可以召集开会；立法院则 1916 年 6 月、7 月间可以举行初选，8 月复选，成立当在 9 月。② 同在 6 月，政事堂参议拟订条陈，"请实行立宪以定国是"。③ 7 月 6 日，袁政府正式发布申令，以李家驹、汪荣宝、达寿、梁启超、施愚、杨度、严复、马良、王世澂、曾彝进为宪法起草委员。④

当宪法正在筹议之时，帝制问题也浮出水面。据梁启超回忆，帝制问题早在 1915 年 1 月袁克定、杨度等已在策动。⑤ 由此看来，推进帝制早于宪法拟订。但照袁政府的解释，正因制定宪法，才须先决定共和或帝制。11 月 2 日，为向日本解释何以中国在此时发生帝制运动，袁政府电告驻日公使陆宗舆："日政府疑我，何以在此时急遽发生帝制。实因自参政院举定宪法起草员，照约法应由国民会议议决。国民会议明春即可开会。主张君宪者恐制定民国宪法，国体不易变更，故趁尚未起草宪法前发

---

① 《大总统申令》（1915 年 6 月 10 日），《北洋政府公报》1915 年 6 月 11 日，上海书店影印版，第 4 页。
② 《立法与自治之前途》，《申报》1915 年 6 月 20 日，第 6 版。
③ 《八参议请实行宪法》，《申报》1915 年 6 月 30 日，第 6 版。
④ 《大总统申令》（1915 年 7 月 6 日），《北洋政府公报》1915 年 7 月 7 日，上海书店影印版，第 2 页。
⑤ 《国体战争躬历谈》（1916 年），《饮冰室合集·专集之三十三》，中华书局，1936，第 143 页。

动讨论。不料实力者全体赞成，举国附和，进行极速，遂成一发不可待之势。此系实情，望宣布释疑。"① 推进帝制与宪法拟订孰先孰后并非一定要选择其一，就部分主张帝制者而言，其决策当在草拟宪法之前，而拟订宪法又为引发国体问题讨论之良好契机。如张作霖请变国体电中即称："又值草定宪法，一发千钧之时，非将国体改为君主立宪，非求我大总统俯从人望，一身肩任天下，不足以奠国基而救危亡。"②

改制与宪法密切相关，即如上论。帝制运动推进初期，又有借宪法而加以解决之说。9 月 3 日，驻日公使陆宗舆电外交部："转政事堂。有学者密谓中国现以确立共和帝政、仍不变民主国体、免生枝节为佳。皇帝应仍由被选，皇位继承照比国世袭方法云云。言甚可采，密以此议向汪公使、有贺博士熟筹改帝政不改国体之法，以策完全。"③ 此处之"汪公使"即汪荣宝，时自驻比公使任上归来，参与宪法起草；"有贺博士"即有贺长雄，法制局顾问。对此议，杨度也曾加以考虑。据《申报》报道，杨曾在一次集会上说："鄙人发起筹安会，原因民主国体，每当总统改选之时，易惹起纷争之祸。思欲预弭此祸，故倡国体之改革。若能将逐鹿总统之祸，设法消弭，则民主国体，亦无妨仍旧。但欲消弭此祸，非总统世袭不可。应如何于中华民国之宪法上，明定总统世袭之条，尚须诸君讨论。"会后，众人且往有贺长雄处征询意见。④ 汪荣宝更明确表示："目下筹安会诸人，以共和国体，不适中国国情，拟改民主为君主。依予之见，与其变更国体，毋宁仿比利时之反例，在共和国体之下，制定君主宪法。予之草拟宪法，即抱定此意。予曾以此意上呈总统，总统颇表同情。"⑤

① 外交部：《中国发生帝制事》（1915 年 11 月 2 日），中研院近代史研究所档案馆藏北洋政府外交部档案（已电子化，以下简称《北洋外交档案》），馆藏号：03 - 33 - 097 - 04 - 003。
② 《军界之请变国体者（续昨）》，《申报》1915 年 9 月 7 日，第 6 版。
③ 《收驻日本陆公使电》（1915 年 9 月 3 日），《北洋外交档案》，馆藏号：03 - 13 - 032 - 01 - 001。
④ 《筹安会之分派观》，《申报》1915 年 9 月 6 日，第 6 版。
⑤ 《汪荣宝之宪法意见》，《申报》1915 年 9 月 10 日，第 6 版。除陆宗舆、杨度、汪荣宝诸人外，周学熙及黎元洪在 9 月初均有密呈给袁世凯，主张总统世袭，可见此说影响之广。见李新、李宗一主编《中华民国史》第 2 卷，第 525～526 页。

9 月 6 日，袁世凯派政事堂左丞杨士琦赴参政院代行立法院表示："以本大总统所见，改革国体，经纬万端，极应慎审，如急遽轻举，恐多窒碍。本大总统有保持大局之责，认为不合事宜。至国民请愿，要不外乎巩固国基，振兴国势。如征求多数国民之公意，自必有妥善之上法。且民国宪法正在起草，如衡量国情，详晰讨论，亦当有适用之良规。"① 其对由宪法起草解决国体问题明确表示了同情。

9 月 19 日，全国请愿联合会成立，帝制问题被急速推进，也标志着"总统世袭"之说被弃置不用。至 10 月 8 日，袁政府公布《国民代表大会组织法》，以"国民会议开会迟缓，且属决定宪法机关"，而"国体未先决定，宪法何自发生"为由，决定召集国民代表大会，以国民会议初选当选人为基础，选出国民代表决定国体，实行帝制已成为内部决策。② 帝制推动者对帝制下的宪法有怎样的设想呢？

二　帝制派的宪法设想

（一）"不完全立宪"到"理想立宪"

1915 年 4 月杨度所作《君宪救国论》一文，其大意谓在共和制度下富强无望、立宪无望。为何共和无立宪之望？杨度说：

> 共和政治，必须多数人民有普通之〔道〕〈常〉德常识，于是以人民为主体，而所谓大总统行政官者，乃人民所付托以治公共事业之机关耳。今日举甲，明日举乙，皆无不可，所变者，治国之政策耳，无所谓安危治乱问题也。中国程度，何能言此。多数人民，不知共和为何物，亦不知所谓法律以及自由平等诸说为何义，骤与专制君主相

---

① 《发驻外各使领馆电》（1915 年 9 月 6 日），《北洋外交档案》，馆藏号：03 - 13 - 032 - 01 - 001。

② 《大总统为公布国民代表大会组织法告令》（1915 年 10 月 8 日），《护国运动》，第 76 ~ 78 页。

离而入于共和，则以为此后无人能制我者，我但任意行之可也。其枭杰者，则以为人人可为大总统，即我亦应享此权利，选举不可得，则举兵以争之耳。二次革命，其明证也。①

此说以当时国民程度，不能行共和。至于当时实态，杨度亦颇坦白："今总统制实行矣，虽有约法及各会议机关，似亦近于立宪，然而立宪者其形式，专制者其精神也。议者或又病其不能完全立宪，不知近四年中，设非政府采用专制精神，则国中求一日之安，不可得也。"国民程度既非以"专制"之精神行之不可，何以帝制即能立宪呢？杨度未作解释，只称："盖立宪者，国家百年之大计，欲求教育、实业、军事等各事之发达，道固无逾于此，然其效非仓卒所可期。至速之期，亦必十年二十年，行之愈久，效力愈大，欧洲各国之强盛，皆以此也。"② 杨度之论，实则欲盖弥彰，被梁启超一语道破。

梁启超论曰："吾以为中国现在不能立宪之原因，盖有多重。或缘夫地方之情势，或缘夫当轴之心理，或缘夫人民之习惯与能力。然此诸原因者，非缘因行共和而始发生，即不能因非共和而遂消灭"；"今在共和国体之下，而暂行专制。其中有种种不得已之理由，犯众谤以行之，尚能为天下所共谅。今如论者所规画，欲以立宪政体与君主国体为交换条件。使其说果行，则当国体改定伊始，势必且以实行立宪，宣示国民。宣示以后，万一现今种种不得已之理由者依然存在，为应彼时时势之要求起见，又不得不仍行专制。吾恐天下人遂不复能为元首谅矣"。③ 杨度前文之含混，自有其难言之隐。

8月，古德诺（Frank J. Goodnow）《共和与君主》一文谈道："中国如用君主制，较共和制为宜，此殆无可疑者也。盖中国如欲保存独立，不得不用立宪政治，而从其国之历史习惯、社会经济之状况与夫列强之关系观之，则中国之立宪，以君主制行之为易，以共和制行之则较难也。"古

---

① 杨度：《君宪救国论》（1915年4月），《护国运动》，第46~47页。
② 杨度：《君宪救国论》（1915年4月），《护国运动》，第47页。
③ 梁启超：《异哉所谓国体问题者》，《饮冰室合集·专集之三十三》，第90页。

德诺也总结了改行帝制的三项基本条件，其中一项即为政府当预为计划，以求立宪政治之发达。① 古德诺所言，也明指立宪政治之发达，需要一个过程。

据《盛京时报》报道，9月底，袁氏曾与人谈宪法问题：

> 日前大总统与某某均谈宪法问题，略谓国会与行政机关对立，促进作用极大。前以国基初立，不得已取总统制，总揽一切，以救危亡。若长行此制，虽余亦不能办理下去。故内阁负责，国会监督，实为今日立国不易之规。正式宪法成立，此制必能实现。虽政治运用不免因人而异，如元首魄力大，则负责自重，而内阁负责较轻。反之，则内阁负责自重。此实各国所见之恒例。要之，宪法成立，当必使内阁之责加重。譬之百斤重担，今日之元首负荷八十斤，而国务院只负二十斤。宪法告成，则必多加二十斤于内阁。稍缓，尚加二十斤，渐渐加多，必使加至内阁负责八十斤，元首仅负二十斤而后止。至是，则即理想立宪国家告成之日也云云。②

袁此处之责任论，不可仅以共和制度下之总统、内阁来看，实行帝制后皇帝与内阁之关系当亦类似。10月2日，袁在与朱尔典会谈时，亦提到"余处现时地位，百分责任，自担八十分，而各部共担二十分。按理而论，余当担二十分，而各部担八十分乃为公允"。③ 由其权责之分配，亦可看出袁并不认为宪法制定即能确立永久之制，往"理想立宪国家"

---

① 古德诺：《共和与君主》（1915年8月），《护国运动》，第67~68页。关于古德诺与民初宪法，可参考 Noel Pugach, "Embarrassed Monarchist: Frank J. Goodnow and Constitutional Development in China, 1913 – 1915," *Pacific Historical Review*, Vol. 42, No. 4（1972），pp. 499 –517；张学继《古德诺与民初宪政问题研究》，《近代史研究》2005年第2期；吉沢誠一郎「中華民国顧問グッドウによる国制の模索」斯波义信编『モリソンパンフレットの世界（Ⅱ）：近代アジアとモリソンコレクション』东京"东洋文库"、2016、105~129頁。

② 《大总统之宪法与责任谈》，《盛京时报》1915年9月28日，第3版。

③ 《袁氏与英使朱尔典讨论君主立宪之笔录》，张维翰辑《民初文献一束》，《袁世凯史料汇刊》第20卷，台北，文海出版社，1966，第109~127页。

有一过渡过程。此与对杨度文所作之推测相仿。10 月 10 日,《顺天时报》报道:

> 昨据某政客谈云, 国体问题之解决勿论如何迅速, 亦须延至十一月下旬方可望竣事也。而国体既行决定, 则其同时堪膺神器之人亦必随之决定矣。惟继之而起者则有宪政问题。吾人当初原属主张君主立宪制者, 故甚希望设立内阁制而作立宪的宪法焉。独是立宪虽云紧要, 然而国体解决以后, 或宜同时实行宪政之能否, 则须俟实际调查国情之内容, 然后始能决定焉。若按现今国情, 苟不能实行完全立宪制度, 则拟先暂行实际适宜于国情之不完全的立宪制, 以谋宪政之渐次改良, 而抵尽善地步云云。①

所谓"不完全的立宪制"云云, 表明帝制派中亦有人对改制后是否能立即实行立宪持怀疑态度。有宪政协进会(由筹安会转变而来)会员表示:"我国若欲立宪, 自非改君主不可。但宪法第一要义, 须要实际使用, 使守宪者都能按照法定行得去, 方为完全。若必取欧美各国成例, 务为高华, 不从自国程度及情势上着想, 则不独异日变动甚大, 且有许多危险。"②

时且有人主张即使宪法尚不能制定,"至其宪法之大纲及将来产出之机关, 则宜先帝制出现, 并依据全国之民意预定大略, 以防君主专制之弊害, 实为最要"。③ 这种主张显然未被接受。甚且有主张制定"临时约法"者:"某政客有鉴于此, 已建议于政府, 请暂规定一临时约法, 于国体改革实行日同时颁布, 以资与国民共相信守。闻政府对于此建议, 亦颇赞成。惟此临时约法之规定, 必须异常郑重, 万不可稍涉苟简。则是造此临时约法应否特设机关, 政府尚在讨论中。"④ 由"后见之明"视之, 袁政府未采取此

---

① 《某政客之帝国宪法谈》,《顺天时报》1915 年 10 月 10 日, 第 2 版。
② 《关于国体问题之京讯》,《申报》1915 年 10 月 27 日, 第 6 版。
③ 《立宪君主派之所主张》,《顺天时报》1915 年 10 月 16 日, 第 2 版。
④ 《新国家临时根本大法之建议》,《顺天时报》1915 年 10 月 18 日, 第 2 版。

"临时约法"设想。宪法虽未随改制颁布，但改制后很快即着手起草宪法。宪法如何与人民程度相适应？从前述各人的表述来看，可能通过保持宪法的可修改性来实现，即从"不完全立宪"逐渐过渡到"理想立宪"。①

（二）仿效德日

当共和宪法起草时，宪法顾问古德诺即主张中国宪法应取法日本，"行政大权，集于总统一人，将日本天皇及总理大臣二者之权力兼而有之，余意新宪法当与约法相同，取法日本宪法也"；立法部，"谅将采用一院制，以中国并无贵族可以组成贵族院。议员选举，大约将用限制选举法，选举人须有财产及教育资格之限制"；"国会权力，不能甚大，以中国尚不能有政党政府，免起纷争。在中国人未能巩固立足之先，不可不使之统一也"。② 古德诺此处之推断，除"一院制"与实际不符外，其余均较接近帝制派的宪法设想。

10月20日，媒体观察，以后政制将仿效德日：

> 默考一般热度极高各政客之意见，则皆美慕日、德两国之君主制度。故此后大致之重要者，除宪法议会等三权分立各问题略仿英制外，如军国主义、强迫教育等事，无不依照前列两国之办法施行。至于田赋之整顿，决仿日本。强迫纳税一事，则拟照德国。总之，此次断在务期造成最强有力之政府，而所有共和政体之制度，必将由根本上一扫而空也云云。③

10月24日，政事堂左丞杨士琦在接受媒体访问时谈到"帝制宣布与新君御极日期大约乃在十二月间，明春将着手草拟宪法，届时且将召集国

---

① 古德诺也视保持宪法的可修改性为保证其连续性的方法之一。见吉沢誠一郎「中華民国顧問グッドウによる国制の模索」斯波义信编『モリソンパンフレットの世界（Ⅱ）：近代アジアとモリソンコレクション』114頁。
② 《宪法起草之进行》，《申报》1915年7月19日，第6版。
③ 《关于国体问题之北京政界观》，《申报》1915年10月20日，第6版。

会。宪法将以德国者为蓝本，因英国宪法及其国会制最不适用于中国也"。① 此时"三国劝告"尚未进行，故帝制派颇乐观。其后政事堂否认专采德国宪法，但并未否认德国宪法将为重要参考。②

11 月 5 日，《顺天时报》报道："兹据一方面消息，该宪法大约以民国约法及日本宪法为其编订之粉本，折衷两者，斟酌适宜，以期为军民合意所构成之一种特别大宪，垂诸永久。"③ 12 月底，"帝国宪法"起草委员会成立后，报载，"各委员对于将来宪法起草之参考，均主张采用日本及英、德制度，再参照中国习惯国情，定为一种特殊宪法"。④

仿效德日，可称为"帝国宪法"之基本方针。护国运动爆发后，此方针有所动摇。1916 年 1 月 26 日，宪法顾问有贺长雄致日本元老山县有朋的报告对于了解此时宪法起草情况有重要价值。在这份报告中，有贺先表示了自己的一贯主张："从来小生即抱有为支那造强固中央政府、奠定国家基础，而把总权力集中于袁氏一人之手的目的，尽力于宪法之事。现今之约法能很好达此目的。"接着有贺表示自己"持上述目的指导帝制宪法起草"。但是在帝制支持者之中，有借机"采用英国式议会政体而暗中策划者"。有贺"说袁氏以利害，节节与此对抗"。在某些帝制派人士看来，"云南派并非一定反对帝制"，只是"反对中央政府权力集中于袁氏一人之手"。且蔡锷乃梁启超门下，而梁启超曾主张虚君立宪政体。为实现与云南和解，"成立梁启超、蔡锷等所望之政体，以买其欢心，而实现和解之意见，三四日来在宪法起草委员会中大为得势"。⑤ 由此处有贺报告可知，在帝制宪法起草者中，存在德日式的宪法与英国式宪法之争，由

---

① "An Interview with Mr. Yang Shih Chi: Constitution Will Be Drafted after German Model," *Peking Gazette*, Oct. 30, 1915, p. 6；《译电》，《申报》1915 年 10 月 26 日，第 2 版。报道原文未明确提到采访时间，但指出采访在"上个星期天"举行，因媒体披露最早在 10 月 25 日（周一），此处推断采访在 10 月 24 日进行。

② 《特约路透电》，《申报》1915 年 11 月 5 日，第 2 版。

③ 《将来宪法之粉本》，《顺天时报》1915 年 11 月 5 日，第 2 版。

④ 《宪法起草委员之参考意见》，《顺天时报》1915 年 12 月 30 日，第 2 版。

⑤ 《有贺长雄致山县有朋书》（1916 年 1 月 26 日），山口利明「浜面又助文書：中国第三革命と参謀本部」『年報・近代日本研究（二）：近代日本と東アジア』1980 年 11 月、225～226 頁。

有贺在宪法起草中的指导者地位、他与袁的关系及此处语气来看，德日模式当为主导，但护国运动的爆发使德日模式产生动摇。不过由 1916 年 3 月初梁士诒所提供的宪法设想来看，仿效英制之说未成为事实。

（三）宪法制定及议决

1915 年 12 月 12 日，袁世凯申令接受帝制。[①] 14 日，袁发布申令，命参政院推荐通达宪法人员，呈请核夺，以便迅即讨论起草宪法。[②] 12 月 16 日，袁以君主立宪首在有民选之立法机关，命筹备立法院事务局会同各选举监督，"将关于立法院议员选举一应事宜，迅速筹办，准于来年以内召集立法院，以期发皇宪政"。[③]

12 月 21 日，参政院推举杨度、施愚、曾彝进、王世澂、黎渊、李国珍、方枢、陈国祥、严复、夏寿田为宪法起草委员。[④] 12 月 27 日，参政院所奏宪法起草程序得到批准。参政院在奏中称宪法制定要"仰体圣怀，稍参众论"，其程序为：（1）由特派宪法起草委员起草；（2）草案成后咨询参政院审议；（3）经参政院审议后奏复皇帝核定，提交国民会议讨论，其讨论程序依法律定之；（4）经国民会议讨论后奏请皇帝公布施行。[⑤] 此处之"讨论"颇暧昧，因未制定细则，不得其详，但由皇帝前有"核定"、后有"公布"之权可看出，对此宪法制定皇帝有很大话语权。

1916 年 3 月初，曾任总统府秘书长、与袁关系密切的梁士诒接受美国记者采访，并在之后把谈话内容整理成了一份说明稿，由伍朝枢翻译，转送给了美国记者。在这份说明稿中，梁表示"立宪计划也正在加速推进，预计两个月内即可完成"。他提到，宪法的制定将经三方之手。首先

---

① 《袁世凯命令》（1915 年 12 月 12 日），李希泌、曾业英、徐辉琪编《护国运动资料选编》，中华书局，1984，第 16～17 页。
② 《大总统著从速起草宪法申令》（1915 年 12 月 14 日），《护国运动》，第 122 页。
③ 《大总统著迅速筹办立法院议员选举事宜申令》（1915 年 12 月 16 日），《护国运动》，第 169 页。
④ 《专电》，《申报》1915 年 12 月 22 日，第 2 版；《筹备声中之北京政闻》，《申报》1915 年 12 月 25 日，第 6 版。
⑤ 《参政院奏会议制定宪法程序请训示折并批令》（1915 年 12 月 27 日），《北洋政府公报》第 1309 号，1915 年 12 月 30 日，上海书店影印版，第 21 页。

是十人委员会起草宪法，然后呈送参政院，"最终提交给立法院获取批准"。他解释称新成立的立法院成员即由国民会议当选者组成，两者是一致的。[1] 梁的谈话反映了由于护国运动的冲击，宪法的制定程序也发生了重大变化，即在形式上完全摒弃了皇帝在宪法制定中的作用，变为纯粹的"民定"宪法。不仅如此，此时宪法起草委员也发生了变化，新的十人委员会为莫理循、有贺长雄、韦罗璧（W. F. Willoughby）、陆徵祥、梁士诒、孙宝琦、朱启钤、周自齐、章宗祥、龚心湛。[2] 这反映了袁政府欲借外国顾问的参与赢得列强的支持。

（四）皇帝大权

《中华民国约法》对于大总统权力之规定凌驾于德国、日本皇帝之上。"帝国宪法"对于皇帝大权之规定如何？据上文关于国会与内阁之记载，内阁或将分担一部分原大总统权力，但"皇帝"大权仍将十分广泛。有传言称袁对"皇帝大权"主张用列举法：

> 据个中人传出消息，国体改革决采立宪之后，对于宪法上元首之权力，业已讨论数次，尚未决定。盖各国对于元首之大权，有取放任主义，有取限制主义，然其尊重元首，则同。此次宪法起草，极峰主张用列举法，庶使永久不变，曾于日前与杨皙子、孙少侯、顾巨六、张名振等讨论，大约将来定有适意之宪法发见于世界也。又据一方面人云，中国将来宪法，于以下三点最为注意：一、外交上之权力，拟仿比国、普鲁士、丹麦、荷兰、俄罗斯诸国规定；二、行政上之权力，

---

① Liang Shih Yi, "China Must Be a Monarchy Again," *New York Times*, June 4, 1916（来源于《纽约时报》数据库，https：//timesmachine. nytimes. com/timesmachine/1916/06/04/119031962. pdf，查询日期：2018 年 2 月 28 日）。此文已被翻译为中文，见梁士诒《君主立宪制是中国的选择》，郑曦原编《共和十年：〈纽约时报〉民初观察记（1911 ~ 1921）》，蒋书婉、刘如海、李方惠译，当代中国出版社，2011，第 126 ~ 127 页。该文未明确说明原稿的写作时间，据其内容推断，应在 1916 年 3 月初。为便于读者查核，下文以引中文版为主，但译文有不准确处，则据原文修正。

② 梁士诒：《君主立宪制是中国的选择》，郑曦原编《共和十年：〈纽约时报〉民初观察记（1911 ~ 1921）》，第 127 页。

拟仿挪威、意国、匈牙利、澳洲诸国规定；三、身体上之权利，拟仿俄国、瑞典、荷兰、西班牙、奥大利诸国规定。盖以上各国，对于元首之统治权，均多明定，拟参照之，以使中国宪法驾乎各国之上云。①

1916 年 3 月初，梁士诒就皇帝大权问题做了解释。梁表示，"他将拥有否决权及对重要官员的任免权，并有权召集国会、宣布休会以及在一定限制条件下解散国会"；"当国会休会但国家出现紧急情况需要立即采取行动时，皇帝将有权颁布拥有法律效力的命令，直到下一次国会召开。此外，皇帝的权力还包括外交权、宣战权、请和权、赦免权、颁赏荣典权及签署极刑权"。② 皇帝大权虽未完全明确，但无疑并非无实权的"虚君"。

（五）国会

9 月 30 日，孙毓筠在驳梁启超文中称："共和与非共和，不仅国家元首选举与世传形式上之区别，实最高统治权上有精神之区别也。盖君主国宪法，政府与议会立于对峙之地，（议会）甚则抑居其下。共和国宪法，议会之权力实超于政府之上也。"③ 可见帝制派自始即希望对国会权力加以限制。

芮恩施（Paul Samuel Reinsch）对 1915 年 10 月 4 日与袁世凯的会面内容有如下记载："他（袁）表示强烈赞同代议制国会，虽然国会在财政上的权力会受到限制，但会被给予自由讨论公共政策的权力。"④ 1915 年 12 月 24 日，据《顺天时报》报道，国会"仍取两院制"。⑤ 1916 年 1 月 20 日，袁世凯再与芮恩施谈到宪法问题，袁确认了国会的必要性，并表示将赋予其责任

---

① 《延期声中之国体问题》，《申报》1915 年 11 月 15 日，第 6 版。
② Liang Shih Yi, "China Must Be a Monarchy Again," *New York Times*, June 4, 1916. 梁士诒：《君主立宪制是中国的选择》，郑曦原编《共和十年：〈纽约时报〉民初观察记（1911～1921）》，第 127 页。此处译文有不准确之处，已据原文修正。
③ 《孙毓筠对于国体问题之文章》，《申报》1915 年 9 月 30 日，第 6 版。
④ "Minister Reinsch to the Secretary of State," Oct. 11, 1915, *Papers Relating to the Foreign Relations of the United States, 1915*, Washington: Government Printing Office, 1924, p. 67.
⑤ 《未来之帝国国会》，《顺天时报》1915 年 12 月 24 日，第 2 版。

和实权，只是在财政问题上将对其限制，像日本国会那样。① 1916 年 2 月
24 日，袁政府要人向芮恩施表示，袁正式登基时将同时颁布确保代议制国会
的宪法，或者至少会明确"中华帝国"将包括可代表民众的国会。国会采取
资格选举制，拥有充分的讨论权，有一定的财政权和广泛的立法权。帝制派
要人均相信袁目前所拥有的独裁性权力将被广泛分散到各政府机构当中。②

1916 年 3 月初，梁士诒对"中华帝国"制度所做说明也涉及国会。
据梁所言，新宪法将体现两个原则：两院制和对违宪政府官员具有弹劾
权。关于国会，梁表示其最重要的工作内容之一是审查预算。各省将预算
先提交中央相应各部，财政部汇总各部预算，提交内阁会议讨论，然后提
交国会。国会将派出审查委员会进行审议，各部总长或其代表必须到场接
受质询。若议案通过，将呈送参议院评审，并最终以法律形式呈送元首。
"国会有权通过或者驳回预算。当内阁各部总长违宪时，国会有权进行弹
劾，有权审核所有收支账目。内阁有权启动议案，但国会议员在不涉及财
政、国防的情况下也可启动议案。"③ 由梁此处之表示可知，国会虽有审
查预算权，但无权提出涉及财政、国防之议案，对其权力做了限制。

在《中华民国约法》中，立法院有议决法律和预算之权。但立法院
议决之法律案，大总统认为对于"内治外交有重大危害，或执行有重大
障碍时，经参政院之同意，得不公布之"，对立法院权力做了限制。"帝
国宪法"同样计划对国会权力加以限制。

（六）内阁

帝制派要角周自齐和梁士诒均向芮恩施表示主张立宪。芮恩施记载：

> 那些想要采取建设性和进步行动的人们已经同帝制运动联合起来

---

① "Minister Reinsch to the Secretary of State," Feb. 9, 1916, *Papers Relating to the Foreign Relations of the United States*, *1916*, Washington: Government Printing Office, 1925, pp. 56 – 57.

② "Minister Reinsch to the Secretary of State," Feb. 24, 1916, *Papers Relating to the Foreign Relations of the United States*, *1916*, pp. 62 – 63.

③ 梁士诒：《君主立宪制是中国的选择》，郑曦原编《共和十年：〈纽约时报〉民初观察记（1911～1921）》，第 126～127 页。

了。他们希望在袁世凯的个人野心实现之后加强宪法实践和行政管理的效率。周自齐先生对我说，随着袁氏居于皇帝的高位，政府将掌握在国务总理和内阁手中；他们将按照宪法继续掌管政府，并使之与立法部门协调一致。正如周自齐先生所说："我们将使袁氏成为庙宇中的菩萨。"①

周自齐在这里向芮恩施表示的，是君主居于虚位、内阁拥有实权的英式君主立宪。正如有贺长雄在护国运动爆发后所判断的，这绝非袁氏所能接受。② 1916 年 2 月 16 日，芮恩施曾与袁世凯有简短的谈话。在这次谈话中，袁谈到"要在帝制实际上重新确立之前制定一部宪法是困难的"，同时表示"如果皇帝领导政府，那么在他统辖下的各部门的权力也将比在共和制下受到更多的限制"。③ 很显然，与周自齐的设想不同，在帝制下袁也是不可能将权力拱手相让的。

在 1915 年 10 月 24 日接受记者采访时，杨士琦谈到恢复帝制后将设首相及军机处，"帝制之下当设首相，徐世昌如能病愈，则必为中华帝国第一任首相"。④ 袁世凯接受帝制后，有传闻新官制将包括内阁总理一人，左、右副大臣各一人，外交、内政、财政、陆军、海军、司法、教育、农商、交通、蒙藏、参谋等十一部每部设大臣一人，副大臣一二人。⑤ 梁士诒 1916 年 3 月对"中华帝国"制度的解释也牵涉到内阁，他说："总理和内阁阁员负责处理国务，而不是英国模式下的整个内阁问责制。"⑥ 显然，内阁阁员将分别向皇帝负责，而非向内阁总理负责。

---

① 芮恩施：《一个美国外交官使华记》，第 138 ~ 139 页。
② 《有贺长雄致山县有朋书》（1916 年 1 月 26 日），山口利明「浜面又助文書：中国第三革命と参謀本部」『年報・近代日本研究（二）：近代日本と東アジア』1980 年 11 月、226 頁。
③ 芮恩施：《一个美国外交官使华记》，第 145 ~ 146 页。
④ "An Interview with Mr. Yang Shih Chi: Constitution Will Be Drafted after German Model," *Peking Gazette*, Oct. 30, 1915, p. 6；《译电》，《申报》1915 年 10 月 26 日，第 2 版。
⑤ 《京讯中之筹备种种》，《申报》1915 年 12 月 20 日，第 6 版。
⑥ 梁士诒：《君主立宪制是中国的选择》，郑曦原编《共和十年：〈纽约时报〉民初观察记（1911 ~ 1921）》，第 126 ~ 127 页。

（七）国民权利

梁士诒 1916 年 3 月对"帝国宪法"的解释涉及国民权利。他说，国民将拥有人权、居住权、贸易自由、结社自由、宗教信仰自由和言论自由。"所有适宜的民意表达机构都将被鼓励和承认——包括议会、国民会议、媒体、商会。商会对贸易纠纷进行的仲裁将拥有法律效应。"[①]

（八）其他内容

1915 年 10 月 24 日，杨士琦在接受记者采访时谈到恢复帝制后将仿照日本元老院设置"军机处"，成员为 30 名。[②] 杨此处所称之"军机处"，当以日本元老院视之，不应认为是清代军机处的复活。1915 年 12 月 16 日、18 日，袁相继申令清室优待条件、满蒙藏待遇条件当载入宪法。[③] 在上述 1916 年 3 月梁士诒的谈话中，梁还谈到将有一个审计署和一个行政法院。

三　结语

1916 年 3 月 3 日，冯玉祥部进占叙州。3 月 7 日，张敬尧部攻占纳溪。在军事上取得进展的情况下，袁政府仍希望与护国军方面妥协，其条件是以一个开明的宪法（liberal constitution）、责任内阁以及护国军领导人在新政府中的参与来换取护国军方面对袁地位的承认，皇帝尊号甚至可以只在袁生前适用，或者称"终身总统"。[④] 在此前后，袁曾督促梁士诒及

---

①　梁士诒：《君主立宪制是中国的选择》，郑曦原编《共和十年：〈纽约时报〉民初观察记（1911～1921）》，第 126～127 页。

②　"An Interview with Mr. Yang Shih Chi: Constitution Will Be Drafted after German Model," *Peking Gazette*, Oct. 30, 1915, p. 6；《译电》，《申报》1915 年 10 月 26 日，第 2 版。

③　《大总统表示所有清室优待条件继续有效申令》（1915 年 12 月 16 日），《护国运动》，第 146～147 页；《大总统关于满蒙藏待遇条件继续有效申令》（1915 年 12 月 18 日），《护国运动》，第 147 页。

④　"Minister Reinsch to the Secretary of State," Mar. 21, 1916, *Papers Relating to the Foreign Relations of the United States*, *1916*, p. 66.

其他宪法起草委员，迅速将宪法拟订进呈。① 不过随着广西"独立"，袁政府利用军事优势换取妥协之希望破灭。帝制亦于 3 月 22 日被取消，帝制宪法自然流产。

帝制宪法虽从未公布，但如上文所述，照帝制派人士的设想，可以推断它具有以下特征：（1）与国民程度相适应，其规定当不能达到"理想立宪"的标准，同时保持宪法的可修改性，以实现过渡；（2）其根本内容效法德日，参照中国习惯与国情；（3）最初设定的起草与公布程序皇帝有很大话语权，但护国运动爆发后所设想的制定程序发生了重大变化；（4）"皇帝大权"包括但不限于否决权及对重要官员的任免权，召开国会、宣布休会及在一定限制条件下解散国会，紧急状况下有权颁布拥有法律效力的命令，外交权、宣战权、请和权、赦免权、颁赏荣典权及签署极刑权；（5）国会为两院制，采取资格选举制，有广泛的立法权和一定的财政权，特别是审查预算权，但无权提出涉及财政、国防之议案；（6）设置内阁和内阁总理，内阁不是向国会负责，而是向皇帝负责，并且是阁员分别向皇帝负责，而不是内阁总理代表内阁向皇帝负责；（7）国民拥有人权、居住权、贸易自由、结社自由、宗教信仰自由和言论自由；（8）"中华帝国"将设置如同日本元老院含 30 名成员的"军机处"、一个审计署和一个行政法院；（9）清室优待条件、满蒙藏待遇条件将载入宪法。

这样的宪法构想，与《中华民国临时约法》及"天坛宪草"对国会权力的强调，其立意根本不同，但也不能不说是"君主立宪"框架下的宪法构想。回到德日式君主立宪和英式君主立宪问题，可以看到这一问题在帝制派甚至帝制宪法起草者中有争议，但基本上以主张德日式君主立宪为主。

〔承红磊，华中师范大学历史文化学院〕

---

① 《专电》，《申报》1916 年 3 月 8 日，第 3 版；《专电》，《申报》1916 年 3 月 9 日，第 2 版。

护法潜流：
粤省长朱庆澜去职与孙、陆合作

李欣荣

内容提要 1917 年 7 月广东护法之始，北方军人背景的省长朱庆澜援引孙中山、陈炯明等民党势力进入粤中，背后不无制衡桂系的政治意图。桂系陆荣廷、陈炳焜则利用盛行一时的南北观念和省籍意识，提出两广"自主"，排斥朱氏去职。胡汉民等粤籍民党亦着眼于粤、桂联合，放弃与朱的政治联盟，孙中山、陈炯明等人仅勉强同意。朱庆澜在粤一年，为政虽善，在央、地关系变动的形势下，终究不敌南北分野和省籍意识的作用而去职。有意思的是，朱庆澜去后，孙、陆仍不能携手护法。粤籍民党倡议"地方自治""粤人治粤"，势必与桂系冲突。对于孙中山更为高远的护法救国的理路，陆荣廷、陈炳焜等桂系武人囿于地域视野，未能实心接受，致使南方护法之始便未能团结一致。诸多政治因素纠结缠绕，正是护法运动不止于"法"的本相所在。

关键词 朱庆澜 孙中山 陆荣廷 粤人自治 南北分野

1917～1918 年南方势力倡行的护法运动，标榜维持《临时约法》、重开国会。其间的实际政治运作其实远超法理考虑，既有南北分野（地理、政权）的观念，更有省籍意识、省政自治的作用。这些因素往往潜伏于历史底部，隐而不显，却对于护法运动的走向有着至关重要的作用。

就在 1917 年广东护法发端之初，围绕北方军人属性的省长朱庆澜的去留问题，粤、桂、滇、北洋各派势力展开互动博弈。若论政见主张，朱氏近于孙中山民党和在粤滇军，但其出身背景在粤人自治的语境下不合时宜。桂系排朱，亦是打着"粤人自治"的旗号，实质不过是权力之争。段祺瑞内阁任命朱为省长，本以之为打入南方之棋子，双方却因护法问题而分道扬镳。护法旗帜与省籍潜流交相作用，互相牵制，朱庆澜辞任粤省长一事显示出极其复杂的历史信息。①

一 北方军人掌粤省民政

1916 年 6 月袁氏去世后，《临时约法》恢复，政制回归府（总统黎元洪）、院（总理段祺瑞）共同执政的格局。7 月 6 日，黎下总统令，重新调整川、粤、桂、滇、黔、湘、浙各省的督军、省长人选，其中尤以广东督军陆荣廷、省长朱庆澜的任命最受瞩目。② 这是护国军事收束以后，北京政府对南方各省势力分布的重新确认。

陆荣廷时任肇庆护国军务院抚军，正统兵在粤，与李烈钧的滇军合作，武力逼迫被指为"祸粤"的督军龙济光离任。陆氏兵锋正盛，颇有威望，其任粤督并无多少异议。惹起巨大争议的是，段祺瑞内阁挑选与粤省向无关系的朱庆澜出任省长。粤人对其可谓缺乏认识。

朱庆澜（1874～1941），字子桥，籍贯绍兴。父名星桥，为山东刑幕。庆澜起家于奉天捕盗，"所至搏击豪强，肃清匪盗，不辞劳怨，为长官所赏，命任绥靖营统领，是为公统兵之始"。其以军人身份，为东三省总督赵尔巽所赏识，随之奏调四川，擢升第十七镇统制，"隐为西南军队桢干"。③ 1913 年，朱庆澜任黑龙江巡按使，但拒绝参与袁氏帝制运动。

---

① 既存研究多概述朱庆澜晚年的慈善事业，关于护法一段，则仅见靳方前《朱庆澜职粤省长浅见》[《辽宁大学学报》（哲学社会科学版）2002 年第 3 期]，不过该文从表面立说，叙事极为简略。李新、李宗一主编的《中华民国史》第 3 卷（中华书局，2011，第 111～112 页）简要交代了朱庆澜为桂系所迫，辞去粤省长一事。莫世祥的通论性著作《护法运动史》（广西人民出版社，1991）论述了护法运动之源流变迁，却未言及此事。

② 《命令》，天津《大公报》1916 年 7 月 8 日，第 2 版。

③ 叶恭绰：《绍兴朱子桥先生墓志铭》，卞孝萱、唐文权编《民国人物碑传集》，凤凰出版社，2011，第 163 页。另参见《朱庆澜》，章伯锋主编《北洋军阀（1912～1928）》第 6 卷，武汉出版社，1990，第 396～397 页；厂民编《当代中国人物志》，沈云龙主编《近代中国史料丛刊续编》第 50 辑，台北，文海出版社，1978，第 256～257 页。

可见朱氏虽非北洋嫡系，但北方军人的属性明显。后因黑龙江省政争而落职居京，不久遂有广东省长之任。

舆论对此任命多不看好。《字林西报》（*North - China Daily News*）的广州通讯指出："朱无民党之助力与信任，且朱之声望素不见知于粤人，贸然来此，恐难获取一般人民之好意。况朱在他省政绩又未必大佳乎。粤省将来政治欲求起色，则必以粤人所深知爱戴之民党中人为省长而后可。"① 果然，广东省议会以"朱氏前既被逐黑省，劣迹秽声不言而喻，焉有不容于黑龙江而容于粤省"，电请中央收回成命。② 据闻在京的广东同乡亦反对朱氏出任粤省长。③

朱庆澜几经考虑仍决意就职，一方面展现其柔软手段，发布南下启事，婉拒人情请托："此次奉令为广东省长，屡辞不获，只得勉力就职。现拟轻装减从，克日南下，仅带办事随员四五人。无论亲友，如不得庆澜同意，贸然前往，不但无事位置，并不致送盘费。"④ 其只带韩次君、邓忠瀛、张逢伯等数名随从入粤，的确颇具胆识。另一方面则在京向中央和中国银行申请，为粤省成功贷款三百万元，年息六厘。⑤ 此款对于兵事初平的粤省不无助益，算是给粤人的一份见面礼。

朱氏入粤途经香港，在当地商会设宴欢迎的场合，首先宣示就职缘由以及为政方针，值得仔细分析。

> 庆澜虽不是军人，可是统兵时候多。虽是南方人，可是住在北方时候多。吏治本非我所长，而广东又是我未到过地方，所以这一次奉命长粤，再三婉辞，未邀大总统允准，但是此次非运动与乞情而来，想诸君必能原谅！况广东正当大乱之际，纵使心存规避，而实义不容辞，所以单骑前来，曾不自量之极。庆澜既不通治术，又不熟悉地方

---

① 《龙济光已有退让表示》，《申报》1916年7月27日，第3版。
② 《粤省议会拒朱庆澜电》，天津《益世报》1916年8月5日，第3版。
③ 《粤人反对朱庆澜》，上海《民国日报》1916年8月13日，第3版。
④ 《朱庆澜启事》，《申报》1916年8月8日，第1版。
⑤ 《国务院议决朱庆澜借款》，《申报》1916年8月23日，第6版。

情形，凡所有一切施政方法、先后缓急，还要仰仗诸君的指教。不过，庆澜所敢自信者，粤省虽然是一个财赋之区，庆澜决不敢妄取一钱。粤省虽是派别纷纭，庆澜决不敢偏于一党。且庆澜素日即反对官场习气，向不主张任用私人。此次到粤，在职一日，必当守此数言，断无更改。①

这一番宣示，谦虚谨慎，较好地回应了外间对其以北方军人掌粤省民政的质疑，且以公平不党自励，予人耳目一新之感。

朱庆澜于 8 月 24 日抵达广州，25 日从龙济光手中接印视事。② 龙氏率军于 10 月撤至海南岛。桂系陆荣廷对于朱庆澜南下就职极力反对。据闻朱氏"本小站系旧人，与段总理不无瓜葛"。③ 又有传言："因段总理任命陆荣廷为广东督军之际，以不欲将广东委诸民党之手，故特派朱庆澜监视陆督。如是自然易起冲突。龙济光之率兵移驻琼州，号称五千，实有一万。为若广东事起，以龙助朱省长之备。"④ 事实上，朱庆澜不久即为同城的龙济光（其时听命中央）辩诬，"未闻有加募十营之事，修筑炮垒更属子虚"。⑤ 此电更加深了桂系对朱、龙联手的疑虑。

最为关键者，中央下令划分粤省督军、省长权限，警卫军、警备队及水陆警察部队归省长指挥，督军只统辖国防军。⑥ 陆荣廷托词需要全权处置粤中匪患问题，既要掌控和编汰全省军队的全权，也要相应的财权加以支持。特别是编汰军队问题，"粤省军队前后两次独立，增加多至数万，毫无纪律，不惟徒费饷糈，而且遗害地方，必须另行编汰，认真整顿，以归划一而肃军纪"。⑦ 矛头所指，即在朱庆澜提前到任，并因与龙济光合

① 《香港华商总会欢迎朱省长》，《申报》1916 年 8 月 28 日，第 3 版。
② 《广东朱庆澜来电》，《晨钟报》1916 年 9 月 3 日，第 3 版。
③ 《朱庆澜行将离粤》，天津《大公报》1917 年 6 月 13 日，第 6 版。
④ 《北京电》，《申报》1916 年 12 月 6 日，第 3 版。
⑤ 《广东朱庆澜来电》，《晨钟报》1917 年 9 月 7 日，第 3 版。
⑥ 广东省档案馆《民国广州要闻录》（14），广东人民出版社，2018，第 47 页。
⑦ 《陆荣廷报告解决粤事善后问题办法并请拨军费函》（1916 年 9 月 13 日），北洋军阀史料编委会编《天津市历史博物馆藏北洋军阀史料·黎元洪卷》（四），天津古籍出版社，1996，第 82 页。

作而取得的警卫军（后改编为省署亲军）。① 与桂系友善的刘承恩却向黎元洪大打包票："承恩至肇旬余，察其〔陆荣廷〕对粤意见，以为政府能假以事权，拨以定款，势必尽力图报，将各军整顿完妥，境匪肃清，仍拟乞退。"②

龙济光托朱氏转交督军印信予陆，又引起朱氏行将兼署粤督的传言。9月11日陆荣廷电请中央，派朱庆澜代理督军职务，自己返桂养病。两天后陆却态度转变，同意在肇庆接任粤督。其解释颇有值得玩味之处。

> 粤中绅商各界及各军队纷纷来电，要求恳勿离粤，附郭肇庆商民遮道攀留，泣如雨下。盖以龙督虽已交卸，而各属民军多扰地捐勒，一般溃兵、土匪又复假冒名义，肆行滋扰，人心惶惶，不可终日。荣廷初意以为朱省长已经视事，必可镇慑，讵料廷未抽身，民心惊惶若是，安敢惜一己之微躯，致负全粤之切望，迫得俯顾舆情，勉为维持。③

这是陆荣廷暗示朱无力处理粤省乱局，且民心不附朱。陆荣廷于10月14日至广州视事。④ 其抵后发表讲话，以部众仅二万人，不敷剿匪之用，"电请中央拟借警卫军四五十营，分路大举，限六月肃清，即将各军交还"。⑤ 真意仍在攘夺朱庆澜的警卫军兵权，但未获中央首肯。

广东的朱、陆相争，在政坛已是公开之秘。前贵州巡按使龙建章在原籍广东顺德居住，向黎元洪禀告粤情："现在朱省长已接印任事，布置均有条理，而陆督军虽谋军事统一，恐难办到。朱子乔熟谙军略，清治内匪，自可胜任愉快。且其人心地纯正，可为中央一臂之助。陆

① 《龙济光交代前之情形》，《晨钟报》1917年9月15日，第2版。
② 《刘承恩缕述解决粤事条陈》（1916年8月），《天津市历史博物馆藏北洋军阀史料·黎元洪卷》（四），第79~80页。
③ 《广西行营陆荣廷来电》，《晨钟报》1916年9月19日，第3版。
④ 《广东萨镇冰来电》，《晨钟报》1916年10月18日，第3版。
⑤ 《陆督军治粤政见》，上海《民国日报》1916年10月31日，第7版。

督军淡泊名利，亦断不争此一席也。朱、陆异同之虑，庶其免乎！"① 可见朱氏以军人性质，既能独立于桂系武人势力之下，平定匪患尚非难事。

朱庆澜到粤以后，施政表现亲民，政声不错。粤海关情报显示："由于朱省长经常便装出访他想去的任何地方，本地警察局局长挑选了两个能讲浙江话的聪明的侦探跟随和保卫着他。"②《字林西报》广州通讯亦称："朱庆澜不失为好官，确为粤人所爱戴，往往轻车简从，出入街市，有时察视学校等机关，既不先行知照，又无繁文缛礼。每遇大会，辄杂处平民中，颇有共和风度。且慷慨资助各种公益善举，中国南部体育会举之为会长焉。"③ 朱氏迅速赢得省议会和民众的支持，又得中央暗助，桂系虽然处处留难，但仍无可奈何。

11月朱、陆皆自请辞职，政府为免引起粤中政争，仍主维持原状。④ 副总统冯国璋去电和解，"劝勿各自主张个人意见，极宜和衷共济，维持粤局"。⑤ 1917年3月陆荣廷赴京与段、黎商讨粤事，"其中尤以更调省长一事为要"，⑥ 仍未能撼动朱的省长地位。

陆荣廷无奈返桂，广西督军陈炳焜自请调任广东。府院虽一度犹豫，最终还是勉如所请。⑦ 1917年4月，陈炳焜署广东督军，陆荣廷改任两广巡阅使。陈氏甫一到任，便继承陆荣廷初意，要求统一全省军权："如欲予负粤省全局之治安，则须畀余以统一之军队，警卫军当完全归督军统辖，否则予仅能任编练陆军之责。"⑧ 此议仍未得时机实行。

---

① 《龙建章陈述陆荣廷朱庆澜在粤不会发生争执禀》（1916年9月24日），《天津市历史博物馆藏北洋军阀史料·黎元洪卷》（四），第90页。

② 《民国广州要闻录》（14），第59页。

③ 《对德声中之粤闻》，《申报》1917年3月3日，第6版。

④ 《北京电》，《申报》1916年12月3日，第2版。

⑤ 《译电》，《申报》1916年11月23日，第3版。

⑥ 《北京电》，《申报》1917年4月3日，第2版。

⑦ 《刘承恩陈述陈炳焜如亲抵粤于事局良多裨益电》（1917年1月28日），《天津市历史博物馆藏北洋军阀史料·黎元洪卷》（四），第111页。

⑧ 《陈炳焜督粤之意见》，上海《民国日报》1917年5月11日，第7版。

二 粤省北伐的虚与实

1917 年 6 月 12 日，黎元洪在督军团的压力下，违法解散国会。西南各省对此颇有违言。20 日，粤督陈炳焜、桂督谭浩明宣言"两广自主"，继而宣布"戒严"。

> 仰恳我大总统始终不背共和立国之精神，速筹适合国民心理之正当救济方法，或即恢复旧国会，或克期重组新国会，俾全国民意有所攸托，不至危及国本，此后善后事宜，自不难徐图解决。炳焜、浩明并敢宣告全国：于国会未经恢复以前，法律既失效用，即无责任可言，虽有贤达出组内阁，炳焜、浩明决不敢以非法误人，且以自误。所有两广地方军民政务暂由两省自主，遇有重大事件，径行秉承大总统训示，不受非法内阁干涉，俟将上项问题完全依法解决，再行听命，此皆炳焜、浩明万分不得已之苦衷。①

桂系"自主"的法理分为三层：总统，尊奉黎元洪；国会，恢复旧国会或重组新国会，后者显然不合《临时约法》的规定；内阁，不承认北洋内阁，故两广不受命，但未提及讨伐叛逆的问题。9 月 9 日，陈炳焜再向记者补充说明："自主与独立不同，独立则与政府断绝关系，立于反对之地位。自主云者，若有合法者则以己意从之；不合法耶，则以己意拒之之谓也。"② 有意思的是，陈炳焜倡言"自主"，朱庆澜亦附和之，两人仍"事事请命中央，亦以招党人之疑"。如王顺存辞警察厅长职，保荐魏邦平继任、王有蓉任知事"皆请部令而行"，并遵部令欲迁移金库。③

不过，朱庆澜对于共和危机的解决颇为热心，既反对张勋复辟，亦反对段、冯拒绝恢复国会。政见不同，使之与北方渐行渐远，同时逐渐靠向

① 《粤滇否认解散国会之乱命》，上海《民国日报》1917 年 6 月 25 日，第 3 版。
② 《陈督军宣布宗旨》，上海《民国日报》1917 年 9 月 16 日，第 6 版。
③ 《各省状态》，《北京日报》1917 年 8 月 14 日，第 2 张第 3 版。

南方势力。6 月初，朱氏先行邀请滇军李烈钧和民党陈炯明返粤，商讨北伐事宜。①

其后李、朱联合，准备举兵北伐。冯国璋 18 日在对日本多贺中佐的谈话中指出："根据各方情报，广东李烈钧和朱庆澜团结一致，在岑春煊、唐绍仪、孙文等支持之下，正在逐步推动举兵计划，只有陆荣廷目前仍属态度不明。自一般形势而论，两广早已不管陆的态度如何，继续对宣布独立的各省督军施加压力，云贵也予以响应，陆荣廷也只有追随而已。"② 冯认为两广将追随李、朱北伐，不无误解，毕竟陆荣廷作为桂系首脑，仍能掌握两广大局；但陆荣廷起兵态度消极，朱、陆矛盾进而激化，亦是实情。

其时粤省支持护法的民气颇为激昂。各界人士在广府学宫明伦堂开公民大会，据云"到者数万人"，以黎镛为主席，决以"拥护国会，催促出师"为宗旨。会毕，派代表分别谒见陈炳焜、朱庆澜和李烈钧。《申报》报道："陈督军之意谓，出师讨逆，本所主张，但非法行动则不敢附和云云。代表等退至头门，复由容伯挺申述陈督军明了态度及坚确决心。代表既退，数千人又同至省长公署，举代表入见朱省长。朱云：讨逆必见诸实行，但广东军实不丰，不免稍形棘手，然予身本为军人，则带兵亦所甚愿云云。后李协和军长亲自演说，谓自有公民请愿以来，以此次广东公民请愿为最有价值。"③ 朱庆澜和李烈钧由于客居粤省，积极准备出兵北伐，借此离开桂系控制，另创新境。而陈炳焜的态度则模糊不清，难以捉摸。

桂系的策略不是直接反对，而是借口实力不足，趁机敛财、收兵。督军署召开紧急会议，陈炳焜提出扩充兵械、筹集军饷，故须设筹饷局。李烈钧表示支持，"鄙人亦以为应有之事，惟望粤人尽力以得巨款云集"。省议会议长谢己原也无奈同意，"省议会对于筹款必须依法而行，现在戒严期内，尽可由督军对于筹饷局得以全权行动"。④ 军事方面，陈炳焜确

---

① 《上海西报之粤中形势纪》，天津《大公报》1917 年 6 月 25 日，特别附张。

② 章伯锋主编《北洋军阀（1912～1928）》第 3 卷，武汉出版社，1990，第 135 页。

③ 《粤公民大会与桂省会》，《申报》1917 年 6 月 26 日，第 6 版。

④ 《南六省联合举兵之电商》，天津《益世报》1917 年 6 月 20 日，第 3 版。

与朱庆澜等人商谈过出师讨逆之事，"由江西、湖南、福建三路出兵，张开儒率滇军十营向江西前进，莫荣新率桂军十营向福建前进，方声涛镇守赣南，以为策应"，然"议定未发"。①

据闻，李烈钧和其他滇军将领对陈炳焜不积极派军北伐颇为不满，留驻粤省的滇军（约5000人）准备发兵讨陈，朱庆澜则站在李烈钧一边。②另外，朱庆澜施政，与滇系接近，更加深了与桂系的矛盾。"如公署内新委之科长、科员及新委南、番两县知事，皆属与滇军有关系之人，故论者或疑省长本无兵权，而欲借滇军以自重，流言滋起。闻政务厅长已力劝省长引退，而财政厅长严家炽已实行辞职。警察厅长王顺存亦决定辞职。此两厅长既辞，则省长亦势成孤立，有不能不去之势。"③

滇系首脑唐继尧密电徐之琛，告诫驻粤滇军切不可妄动离粤，实质阻挠了北伐计划。其谓："滇军离粤，无论出闽、出赣、出湘，均不合计，曾迭电该师长等，力持镇定，一面与龙〔龙济光〕联络，静候本督军命令行事，何以并不遵行，徒断断于饷械之争，纵使要求得遂，我军率尔离粤，必致就此逐客，陷于进退两难。该师长毫不加察，必为人所暗算。"④

最为重要者，陈炳焜以"自主"时期全省军事必须统一为由，下令接管觊觎已久的省长公署所属的警卫军，成为陈、朱争持之焦点。陈氏此时敢夺朱庆澜兵权，因为朱之权力源于中央，既然不承认段内阁，自也无须顾忌。宣布"自主"当天，陈炳焜即派林虎见朱庆澜，要求移交全省警卫军104营（另说120营或40营）。6月24日，陈炳焜发表接管省署警卫军通电："所有全省警卫军应即改隶本督军直辖，原设警卫军总司令即行撤销，并请朱省长将该司令部职员暨警卫军官佐衔名、弁兵名额、薪饷数目分别造具清册，刻日咨送接管。"⑤朱以准备出师讨逆为由，据理力争，才获准从警卫军中抽出20营作为省长亲军，仍归自己统率。朱氏

① 邵元冲：《总理护法实录》，《广东党务》第29期，1929年，第4页。
② 广东省档案馆编译《孙中山与广东——广东省档案馆库藏海关档案选译》，广东人民出版社，1996，第79页。
③ 《自主声中之广东消息》，天津《大公报》1917年7月1日，第2版。
④ 《唐继尧密电徐之琛》，云南省档案馆藏唐继尧档案，档案号：106-3-1337。
⑤ 《朱庆澜辞职之原因》，《申报》1917年7月1日，第6版。

随即委任陈炯明为亲军司令。此粤军20营基本上是护国之役中的陈炯明旧部。陈在1916年收束军事时，对朱全力支持，彼此感情融洽。因此朱庆澜急邀陈回粤，假以亲军司令之名义，奉还旧部，借为己助。①

自陈炯明与朱庆澜结盟，遂赴沪劝说孙中山来粤。"时陈炳焜督粤，炯明与联宗谊，得居其公署，充高等顾问，复时与省长朱庆澜往还。未几，督军团叛变，张勋复辟，炯明适赴沪，至则闻孙公倡言护法，联海军舰队谋取江浙沿海地方为根据，始谋上海不果；继谋宁波，亦不果。炯明乃诣孙公献议赴粤。孙公云，吾正欲赴粤耳。会驻粤滇军第三师长张开儒率先来电赞成护法，并致欢迎之意，李烈钧在沪，闻电亦遄返粤。于是孙公决赴粤东。"② 有学者甚至认为："陈之拥有实力并亲自北上劝驾，对孙中山及舰队南下实有决定性影响。"③ 实际上，陈炯明取得20营的控制权，尚在朱庆澜离粤以后。继任省长李耀汉拟辞职，尚有警卫军诸将领挽留。陈炯明可能直到莫荣新时期，省署亲军改编为海军陆战队，才真正掌握这支20营的队伍，成为日后东征伐闽的主力。

通过陈炯明牵线，朱庆澜积极将孙中山的民党势力引入粤中。既派政务厅长冷遹到上海欢迎国会议员南下粤省，④ 又去电欢迎海军南下护法。⑤ 若非朱庆澜的热心，孙中山未必能下定决心，迅速赴粤护法。

值得注意的是，桂系也欢迎孙中山、海军和国会议员南下，邀请、集会、接待等工作亦在进行。双方不同者，据代表孙中山接洽粤军政当局的邹鲁观察："朱庆澜省长绝对没有什么条件，愿意拥护总理的主张。陈炳焜督军表示护法是应该的，但是广东财政不足，用起兵来，非开赌禁不可。当时我知道他别有用心了。"⑥

桂系意在收拢反北势力以自固，但并不同意在粤召集国会与成立政府。北洋密探马凤池报告称："孙文定计在粤另立政府，所恃陆军势力，

① 赵立人：《程璧光与护法运动》，《历史研究》1999年第3期。
② 《陈炯明叛国史》，出版社未详，1922，第14页。
③ 赵立人：《程璧光与护法运动》，《历史研究》1999年第3期。
④ 《东报记南方独立之始末（续）》，《时报》1917年9月18日，第2张第3版。
⑤ 莫汝非：《程璧光殉国记》，自印本，1919，第4章第2页。
⑥ 邹鲁：《回顾录》，岳麓书社，2000，第84页。

只有张开儒、方声涛及林虎一旅。林逆远驻雷州，形势隔禁，实仅张、方两师可资号召，他则魏邦平之警察兵可凑数耳。陆使（荣廷）、陈督（炳焜）均未附和。朱省长（庆澜）亦但利用彼党巩自己地位，决非乐从其诡谋。实力单薄，乌能成事。即幸而成焉，亦断断不能持久。"[1] 其对朱的观察——引孙自保，确有所见，但后续桂系与孙的关系因朱庆澜主动辞职而生变化。

三　朱庆澜离粤与孙、陆合作

孙中山身边为数众多的粤省精英倾心于地方自治，主张粤人治粤。为此胡汉民担任粤省长的呼声不断。尽管民党受到北方军人身份的朱庆澜的欢迎，但朱毕竟只是缺乏坚强实力的外来者。相较而言，两广山水相连，语言相通，历来关系密切。而且桂系作为两广的实际掌权者，民党无论立足还是北伐，都需要与之合作。

7月胡汉民亲赴南宁，邀请陆荣廷来粤护法未果。稍后孙中山派遣邓家彦、黄大伟作为个人代表，赴广西武鸣邀请陆氏到粤。8月12日，赴粤国会议员推举吴宗慈、王正廷、马君武、秦广礼等四人赴桂，欢迎陆荣廷来粤，"主持讨逆军事"。13日吴宗慈等人抵梧州时，巧遇从武鸣归来的邓、黄二人，"据述陆氏有病，暂难来粤，护法讨逆匪易，人任不日将来武鸣，余等可免武鸣之行矣"。[2] 不过吴宗慈等人还是继续前行，在南宁见到了陆荣廷。

国民党系的报章《中华新报》报道了邓、黄谒见陆荣廷的详情：陆氏力主黎元洪复位，不满意冯国璋之继位总统，"我辈现在南方起义，冯、段必联为一气，若西南亦能联为一气，自能抵抗，否则徒供敌人攻取而已。我们西南的省分只有云贵、四川、两广以及湖南，而云贵方有事于

---

① 章伯锋整理《马凤池密报》，中国社会科学院近代史研究所近代史资料编辑组编《近代史资料》总36号，中华书局，1978，第41~42页。

② 吴宗慈：《护法纪程》，《北京大学图书馆藏稿本丛书》（18），天津古籍出版社，1991，第7~8页。

四川，湖南又危在旦夕，我知我好比林中高树，那北洋派不斫我，更斫谁来？所以我虽在病中，我却早有预备。至于湖南，乃与广西为唇齿。唇亡则齿寒，无湖南便无广西，无广西我辈便无退路。我宁拼我老命，不能不力援湖南。言罢复伸拳切齿曰，只有打而已，大有灭此朝食之慨"。但陆氏对于国会议员能否全体南下不无疑问，"现在国会要在广东召集，只恐北方的议员不能来。若仅南方的诸员，何能代表国会全体？""最后言赞成孙中山先生计划，但眼前不能来粤，相与筹议，殊深歉仄耳。"① 该报道绘声绘色，可知陆有较明显的南北纷争的观念，对于抗北具有坚定信念，但由此出发，对于护法的见解则颇偏狭。至于所谓赞成孙中山计划云云，则不能视作实录。

吴宗慈等人面谒陆氏的具体情形，见于其《护法纪程》。今亦摘录如下，以资比较："（陆）对于援湘之举，已有决心，意极诚恳，但力持谭组庵（湘督军）须有决心，并须湘省先宣布自主，然后桂军可径入湘境。此时桂军三千人已发桂林，抵湘边界。所须湘先自主者，陆恐骤入境，人将谓桂侵略湘地也。""对于大局，力主黄陂复位为合法，另举总统，所不赞成。对于在粤组织政府，主由西南各省派全权代表，立一会议机关。以后进行各事，均由此机关发动。对于国会事，主暂缓开会。俟军事得手后，集会于武昌为当。并谓在粤集会，北省议员敢来耶？意调秦君广礼。秦谓鄙人籍黑省，乃中国极北地，鄙人既敢来，则请从隗始，当无不敢来之理。陆笑颔之。""对于两粤之局，主先解决粤事。粤事为梗者，一为朱庆澜未去职，恐与北方暗结合；次则滇军不受粤督调遣，意谓粤事果完全解决者，则无后顾忧，驻粤桂军，可调作援湘之用。至来粤事，则以病躯未愈谢。意与孙先生不惬也。"②

吴宗慈的记载当更能反映陆荣廷的真意：赞成援湘抗北，拥戴黎元洪复位，质疑国会复会广州的可能性，并反对在粤组织中央政府，同时提出解决朱庆澜问题为合作前提。"意与孙先生不惬"确是实情，所谓足疾不

① 《陆使接见孙中山代表之谈话》，上海《中华新报》1917 年 8 月 22 日，第 2 张第 2 版。
② 吴宗慈：《护法纪程》，《北京大学图书馆藏稿本丛书》（18），第 8～10 页。

过托词而已。

相较而言，孙中山对于南北问题较为开放，不以地域为限。7月25日，当记者问及解决当前时局，"究属谁之仔肩"时，孙氏答言："君主专制之气在北，共和立宪之风在南。""故南人有慕君主专制之风者，必趋附于北方；北方人有慕共和立宪之风者，必趋附于南方，自然之势也。今日欲图巩固共和，而为扫污荡垢，拔本塞源之事，则不能不倚重于南方。""兄弟主张在粤省聚集国会议员，组织统一机关，请陆干卿速出主持大计，电邀全国要人贲临，以共筹大局。"①故其有信心有足够的国会议员南下广州，重新召集合法的国会。

粤督陈炳焜秉承陆荣廷之意，反对孙中山在粤组织政府。孙氏曾请陈炳焜提供海军和国会议员经费，陈表示"安有余力任此巨款？"孙曰："粤自宣布自主后，截留中央之款每月不下二百万，又增赌饷六百万，况省〈议〉会通过赌案原以出师讨逆为条件，今此举无非为讨逆起见，拨给应用最为适宜。"双方辩论半小时终不欢而散。②

陈炳焜另亦反对在粤召集国会："国会地点宜慎讨论，免有敌者侵入广东之虑，鄙人担负保护全省治安之责，不得不言，请诸君详细讨论。"朱庆澜则明白赞成孙氏意见："今日所论国会在粤开会，尤极赞成。鄙人前曾通电，主张速恢复国会，与孙先生之政见相合，至于粤省出兵讨贼，鄙人主张甚力，但后因道路阻隔，航运不便，故延迟至今。今宜乘北方纷乱之际，速即恢复国会，则共和可以维持。"③省议会亦追随其后，致电诸国会议员，"应请诸君根据《约法》，自行召集以定大计，开会地点究以何处为善，未悉有无指定，粤虽边僻，如公意以为可用，当表欢迎"。④随着国会议员群起南下，以及程璧光率舰队加入护法，桂系为争取政治资本，行动趋于积极。陈炳焜因议员人数多，"恐旧烟酒公卖局地狭，不敷

① 《孙中山先生之伟论》，上海《民国日报》1917年7月25日，第3版。
② 《孙中山与陈督军算账》，天津《大公报》1917年8月8日，第2版。
③ 《粤省议会欢迎孙先生纪》，上海《民国日报》1917年7月25日，第7版。
④ 《粤省组织政府之大问题》，上海《申报》1917年7月25日，第3版。

应用，现将派人商租旧海珠酒店"。① 陆荣廷致电陈炳焜，虽然反对成立南方政府，"不过旧国会的议员们可暂时留在广州。陆将会代表中央政府款待他们"。② 徐之琛密电唐继尧，报告孙中山与桂系关系好转，"粤自海军独立，情势大变。中山诸公共两粤当道近愈融洽。陆已抵邕，与谭计划出师，两粤对外将趋一致"。③

7 月 25 日北京政府发布大总统令：将广西省长刘承恩与广东省长朱庆澜对调，刘氏未到任以前，广东省长命陈炳焜暂行兼署。"有谓此次对调省长之件，北京政府系为迎合陆荣廷、陈炳焜之意而发"，④ 特别是陈氏兼署省长之令，满足了一年以来桂系要求粤省军政全权的要求，意在拉拢桂系。同时表明朱庆澜引孙入粤，已经失去北洋政府的信任。朱氏以之为非法命令加以拒绝："今黎大总统未经复任，国会未经回复，中央政府未经依法正式成立，陈督军暨贵议会未经协议变更自主主义以前，虽有非法内阁之命令，当然认为无效。"⑤ 但是朱之省长任命来自北京，权位难免大受影响，又有辞职之意。

省议会议长谢己原以个人名义商诸孙中山。孙中山"以为必须诚意挽留，且着己原转告省长，请勿萌退志，必须同心合力，挽救民国之危亡，而唐少川先生亦托其代表卢信君致意，诚恳挽留"。⑥ 孙中山在黄埔公园集合民党诸人及国会议员，议定对付办法：第一，此项伪令必不承认；第二，朱省长必须挽留；第三，朱省长如必自行辞职，则以胡汉民暂代，刘承恩必须抵制。其进行之手续，第一条由省议会以会议形式发表，第二条则以省议员及学界（因朱素为学界所拥戴）担任，第三条则以警卫军各统领署名之书函发表。⑦ 随后由熊略等十六名军官领衔发表警卫军宣言："朱省长自到任以来，已久为吾辈军人所信仰，此次北方事起，对于

---

① 《最近粤东时局之要题》，上海《申报》1917 年 8 月 6 日，第 7 版。
② 《民国广州要闻录》（14），第 186 页。
③ 《徐之琛密电唐继尧》，云南省档案馆藏唐继尧档案，档案号：106 - 3 - 763。
④ 《东方通信社电》，上海《民国日报》1917 年 8 月 1 日，第 2 版。
⑤ 《最近粤东时局之要题》，《申报》1917 年 8 月 6 日，第 7 版。
⑥ 《朱庆澜辞职与省长印信》，《申报》1917 年 9 月 3 日，第 6 版。
⑦ 《粤省长更调之民党》，天津《益世报》1917 年 8 月 9 日，第 7 版。

救国行动，尤足令人钦敬。似此实万难任其去粤，倘将来万不得已出师，或他故而行时，按照自主办法，亦惟有由贵省议会另行选举贤能接任省长。"①

细玩民党势力的表态，其实并未力挺朱庆澜续任省长。当记者问及朱庆澜的去留问题，张继所言更为直白：

> 朱庆澜问题在粤不能谓之好，亦不能谓之坏，惟前者与陆幹卿意见稍有不合，后者粤之自主时代，朱不能事事满人意。盖于平和时代，尚能有为，于变乱时代，则稍差耳。粤人欲与陆幹卿表示好意，及全其自主之目的，皆宜使朱氏离粤，但目下尚未成行。大约陆幹卿到粤时，朱当去也，继其任者，前有胡君汉民之说，惟胡君欲让之陈君炯明。朱之去也，于粤事，不但无损，且玉成之处甚多。②

张已明言朱庆澜应当离粤，一是与陆荣廷合作的需要，二是粤人自治的时代要求，甚至连继任者也想好为胡汉民或陈炯明。张继籍贯河北沧州，民党由其说出粤人治粤的话，不外乎避嫌，以示公正。

8月26日，朱庆澜宴请各界代表。据闻，陈炳焜、孙中山与财政厅长田承斌事先有约，未能出席宴会，③ 巧妙避开就朱之辞职问题公开表态。席间朱发表演说，宣布向省议会辞去省长，"兹幸海军倡议，率舰东来，国会非常召集，经已开会，大局转机，拭目可俟。自惭驽钝，无补时艰，何敢恋栈以塞贤路"。朱还强调"卸任之后决不赴桂任用，以符自主之旨，特用声明"。在场的陈炯明、李烈钧、程璧光、吴景濂、方声涛、谢己原等人纷纷出言挽留。其中李烈钧的讲话甚可留意："虽有曰：广东人之广东或广西人之广东，或云南人之广东，此无谓之言也，其实中国人之广东。现在各省热心救国之士多于广东，子桥省长安可辞职而去乎！"

---

① 《粤省警卫军军官就省长问题致省政府函》，《申报》1917年8月5日，第6版。
② 《中华民国史事纪要（初编）》（1917年卷），台北，本书编委会，1980，第673～674页。
③ 《民国广州要闻录》（14），第192页。

方声涛也说："以事实上之关系而论，若省长忽然辞职，岂非表示因属北洋派而不能见容于广东乎！"① 两位滇系要人的发言，显然也感受到粤人自治的政治氛围，为朱庆澜抱不平。但朱氏未接受挽留，于次晨六时乘车赴香港，9 月 3 日前便已离港赴沪。②

朱庆澜向省议会辞职的方式，表现粤省"自主"，具有法理上的深意。传媒引述某要人之言："若朱去省长职，其令免及委任新省长之权将操之谁人，此为法律上一大难题。以云督军，既无任免省长特权，则不能不听令大总统。但大总统任免省长，亦须经国务总理副署，其命令始生效力。然既否认非法之现内阁，则断无受其副署之命令，是大总统之任免令亦无所自出。此朱氏因求适法之去留，所不能率然离职，而以保持广东现局治安为唯一之责任及决心。"③ 故这种公开辞职的方式应是深思熟虑过的。

朱庆澜离粤以前，有宣言书及留别粤中父老文各一件，均由吴宗慈属稿。辞职事前（8 月 26 日早晨），朱尝与吴商议，吴表赞成。吴宗慈在日记中分析："盖朱不去，陆不来；朱留，反碍护法讨逆之进行。既不愿留，故赞其去。朱初聘余任顾问，今赞其去，殆所谓一顾而不复问。渠署中人不赞成辞职者居多数，则用意当有别耳。"④ 可见吴与朱的关系不深，因联络陆荣廷而赞成朱氏辞职。其代朱起草的告别粤省父老书也反映了这种心态："吾粤父老子弟得免久罹兵革，此岑、陆二公德威所致，大有造于粤者，庆澜周旋其间，得免陨越。"⑤ 又起草致陆荣廷电文，敦促"我公启节东来，主持帷幄"。⑥ 吴之意图不外乎借此推动孙、陆合作。朱庆澜同意发表，乃是着眼大局，不无玉成粤桂各派势力联合护法之意。

广东政务厅长杨嘉绅申述朱庆澜辞职原委，函见《申报》，当是出于朱氏之授意。

---

① 《朱庆澜辞职与省长印信》，《申报》1917 年 9 月 3 日，第 6 版。
② 吴宗慈：《护法纪程》，《北京大学图书馆藏稿本丛书》（18），第 15 页。
③ 《朱庆澜不辞粤省长》，上海《民国日报》1917 年 7 月 3 日，第 7 版。
④ 吴宗慈：《护法纪程》，《北京大学图书馆藏稿本丛书》（18），第 12 页。
⑤ 《朱庆澜留别粤人书》，《申报》1917 年 9 月 2 日，第 7 版。
⑥ 《朱庆澜去粤后之行踪》，长沙《大公报》1917 年 9 月 13 日，第 3 版。

凡平日往来粤桂之间者，均谓朱省长一日不去粤，则西南大局一日不能进步，是朱省长在粤恋栈一日，即系对于大局阻碍一日；朱省长能决然早去一日，则大局早能进步一日。众喙纷腾，无足深辩，惟似此疑谤交集，就令勉强支持，亦无事可办，此朱省长所以于今晨决然去粤之原因也。①

朱庆澜为护法大局而下台，即有舆论为之鸣不平。上海杂志《兴华》时评指出："朱省长虽惬于人民，洽于各界，而以陈督之故，不能不去。"② 香港《华字日报》则以"朱氏辞职极为美举"，并赞扬其在粤政绩："省中政事颠倒不堪，屡赖朱氏调治整理，政绩昭著。自龙济光乱后，省中元气得以复原者，惟彼一人之力也。自莅任以还，各业皆兴，学务尤其发达，真邦国之柱石也。"③

令人意外的是，朱庆澜对陈炳焜心存恶感，不顾礼节，竟不辞而别。陈炳焜闻此急派警察厅长魏邦平前往车站拦截，未果。④ 陈随即宣布，"本日省长离粤，有类私人行动，于大局治安毫无关系，所有本省秩序仍由本督军完全负责"。后又诡称朱氏携去省长印信，"似属有心扰乱治安"，宣布一切文牍皆以督军印信方为有效。⑤ 继又逼迫政务厅长杨嘉绅交出省长印信。⑥ 陈炳焜之逼人太甚，导致各派系的反感，加以受制于粤人治粤的思潮，至11月亦辞职而去。

朱庆澜走后，孙、陆合作并未如愿实现。粤人自治大致为粤桂双方所赞同，但桂系已视粤为禁脔，不可能放手让民党掌粤民政。继任省长一事顿成焦点。

8月28日，广东省议会投票选举胡汉民为省长。海军、在粤滇军、

---

① 《粤省长朱庆澜离省详情》，《申报》1917年9月2日，第7版。

② 《时评》，《兴华》第14卷第36期，1917年9月，第32页。

③ 《港报论朱庆澜去职事》，天津《益世报》1917年8月31日，第3版。

④ 《粤省长朱庆澜去粤问题详纪》，天津《益世报》1917年9月5日，第3版。

⑤ 《粤省长朱庆澜离省详情》，《申报》1917年9月1日，第6版。

⑥ 《广东政务厅长杨嘉绅通电》，《申报》1917年9月15日，第3版。

警卫军以及粤省各军官，发电祝贺胡氏获选广东省长，并请其从速就职。① 唯督军陈炳焜甚为反对，主张时任肇阳罗镇守使的粤人李耀汉继任省长，以抵制民党势力。②

此时桂籍国会议员邓家彦发电攻击胡汉民"盘桓武鸣，与其左右赌博，虚糜公款，以遂其逢迎之私"，还言及胡继任粤省长与孙中山之护法理念不合。

> 中山先生痛国会非法解散，觅净土于西南，卒以粤省召国会议员开非常会议。而议员来意在一国，不在一省，在约法不在省长。若粤人师孟罗主义而达其旨，曰广东者，广东人之广东，则滇饷纠纷不难再见。勇士裹足，志士灰心，殊非中山先生本意矣。③

其说不无见地。孙的理想在不分南北、党派，统一在己之领导下护法。据日本共同通信社消息，孙氏初时欲组织之新政府成员如下：国务总理陆荣廷、陆军总长朱庆澜、海军总长程璧光、外交总长伍廷芳、财政总长唐绍仪、司法总长王宠惠、内务总长胡汉民、农商总长张謇。④ 故孙中山命朱执信与李耀汉密商，令胡汉民向省议会辞省长职，并荐李耀汉自代。胡汉民辞职后，避往香港。⑤ 孙中山对此表示："此来为救国护法，非代人争省长，吾侪之目的在讨贼，苟能始终贯彻其讨贼目的者，皆吾粤人所愿爱戴者。汉民之避港，即汉民之识得大义处，故吾甚赞许之。"⑥此番继任省长之曲折，上海《时报》的分析似最近真：桂系最初本属意胡汉民长粤，"盖当朱庆澜与陈炳焜相轧至剧烈时，桂系急于去朱，思得粤人为助，而环顾粤人中之有继任资格者，以胡为感情最洽"。后因邓家

---

① 《胡汉民当选粤省长记》，上海《民国日报》1917 年 9 月 2 日，第 6 版。
② 《陈炳焜欲以李耀汉为广东省长》，《北京日报》1917 年 8 月 31 日，第 1 张第 2 版。
③ 《邓家彦致胡汉民电》，天津《益世报》1917 年 9 月 6 日，第 3 版。
④ 《广东新政府之风传》，《北京日报》1917 年 7 月 28 日，第 1 张第 1 版。
⑤ 《纪广州来客谈粤中真相》，上海《民国日报》1917 年 9 月 20 日，第 10 版。
⑥ 《陈舜琴对军政府之真态度》，上海《民国日报》1917 年 9 月 20 日，第 6 版。

彦发电攻击，胡颇疑别有授意，而陈炳焜、李耀汉交涉成熟，故而李氏上台。①

遗憾的是，孙中山压制党内自治派，让出省长职位，仍未能促成与桂系的有效合作。实则桂系为地域性的军事集团，势力锁定两广，出兵湖南抗北亦为守护两广地盘。此既与粤省民党自治的利益不合，又与孙中山的护法理想有异。双方性质完全不同，只能根据政治形势相互利用。吊诡的是，朱庆澜固然能配合孙中山的护法计划，政治理想也较为一致，却又未能破除粤桂要人南北、省籍之地域见解，最终只能挂冠而去。可见护法运动的政治操作极其复杂，既不能以法理做衡量，亦无法以政见为依据，而是时、地、人多元因素制约下的历史选择。

〔李欣荣，中山大学历史学系〕

---

① 《广东省长问题之各面观》，上海《时报》1917 年 12 月 7 日，第 2 张第 3 版。

塑造烈士：五四时期的
民族情感与反日运动的展开

马建标

内容提要 五四时期反日运动在北京、天津、济南、上海、武汉等重要城市的开展，与所在城市的教育会、学生会、省议会以及基督教青年会等社团的支持有密切关系。各地"学生烈士追悼会"的举办大体上是由绅、商、学界的领袖人物发起的，追悼会承担了塑造反日"民族英雄"的宣传功能，并经由报纸的传播，构建起一个以"反日爱国"为主旨、地方与全国互动的"民族情感共同体"。青年学生充当各地抵制日货的急先锋，利用民族主义情感动员商界抵制日货，却漠视了民族救亡与商界利益的内在冲突，由此决定当时的反日运动只能是暂时的行为。

关键词 烈士精神 "民族气场" 反日运动 五四时期

五四运动之后，天津学生领袖周恩来写了一首小诗："壮烈的死，苟且的生。贪生怕死，何如重死轻生！"[①] 这首诗很典型地体现了五四时期中国青年学生的烈士意识，正是这种爱国精神鼓舞着"五四"学生走上街头，发表反日救亡演说，呼吁国人抵制日货。在五四时期的反日运动期间，周恩来也与众多的青年学生一样，满腔热情地参加爱国运动。他的这首歌颂"壮烈死亡"的小诗却是"五四"青年特有的精神、情感、意志与心灵的综合体现，这种情感因素也是理解中共早期成员精神世界的重要

---

① 《周恩来回忆五四前后的思想和活动》，中国社会科学院近代史研究所编《五四运动回忆录》（上），中国社会科学出版社，1979，第30页。

门径。① 如果忽略他们所处时代的"情感体验"，我们将无法理解五四时期反日运动中所表现出来的"血书""断指""自杀"等极端行为，而这种烈士精神所渲染的"民族情感"正是五四时期反日运动得以持续和扩大的原始力量。②

作为一种在全国范围内展开的集体性的民族抗争，五四时期的反日运动涉及时间之久、规模之大、地域之广、人员之众、行为之激烈在北京政府时期都是鲜有其匹的。根据日本东京商业会议所做的调查结果，中国的反日运动造成日本直接商业损失达 1500 万余元。日本驻华公使小幡酉吉曾屡次向北京政府抗议，要求取缔排日运动，如同"水上之画字"，结果都是徒劳一场。③ 尤其值得注意的是，在反日运动期间，发起者往往会借助烈士形象的宣传来激励中国人的民族情感，通过这种民族情感来激发消极保守的商人阶层参加反日运动。五四时期，由这种烈士精神所渲染的民族情感在反日运动中的动员作用，时至今日仍有值得探讨的空间。烈士精神作为一种极端的民族情感形态，将个体情怀与民族情感融合在一起，符合五四时期民族救亡的时代需要，并对其后的革命动员具有垂范意义。④

值得注意的是，以往在讨论五四时期的反日运动问题时，一般用"反帝爱国运动"称呼之。⑤ 这种语义含混的说法会造成这样一种印象，即五四时期的"反帝运动"是针对所有列强的，实际上五四时期的"反帝对象"主要是日本。虽然五四时期的"反帝对象"仅限于日本，但它

---

① 与国民党相比，中共更擅长从事"情感动员的革命工作"，这种情感动员传统的养成与毛泽东、周恩来等人在五四时期的运动经历及其丰富的情感特质有关。参见〔美〕裴宜理《重访中国革命：以情感的模式》，刘东主编《中国学术》总第 8 辑，商务印书馆，2001，第 97～121 页。

② 关于五四运动后自杀现象与爱国运动之间关系的研究，参见刘长林《仪式与意义：1919～1928 年间为自杀殉国者举办的追悼会》，《学术月刊》2011 年第 3 期。

③ 《日本国会对华问题及青岛问题、借款问题之讨论由》（1920 年 3 月 25 日），北京政府外交档案，中研院近代史研究所档案馆藏，档案号：03-33-157-01-013。

④ 关于情感动员的研究，参见 James M. Jasper, *The Art of Moral Protest: Culture, Biography, and Creativity in Social Movements*, Chicago: University of Chicago Press, 1997; James M. Jasper, "The Emotions of Protest: Affective and Reactive Emotions in and around Social Movements," *Sociological Forum*, Vol. 13, No. 3, Sept., 1998, pp. 397-424。

⑤ 高莹莹：《反日运动在山东：基于五四时期驻鲁基督教青年会及英美人士的考察》，《近代史研究》2017 年第 2 期。

无疑是现代中国反帝运动的新起点。本文要讨论的问题是，"烈士精神"
及其激发的民族情感在五四时期反日运动中是如何加以运用的，这种
"情感动员"在民族动员中的意义及其局限性如何。

一 "五四"之前的"烈士精神"与民族运动

在近代历史上，最为人们津津乐道的烈士形象，首推因戊戌变法失败
而壮烈牺牲的谭嗣同。谭嗣同"以身殉国"的故事以及由此彰显的"烈
士精神"，超越了狭隘的英雄主义层面并上升到国家主义高度。正如张灏
所言，谭嗣同的"烈士精神震撼了一个时代，同时也为早期中国现代知
识分子树立了一个典型"。① 此种烈士精神也是激励无数有志青年投身反
清革命的精神动力。烈士精神饱含忧国忧民的革命情怀，强调对个体生命
意义的追问，烈士内心渴望"对灵魂的升脱和精神的不灭"。② 在清朝末
年，革命党人汪精卫受此烈士精神的感染，在 1910 年春进京谋刺摄政王
载沣，行刺未遂而身陷牢狱，但他"慷慨歌燕市，从容作楚囚。引刀成
一快，不负少年头"的狱中感怀诗，反而使其成为一代青年的革命
"偶像"。③

1912 年中华民国成立后，黄花岗七十二烈士所代表的烈士精神对凝
聚时人的国家认同和民族精神的激励又具有特殊的时代意义，恰如时人所
言："有了这黄花岗七十二烈士的殉国，便有武昌首义的成功，所以想到
民国成功的根源，便不能忘却七十二烈士奋斗牺牲的伟迹。我们饮水思源
对于七十二烈士的丰功伟烈，真是永远不能忘记的……这种勇敢无畏的精
神，实足为吾民族吐气，增吾族无上之光荣。"④ 在十余年的清末历史进
程中，从戊戌变法烈士谭嗣同到辛亥年间七十二烈士，他们为民族国家的
创建而勇于牺牲的烈士精神渐次成为驱使集体革命行动的重要情感力量。

---

① 《张灏自选集》，上海教育出版社，2002，第 216 页。
② 李志毓：《情感史视野与二十世纪中国革命史研究》，《史学月刊》2018 年第 4 期。
③ 李志毓：《汪精卫的性格与政治命运》，《历史研究》2011 年第 1 期。
④ 朱公振编《本国纪念日史》，上海世界书局，1929，第 45～46 页。

辛亥革命元勋章太炎特别称赞"烈士精神"的感召力在革命动员中的作用，认为革命党人的"舍生忘死精神"感动了天下，"四方之人感其至诚，覆清之声，洋溢中外"。[①] 陈天华就是这样一位感动天下的革命烈士。1905 年 12 月 7 日，湖南留日学生陈天华为抗议日本政府取缔留学生规则，激励中国学生"共讲爱国"，在《绝命辞》中写道"曷若于今日死之，使诸君有所警动，去绝非行，共讲爱国"，于次日在日本东京大森海湾蹈海自尽。[②] 陈天华蹈海而死，是否直接受到谭嗣同的影响并不重要，关键是这种为国牺牲的勇气进一步发扬了烈士精神。曾与陈天华一同赴日留学的杨昌济就是谭嗣同的崇拜者。[③] 陈独秀也是烈士精神的推崇者，他认为："盖中国人性质，只争生死，不争荣辱，但求偷生苟活于世上，灭国为奴皆甘心受之。"[④] 要唤醒沉睡的中国人，必须靠"少数之少数"的先觉者与启蒙者。[⑤] 这种启蒙者的孤独感与责任感更加凸显了烈士精神的可贵。陈独秀时常怀念先他而去的几位烈士亡友，以坚定他继续启蒙国人的意志与决心，"赵（声）、杨（毓麟）、吴（樾）、陈（天华）不惜自戕以励薄俗，恐国人已忘其教训，即予亦堕落不堪，愧对亡友矣"。[⑥]

从陈独秀及其同辈友人陈天华、吴樾、赵声等所发扬的烈士精神中，我们可以看到谭嗣同烈士精神在清末民初的代际延续。同样，以毛泽东、周恩来、恽代英等为代表的"五四"知识分子对烈士精神的推崇与认同也很明显。毛泽东在湖南第一师范读书时，因为杨昌济的提倡而研读谭嗣同《仁学》和船山学说。[⑦] 杨昌济先后留学日本和英国十年，研习教育与哲学，是一位学贯古今、融通中外的学者。他一生"以直接感化青年为己任，意在多布种子，俟其发生"。[⑧] 在其直接影响下，以毛泽东为首的

---

① 《章太炎全集》第 3 卷，上海人民出版社，1984，第 617 页。
② 《陈天华集》，湖南人民出版社，1958，第 235 页。
③ 参见李锐《早年毛泽东》，辽宁人民出版社，1993，第 39 页。
④ 《陈独秀文章选编》（上），三联书店，1984，第 12 页。
⑤ 〔日〕近藤邦康：《救亡与传统：五四思想形成之内在逻辑》，丁晓强等译，山西人民出版社，1988，第 167 页。
⑥ 陈独秀：《双枰记叙》，《甲寅》第 1 卷第 4 号，1914 年 11 月。
⑦ 李锐：《早年毛泽东》，第 45 页。
⑧ 王兴国编《杨昌济文集》，湖南教育出版社，1983，第 344 页。

湖南一师学生在他们的文字著述中时有"谭浏阳英灵充塞于宇宙之间，不复可以死灭"一类的议论。[①] 谭嗣同的烈士精神多少带有一些侠义色彩，其精神不死和灵魂不灭的英雄气概与一战爆发之后的中国民族主义运动混合在一起，形成一股强大的民族精神。

在 1915 年抵制日本"二十一条"的运动中，烈士精神得到提倡，借以达到唤醒民众的目的。1915 年 5 月中旬，成都学界在致全国各报馆的信中写道："国家当风雨飘摇之时，而人民犹在醉生梦死之中，欲唤醒之，以与共济时艰，则又诸公之黑血是望。"[②] 烈士精神是知识信仰与个体情感的混合体，因此烈士精神的信奉者一般是那些拥有良好教育的社会群体。自 1915 年反对日本"二十一条"运动以后，烈士精神被逐渐阐释为一种"效忠国家"的精神，而为国牺牲个体生命也受到社会舆论的鼓励。此时中国社会新旧思想观念的冲突，加剧了青年人内心的苦闷，特别是青年人的自杀现象被赋予反抗社会压迫的意义。陈独秀就认为"以前的一切信仰都失了威权，心境深处起了人生价值上的根本疑问，所以才自杀"。[③] 因思想的冲突而自杀，当时的年轻人认为算是有意义有价值的自杀，因而具有了烈士殉节的意味。如果说清末民初的烈士精神是为了探索生命的终极价值，那么五四时期的烈士精神则被赋予反抗社会压迫和抵御外侮的新的时代内涵。

在五四运动爆发前一年，"鲜血"已经成为烈士精神的"象征物"，并与国家观念联系在一起。[④] 在对外抗争运动中，"断指血书"成为一种广受社会崇拜的英雄主义行为。1918 年 5 月 20 日晚，留日学生归国代表李达、龚德柏、王希天等与北京各校学生代表在北大召开会议，抗议中日军事结盟，会场中不少学生悲愤痛哭。[⑤] 同日夜，北京工业专门学校湖北

---

① 李锐：《早年毛泽东》，第 44 ~ 45 页。

② 《成都学界之激昂》，《申报》1915 年 6 月 2 日。

③ 任建树主编《陈独秀著作选编》第 2 卷，上海人民出版社，2009，第 154 页。

④ 进入民国以后，欧美国家用红色纪念先烈的方式对中国产生影响，红色具有为革命献身的意义。参见李若晴《烈士精神与革命记忆：20 世纪诗画中的红棉意象》，《文艺理论与批评》2018 年第 6 期。

⑤ 章伯锋：《皖系军阀与日本》，四川人民出版社，1988，第 178 ~ 179 页。

籍学生张传琦闻中日交涉已经签字，割破手指并血书"亡国条件非取消，不能达到目的，勿限于五分钟热度"等字，在京城高校广为宣传。5月21日，该校的另一位学生夏秀峰也断指血书"请愿书一件"。① 从1915年反对中日"二十一条"交涉运动到1918年反对中日军事结盟运动，断指、血书、坠城、投河等壮烈事迹经常见诸媒体报道，以此来唤醒中国，鼓动民众的反日情绪。

随着现代民族国家观念在知识阶层的普及，民族主义所强调的群体意识进一步赋予烈士精神以崇高的地位，并将个体的生命价值与救国运动紧密地联系起来。要拯救中国，就必须弘扬烈士精神，这一价值判断的思想预设是民族主义理应高于一切，"只有全民族的共同努力，才能抵抗一个外来民族合力推进的扩张。为动员全民族的集体力量，必须使它的成员认识到他们的生存和发展处在一个危急关头，并因而有参与公共事务的愿望"。② 中国学生为了使民众意识到日本侵略中国的野心以及中国面临的危机，他们甘愿用自己的鲜血甚至生命来唤醒民众，以烈士精神来召唤国人的爱国激情。五四运动期间，北京国民大学全体学生在《敬告邦人书》中呼吁："当国家存亡之际，正吾人死生之关"，"尤须各激爱国天良，虽杀身成仁而不悔；质言之，即不要钱、不怕死而已"。③ 在五四运动期间，烈士精神所彰显的情感力量与民族主义信仰结合在一起，成为支配五四爱国运动的精神源泉。

二 "塑造烈士"与反日动员

经过清末民初的历史积淀，烈士精神已经成为"五四"学生的集体意识。在此种社会心理状态下，烈士事迹自然地成为媒体热衷报道的议

---

① 《大学生对于新交涉之请愿详记》，《时报》1918年5月25日。
② 〔美〕张灏：《梁启超与中国思想的过渡》，崔志海、葛夫平译，江苏人民出版社，1997，第116页。
③ 《北京国民大学全体学生敬告邦人书》，中国社会科学院近代史研究所近代史资料编辑组编《五四爱国运动》（上），中国社会科学出版社，1979，第334页。

题，而大众媒体的宣传进一步扩大了烈士形象的传播。烈士形象的塑造与社会传播，一般是通过在公开场所举行烈士追悼会，讲述烈士的爱国故事，并经过报纸的报道，形成全国共享的新闻事件。在此过程中，烈士追悼会具有制造民族情感气场、形成民族情感共同体的作用。①

北京大学是五四运动爆发的重要策源地，"五四"学生烈士形象的塑造也与北京大学有着不解之缘。在五四运动爆发前一天即 5 月 3 日，北京大学学生在北河沿法科第三院召集临时会议，年仅 18 岁的北大学生刘仁静带了一把小刀，要在大会上当场自杀，以激励国人。法科学生谢绍敏当场撕下衣襟，咬破中指，血书"还我青岛"四个大字。② 像这样用"鲜血书写爱国标语"的事例，在五四时期的反日运动中不胜枚举。如 1919 年 5 月 7 日，济南民众举行了声势浩大的"国耻纪念大会"。当日上午 10 时，大约 3 万人参加此次大会，关于巴黎和会山东问题交涉的失败情况以及北京学生受爱国心的驱使痛打"卖国贼"的故事在人群中广为传播。在此次大会上，一位名叫张兴山的演讲者甚至咬破手指，血书"良心救国"四个大字。③ 不过，知识分子对民族国家观念的自觉意识与广大民众对民族国家观念的隔膜，成为"五四"学生发动大规模反日运动的重要制约因素。因此，"五四"学生要想扩大反日运动的社会基础，就必须使一般民众意识到当前的国家危机。只有这样，普通民众的民族情绪才能调动起来，大规模的反日运动才有可能实现。

在五四运动期间，有两名青年学生被塑造成著名的烈士：一是北京大学学生郭钦光，二是武昌中华大学学生李鸿儒。二人被塑造成烈士，各有其独特的缘由。二人之死对于推动中国各地区反日运动的深入开展具有积极的促进作用。郭钦光被塑造成烈士，既是一个偶然的巧合，也是清末民

---

① 应星：《"气"与中国乡土本色的社会行动》，《社会学研究》2010 年第 5 期。

② 中国人民政治协商会议全国委员会文史资料委员会编《五四运动亲历记》，中国文史出版社，1999，第 64 页；张国焘：《我的回忆》第 1 册，现代史料编刊社，1980，第 50 页。

③ "An Extra of the Ta Tung Jih Pao of the 7th May 1919，" May 8, 1919, 893.00/3165, Records of the Department of State Relating to Internal Affairs of China, 1910 – 1929, 中国国家图书馆藏，美国国家档案馆缩微资料，Roll 22, 893.00/3141 – 3275。

初以来烈士精神逐渐被中国社会认同的一个必然结果。关于郭钦光的生平，时人记载："郭钦光字步程，年三十一岁，广东文昌人也。家贫，父兄早殁。幼善任击，迭为人报不平。乡党皆器重而资助之。迄游学京师，备极勤勉，少事寡言。惟谈及国事，则慷慨激昂，捶胸顿足，有不灭国贼，死不休之慨。自月之四日，北京学界有游街大会之举，君踊跃前驱，追击国贼。闻同学被捕者多，忿不可奈。呕血数升，翌晨即送往法国医院调治，竟以怨恨不起。当其弥留时，有告以章宗祥已毙者，乃仰天笑曰：国贼已亡，吾死无憾矣。遂瞑目无言。溘然长逝。"①

不独郭钦光的死被塑造成壮烈之举，其早年事迹也被描绘成是爱国的。6 月 14 日，南京高等师范学校代表在追悼郭钦光大会上说："郭烈士于袁氏帝制时代，即大声疾呼，以冀唤醒同胞之觉悟。昔因国事痛心，居处时常抱抑郁愤恨之声，每现于颜色，以致身躯多病。"② 然而，郭钦光的真实形象并非如宣传的那样。实际上，郭钦光不过是一个很普通的北大学生，他之所以被塑造成全国景仰的烈士，主要是一种现实的策略选择，"刚巧北大有一位同学叫郭钦光，在这个时间死了，他本来是有肺病的，在五四那一天，大约因为跑得太用力了，吐血加重，不久便死了。当时大家怕章宗祥和我们打官司，所以定下一个策略（这个策略之最初主动者便是狄君武），硬说郭钦光乃是在五四那一天被曹家佣人打死的"。③ 简言之，为了进行最大限度的情感动员，郭钦光被塑造成烈士，是一种无可厚非的策略选择。

因地理之便，天津学生界较早地举行郭钦光追悼会，对郭钦光的纪念活动继而在全国展开。5 月 10 日，直隶第一女子师范学校全体学生发出通函，邀请天津各校学生于 5 月 11 日在天津东马路基督教青年会内为郭钦光举行追悼大会。当日下午，郭钦光追悼会如期举行。此类活动的意图正在于讴歌郭钦光救国的壮烈事迹，渲染其烈士形象。如南开、成美两学

---

① 《天津公园之学生大聚会》，《时报》1919 年 5 月 15 日。
② 《南京学生追悼郭钦光等大会情形》，中共江苏省委党史工作委员会、中国第二历史档案馆编《五四运动在江苏》，江苏古籍出版社，1992，第 115 页。
③ 《五四运动亲历记》，第 69 页。

校全体学生赠送的一副挽联写道：填胸义愤拼一死，以挽危亡，宗泽大呼，英雄泪尽；瞑目悲歌舍此身，何足轻重，荆卿高唱，壮士不还。当然，天津学生界举行的郭钦光追悼大会，并非单纯为了表彰郭钦光的"烈士精神"，更主要的是借此鼓动人心，为推行更大规模的反日运动做舆论准备。天津直隶第一女子师范学校发布的郭钦光追悼会通知，即指明其开会意图是"借以征求伟论，醒救同胞也"。① 天津中等学校举行的郭钦光追悼大会，也是由各校校长演说，并"讨论关于青岛外交问题一切进行办法，及推举代表晋京参与会议情形，以资取决"。②

值得注意的是，天津学生界追悼郭钦光的活动，得到顺直省议会的有力支持。顺直省议会发起成立直隶各界公民联合会，5 月 12 日，天津著名绅士孙仲英提议"北京学生郭钦光爱国之举竟致殒命，拟由天津教育界同人每人先捐资一文，他界听其自由，以资做一纪念品而垂永久，可谓轻而易举"，众皆赞成。③ 郭钦光被塑造成烈士形象，是学生界推动反日运动的一个策略选择，是为了警醒国人，更是为了克服部分中国人固有的缺点如"五分钟热度"等。④ 郭钦光追悼会的举行基本上是在当地反日运动走向高潮的前夕，这也说明当地社会精英是在选择恰当的时机举行烈士追悼大会。5 月 30 日，上海学生联合会在"环球中国学生会"召开会议，筹备追悼郭钦光大会，得到复旦大学校长李登辉的支持。⑤ 在对郭钦光烈士形象的塑造上，参与者往往引用人们所熟悉的传统历史故事来激励人心，如有人把郭钦光与宋代太学生陈东的爱国事迹相比附，上海女子中学

---

① 《直隶第一女子师范追悼郭钦光》，天津历史博物馆、南开大学历史系《五四运动在天津》编辑组编《五四运动在天津——历史资料选辑》，天津人民出版社，1979，第 14 页。

② 《中等各学校联合举行追悼郭钦光大会》，《五四运动在天津——历史资料选辑》，第 15 页。

③ 《顺直省议会发起成立直隶各界公民联合会》，《五四运动在天津——历史资料选辑》，第 20 页。

④ 《顺直省议会发起成立直隶各界公民联合会》，《五四运动在天津——历史资料选辑》，第 18~19 页。

⑤ 《上海学联筹备追悼郭钦光大会》，上海社会科学院历史研究所编《五四运动在上海史料选辑》，上海人民出版社，1980，第 272 页。

的挽联是"谁令伯仁至此；其视陈东何如"，等等。① 郭钦光的烈士形象塑造，确实具有一定的精神感染力量。上海静安寺路汇芳照相馆免费洗印并放大郭钦光的遗像，以示"该馆对于郭烈士钦服之意"。② 5月31日，上海大小商店皆为郭钦光下半旗志哀，其中河南路、南京路、法大马路一带尤为整齐。③ 根据《申报》数据库的统计，从1919年5月到7月，北京、上海、广州、山东、南京、武汉、沈阳等地都为郭钦光举行过追悼会。

正如郭钦光的烈士形象是基于一种宣传策略的需要，武汉学生李鸿儒也被描述成一位为国牺牲的模范。五四运动爆发后，李鸿儒立即投入爱国运动。6月初，李鸿儒在劝业场演讲时，遭保安队殴打致伤。6月16日，李鸿儒在往南阳途中，忽闻中华大学学生胡宗灿伤重不治，不禁悲愤填膺，遂跳水自杀。其遗书写道："鄙人救国无状，徒存所耻，尚望学界同人，各抱爱国之忱，誓达目的为止。"④ 在宣传李鸿儒的爱国事迹方面，武昌中华大学的恽代英发挥了重要作用。6月18日，恽代英为武汉学生联合会写作追悼李鸿儒启事。同时，恽代英联络其他社会团体，计划在6月22日为李鸿儒等人的追悼会召开筹备会。⑤ 7月1日，恽代英又改写李鸿儒的传略，发表在7月10日的《汉口中西报》上。恽代英之所以热心宣传李鸿儒的烈士事迹，积极筹备李鸿儒等人的追悼大会，不仅是为了缅怀其舍己殉国的精神，更主要的是出于一种现实政治斗争的考虑：一方面开展反日运动如抵制日货等，另一方面反对北京政府内部的亲日派——安福系。在五四运动期间，抵制日货与反对安福系是恽代英的两大政治斗争目标。7月1日，恽代英在改写李鸿儒传略的同时，又写作《大家起来推翻安福系》《名片有国货可用了》《日货国货辨认法》等文。从这些文章的标题来看，恽代英是把反日与反对亲日派作为重要的斗争目标的，而为李鸿儒等死难者举行追悼会，则是达到上述目标的重要宣传手段。

---

① 《追悼郭钦光大会》，《五四运动在上海史料选辑》，第276页。
② 《上海学联筹备追悼郭钦光大会》，《五四运动在上海史料选辑》，第273页。
③ 《追悼郭钦光大会》，《五四运动在上海史料选辑》，第278页。
④ 《学生忧愤投河》，《汉口新闻报》1919年6月18日。
⑤ 《恽代英日记》，中共中央党校出版社，1981，第564、565页。

烈士追悼会作为各界力量参与的大型群众集会，需要动用大量社会资源，需要社会各界力量的支持才能完成。因此，追悼会本身就是各种社会力量联合的结果。除武汉教育界的恽代英之外，汉口和记蛋厂的买办商人以及汉口辅德中学的创办者刘子敬也是烈士追悼会的重要筹备者。刘子敬亦是即将成立的湖北各界联合会发起人之一。从恽代英的日记可知，恽代英主要负责李鸿儒等烈士的追悼会启事及其生平传略的文字宣传工作，至于追悼会的具体筹备、联络等事宜，恽代英很少参与，如其所言："五烈士追悼会，从上数星期闹起，至今日下午四时尚无布置，而定期明日开会。"① 实际上，刘子敬主持的辅德中学为追悼会筹备工作做了较为妥善的布置。当恽代英7月2日晚赶到辅德中学时，惊闻"（追悼会）已布置有头绪矣。大异！"半信半疑的恽代英到追悼会会场视察后，方信以为实。②

7月3日，武汉学生联合会、汉口红十字会、武昌律师公会等18个团体，不顾湖北当局的反对与阻挠，在汉口大智门外联合举行李鸿儒等烈士追悼会。是日，有1000余人参加追悼会，武汉律师代表施洋宣读祭文，发表演说道："殉国五学生此次牺牲性命，价值较之黄兴、蔡锷为高尚。黄蔡两君对内关系，五君捐躯对外关系，所谓外患亟于内讧，诸君因追悼而来，五君未达之志，尚望同人继续进行，以竟全功。"③ 同日，武汉三镇街上悬挂白旗，以示追悼之意。有一家商店门前贴的挽联，上书"君为国死，我为君哭"。此次学生烈士追悼会是武汉地区自五四运动以来社会各团体的首次联合行动，推动了湖北各界联合会的成立。④ 将烈士的牺牲意义放置在"对外关系"层面上，就是强调他们的死亡是"为国牺牲"的，这种认识表达了追悼会的组织者希望将中华民族遭受外敌压迫的"屈辱感"转化为民族的抗争精神，进而构建一个拥有共同"耻辱经历"的"情感共同体"。

---

① 《恽代英日记》，第571页。
② 《恽代英日记》，第571页。
③ 《追悼殉国学生参观记》，《汉口新闻报》1919年7月4日。
④ 田子渝：《武汉五四运动史》，湖北人民出版社，1999，第143页。

　　值得一提的是，美国驻汉口总领事柯银汉（Edwin S. Cunningham）也注意到此次烈士追悼大会，他在给美国驻华公使芮恩施的报告中写道："7 月 3 日，武汉学生举行反日游行，有一个学生在此次反日运动中死亡，他是跳河自杀，被淹死的。"武汉学生还希望柯银汉能够支持他们的反日游行。一位姓宋的武汉学生代表特意来到美国驻汉口领事馆，希望学生游行队伍在 7 月 4 日美国国庆日这天访问领事馆，游行路线是经过苏俄领事馆，再到美国领事馆交流，这是因为"学生们崇拜美国总统华盛顿、林肯，但苏俄领事拒绝了中国学生游行队伍经过其领馆所在地的请求"。事实上，武汉学生对美国的崇拜之情并非特例。比如，上海学生联合会在给武汉学生联合会的电文中写道："7 月 4 日是美国国庆日，美国是我们的朋友，此次反日运动得到了美方的支持，我们向美国人民表示感谢。"①

　　中国人对美国的这种好感，引起了日本人的嫉恨和恐慌。为了纾解中国人的反日心理，日本在华媒体甚至打出"种族主义的旗号"，借以离间中美友谊。1919 年 8 月 12 日，芮恩施公使在给美国国务院的信中，汇报说厦门当地的一份日本报纸发表题为《反日运动：给黄种人兄弟的忠告》的时评，其中写道："青岛问题已经引起中日两国的严重误解，但事实上日本会将青岛归还中国的。中国人的反日情绪产生的真正原因是白种人在挑拨离间。他们要离间黄种人的内部关系，以确保白种人在东亚的利益。"② 芮恩施在这份报告里，还提醒美国国务院重视日本人在中国进行的种族主义宣传。中国的反日运动越是激烈，越能削弱日本在华影响力，反过来更有利于美国在中国的势力发展。但就那时的中国民族精英而言，他们关心的不是民族竞争，而是如何凝聚中华民族自身的力量，以抵御外侮。

---

①　"Wuhan Cities' Students Association," July 7, 1919, 893.00/3205, Records of the Department of State Relating to Internal Affairs of China, 1910 - 1929, 中国国家图书馆藏，美国国家档案馆缩微资料，Roll 22, 893.00/3141 - 3275。

②　"Racial Propaganda by the Japanese Press," August 12, 1919, 893.00/3185, Records of the Department of State Relating to Internal Affairs of China, 1910 - 1929, 中国国家图书馆藏，美国国家档案馆缩微资料，Roll 22, 893.00/3141 - 3275。

三　反日运动的开展

　　烈士追悼会以及烈士形象的塑造，是民族精英对普通民众进行国家观念启蒙的重要手段，而反日运动本身就是民族救亡的重要举措。无论"救亡"还是"启蒙"依然是局限在"五四"精英世界里的话题，而为反日运动所塑造的烈士形象则是沟通精英世界与普通民众的重要纽带。五四时期救亡性的反日运动正好碰上启蒙性的新文化思潮，二者结合使得此次反日运动兼具"民族救亡"和"爱国主义"启蒙的双重性。① 在全国范围的反日运动展开之前，时人已经注意到反日运动仅仅局限于上层社会特别是学生界，上海《时报》记者戈公振就指出："青岛问题发生，上等社会之人已知之，而深虑之。中下社会之人，则否，或知之而以为风马牛不相及，此种现象至堪扼腕。今京沪学生均有演讲团之组织，乘此机会，可以造成舆论之基础，而收举国一致之效果，愿主持其事者，幸勿以空言而忽之。"②

　　事实上，京津地区率先发起的反日运动确实为全国树立了一个榜样，并直接带动其他地方排日风潮的兴起。1919 年 5 月 8 日，美国驻济南总领事毕克福德（Geo F. Bickford）致信美国驻华公使芮恩施，提及："考虑到京津地区的反日运动所造成的麻烦，并担心济南的学生以及其他爱国民众也采取同样的反日行动，故而济南官方在昨天出动一部分警力驻扎在日本驻济南领事馆附近，以便维持秩序。济南的日本领事馆代理领事显得惊慌失措，他甚至请求英国领事禁止中国游行队伍进入领事馆所在区域。当然，英国领事无权这样做。"③ 5 月 7 日是国耻纪念日，也就是纪念日本在 1915 年 5 月 7 日向中国政府提出"最后通牒"，这一天被中国人视为

---

① 葛兆光：《从"帝国疆域"到"国家领土"："五四"之前有关"主权"问题的日本刺激与中国反应》，《文史哲》2019 年第 3 期。

② 公振：《演讲团》，《时报》1919 年 5 月 16 日。

③ "Geo F. Bickford to Paul S. Reinsch," May 8, 1919, 893.00/3165, Records of the Department of State Relating to Internal Affairs of China, 1910 – 1929, 中国国家图书馆藏，美国国家档案馆缩微资料，Roll 22, 893.00/3141 – 3275。

国耻日，故而也是倡议抵制日货的绝佳时机。一份号召在 5 月 7 日抵制日货的传单这样写道："日本既占据我满洲，今又欲强夺我山东，如此看来，日本真不是我中国的友邦了。我中国人民无论士农工商，应从民国八年五月七号起，齐心不买日本货，不用日本银行钞票。若各人有日本钞票，应去兑现，大家抵制日本，中国或可望不亡也。看完请再交他人。"①

在各地开展抵制日货运动的过程中，举行烈士追悼会几乎成为一种惯例。以天津为例，通过郭钦光追悼大会的召开，天津学、教、商、绅各界成立了直隶各界公民联合会。5 月 14 日，直隶各界公民联合会议决把反对亲日派"卖国贼"列为主要斗争目标，议定"此次联合会之目的，非达争回青岛、惩办国贼之目的誓不罢休"。② 天津何家庄国民学校学生组织了游行团，"每至大街小巷间，且进且唤，欲使人人尽知国耻，共起御侮"，"对于抵制日货一事，尤为猛烈进行"。③ 烈士追悼大会在一定程度上激励了商界的爱国行为，不少商界人士为学生的牺牲精神所感染，而投入反日爱国运动之中。

实践证明，令人壮怀激烈的民族情感总是比理性的爱国主义更能发挥舆论动员的效果。5 月 24 日，济南女师举行追悼郭钦光烈士大会，与会者纷纷演说，表示"吾辈怯弱女子，别无救国之能力，唯有抱定一种决心，提倡家庭一种永久抵制日货，以为消极对待办法"，每逢演说至沉痛处，全场学生无不落泪，且有放声大哭者，"一时悲惨之状，楮墨几难形容"。④ 在这种充满民族悲情的氛围下，山东的反日运动高潮迭起。5 月 24 日，青州绅商学各界召开国民大会，青州第一中学学生杨某登台演说，

---

① 《收内务部函》（1919 年 5 月 10 日），北京政府外交档案，中研院近代史研究所档案馆藏，档案号：03-33-112-01-004。

② 《直隶各界公民联合会议决事件五项》，《五四运动在天津——历史资料选辑》，第 21 页。

③ 《何家庄国民学校纪念国耻并组织游行团》，《五四运动在天津——历史资料选辑》，第 17 页。

④ 《济南女师追悼郭钦光烈士大会》，胡汶本、田克深编《五四运动在山东资料选辑》，山东人民出版社，1980，第 247 页。

当场咬断手指，血书"赤心报国身死志存"。演说毕，各界公推调查员 20 余人，分赴城厢各商号调查日货。各学校学生则排队赴街巷游行演说，以促国民之醒悟。① 学生是反日运动的积极倡导者，在山东表现得尤为明显。山东省省长公署职员李贡知在 5 月 20 日记载："省城各学校联合抵制日货甚力，学校用品中之属于日货者悉焚毁之，有买日货者共罚之，各界亦颇感动。"②

由于山东问题是引发"五四"反日运动的导火索，因此山东省会济南的学生在反日运动中表现得更为激烈。根据济南基督教青年会总干事陶德满（Lawrence Todnem）的报告，基督教青年会在济南所属的学校共有 3385 名学生，只有不到 10% 的学生来校读书，其余 90% 的学生在从事抵制日货运动。③ 1919 年 6 月 15 日，美国国际公司（American International Corporation）驻华代表 T. M. 加特里尔（T. M. Gatrell）在给纽约公司总部 F. M. 狄尔文（F. M. Dearing）的报告中指出："差不多在中国所有的大城市里，无论公立还是私立学校的学生都举行了罢课行动。抵制日货在有组织地进行着，并已经引起日本政府的抗议，这让北京政府的处境很尴尬。"这份报告还说："学生反日运动在迅速蔓延，一些大城市里的商人也开始罢市，政府与抗议者的冲突时有发生。"④ 就全国而言，学生界发起的抵制日货运动情况究竟如何，我们从北京政府查禁反日运动的一份电稿中可略知其大概。6 月 4 日，北京政府内务部向各省发布密电说："近闻各地排日风潮，鼓荡甚广，亟应先事预防。兹查学界宣言及所标旗帜，有指斥日本为敌国，日人为敌人，暨其他侮辱字样，实与国际平时称谓原

---

① 《山东各地召开国民大会》，胡汶本、田克深编《五四运动在山东资料选辑》，第 256 ~ 257 页。

② 李贡知：《旅济随笔》（1919 年 5 月 20 日），胡汶本、田克深编《五四运动在山东资料选辑》，第 386 页。

③ Annual Report Letter of Lawrence Todnem, Associate Secretary, Young Men's Christian Association, Tsinanfu, Shantung, China, for the Year Ending Sept. 30, 1919, Annual Reports and Annual Report Letters of Foreign Secretaries in China 1919, Volume 3, Reports of Foreign Secretaries 1919, pp. 5 – 6, 美国明尼苏达大学基督教青年会档案馆藏, Local Identifer：YMCA – Forsec – 00729。

④ "American International Corporation to Breckinridge," July 15, 1919, 893.00/3184, Records of the Department of State Relating to Internal Affairs of China, 1910 – 1929, 中国国家图书馆藏, 美国国家档案馆缩微资料, Roll 22, 893.00/3141 – 3275。

则背驰，既恐惹起交涉，且恐转滋误会，关系甚巨，应请责成地方官厅，如有前项情事，应即严行禁阻，毋得任意指斥，以慎邦交，而维秩序。"① 学生界视日本为"敌国"，以此启蒙普通民众的国家观念。天津学联代表谌志笃回忆说："四十年前，同学们不知道什么叫'群众路线'，也不知道什么叫'知识分子必须向工农学习'，仅是'唤醒同胞，一致救国'。当时，学联特设讲演科，专负对市民宣传之责……他们带领宣传队队员经常在街头、宣讲所和公共场所作通俗演讲，或深入家庭宣传，'抵制日货'，'打倒卖国贼'，以动员广大群众。"② 通过宣传日本的"敌国"形象来激励中国人的爱国心，这种事情放在当时的语境中是可以理解的。但是，这种宣传策略如果把握不好，很容易引发中日两国政府间的外交纠纷。在上海的反日宣传中，就出现了中国人"侮辱日本天皇影像"的举动。由于日本人把"天皇"视为国家的神圣象征，因此旅沪日本侨民集体游行，向中国政府抗议。还有传言说"中日恶感激动，日本全国六千万人群思牺牲对华"。为平息旅沪日侨的愤怒，中国外交部特派上海交涉员杨士晟亲自会晤日本驻沪领事，妥商消弭方法。③ 根据日本方面报告，天津日本租界也发生了中国人侮辱日本天皇形象的事情。6 月 21 日，在天津日本租界的"大和公园"树上发现"挂有二寸大小的人形玩具，腹部写有日本皇帝字样"。④ 此外，汕头、宁波、沙市、重庆等地也出现了"侮辱日本天皇影像"的类似行为。在日本政府的抗议下，1919 年 7 月 5 日，北京政府通电各省，"禁止侮辱日皇举动"。⑤

　　民族主义的普遍信仰使得反日运动具有了某种情感正义，而掌握民族主义话语权的青年学生则借此分享了原本属于政府的市场监督权力。5 月

①　《内务部严禁反日运动电稿》（1919 年 6 月 4 日），《五四运动在江苏》，第 119～120 页。
②　谌志笃：《参加五四运动的几点回忆》，中国社会科学院近代史研究所编《五四运动回忆录》（下），中国社会科学出版社，1979，第 601 页。
③　《收国务院交抄致经略使等电，排日事》（1919 年 6 月 20 日），北京政府外交档案，中研院近代史研究所档案馆藏，档案号：03－33－110－01－003。
④　《国务院交抄天津曹省长电》（1919 年 7 月 5 日），北京政府外交档案，中研院近代史研究所档案馆藏，档案号：03－33－112－02－008。
⑤　《国务院发各省电》（1919 年 7 月 5 日），北京政府外交档案，中研院近代史研究所档案馆藏，档案号：03－33－112－02－010。

18 日上午，杭州学生界为郭钦光开完追悼会之后，下午就将缴获的日货付之一炬。在焚毁日货时，杭州学生代表还发表了慷慨激昂的演说。焚毁日货的初衷自然是警醒国民，如亲历此事的浙江第一师范学生陈范予所言："思此番行动，有影响于国民不少。夫人真非木石，苟稍有血心，经此而犹购日货者未之有也，童孩之脑中输入'仇日'二字尤深云云。"① 在如此激烈的反日风潮之下，一些日本在华商人的营业活动受到冲击。5月 21 日午后 3 时，一位名叫政二金次郎的日本商人用船只载运货物到常州武进县销售时，当地居民"借口外交关系，向该日人诘问，一时人声涫杂"。武进知县姚知事恐怕"滋生事端，派警备队前往船埠保护"，并劝告这名日商立即离开常州。② 在湖北沙市，日本三轮洋行的门面玻璃于 5 月 26 日晚 8 时被愤怒的中国人用石块、棍棒等工具击毁，日本货物遭到毁坏。③ 在湖南常德，排日风潮也很激烈，当地群众集会上甚至有军人发表反日演说，学生出面阻止客人搭乘日本商船。④

一战爆发之后，日本商业势力在华独占鳌头，故而抵制日货是打击日本势力的有力手段，也是"当时全国学生们的一致要求"。⑤ 学生界将抵制日货与提倡国货结合在一起。浙江第一师范学生傅彬然说："反对日本侵略，向市民宣传用国货，不用日本货之类的爱国活动，当时多数学校都有。"⑥ 在抵制日货过程中，学生界甚至垄断商品交易的行政权，试图对商品流通进行额外管制。这种情形在中国各地抵制日货过程中比较普遍，如 5 月 21 日，上海学生联合会"要求各商店不卖日货"，并规定罢课后还要进行"宣讲、发传单、调查日货"等事项，上海两家大公司先施、

① 〔日〕坂井洋史整理《陈范予日记》，学林出版社，1997，第 94 页。
② 《收苏州交涉员代电：日人游历被袭击事》（1919 年 6 月 5 日），北京政府外交档案，中研院近代史研究所档案馆藏，档案号：03-33-111-02-006。
③ 《代理总长会晤日本小幡公使问答》（1919 年 5 月 30 日），北京政府外交档案，中研院近代史研究所档案馆藏，档案号：03-33-111-02-001。
④ 《收国务院交抄至各省电》（1919 年 6 月 5 日），北京政府外交档案，中研院近代史研究所档案馆藏，档案号：03-33-111-02-004；《代理总长会晤日本小幡公使问答》（1919 年 5 月 30 日），北京政府外交档案，中研院近代史研究所档案馆藏，档案号：03-33-111-02-001。
⑤ 李云鹤等：《五四与安徽学生运动》，《五四运动回忆录》（下），第 802 页。
⑥ 傅彬然：《五四前后》，《五四运动回忆录》（下），第 743 页。

永安在此压力下宣布于 22 日起"不卖日货"，其他行业也大体"均以抵制日货为宗旨"。①

当时，中国各地学生界已经充分意识到，要想使抵制日货运动获得显著成效，必须联合各界共同行动才行，成立专门的日货调查组织是抵制日货运动的有效办法。如天津各界联合会就成立了"日货调查部"，随时调查华商与日商有无交易事情发生。一旦查出交易记录，天津各界联合会调查部将对涉事商人开设罚金。此外，调查部还负责印刷抵制日货传单，在大街小巷四处张贴。值得注意的是，一般商人对天津各界联合会的抵制日货传单不敢公然抗拒，因为他们误以为抵制日货行动得到了政府的默许。所以天津排日风潮愈演愈烈，甚至引发日本驻天津总领事船津辰一郎的外交抗议。② 虽然地方政府没有默许抵制日货运动的进行，但是一些维持地方治安的警察因受到反日情绪的感染而不去干涉抵制日货运动。1919 年 5 月 30 日，日本驻江苏领事大和久义郎在给中国外交部特派苏州交涉员杨士晟的信中说："日商东亚公司在苏州火车站前的仁丹广告牌等均被破坏，以及苏州市内各处所设立的仁丹广告牌无不破损……而最怪者，警官现视暴举，毫无干涉。"③

抵制日货的关键是要得到商界的支持，而商界的态度又取决于商会的立场，因此商会是学生界争取的重要对象。事实上，许多商人从内心深处是不赞成抵制日货运动的，这一点学生界亦有很清醒的认识。④ 仅以苏州为例，即可看出商界对于抵制日货的真实心态。据东吴大学学生会调查，苏州"外间商家多有假'拍卖日货、以期净尽'之名，行暗中担任销售

---

① 《学生联合会开会纪事》，《申报》1919 年 5 月 22 日；《先施永安公司实行不卖日货》，《申报》1919 年 5 月 21 日。
② 《施履本参事会晤日本船津辰一郎总领事问答》（1919 年 8 月 15 日），北京政府外交档案，中研院近代史研究所档案馆藏，档案号：03 - 33 - 110 - 01 - 009。
③ 《收苏州交涉员代电：苏省拆毁日商广告事》（1919 年 6 月 10 日），北京政府外交档案，中研院近代史研究所档案馆藏，档案号：03 - 33 - 111 - 02 - 013。
④ 李云鹤等：《五四与安徽学生运动》，《五四运动回忆录》（下），第 802 页。

日货之实"。① 原因很简单，作为商人，他们的核心目标就是谋利。由于市面上日货充斥，商人们完全可以趁机谋取大利，如果赞成抵制日货，首先就要检查日货，焚毁所存日货与禁止日货进口。如此一来，商人的当前经济利益及其日后的营业必将大受损失。学生界主张抵制日货，主要是出于一种爱国的理想，况且抵制日货不会损害学生界自身的利益。

学生界要争取商人及其他各界的支持，就需要进行民族情感的动员，激发社会各界人士的良心，"让他们也能够仇视日本"。② 在这方面，有一个流传甚广的故事。6 月 10 日，天津罢市以后，次日又有商人公然开市。天津学生联合会副会长马骏质问商会董事："日前大会全体公民一致表示'誓死救国'并要求商界一致行动立即罢市。昨天罢市情况良好，何以今天竟无故开市？"当时有一商董，问马骏是何许人，天津有无财产？马骏说："本人是吉林人，天津固无财产，我尚有生命热血可流于诸君面前，一死以谢同胞。"马骏说完挺身以头撞柱，幸而旁边有人把他抱住。据刘清扬回忆说："经过马骏这样青年不惜牺牲生命以救国的决心，竟感动了多数的董事，又决议从十二日起，再继续罢市。"③ 以马骏为代表的天津学生在抵制日货运动中所展现的"为国牺牲精神"也引起了天津基督教青年会干事、美国人饶斌森（Arthure G. Robinson）的注意。1919 年 9 月 1 日，饶斌森在写给基督教青年会北美协会总部的信中谈道："天津学生的抵制日货运动是非常值得关注的。在此次抵制日货运动中，天津学生表现出了卓越的组织能力和勇于牺牲的爱国精神。可以确信的是，天津学生的反日运动真的体现了一种崭新的民族意识。此次爱国运动不会结束，并将持续到他们把中国的内敌和外敌都清除掉为止。"④ 但是，并非所有的

---

① 《东吴大学学生会会长为商家借拍卖之名暗销日货事致苏州总商会函》（1919 年 5 月 29 日），马敏、祖苏主编《苏州商会档案丛编（1912～1919 年）》第 2 辑，华中师范大学出版社，2004，第 695 页。

② 李云鹤等：《五四与安徽学生运动》，《五四运动回忆录》（下），第 803 页。

③ 刘清扬：《回忆五四时期的马骏》，《五四运动回忆录》（下），第 626 页。

④ Sixth Annual Letter of A. G. Robinson, Year 1919, Tientsin, China, Sept. 1, 1919, Annual Reports and Annual Report Letters of Foreign Secretaries in China 1919, Vol. 3, p. 16. Reports of Foreign Secretaries 1919, University of Minnesota Libraries, Kautz Family YMCA.

商人都能被学生界的爱国真情打动。在多数情况下，商人是拒绝抵制日货的，特别对于那些中小商人阶层而言，作为小本经营者，家庭生计很容易遭受抵制日货运动的影响。在这种情况下，学生经常以暴力手段逼迫商人罢市、抵制日货，故而许多小商人对抵制日货叫苦连天，但他们的苦衷很难被血气方刚的青年学生理解。在学生看来，这些只知道"叫苦"的小商人"缺乏国家观念"，"在国耻之下尚考虑自己的安危"，如此下去，"将有亡国之危险"。①

学生与商人往往因抵制日货问题而发生流血冲突，并引发政府的干预。② 在学生看来，抵制和检查日货则是"最激动人心的"，也是最令人难以忘怀的壮举。浙江甲种工业学校学生夏衍回忆说："学联会的主要工作，除出打电报、发宣言，援助北京学生的义举之外，最激动人心的，是抵制和搜查日货。首先是各校学生分别组成了小队到贩卖日货的商店去劝告，后来就把检查到的日本货拿到西湖边上的公众运动场去烧掉。"③ 无论是抵制日货还是提倡国货，背后体现的都是对作为中国人的国家身份意识的觉醒。一份由恽代英起草的抵制日货传单这样写道："国一天不亡，我们一天不做奴隶，日本人总不能餍足。"④

学生是此次反日运动的前锋，但因年轻气盛、爱国心切，在抵制日货问题上往往不顾及商人的尊严与利益，因此双方冲突不断。比如，天津学生团对那些与日本商人有交易的中国商人经常"任意搜查其账簿，如发现有日货交易事情，就会对商人有种种胁迫举动"，甚至还将"与日商贸易的华商载上人力车，以旗面写明该人姓名与日商交易字样，游街示众"。⑤ 再如，日本驻华公使馆参事芳泽到山东调查反日运动情况时，对

---

① 『3 情报送付ノ件/3 済南青年会幹事トッドネムノ民主主義ニ関スル演説其他』，日本外务省外交史料馆藏，青岛民政部政況报告並雑報第一卷，JACAR（アジア歴史资料センター），Ref. B03041662900。

② 李云鹤等：《五四与安徽学生运动》，《五四运动回忆录》（下），第 803 页。

③ 夏衍：《当五四浪潮冲到浙江的时候》，《五四运动回忆录》（下），第 730 页。

④ 《恽代英文集》上卷，人民出版社，1984，第 80 页。

⑤ 《次长陈篆会晤日本小幡使问答：天津学生团排日事》（1919 年 7 月 24 日），北京政府外交档案，中研院近代史研究所档案馆藏，档案号：03－33－110－01－005。

学生在反日运动中扮演的角色产生很大困惑："以未成年之学生而得无上之行政权，政府乃置若罔闻，此不解者一。探政府当局者之内意，似乎皆不赞成学生之举动，然又指导戒饬之，其意安在，此不解者二。国家主权之代表人原系一国之政府，而竟令学生代替政府处置一切，是于事实上中国主权代表者，不为政府而为未成年之学生，此不解者三。"① 然而，由学生发起的抵制日货运动有其致命的弱点——不体谅商人利益的得失，故而抵制日货运动很难长期维持下去。反日运动基于爱国的初衷，因而具有正当性，即使北京政府面临日本政府的抗议也不能贸然取缔反日运动。一旦政府不能及时阻止反日群众的集会活动，蔓延全国的反日运动就会出现失控的可能。

学生界领导的反日运动还有一个政治目标，那就是反对北京政府的亲日派。学生界如何从反日转向反对中国政府内部的亲日派，五四运动亲历者杨振声对这种斗争矛头的转换有很好的解释："在五四时，我们还认识不到帝国主义与封建统治的内在联系性。但我们粗略地从历史看出：没有内奸是引不进外寇的。袁世凯想作皇帝，才签了卖国的二十一条，北洋军阀又都是和帝国主义相勾结的，当时的当权军阀段祺瑞是亲日派。事实教导我们，把内奸与敌国联系起来了。当时的心情，恨内奸更甚于恨敌国，因为他们是中国人！"② 为了逼迫亲日派官员曹汝霖等人下台，许多城市举行了"三罢"运动，即罢市、罢课与罢工。在此次"三罢"运动中，青年学生表现得最为激进。但对商人而言，长期的罢市必然损害他们的商业利益。根据日本的情报调查，6 月 14 日，受罢市影响的数十名济南商人聚集在济南城内的福德会馆，声称"罢市虽对大商家并无影响，但小本经营的店铺、商人实际已吃不消。青岛问题事关外交，不属国内事务，仅靠国民运动断难解决。尤其今日大局已定，此事应当交由政府处理，而且开业后依然可以继续种种提倡国货之办法"，于是他们决定在 6 月 15 日

① 《收山东交涉员函》（1919 年 8 月 12 日），北京政府外交档案，中研院近代史研究所档案馆藏，档案号：03 - 33 - 111 - 01 - 060。
② 杨振声：《回忆五四》，《五四运动回忆录》（上），第 261～262 页。

开业。① 就这样，山东的"三罢"运动从 5 月 23 日开始到 6 月 15 日结束，前后历经 24 天。②

学生界起初的反日运动，在对外方面主要表现为"抵制日货""收回青岛"，在对内方面主要表现为"惩办曹章陆三位卖国贼"，即所谓的亲日派，这一阶段是"以青年学生为中心的爱国反帝运动"。③ 1919 年 6 月初上海举行"三罢"以后，工人、店员、商人等其他阶层也参与进来，进一步促使反日运动扩大化。面对社会各界的联合压力，总统徐世昌不得不将亲日派官员曹汝霖、章宗祥、陆宗舆免职。北京政府对游行学生的逮捕行动，增加了其他各界对爱国学生的同情。1919 年 6 月 13 日，山东工商联合会致电大总统徐世昌以及北京政府，宣告"济南全体罢市的理由"，同时提出"释放被捕学生""惩办卖国贼，没收其财产"等项要求。④

虽然学生在抵制日货运动中与商人时而发生冲突，但在对日关系上，学生界的反日宣传颇具灵活性。具体言之，"五四"学生在宣传反日时，为了争取日本民众的支持，特意把日本军国主义者与日本爱好和平人士进行了区分，他们声称反对的只是与中国为敌的日本侵略派，并不反对爱好和平的日本普通人民。日本黎明会领袖吉野作造对此有深刻认识，他在致中国友人的信中写道："我知贵国虽盛倡排日，所排之日，必为野心的、侵略的、军国主义的日本，而非亲善的、平和的、平民主义的日本。"全国学生联合会对吉野作造的上述评论也深表赞同，在给日本黎明会的信中写道："博士（吉野作造）此语，我国人士实不胜其感佩之情。盖此皆我国人士心坎中所欲发者。"关于反日运动的目的，全国学生联合会自称：

① 『2 情報送付ノ件/2 帰還苦力ト済南基督青年会及帰還苦力ノ罷業決議』，日本外務省外交史料館藏，青島民政部政況報告並雑報第一巻，JACAR（アジア歴史資料センター），Ref. B03041661900。

② 『2 情報送付ノ件/3 各界ノ罷業中止ニ関スル会議ト各商店ノ開業』，日本外務省外交史料館藏，青島民政部政況報告並雑報第一巻，JACAR（アジア歴史資料センター），Ref. B03041662000。

③ 夏衍：《当五四浪潮冲到浙江的时候》，《五四运动回忆录》（下），第 730 页。

④ 《收山东工商联合会电》（1919 年 6 月 13 日），北京政府外交档案，中研院近代史研究所档案馆藏，档案号：03 - 33 - 111 - 01 - 001。

"吾侪运动之目的，一则表显人民之心理，鸣历来秘密外交之不当，以促敝国政府之反省。一则表示国民之能力，借经济上之打击，以促贵国人士对于贵国政府之决心。"① 1919年6月，吉野作造计划以日本黎明会的名义请北京大学教授李大钊负责组织学界领袖访问日本，以促进中日两国民间的理解，只因当时中日关系处于紧张之际，如果中国学生领袖访日，容易被外界视为"已被日方收买"，故而访日计划被搁置起来，一直到1920年5月才由北大教授高一涵率领北大学生团访问日本。②

然而，学生动员民众参加反日运动时，更多的是把日本作为一个整体的"敌国"来描绘和宣传。当时，中国留日学生王拱璧的《东游挥汗录》以绘声绘色的笔法把日本描绘成一个十恶不赦的敌国。王拱璧在记叙1919年留日学生在日本的"五七"巷战一节中写道："日人之所以日甚一日，毫无忌惮者，良因青岛到手，东亚主人之资格已备，对于心目中之奴隶牛马臣妾而鞭打之，以行使主人之职权。"③ 同样，恽代英在1919年5月撰写的《呼吁青岛》传单，用他自己的话说，此虽"挑拨感情语"，亦是警醒国人、提倡国货的一种不得已办法。④

如果只有满腔热血的民众，却没有领袖的提倡与组织，反日运动是无法进行下去的。五四时期的反日运动呈现高度的组织化特征，重要表现就是各地烈士追悼会的筹备与举行。这些追悼会的次第举办以及烈士形象的塑造，毫无疑问都是绅、商、学等地方力量共同促进的结果。以武汉为例，恽代英就认识到，要扩大反日爱国运动的影响力，就必须突破学生界的小圈子，遂主动与"商界、律师公会、教育会、省议会以及新闻媒体等联络，酝酿实行民众大联合"。⑤ 7月10日，武汉学生联合会通告各团体，建议组织各界联合会，通告说："为今之计，唯有各界联合组成一各

---

① 《全国学生联合会致日本黎明会书》，《五四爱国运动》（上），第411页。
② 黄自进：《吉野作造在五四时期的对华文化交流》，《中央研究院近代史研究所集刊》第22期（上），1993年，第505～529页。
③ 王拱璧：《东游挥汗录》，中国社会科学院近代史研究所近代史资料编辑组编《五四爱国运动》（下），中国社会科学出版社，1979，第387页。
④ 《恽代英日记》，第544页。
⑤ 田子渝：《武汉五四运动史》，第143页。

界联合会，庶可共谋远大。以民意为前提，作外交之后盾，急起直追，自不难一呼而集。"[1] 7 月 12 日，湖北各团体召开各界联合会筹备会议。8 月 13 日，湖北各界联合会向湖北省军民两署递交呈文，请求准予立案。在五四运动前后，中国各地相继成立各种名义的各界联合会，其动机亦如湖北各界联合会所云："现外患迭起，内乱未息，非联合各界之真正实力而为一伟大实力，集合各界之真正民意而为一健全民意，又何克以缓内而对外。"[2] 这些如雨后春笋般涌现的社团，在更广泛的意义上，可以视为中国人现代民族国家意识觉醒的思想产物。当时，远在巴黎的外交官王正廷已经敏感地觉察到，中国正在进入一个民族主义主导一切的全民政治时代。他说："中华民族正在缓慢地觉醒。中国终将重返先进文明国家行列，重享昔日的荣光。"[3]

四　结语

在五四运动期间，为死难者举行追悼会，自有其特殊的用意，就是通过追悼会这种集体纪念活动来宣扬"精忠报国"的牺牲精神，树立"大公无私"的爱国者形象，从而激发国人的爱国热情，达到团结一致抵制日本、挽救国权的目的。追悼会具有道德宣扬和政治教育的功能，既是为了纪念死者，更是为了"面向未来"，即用死者的牺牲精神来激发国人的仇日情绪，旨在挽救民族危机。如戈公振所言："郭钦光死矣，追悼之何益？故昨日之会，乃为后死者勉耳。夫救国非郭君一人之责，而郭君毅然为之，以至于死，则其蓄志之坚久可知。今全国学生为国奔走，其目的与郭君同。倘群以郭君之志为志，则水滴石穿，何求不得一死，岂足数哉。"[4] 这种反日情绪所表现出来的冲击力，甚至让远在东京的日本首

---

[1]　《学联通电各团体》，《汉口新闻报》1919 年 7 月 12 日。
[2]　《各界联合会呈请立案文稿》，《汉口新闻报》1919 年 8 月 21 日。
[3]　"China's Case for the World: Interview with C. T. Wang," *The North - China Herald and Supreme Court and Consular Gazette*, September 6, 1919, p. 633.
[4]　公振:《时评三：追悼郭钦光》，《时报》1919 年 6 月 1 日。

相原敬也感受到了。1919 年 5 月 14 日，原敬接待了刚从上海返日的寺尾亨，后者告诉他，"中国现在的排日风潮非常兴盛，令亲日派无能为力"。①

在抵制日货、反对亲日派的过程中，一般中国人更深切地体会到"我们是谁"这个问题，领悟到作为一个"中国人"的民族身份意义。"五四"学生是中国民族主义运动的吹鼓手。民族主义运动的发展离不开民族精英的鼓吹，"大众自身事实上并不曾产生民族主义的花果；要等到宣传之风把民族主义的种子由一些特殊个人和阶级间吹散过来的时候，这种花果才会产生"。② 民族主义在近代中国是自上而下的启蒙过程，"五四"学生则在反日运动中充当"唤醒者"。他们对此使命有明确的认识，如五四运动亲历者邓颖超说："我们当时的确也有一种自发的直觉认识，要救国需要冲破学生的圈子，救国不能单靠学生，必须要'唤醒同胞'。"③

在推动五四反日运动的开展上，基督教青年会也发挥了积极作用。1919 年 9 月 30 日，北京基督教青年会干事、美国人步济时（John S. Burgess）在给基督教青年会北美协会总部的报告中称赞道："北京学生在 5 月 4 日火烧亲日派曹汝霖的住宅是爱国举动。北京学生每天都在街头发表、制造公众舆论，这些爱国举动都是由山东问题引起的。"④ 与此同时，上海基督教青年会干事、美国人狄尔耐（Eugene A. Turner）也同样认为："学生界的反日运动是爱国性质的，他们正在肩负起改变自身与国家面貌的伟大使命。"⑤ 在此之前，日本首相原敬也从来访的台湾人郭春

① 〔日〕原奎一郎编《原敬日记》第 8 卷，东京乾元社，1950，第 214 页。
② 〔美〕海斯：《现代民族主义演进史》，帕米尔译，华东师范大学出版社，2005，第 232 页。
③ 邓颖超：《五四运动的回忆》，《五四运动回忆录》（上），第 71 页。
④ Annual Report Letter of J. S. Burgess, Student Secretary, Young Men's Christian Association, Peking, China, for the Year Ending Sept. 30, 1919, Annual Reports and Annual Report Letters of Foreign Secretaries in China 1919, Vol. 2, p. 3. Reports of Foreign Secretaries 1919, University of Minnesota Libraries, Kautz Family YMCA Archives.
⑤ Annual Report, E. A. Turner, Shanghai, for the Year Ending Sept. 30, 1919, Annual Reports and Annual Reports Letters of Foreign Secretaries in China 1919, Vol. 1, Part I. National Reports, p. 1. Reports of Foreign Secretaries 1919, University of Minnesota Libraries, Kautz Family YMCA Archives.

秩那里了解到，在中国的基督教徒是"真正需要注意的势力"。① 像基督教青年会这种具有欧美国际背景的跨国组织在五四反日运动中所扮演的幕后推动者角色，在过去常被忽略，特别是在北京大学等高校任教的英美籍教师对于反日思想的传播可谓不遗余力，值得进一步研究。② 这里需要特别强调的一点是，五四时期的反日运动在各地的开展，除了充当前锋的青年学生之外，那些隐居幕后的省议会、教育会、基督教青年会以及商界领袖，也就是时人所言的绅、商、学以及英美在华组织等都发挥了应有的作用。随着新史料的不断发掘，后世研究者对他们在运动中扮演的角色将能做出更为明确的认识。

〔马建标，复旦大学历史学系〕

---

① 〔日〕原奎一郎编《原敬日记》第 8 卷，第 214 页。

② 《收驻日本使馆函》（1921 年 3 月 3 日），北京政府外交档案，中研院近代史研究所档案馆藏，档案号：03 - 33 - 114 - 01 - 001。

民初"五族共和"的民族平等论

杨思机

内容提要 中华民国实行"五族共和",宗旨是废除清朝帝制对各族臣民的隔离统治和藩属待遇,实现以汉、满、蒙、回、藏五族为代表的全体国民一律平等的宏伟理想,但国家政治资源的共享分配方式引起了平等的意见分歧。梳理南京临时政府和北京政府对少数民族参加国家代议机构采取区域选举制,并对资格条件、选举程序等做出变通安排,以及以满、回两族为主数次请求特别设置专门民族名额的反复争论,可知民初否决以族别配额的选举方式,但糅合保证特权和机会平等的要素,乃赓续晚清立宪时期撤藩建省、化除畛域、民族融合的大同追求,具有过渡时代与顶层设计相结合的特点,以及郡县治理和公民平等相融通的趋势,期使各族从此疆彼界的区隔融入不分你我的中华一体。由此形成以暂时的不平等手段达到长远的平等目的,还是以形式的平等可能导致结果不平等的争议,集中反映了近代民族平等实践的螺旋演进和外来民族理论中国化的曲折进程,值得反复深思。

关键词 五族共和 民族平等 代议机构 外来民族理论中国化

中华民国实行以汉、满、蒙、回、藏五族为代表的各民族人民共建共和,努力使所继承的清朝版图和臣民成为共和国家的固有领土和平等国民,完成清末立宪国民一律平等的宏伟理想。目前学术界有关"五族共和"的研究,越来越充分肯定它是各族各界的共识与各方合作的产物,对于维护国家统一和领土完整均有重大意义。同时批评它仅仅解决了从清王朝向多民族国家而非单一民族国家转变的问题,没有认识到多民族国家的基本国情,"五族"指称不能反映实际民族成分,不能体现各民族尤其是少数民族的平等利益,其实行的是将少数民族同化于汉族的"大汉族主义"政策等。① 例如,国家代议机构代表选举制度事关政治资源分享,本为平等的重要载体。按照后来评述和当时个别非汉族的看法,中华民国国会议员采取区域选举制度,不按族别具体规定,结果以笼统的一律平等造成事实上的不平等。

不过,回到历史情境,就会发现各派政治势力对国家统一、民族统合、民族平等的理解大体一致,即前清皇朝统治下尚未改设省治的蒙藏除去藩属名称,不以藩属待遇,地位与各省平等,逐步实现内政统一;满、蒙、回、藏各民族与汉民族平等,由隔离统治转变为一视同仁。同时给予前清皇室和各民族王公、贵族、僧侣以不同形式的政治优待,换取他们拥戴共和。五族共和所谓平等,主要指涉对内公民平等,"分别族界"不符水乳交融的历史趋势,并且清末革命派极力抨击的民族特权和相互歧视,正是民主平等亟须扫除的障碍。北京满族或旗族②、新疆回部或内地回民、西南地区土司所在行省行政当局,都不约而同要求在区域代表基础上给聚居区域民族设置代议机构的专门名额或参政的特殊途径,长期遭到北京政府不同时期执政者拒绝。北京政府即使有所融通,但拒斥"种族代表制"的理念从未动摇。③ 面对各族大杂居、小聚居的基本国情,如此违

---

① 有关"五族共和"观念的生成、本意、争议及演变,黄兴涛有详尽梳理和辨析。参见黄兴涛《重塑中华:近代中国"中华民族"观念研究》,北京师范大学出版社,2017,第90~131页。

② 关于清末民初满洲、满族、旗人、旗族等称谓的相互关系及历史演变,参见定宜庄《清末民初的"满洲""旗族"和"满族"》,《清华大学学报》2016年第2期。本文不探讨这些概念,征引文献遵循历史原则。

③ 有法学者从立法角度注意到中华民国参议院实行地域代表制,在法律上对蒙古、西藏、青海等参政权利做出特殊规定和变通处理,体现了民族平等的共和精神,同时有所批评。参见苏钦、于家富《略论民国初期少数民族地区代表参加临时参议院的几个问题》,《中央社会主义学院学报》2009年第5期。有关李谦《回部公牍》、满族同进会的研究,已有民族史学者论及满洲旗人、回族参政问题,解读角度和内容详略,与本文有所不同。参见方素梅《从〈回部公牍〉看民国前期回族的政治参与活动》,《民族研究》2010年第1期;王宇《"齐满人之心志,逐共和之权益"——民国前期满族同进会及其权利诉求》,达力扎布主编《中国边疆民族研究》第6辑,中央民族大学出版社,2012,第138~150页。民初蒙古议员的选举和言行,详见张建军《清末民初蒙古议员及其活动研究》,中央民族大学出版社,2012。

背民族意识的时代潮流，难免给人以冥顽不灵的印象，但其动机只有摆脱后来约定俗成的民族观念倒述历史的窠臼，深切体会民初化除民族隔阂的政治逻辑，庶几可以得到接近史实的认识，进而深化理解辛亥革命的是非功过。

一　民元少数民族议员选派方式的相关规定及其属性

近代少数民族参加国家代议机构的代表设置，始于清末资政院议员选举的相关规定。认清其区域代表制的属性，方能准确把握民国中央政府对少数民族参加代议机构方式的立场。

宣统元年（1910）清政府颁布的资政院章程参考了英国等君主立宪制国家设立贵族院和平民院上、下两院的制度，规定资政院议员选举选任分为钦选、互选两种，各有取意，办法不同。钦选议员由皇帝简派，互选议员由各省谘议局议员互相推举产生，并由各省督抚复加选定。钦选议员包括宗室王公世爵、满汉世爵、外藩王公世爵、宗室觉罗、各部院衙门官及纳税多额者和硕学通儒，员额总共 100 名。其中，外藩王公世爵议员名额 14 人，包括蒙古、回部及西藏有汗、亲王、郡王、贝勒、贝子、镇国公、辅国公等爵位者，具体名额按部落分配：内蒙古六盟、外蒙古四盟，每盟一人；科布多及新疆所属蒙古各旗一人；青海所属及外蒙古各旗一人；回部一人；西藏一人。① 外藩王公世爵资政院议员的专门规定，被今人视为少数民族议员选举的特别安排。尽管清末开始大规模将省、府、厅、县等行政管理制度推行到边疆民族地区，但由于各民族政治、经济、文化的差异和社会发展程度的不同，蒙、回、藏等地区仍属比较特殊的地方行政区域。这种以外藩盟旗制度为基础、以部落为单位而不是以人口分配外藩王公世爵资政院议员名额的做法，可以继续维护蒙古各部落王公贵族之间以及蒙、回、藏等少数民族之间政治势力的均衡，缓解各民族和各

① 详见《资政院议员选举章程》，夏新华、胡旭晟整理《近代中国宪政历程：史料荟萃》，中国政法大学出版社，2004，第 91～101 页。

部落之间的矛盾冲突，保证中央政权的有效控制，保持边疆地区的安定。①

前人较少注意的是，外藩王公世爵议员的身份属性与族属对象不能混为一谈。清末立宪派主张，立宪政体"以政治权分配于数个民族，使人人皆有国家主权之一分"。② 朝野争相模仿的东邻日本是一个单一民族国家，西方各国立宪时设计国会选举单位考虑最多的是行政区域及其人口比例，顶多再分别贵族和平民。其理念诚如梁启超 1910 年讨论国会制度时所言："国家之要素，惟有国民，而无所谓民族。蒙藏之设特别代表，乃以代表蒙古、青海、西藏诸地方区域，而非以代表蒙古种人、唐古忒种人也。回、苗两族，与一般国民，同占住居于二十二行省之中，其万不能为之设特别代表，其事至明。"③ 外藩王公世爵资政院议员兼有贵族阶级和部落传统的双重因素，但本质上是区域代表，不是民族代表。反而是革命派鼓吹满汉民族政治平等，极力主张国会议员应当按照民族人口比例分配名额，借此抨击固守满汉官缺平分旧制的清政府无意立宪。革命派利用外来种族知识鼓吹的汉族具有多数人口和文化优势的"种族革命论"，在对满洲专制统治集团构成强大的心理压力的同时，也塑造了"少数民族"概念表征人口少、文化水平低、势力小，应被"多数民族"统治乃至同化的歧视性意涵。④ 当"五族共和"扭转"种族革命论"的偏激之后，不分族别的平等成为"政治正确"的公约之论，满、蒙、回、藏各族不再被视为"少数民族"，而是同为共建共和、平等相待的"五大民族"之一。

中华民国成为亚洲第一个民主共和国家，确有引领时代的表现。南方革命政权设计国会制度时采取区域选举制，废除贵族特权。1912 年 1 月 3 日，中华民国南京临时大总统孙中山电令各省，声请依此大纲速派参议员组织参议院。1 月 28 日，南京临时参议院成立。至 4 月 25 日闭会，共有

① 参见苏钦、于家富《略论民国初期少数民族地区代表参加临时参议院的几个问题》，《中央社会主义学院学报》2009 年第 5 期。

② 参见罗福惠主编《中国民族主义思潮论稿》，华中师范大学出版社，1996，第 297 页。

③ 梁启超：《中国国会制度私议》，《饮冰室合集·文集之二十四》第 9 册，中华书局，1989 年影印本，第 36～37、39 页。

④ 参见杨思机《"少数民族"概念的产生与早期演变》，《民族研究》2011 年第 3 期。

17 个省份代表到会，但吉林、黑龙江、甘肃、贵州、新疆 5 个行省及内外蒙古、青海、西藏地区，由于尚在南北议和等原因，都没有选派代表与会。3 月 11 日，南京临时政府颁布《中华民国临时约法》，规定中华民国以参议院、临时大总统、国务院、法院行使统治权。第一章"总纲"第三条规定，中华民国领土为二十二行省、内外蒙古、西藏、青海。第二章"人民"第五条规定，中华民国人民一律平等，无种族、阶级、宗教之区别。第三章"参议院"第十八条规定，参议院由每行省、内蒙古、外蒙古、西藏各选派 5 人，青海选派 1 人组成。①

北京政府时期参众两院选举同样采取区域代表制的基本原则，同时对蒙古、西藏、青海等地的议员选举变通安排。1912 年 4 月 29 日，北京重新组织参议院，史称北京临时参议院。8 月 10 日，《中华民国国会组织法》颁布实施。"总纲"第一条规定，民国议会由参众两院组成。第二条规定，参议院议员由各省省议会（每省 10 名）、蒙古选举会（27 名）、西藏选举会（10 名）、青海选举会（3 名）、中央学会（8 名）、华侨选举会（6 名）选出人员组成。第三条规定，众议院以"各地方人民"选举议员组成，各省众议员名额按照人口多寡确定。第五条规定，蒙古、西藏、青海众议员名额分别是 27 名、10 名、3 名。《参议院议员选举法》第三、四条分别规定了蒙古及青海、西藏的参议员名额分配，具体是：内蒙古哲里木盟、卓索图盟、昭乌达盟、锡林郭勒盟、乌兰察布盟、伊克昭盟各 2 名；外蒙古土谢图汗部、车臣汗部、三音诺颜部、札萨克图汗部各 2 名；科布多及旧土尔扈特 3 名；乌梁海、阿拉善、额济纳各 1 名；青海 3 名，均以王公世爵或世职组织选举会；前藏、后藏各 5 名，由达赖喇嘛及班禅喇嘛会同驻藏办事长官，遴选相当人员，分别于拉萨及扎什伦布组织。《众议院议员选举法》规定：具有中华民国国籍，年满 21 岁以上，在选举区内居住满二年以上，满足每年缴纳直接税 2 元以上、有值 500 元以上不动产（蒙古、西藏、青海计算动产）、小学校以上毕业或具有相当

---

① 《中华民国临时约法》，夏新华、胡旭晟整理《近代中国宪政历程：史料荟萃》，第 156～157 页。

资格的四个条件之一者，就具有当选资格。其中，哲里木盟、卓索图盟、昭乌达盟、锡林郭勒盟、乌兰察布盟、伊克昭盟、土谢图汗部、乌梁海各2名，科布多及旧土尔扈特3名，阿拉善、额济纳各1名。当选举监督认为调查选举资格无法普遍实行时，可以在其驻地进行，驻地以外区域可由具有选举资格者自行呈报；现任行政、司法官吏及巡警、僧道及其他"宗教师"不得享有选举权与被选举权的规定，在蒙古、西藏、青海概不适用。虽然蒙古、西藏、青海众议员必须通晓汉语，但同时规定："投票纸除汉字外，得书各该地通用文字。"[1] 上述理念的确贯彻了孙中山、袁世凯有关领土统一、民族统合或民族大同的理念。

民国元年南北关于蒙古、西藏、青海国会议员的一般规定和变通处理，都是区域代表制及补充。只不过蒙古、青海、西藏是蒙古族、藏族主要世居区域，蒙藏民族暂时占据多数比例，区域代表与族属对象大体重合。新疆已经改省，回部直接参加区域选举，没有另外规定。不论理论上还是实践中，只要在蒙古、西藏、青海居住并取得当地户籍等，各族国民均有选举和被选举权。例如，首届北京临时参议院选举，内外蒙古选出10名参议员，由于库伦"独立"等种种原因，外蒙古仅由驻京蒙古王公贵族推选3名。在内蒙古各盟推选的7人参议员中，就有长期生活在蒙古地区的汉族人叶显扬和张树桐。故有学者认为，"这在一定程度上表明了从清末资政院（蒙古）议员单一的民族特色开始向兼有民族和地区双重特色的转变，这是特别值得我们关注的一个重要变化"。[2] 1912年春夏间，康有为设计国会代议院议员选举时，也主张必须设置蒙藏议员，以此加强内外蒙古、青海、西藏和本部的"政治连锁"。同样辩称："或谓回苗亦是国民，何不特设议员？岂知国会者为地域计，非为民族也。回苗既在各行省内，则各省已有议员矣。若引英殖民地与日本朝鲜、台湾地不出议员

---

[1] 《中华民国国会组织法》《参议院议员选举法》《众议院议员选举法》，夏新华、胡旭晟整理《近代中国宪政历程：史料荟萃》，第169~170、173~175、183页。

[2] 参见苏钦、于家富《略论民国初期少数民族地区代表参加临时参议院的几个问题》，《中央社会主义学院学报》2009年第5期。

为例，则此新征服地，岂可论于奄合五族，亲同一家，已数百年之蒙藏哉。"① 可见，避免民族隔离和促使民族融合，维护国家统一和领土完整，是康梁等分享的宪政理念。虽然此后蒙古议员屡现汉族冒籍的选举丑闻，但根本原因不在选举规定本身。中央学会和华侨给予议员专门名额的规定具有属人主义意味，亦与种族单位无关。

从根本上说，中华民国人民没有民族、阶级、宗教差别，一律平等的立国精神以及国会议员实施区域选举的基本原则，在北京政府时期制定和修订宪法过程中成为共识，陆续写入"天坛宪草"、《中华民国约法》、《中华民国宪法草案》、《中华民国宪法》。② 蒙古、西藏、青海等地蒙古族、藏族议员代表本地区域利益，故而只见他们对议员名额多少及选举程序等问题表达异议，未见质疑选举原则。只是非汉族相对多数和强势的汉族来说，客观上居于少数和弱势地位，加上自然条件不佳、语言隔阂、现代教育水平较低等客观因素的制约，如何确保他们的参政权利不受损害，在机会平等基础上趋于事实平等，的确需要慎重对待。

二 民元满族、回部、土司议员或代表选举问题争议

北京八旗知识人，新疆回部和西南土司及其所在地行政当局，不约而同向北京政府提出增加国会或省议会议员专门名额的要求，遭到北京政府坚决拒绝。双方的理据需要仔细辨析。

随着民国代清，八旗制度解体，旗人作为一个社会群体逐渐消失，取而代之的是"满族"作为一个族群的重构和再生，国会议员特设名额被旗人视为政治平等和生计保障的重要凭借。据1912年3月26日《顺天时报》载，北京满洲八旗士绅听闻临时参议院选举法规定并未提及八旗，

---

① 康有为：《拟中华民国国会代议院议员选举法案（续）》，《不忍》第7期，1913年。

② 此外，梁启超、王宠惠、康有为、汪荣宝、何振彝、席聘臣、王登义、吴贯因、彭世昂、姜廷荣等各界名流所拟中华民国宪法草案，均有类似表述，间有不写"阶级"，或增加"在法律面前皆为平等"的语句。夏新华、胡旭晟整理《近代中国宪政历程：史料荟萃》，第251、326、331、340、348、353、355、364、375、381、443、471、503、521页。

质疑"旗人即附属各省内",拟开会上书临时大总统袁世凯,准予八旗选议员。① 1912 年 4 月,满族同进会成立后,即上书临时大总统袁世凯请求立案,声称该会旨在团结分居京外各省没有团体的满族,宣传共和真理。"当此大同时代,原不宜再有种族之见存,惟此会创设伊始,既为宣达共和要素,势不能不用满族名义,权以代表人群。一俟将来各族团体议定融合后,本会自应一律从同。"② 可见,组织者定位为各族有效联络感情融洽之前的临时性团体。正会长熙彦、副会长魁斌等上书北京临时参议院,认为西方各国国会议员的确主要分成阶级和区域两种代表,但立法贵在审时度势,因时制宜。民国国会两院组织法规定蒙藏议员选举,但并非"纯粹代表地方主义"。"满族旗人"虽然有权利在地方议会参加选举,但"事实上无被选之望,即使被选,亦为代表地方之性质,绝无代表一族之理由"。因此,请求国会参议员设立满族专额。③ 八旗人士公举汉军旗人章福荣上书袁世凯,请在《临时约法》加入八旗应选议员若干人。④ 据汉文版《台湾日日新报》载:"参议院议员中无一人之旗人议员,旗人对袁世凯要求,乃电告各省八旗,令着手从事。"⑤ 6 月 6 日,满族同进会召开会员选举大会,要求参政大权。⑥ 他们强调,专额是特别选举权,在大区域选举之外,增加特别选举,办法应如蒙古、华侨。⑦ 八旗制度只是军事制度,不以民族为界限,但其社会性群体是旗人认作平等权利诉求的民族基础。

袁世凯对于满族或旗人的参政请求,一度予以同情。据 1912 年 4 月 11 日《顺天时报》载,袁世凯认为"五大民族"都有选举及被选举资

① 《八旗议争议员权》,《顺天时报》1912 年 3 月 26 日,第 7 版。
② 《满族同进会上大总统书》,《大公报》1912 年 4 月 21 日,第 5 版。
③ 《满族同进会会长熙彦等为请国会议员特设旗人专额致临时大总统袁世凯呈》,《北洋政府档案·国会》第 1 册,中国档案出版社,2010,第 27～32 页。
④ 《八旗请选议员之上书》,《顺天时报》1912 年 4 月 16 日,第 7 版。
⑤ 《八旗人及议员》,《台湾日日新报》(汉文版)1912 年 5 月 15 日,第 5 版。
⑥ 《同进会》,《台湾日日新报》(汉文版)1912 年 6 月 8 日,第 3 页;《满洲人权之保障者》《满族合进会》,《申报》1912 年 6 月 14 日,第 2～3 版。
⑦ 《满族将要求特别选举权》,《顺天时报》1912 年 6 月 7 日,第 7 版;《满族同进会要求之种种》,《大公报》1912 年 6 月 10 日,第 2 张第 2 版。

格，各行省、蒙藏等处已经通饬选举参议员，但其中没有满族，有违大同精神，拟准满族遵照《临时约法》，选举参议员 5 人赴会。① 6 月 7 日，总统府将旗人的说帖递交国务院。"探其内容，以旗人散居何地者，即为何地方人民，与民籍一律有选举权，自不必另为旗族设专额。况调和满汉，正宜使旗人均入民籍，以化畛域。惟全国旗人尚未尽入民籍，万一国会议员被选者无一旗人，恐不逞之徒因其觖望，借词煽惑，于民国前途不无关系。闻有为海外华侨特设专额之说，可否仿照此例，酌定年限，为旗人特设专额议员数人，一俟限期届满，此例即行取消。不过暂时增数旗人，于他族权利无损，于议事进行亦无妨碍，而于民国基础则不无裨益。应开国务会议决定后，再咨送参议院查照。"6 月10 日，国务会议初步讨论，未知结果。② 袁世凯的意图只是以此作为旗人改入民籍、满汉混融过渡时期的临时优待办法，不是旗人以"种族群体"另列单位，故而原则上不违背《临时约法》，不失为一种妥协和融通。

令人意外的是，国务院的态度与袁世凯相悖。1912 年 6 月 14 日，国务会议讨论时意见分为两派。甲派主张，"旗人散居何地方，即为何地方人民，应对于该地方一律有选举权及被选举权，似勿庸另设专额"。乙派认为，"以各省侨居旗人甚多，虽以调查，莫如通知北京八旗都统知照旗人，每旗互选一名或二名，与议国事"。③ 同月底，国务院呈复袁世凯："（国务会议）金谓华侨特设专额，系因本国商民侨居海外，本无选举区域，故特设变通办法。至旗人分居京外各省，本有选举区域。按临时约法第五条中华民国人民一律平等，无种族、阶级、宗教之区别，第十二条人民有选举及被选举之权。旗人为民国人民之一，既有占住区域，按照约法当然有选举及被选举之权，是此后选举无论何项议员，均当以区域为断，不能以人为界域。北方旗人尤居多数，苟能智识发达，断不虑于选举不占优胜。旗人改为汉籍，固属消融畛域，即不改籍，亦于选举初无关系也。

---

① 《满人之选举参议员》，《顺天时报》1912 年 4 月 11 日，第 7 版。
② 《交议旗人请设专额议员案》，《大公报》1912 年 6 月 11 日，第 4 版。
③ 《旗人专额议员案说帖之主张》，《大公报》1912 年 6 月 18 日，第 2 张第 1 版。

兹经公同决议,仍以旗人不设专额较无窒碍。"①

国务院的立场不无道理,当然也缺乏变通。面对参政权被批驳,满族同进会百余人于 1912 年 7 月 10 日开会,由春秀做报告,"并言海外华侨皆有参政权,而国内旗人反无之,虽云有选举区域,而事实上旗人散居各地,必至不能选出议员。政府日云五族平等,对于此事反吝不与,不知是何用意。此次如再不得,虽要求万次,亦所不惜。众鼓掌"。② 7 月 16 日,再次呈请袁世凯,指出北方旗人虽多,特别是顺天府属为数不少,但事实上恐无被选希望。"国务院无形打消旗人参政权",即是"无形之排满"。③ 7 月 28 日,公举荣勋等面谒袁世凯,递陈情书。袁世凯批交内务部讨论,然后咨送国务院决定。④

国会组织法没有特别规定旗人议员选举,满族同进会全体会员"群起质问,情词极为激烈"。8 月 29 日,内务总长赵秉钧一方面咨询参议院,如何议决此事。⑤ 另一方面,致电各都督,明确中华民国男子具有法定资格者均有选举权和被选举权,旗人男子当然平等。同时,驳斥满族同进会原呈"所称旗籍与地方向称隔阂,诚恐遗漏,调查各节,未免涉于过虑"。为安抚起见,赵秉钧又通令各省行政长官迅饬各选举监督,调查选举人无论是何旗籍,只要居住各该选举区域满二年以上,具有法定资格,一律调查入册,不得遗漏。⑥ 9 月 10 日,参议院讨论特设旗人议员专额案。⑦ 9 月 12 日,参议院初读时政府委员并无说明,议员多数赞同,指定籍忠寅、顾视高、刘崇祐、刘星楠、陈国祥、邓镕、谷锺秀、王家襄、

① 《国务院呈大总统国务院会议议决旗人不设国会议员专额说帖》,《顺天时报》1912 年 6 月 29 日,第 5 版。

② 《满回一致进行之状况》,《申报》1912 年 7 月 16 日,第 3 版。

③ 《满族同进会会长熙彦等再请国会议员特设旗人专额致临时大总统袁世凯呈》,《北洋政府档案·国会》第 1 册,第 33~41 页;《满族同进会会员文溥等请愿书》,《申报》1912 年 8 月 6 日,第 1 张第 1~2 版。

④ 《旗人再要求参政权》,《申报》1912 年 7 月 30 日,第 3 版。

⑤ 《临时大总统袁世凯为交议满族同进会会长熙彦等关于呈请国会议员特设旗人专额案致参议院咨》,《北洋政府档案·国会》第 1 册,第 42~43 页。

⑥ 《北京内务部总长致各都督电》,《申报》1912 年 9 月 12 日,第 2 版;《浙民政司调查旗籍选举权之通令》,《申报》1912 年 9 月 13 日,第 6 版。

⑦ 《第一届国会参议院议事日程》,《北洋政府档案·国会》第 1 册,第 72 页。

李肇甫、曾有翼、王振垚为特别审查员。①

与此同时，满族同进会加紧活动，成立参政预备团，预备将来选举议员，计划如果参议院"挟持偏见"，驳斥旗人参政案，即为请愿后盾。②署名"弢叟"者在《顺天时报》发表"时评"，声称苟无满族议员，即是不以平等对待满族，"五族共和"不如改称"汉回蒙藏四大族之共和"。③春秀更在北京《爱国报》刊文，总结参议院否决旗人议员的理由四点：一是旗人没有领土；二是各国无以种族名义列席国会先例；三是旗人散居各地，可与汉人一起参选；四是旗人特设议员，反显种族畛域。但皆不充分，因为选举法规定充满矛盾和不平，如参议院组织不取纯粹地方代表主义，但华侨无领土而设议员；旗人包括满、蒙、汉人，并非种族名词；旗人集中于直隶等个别省份，分地选举，名额有限，难以当选；旗人议员与汉人同立一堂，可以融洽感情，调和意见，消除畛域。他强调，参政权是旗人作为共和国民的应享权利，否则就如印度在英国、波兰在俄国、朝鲜在日本，备受奴役。他最后高呼，"我旗人获得此权则生，获不得此权则死"，如不幸此案被参议院驳斥，"虽请求至万次，亦不达目的不止"。④春秀欲不以旗民之分为种族之别，而以八旗制度特殊性为理由，并以帝国主义奴役殖民地比拟，恐怕还不如满洲八旗为"种族群体"更有说服力。

可惜，北京临时参议院很快否决了北京旗人的要求。临时参议院初读给出的理由是："因现在八旗人丁四方杂处，多半改籍，无论京内外，可径向选举区内报明，同一选举。倘设有专额，则满汉仍不能融化意见，恐将来国会开时与事实上有所窒碍。"⑤ 9 月 18 日，参议院特别审查委员会提交审查报告，指出法理上并无理由特设旗人议员专额。依据《临时约法》第五条，无论何族人民，在法律上都不能享有"特别权利"。蒙藏议员名额设置，"系根于地域之规定，非根于种族之规定"。旗人散居各地，

---

① 《九月十二日议事纪要》，《大共和日报》1912 年 9 月 17 日，第 1 页。
② 《满族同进会发起旗人参政预备团公启》，《大公报》1912 年 9 月 14 日，第 2 张第 3 版。
③ 弢叟：《满人要求参政权感言》，《顺天时报》1912 年 9 月 12 日，第 4 版。
④ 春秀：《国会应设旗人专额议员之理由》（来稿），《爱国报》1912 年 9 月 13 日，第 1 版；1912 年 9 月 15～16 日，第 2 版。
⑤ 《八旗不设专额议员之理由》，《大公报》1912 年 9 月 16 日，第 1 张第 5 版。

与聚居一定地方的蒙藏情形迥殊，不能并论。华侨、中央学会等特殊势力议员，也与种族无关，更难引以为例。以事实而论，选举人投票，当无种族畛域。如北京、东三省等处，旗人甚众，将来选举人必不能少。就算投票时有畛域之见，旗人依然可以当选。现任参议员即有旗籍数名，就是明证。① 9 月 24 日，参议院继续讨论，特别审查员代表谷钟秀用总结口吻，以同样理由主张否决，且三读会决议不变。② 11 月 1 日，参议院第一〇二次会议否决特设旗人专额案，再次郑重强调："大凡特设专额议员，本院均未议决……而黑龙江北部之满人不通汉语者，其选举之书法当为之通融办理，满族亦决不至再放弃其选举权。况专额之制，含有歧异之性质，五族之中他族均无专额，而独满族有专额，则是人民不能平等而妄生阶级，显然有种族之区别，揆之约法亦为不合。况现在各处选举人名册已告成，前日观顺天府尹告示，满人亦多有选举权，并不发生问题。"是日与会 66 名参议员中，50 人起立否决，咨送政府实施。③

参议院所言旗人可以当选参议员，不无根据。就国会议员而言，先后有治格、荣厚等人当选。就地方议员而言，晚清政府为保障旗人权利，曾规定京师及各省驻防，各自专设谘议局议员 1~2 名。④ 1912 年 4 月，直隶都督咨文称："八旗向有议员十人，今临时省议会议员十人之额，悉仍其旧，务急饬值年旗转传各旗遵例选出。现闻各旗将当选之合格人员咨覆值年旗，其初选共计二百五十余人，于旧三月初六日巳刻在北城雨儿胡同值年旗衙门投票云。"⑤ 同月，八旗都统选出崇芳等 10 人当选直隶省议会议员，另外 5 人为候补议员。⑥ 以八旗或满洲八旗为参政单位乃受民族主

---

① 《大总统交议满族同进会呈请国会议员特设旗人专额案审查报告》，《北洋政府档案·国会》第 1 册，第 44~45 页。
② 《第一届国会参议院议事日程》，《北洋政府档案·国会》第 1 册，第 78 页；《北京电》，《太平洋报》1912 年 9 月 26 日，第 3 版。
③ 《参议院咨大总统据交议满族同进会呈请国会议员特设旗人专额一案经常会讨论会众否决请转饬遵照文》，《政府公报》第 195 号，1912 年 11 月 12 日；《专电》，《时报》1912 年 11 月 2 日，第 2 版；《参议院第一百二次会议速记录》，李强选编《北洋时期国会会议记录汇编》第 4 册，国家图书馆出版社，2011，第 77 页。
④ 参见张朋园《立宪派与辛亥革命》，吉林出版集团有限责任公司，2007，第 12 页。
⑤ 《八旗临时会议员初选》，《顺天时报》1912 年 4 月 16 日，第 7 版。
⑥ 《八旗举定议员》，《盛京时报》1912 年 4 月 27 日，第 4 版。

义影响，洽与五族共和宗旨相悖。

其次，"五族共和"的"回"指涉新疆回部（"缠回"），新疆、甘肃当局要求增设新疆回部国会议员。早在南北议和期间，新疆都督袁大化致电袁世凯，称满、汉、蒙、藏、回五个民族组成共和民国，但议员选举没有回部名额，请准回部有选举议员的权利，以符共和名实。① 据说袁世凯与南京电商后，拟允回部有权选举一名参议员，并电令袁大化遵照执行。② 另据国内各报报道，甘肃都督赵维熙也致电袁世凯，主张"回族八部虽参处西蒙伊新之间，民俗政治，各不相同……似亦应有选举参议员权，不便与西藏、甘、新等省相混，以免向隅"。③ 后来新疆省内设置回部国会议员，在区域选举原则下适当兼容属人主义。

值得关注的是，新疆回部和内地回族虽然有同教之谊，但民国元年并未在参政诉求、团体组织等方面连成一气。1912 年 2 月 12 日，南京临时政府内务部批示"中华民国共和回族联合会"立案书时指出，民国合汉、满、蒙、回、藏之土地、人民为立国第一、二要素，共和宗旨是五大民族权利、责任一视同仁，无偏无党。该会初衷和宗旨值得鼓励，但名称应改为"回教"。理由是："回族进入中国始自唐朝，为数有限，后来因宗教流传，中土之民有的宗祖崇拜伊斯兰教而子孙自安于回族，有的父兄崇拜伊斯兰教而子孙亦自认回族。相沿至今，伊斯兰教日播而日宽，回族遂日聚而日盛。……由是论之，回族之蕃滋，因于回教，回教之范围，不止回民，故回族始有今日之结果也。……今该呈于联合会仍标以回民名称，未免失实。且取义流于拘偏，足以阻害回族之发达，不如用宗教名义，改称回教联合会，尚属稳妥而正大也。"④

回教是否代表回族，历来争议颇多。回族和回教尽管有复杂历史渊源

---

① 《新疆回部争议员权》，《顺天时报》1912 年 3 月 28 日，第 7 版。

② 《请允回民选一议员》，《顺天时报》1912 年 3 月 29 日，第 7 版。

③ 《赵都督代争回部参议权》，《大公报》1912 年 4 月 6 日，第 1 张第 5 版；《赵都督电请另添回部议员》，《申报》1912 年 4 月 11 日，第 1 张第 3 版；《为回族请求选举参议院特权》，《大共和日报》1912 年 4 月 12 日，第 3 页。

④ 《金崎生等组织回族联合会请求立案呈及内务部批》，中国第二历史档案馆编《中华民国史档案资料汇编》第 2 辑，江苏人民出版社，1981，第 25～27 页。

和外来种族观念的纠葛，但清末民初时人尚注意界限。1908 年，"留东清真教育会"主编的《醒回篇》所载各文，曾批判回教回族说。[①] 日本人主办的汉文版《台湾日日新报》认为，五族各自结成小团体，最后结成大团体，是民国好现象。"回教俱进会"在北京设立总部，各地遍设分会，就是显例。[②] 但国民党人批评满族同进会、回教俱进会称，团体应以政见及职业等相结合，不当以一族为本位。"其中尤以回教会为最离奇……谓为宗教团乎，则不应涉及政治，谓为政党乎，则未闻限一种族。有识者融化种族之不暇，今故以此为标帜，殆欲人人脑筋中，常含有一异族之观念，固非中国之幸，抑岂满、回之福乎。"[③] 有人指出，回教与回族不可同日而语，新疆回部确有"民族"关系。旗人争选举权，尚可勉强有"民族上之关系"，但回教仅为宗教，与旗人参政是两个不同的问题。[④] 可见，民族性、宗教性团体组织的参政诉求，在民初的政治社会氛围中难以得到同情和谅解。民元新疆旅居北京回部诸人拟联络新疆八部各王公、台吉，在汉族团体组织之外发起组织回部统一会，"因虽同教而不同族之故"，不邀请内地回教徒加入。[⑤] 而内地回教徒联合组织的中国回教俱进会，主张宗旨是"兴教育、固团体、回汉亲睦"，不仅同样不以回族为名，而且不包括新疆回部。[⑥] 南京临时政府和北京政府正是顺应"争教不争国"的历史趋势，严格区分两者，极力避免族教观念纠纷引起政治动荡。

再次，西南土司参议员问题。事情起源于云南省临时议会议决暂行选举法规定，省内各"土司人民"共选出 6 名议员参加省议会，并下发土司分区议员名额表进行调查。而北京政府颁发的省议会议员选举法，对于"土司人民"并无特别规定。云南都督蔡锷根据省议会选举法，准许土司

---

① 参见华涛《民国时期的"回族界说"与中国共产党〈回回民族问题〉的理论意义》，《民族研究》2012 年第 1 期。
② 《回教俱进会成立》，《台湾日日新报》(汉文版) 1913 年 3 月 21 日，第 6 版。
③ 斐青：《时评一》，《大共和日报》1912 年 6 月 2 日，第 2 页。
④ 《回教徒亦争选举权》，《大共和日报》1912 年 6 月 5 日，第 3 页。
⑤ 《回族亦另立统一会》，《盛京时报》1912 年 4 月 5 日，第 4 版。
⑥ 《组织回族联合分会》，《大共和日报》1912 年 4 月 19 日，第 5 页。

由所属区域调查符合资格者，与"内地人民"一体享有选举权及被选举权。同时拟定特别优待办法，一方面电请北京临时参议院修正省议会选举法时，针对沿边"土司人民"特别增设名额；另一方面仍准各属"土司人民"按照前发沿边土司分区表，根据前清时期云南省议会选举法第二十条每区选出一名的规定，令于 1912 年 12 月 20 日选定土司"代表"，到省参议会陈述意见。① 据说 1913 年初，川滇土司公举代表到两省民政部门，要求土司应有两院议员选举权及被选举权，以免偏私，否则即不承认土司为"国人"。②

北京临时参议院涉及云南土司议员选举问题的集中讨论前后共有三次。1912 年 10 月 4 日，第八十九次会议首次讨论云南土司增设代表等问题。据会议记录所载，段宇清认为，云南来电可以允准，"此系抚内办法，与各省并无妨碍"。张华澜说："云南沿江土司甚重，且与英法相连，关系甚为重要，若不设法联络，甚为不妥，所以非定特别额不可。若不定特别额，则有三种困难：一、若由各府州县分别选举，则必不能选出；二、土地虽广，人口甚少，亦不易选出；三、程度低者甚多，尤不易选出。"黄宏宪认为，议员有表决权，代表则无，二者不能等同。他赞同允准云南省所提变通办法，可以不交付审查。法制部委员长张耀曾补充说明，云南省议会已经一方面电请修正选举法，另一方面按原定选举法实行。黄宏宪说，选举法应当全国统一，若无表决权，则与选举法无碍。表决结果，多数赞成交付法制审查。③ 据说会议上有参议员主张，"土司散处于云南、四川、广西各边界，万不能独允云南之选议员，而他省缺如，应一律办理。即合川、滇、桂、黔土司，拟允选议员十人，以示与土司感情联洽"。④ 此报道与事实有所出入，但折射出反对者的主张。

---

① 《云南土司特别优待选举法》，《申报》1912 年 10 月 30 日，第 6 版。

② 《川滇土司对于选举权之要求》，《民主报》1913 年 4 月 26 日，第 7 版。

③ 《参议院第八十九次会议速记录》，李强选编《北洋时期国会会议记录汇编》第 3 册，第 373～374 页。

④ 《土司选举议员问题》，《顺天时报》1912 年 10 月 6 日，第 7 版。

　　张耀曾从立法一致和民族融合的双重角度，反对土司特设议员专额，引起激烈争论。1912年10月8日，参议院第九十一次会议再次讨论土司议员问题。据会议记录，张耀曾以云南旅缅华侨和土司选举省参议员一事关系紧急，改变议事日程，今日讨论，多数赞成。张耀曾提出审查报告修正案，认为如果适用普通选举法，以云南土司情形，确实很难选出一二名土司议员。况且云南土司向用专制，近来与云南当局感情颇甚恶劣，似将发生外向之心，万不能不设法挽救。不过，旅缅华侨和土司增设议员的特别选举与通行法律有碍，均不赞成。"因为本院当时立法所取之方针，无论情形如何特别，决不能以种族分畛域，全系以地方为界限。如云南因此情形可于省议会增设土司议员专额，实与五族平等之旨相悖。设独对于云南准设专额，其何以从前对于满族同进会及闽粤等旅外华侨又不同。此种前例具在，不能对于云南土司优异，致前后大相矛盾。"至于云南省选出代表的做法未为不可，建议名义改为"特派员"，只有发言权，没有表决权。如果得到多数同意，可以改由大总统转咨云南办理。

　　此后，议员们多数否决设立土司议员专额的请求，并就设立"特派员"或"代表"展开讨论。只有陈同熙一人表示异议，认为参议院议决的"覆选举区表"如有遗漏，尽可修改加入。"土司亦中华民国之人民，照法宜如西藏、蒙古，另要由选举会选出议员。现在既不如此，则覆选举区表内不可任其弃置。"若设特派员，则不独云南一省为然，殊非统一之道，"与选举法甚有妨碍"。张耀曾说，土司并不是没有选举权，只是由于现实选不出来，不得不想变通的联络办法，阻其产生外向之心，与"选举法毫无关系"。"特派员"并非议员，与选举法无关，尽可由云南设法选出数名，具体名额由都督变通处理。陈同熙反驳说，土司既然可以当特派员，未尝不能当省参议员乃至参众两院议员，仍然主张加入选举区表。李肇甫不赞成特派员、代表等主张，强调参议院立法要有威严，不能区别对待。"从前有许多案件，何处要加议员，何处要特设专额，皆拒绝之，诚以参议院者，不能敷衍一部分人民之意志，及一方面之事实，要看大多数为标准。假使此时允许云南之土司可以有特派员或代表之名称，则四川、广西之土司，其不要援例以求乎？还有各省之驻防，其亦援例以求，又将奈何？"段宇清反驳李肇甫说，云南省有特别情形，不能不变通办理，共和时代土司应有代表。因为时间不够，所以此次会议没有决定。①

1912年10月9日，参议院第九十二次会议又一次讨论土司代表问题。俞道暄赞同李肇甫所言，认为所谓代表无论代表土司还是代表民族，都与民国统一精神大为不合。顾视高说，前清云南省议会设有土司专额，今日不准立法上设置议员专额，又不许行政上通融办法，恐怕不足以坚定土司内向之心。陈同熙提出，各省土司应有省议员选出，分配在各州县内，故可以在选举区域表内明白规定。经过诸多争论，表决结果为出席的62名议员中，有37人赞成张耀曾所提修正案，其他建议均未通过。② 也就是说，立法上坚持区域代表制，不规定土司省议员专额，但在行政上可以变通处理，使其有代表表达政见和诉求。

三　袁世凯复辟帝制前后北京政府对满回代议士的安排

满族、回部国会议员专门名额的请求遭到否决，确实给人一种民族不平等的印象。为了既笼络五族人心，又不违反约法精神，袁世凯坚持原则不变，同时力图使他们事实上当选。

袁世凯对于代议机构代表的选举原则，复辟帝制前坚持不变。1913年11月，他武力解散国会，褫夺国民党议员职权，另行召集中央政治会议。北京政府有人特别提议，以"蒙藏满议员（满虽未设专额，而满正有一人）"文字语言各异，绝无与"南党"有牵涉之事，请求对于"非汉族之议员已早经宣告脱党者"，分别维持议员名义，以免产生离贰之心。③ 而满族同进会向国务院和袁世凯呈请"旗族"加入，"意在必行"。④ 袁世

---

① 此段与上段，详见《参议院第九十一次会议速记录》，李强选编《北洋时期国会会议记录汇编》第3册，第417～422页。
② 《参议院第九十二次会议速记录》，李强选编《北洋时期国会会议记录汇编》第3册，第423～432页。
③ 《满蒙藏议员有转机》，《顺天时报》1913年11月7日，第9版。
④ 《满族请求加入行政会议》，《盛京时报》1913年11月21日，第3版。

凯以中央政治会议由中央及各省酌情选派专员参加,"若果按族支配,是开畛域之端",予以拒绝。①

满族同进会依然积极活动。1914 年 1 月 24 日,中央政治会议在袁世凯授意下议定《约法会议组织条例》,规定约法会议议员由京师选举会选出 4 人,每省选举会选出 2 人,蒙古、西藏、青海联合选举会共选出 8 人,全国商会联合会选举 4 人组成,蒙古、西藏、青海代表从在京王公世爵世职及其他相当人员中选举产生。② 北京"旗族各团体"再次呈请约法会议内特设八旗议员。③ 2 月 25 日,满族同进会以蒙古、回部、西藏都有议员额数,请求援例规定满族议员办法。袁世凯批示说,蒙古、回部、西藏虽然远处万里,但均有如行省一般的聚居疆域。满族在奉天和北京占多数,两地规定约法议员额数,已经包括满族在内,"幸勿自分界限,致滋种种误会"。④ 在京蒙藏两族请求将蒙藏优待条款加入约法,北京政府同样予以否决,理由是"中华民国原系合五族而成,自无特别优待之理。此次优待条款,乃系指皇室而言,并非指满族而言。两族请愿,实系由于误会"。⑤ 为了让满族有代表当选约法议员,北京政府内定满族两名,先定宝熙、达寿。宝熙初时以正充任政治会议委员为由不就,推荐治格、荣厚两人。⑥ 最后,宝熙当选为约法会议议员。⑦ 可见,满族实际上有人当选。

袁世凯为复辟帝制,拉拢内地回教徒作为新疆回部在京代表和国民代表大会代表,令非汉族参加国家代议机构的身份属性有些变化。1914 年,据说以哈密亲王为首的新疆回部八部首领任命河南回教徒李谦为驻京代表及回部全权代表,并在洛阳成立回部全权代表办公处,后者开始大力从事

---

① 《旗族与议之批驳》,《申报》1913 年 12 月 4 日,第 2 版。
② 《约法会议组织条例》,夏新华、胡旭晟整理《近代中国宪政历程:史料荟萃》,第 469 页。
③ 《约法会议之进行状况》,《申报》1914 年 2 月 5 日,第 6 版。
④ 《满族请愿之否准》,《盛京时报》1914 年 2 月 26 日,第 3 版。
⑤ 《蒙藏优待条件之否决》,《大公报》1914 年 4 月 30 日,第 2 张第 1 版。
⑥ 《满族议员无形之定额》,《顺天时报》1914 年 2 月 25 日,第 9 版。
⑦ 《约法会议议员名录》,《北洋政府档案·国会》第 1 册,第 532 页。

争取新疆回部政治权利的活动。同年 10 月 8 日，北京政府蒙藏事务院指定加入回部国民代表 4 名，派李谦为回部总调查委员，调查在京回部合格人士 31 名。11 月 15 日，蒙藏事务院预备会选出李谦（河南叶县人）、王宽（1848～1919，字浩然，经名阿卜杜·拉赫曼，北京丰台人）、马吉符（1876～1920，字竹君，安徽怀宁人）、马廷襄（1863～?，河南项城人）等 4 人为回部国民代表大会代表。①

1915 年 10 月 8 日，北京政府参政院通过《国民代表大会组织法》。国民代表大会代表选举，区域选举中添加回部 4 人；"青海选举"改为"青海及回部"，共 8 人，其中回部 4 人；内外蒙古共 32 人；西藏 12 人。此外，增加"满蒙汉八旗"24 人。第五、六条分别规定，蒙古、西藏、青海、回部、"满蒙汉八旗"的国民代表分别由蒙古、西藏、青海联合选举会及中央特别选举会、八旗王公世爵世职的单选选举人中选举产生。②获得"满蒙汉八旗"国民代表资格的有松年、敬昌、毓盈、文瑞、全荣、涛霖、戴润、辅勋、志锜、阿霖、振陞、那勒赫、簿伦、志钧、斌桂、中铨、福涛、国铨、戴功、溥佶、德寿、松春、达元、春元、张思荫、常福、杨维翰、彝箴、巴哈布、承厚、兴安、鹤春、郭永泰、簿霨、锡垣、德斌、那勒贺、斌秀。③他们以八旗王公贵族上层人士为主，并无平民。可见，回部国民代表大会代表仍是区域选举产生，"满蒙汉八旗"代表则体现贵族色彩，严格来说都不是民族代表。

袁世凯复辟帝制结束后，北京政府重开国会，各非汉族继续争取北京政府规定专额议员。有学者说，新疆回部、蒙藏、青海国民代表并未改选，但是王宽、马吉符、马廷襄先后物故，李谦遂于 1916 年 7 月 14 日呈请北京政府按例照补回部议员。8 月 22 日，李谦又向众议院请愿增加回

---

① 参见方素梅《从〈回部公牍〉看民国前期回族的政治参与活动》，《民族研究》2010 年第 1 期。

② 《国民代表大会组织法》，夏新华、胡旭晟整理《近代中国宪政历程：史料荟萃》，第 484 页。

③ 《中央国民代表特别选举之发表》，《盛京时报》1915 年 12 月 15 日，第 3 版。

部众议员。① 事实上，王宽、马吉符并未逝世，但已不可能履行职责。哈密回王以当前国会没有回部代表，直接电请北京政府，准予各处选举代表充任国会议员。② 黎元洪担任总统后，哈密回王派专员钱芝隆、迪爱理等到北京请愿，要求国会特设回部议员专额。③ 1917 年 6 月，前清皇室载洵、载涛、载润等联名递呈北京政府国务院，恳请将满洲议员专额订定具体名数，北京政府批交内务部法制局备案核办。④ 1918 年 1 月 3 日，载涛、毓朗、载润、载沄在前门外观音寺街惠丰堂公宴参议院议员，请求保留袁世凯复辟帝制时期国会组织法修改审查关于满蒙回世爵互选议员一项，据说获得支持。⑤

不过，北京政府再次明确区域选举原则。1918 年 2 月 17 日，北京政府公布《修正参议院议员选举法》，仍然采取区域选举，单位包括每省、特别行政区、蒙古地方、西藏地方、青海地方。其中，蒙古 15 名，青海 2 名，西藏 6 名。不过，在中央选举会分部组织，新增"满洲王公具有政治经验者"2 人、"回部王公具有政治经验者"1 人。⑥ 据毓盈回忆，安福国会承认参议院设置满、回王公专额，筹备国会事务局照会清皇室内务府查王公职名，而宗室、旗人的代表以投票方式选举产生，结果庄亲王溥绪和贝勒毓朗当选参议院议员，庆王载振、承恩公荣全充任候补参议员。⑦从"满洲王公"和"回部王公"列入中央学会选举的做法看，他们既不是独立选举产生，也不是民族专额。正因如此，1921 年 1 月 27 日，前清礼亲王诚堃等致函北京政府国务总理靳云鹏，要求参议院增设满洲议员五六名，"俾驻京宗室觉罗八旗数万人得与闻政治"。内务部根据民元国会

① 参见方素梅《从〈回部公牍〉看民国前期回族的政治参与活动》，《民族研究》2010 年第 1 期。

② 《译电》，《申报》1916 年 7 月 26 日，第 1 张第 2 版。

③ 《哈密回王条陈政见》，《民国日报》1916 年 9 月 8 日，第 2 张第 7 版。

④ 《满洲将有议员专额》，《盛京时报》1917 年 6 月 27 日，第 7 版。

⑤ 《清室昨宴参议员为运动满族王公取得议员额》，《大公报》1918 年 1 月 4 日，第 1 张第 3 版。

⑥ 《修正参议院议员选举法》，夏新华、胡旭晟整理《近代中国宪政历程：史料荟萃》，第 490～492 页。

⑦ 参见王宇《"齐满人之心志，逐共和之权益"——民国前期满族同进会及其权利诉求》，达力札布主编《中国边疆民族研究》第 6 辑，第 147 页。

组织法及参众两院议员选举法均无满洲议员专额的规定，予以否决。但允许国会开会时，再行请愿修正。①

直系军阀曹锟贿选总统，致使国会威信一落千丈，乱象丛生，客观上为李谦提供了机会。1922 年 8 月 2 日，北京政府第二次恢复国会。翌日，李谦在一些议员介绍下，继续以回部八部代表名义上书参众两院，为回部议员名额请愿。② 9 月初，李谦在北京元兴堂大宴参议院议员，成功争取到一些支持。一位黄姓议员认为，议员选举本来"不能按种族而论，当按区域而论"。但新疆回部各有王公性质，与蒙古、西藏同样划地分守，各有疆土部落，精神上虽归新疆管理，实际各有特别区域权限，有特别历史，与蒙、藏、青海性质无异，有必要规定回部议员。一位陈姓议员指出，八部回族只有六部在选举法中有规定，此外遗漏了阿尔泰、阿克苏两部。③ 一位杨姓议员说："回部东西四千余里，南北三千余里，人民七千二百万，各有部落，同与蒙、藏、青海相同，按人口八十万一个议员，当然有议员数十余名。该地为西北之屏障，三面靠俄，一面靠英，如回部不能行使主权，将来北地必至放弃。现某国从中引诱，以后必有危险，请诸公总要注意边疆之领土为要云云。"④ 言下大有将整个新疆当成回部之意，将晚清以来撤藩建省的体制完全推倒。不过，参议院请愿委员会指出，国会组织法规定议员名额"系依照区域规定，非依种族规定"，李谦的请愿书"根本错误，不得受理"。但李谦又上书，强调新疆"回部"并非"回族"，是"中国回民众多之部分"，"回人聚族而居之部落"。"部落之为区域，与行省之为区域，与蒙藏为蒙族藏族区域，亦无甚差异。"建议将新疆选举区中漏列的阿克苏、阿尔泰两部先行加入。⑤

---

① 参见史筠《民族事务管理制度》，吉林教育出版社，1991，第 136 页；《满族请设参议院议员无效》，《顺天时报》1921 年 2 月 27 日，第 2 版。
② 参见方素梅《从〈回部公牒〉看民国前期回族的政治参与活动》，《民族研究》2010 年第 1 期。
③ 《加入回部议员之请愿》，《盛京时报》1922 年 9 月 7 日，第 2 版。
④ 《回部请愿加入议员之运动》，《民国日报》1922 年 9 月 6 日，第 1 张第 3 版；《加入回部议员之请愿》，《顺天时报》1922 年 9 月 4 日，第 2 版。
⑤ 《回部续愿规定议员名额》，《大公报》1922 年 9 月 16 日，第 2 张第 7 版。

　　李谦持续十年的请愿活动得到内地回教徒的广泛支持,后者越来越将自己和新疆回部统称回族,一体看待。响应的团体或个人,从地区看,来自北京、上海、河北、河南、热河、甘肃、江西、浙江、广东、广西、云南、湖南、湖北、安徽、陕西、山西、四川等地,除了新疆和东北地区以外,包括回民分布的大多数省区;从人员构成看,有官员、军人、知识分子、宗教上层、平民,既有回族,也有汉族。回教上层有相当一批代表人物表示一定的响应和支持,如马福祥、马步青、马邻翼、马鸿宾、马振武,其中马福祥最为积极。甘边宁海镇守使马麒则不感兴趣,认为"吾族散处华夏,无地不有,不定名额于宪法,则可与汉族自由竞争于选举,即可全体奋勉于学业,将来教育普及,人人皆有被选之望。若限定议员名额,恐权利不能普及,教育转无进步。且投票区域事实上万难适当,况宪法已定,无术挽救"。李谦编印的《回部公牍》收录了大多数支持者的意见,像马麒这样的只占极少数。虽然李谦的请愿活动主要针对回族,新疆回部八部的维吾尔族并未过多牵涉,但哈密亲王还是给予了名义支持。在北京政府中,吴佩孚、冯玉祥、国务总理、参议院议长及部分督军、省长、指挥使、镇守使等有关官员都与李谦有函电来往。然而,新疆全体国会议员对李谦的请愿多持异议,使众议院据此否决。从表面看,原因也许是不愿与内地回族分享议员名额,更为根本的是新疆督军杨增新的态度。杨增新在国务院查明李谦的身份后,依然将反对通电登报 10 次,说明他对李谦请愿深恶痛绝。①

　　杨增新的反对理由,值得重新审视。他在电文中详述了 1914 年哈密亲王进京,李谦与之相识,但并无委托全权代表一事,这点与事实有较大出入。但杨增新强调的下述内容,则不无道理,即哈密不过新疆全境 50 多个县之一,即便李谦受委为回部代表,也不能以一县代表冒充全疆代表,更不能以 1914 年的代表冒充新疆回部永久的代表。新疆旅京议员,有乌什回部辅国公一不拉引及其他汉、回议员共 20 余人,新疆回部王公

---

① 参见方素梅《从〈回部公牍〉看民国前期回族的政治参与活动》,《民族研究》2010 年第 1 期。

从无委托一人为代表之事。① 北京军警甚至下令严查李谦在京是否设立办事处，有何秘密运动。② 据说新疆回部王公买买敏等多次联衔致电北京政府，否认李谦为回部代表，声明新省回族十余年来都在省政府统治之下，从未与中央有接洽，请求严惩李谦冒充之罪。③ 新疆哈密回部札萨克亲王沙本胡索特、吐鲁番回部亲王叶明和卓、库车回部亲王买卖提敏、邦城回部贝子司的克、和阗回部镇国公拉承恩等，又联名通电声明李谦与新疆"缠回"向来没有关系，绝未委托全权代表事务。④ 这些举动的背后除了杨增新施压，也包含同教不同族的因素，以至于起初支持参政请愿的马福祥，也认为李谦以回部全权代表名义进行活动，并不妥当。哈密回部不能代表全体回部和新疆，也是事实。至于马麒主张不必专门规定族属参政名额，则是继承传统融合民族之道，未必就不利于回民参政的另一种思路。特别规定族属参政名额，具有道义扶助或补偿平等的合理之处，但同样会遭到嫉视乃至歧视。回部王公名义上支持李谦，无非也是获得参政权的手段，联为一族并不是目的。

新疆方面否认李谦的回部全权代表身份，丝毫没有影响内地回民继续争取回部议员专额的热情，背后甚至还有日本间谍促动。日本人佐久间贞次郎长期在中国各地活动，并在上海创办光社杂志《回光》，公然鼓吹回教徒应当在宗教活动之外，再在"蒙古独立""西藏自治""满洲离叛"这样一个有名无实的共和国家，倡导"回族独立"的政治活动。他宣称回族认可他的使用暴力、争取独立的观点，致使广大回族同胞感到特别愤怒。因为这完全否定了回族作为中国的少数群体，为了生存不反体制、做

---

① 《新省又否认李谦充新疆回部代表》，《顺天时报》1923 年 7 月 27 日，第 3 版。

② 《调查回部代表》，《顺天时报》1921 年 2 月 21 日，第 5 版；《搜查回部代表》，《顺天时报》1921 年 3 月 4 日，第 7 版。

③ 《专电》，《申报》1921 年 5 月 25 日，第 3 版；《新疆回族王公请严办李谦》，《顺天时报》1923 年 7 月 11 日，第 7 版。

④ 《回部王公等电参众两院等李谦所发讨伐冯玉祥通电回部决不承认》，叶惠芬编注《阎锡山档案要电录存》第 7 册，台北，"国史馆"，2003，第 151 页。

良好国民的行动和思想。① 受李谦请愿和类似鼓动等因素综合影响,内地回教徒乔伟侯等 2256 人致电北京政府,指责杨增新屡次假名回部王公,抵抗中央,否认李谦的代表身份,目的是阻止李谦"依法请愿加入回部议员"。② 另据《政府公报》记载,淮阳县回民代表白景昇,豫西回民代表李忠仁、姚继虞,安徽蚌埠回族人安靖,甘肃酒泉县回民学校校长奴而曼,甘肃回族人喇品贵,河南沁阳县回族人丁振标,江西回教俱进会会长钱志铭,安徽回教俱进会正阳分会会董王绍兰、赵春亭,舞阳北舞渡回民代表丁赞岑等,纷纷提出加入回族、回部议员的请求。③ 参政权益问题成为内地回民和新疆回部从界限模糊到逐渐一体的重要因素,族群共同体及其重要性的思想意识空前加强。

有回民在《顺天时报》撰文主张,代议士理应没有"种族""方域""人情习惯"的区别,"由各地方民族选举"。"至于选举法,或采属地主义,或采属人主义,兼筹并顾,折衷至当,永远推行,始无流弊。"但民国国会组织法及两院选举法偏私不完整,因为法理上,内地各行省、蒙古、西藏、青海采取属地主义,华侨、中央学会采取属人主义;事实上,完全采取属人主义,而非属地主义。"内地行省纯为汉族所居区域,蒙古、西藏纯为蒙藏两族所居区域,毫无疑义。故选举规定,虽未明指某族,而某族即包括在内。且蒙古、西藏在参选法及施行细则,尚有详细规定,可为佐证。惟新疆回族,独付阙如,十数年来,叠经回教民族,奋起抗争,且书请愿,达数十百起之多,国会悍置不理。询其理由,不曰选举采属地主义,即曰回部王公,无土地权,不能与蒙古、西藏相比。殊不知选法事实,纯采属人主义。新疆回部,不过取消王公私权,并非剥夺回族

---

① 参见〔日〕松本真澄《佐久间贞次郎对中国伊斯兰的"活动"和上海穆斯林——围绕这一个亚洲主义者的考察》,第四次文明对话国际学术研讨会"文化理解与文化对话的百年进程"论文,南京,2010,第 149~182 页。

② 《全国回族通电》,《回光》第 2 卷第 2 号,1925 年。

③ 《政府公报》第 2859、2870、2893、2901 号,1924 年;《回民要求增加议员名额》,《大公报》1924 年 1 月 9 日,第 1 张第 2 版。

公权耳。"① 把行省建构为纯粹汉族居住区域，蒙藏为纯粹蒙藏民族聚居区域，反映的恰是晚清以来从西方传入的民族和区域挂钩的族裔地理观，并不符合中国各族大杂居、小聚居的基本国情。以此断定蒙藏国会议员为属人主义的民族选举，也与北京政府的理念不合。参政问题上的人、地两种因素如何兼容，的确不无困难。

四　善后会议前后满族、回族、蒙古族的首次联合请愿

善后会议期间，相似的弱势处境和平等诉求，促使满、回、蒙各族首次联合起来争取国民代表会议代表增多名额或配给专额。此举进一步引起争论和北京政府的反弹。

1925 年 2 月 19 日，北京政府临时执政段祺瑞向善后会议提交《国民代表会议条例（草案）》。它规定，国民代表会议议员包括内外蒙古 8 人、西藏 6 人、青海 2 人。② 蒙藏事务院总裁贡桑诺尔布提出，回部应当按照第二届国会议员选举规定，选出代表名额。此后，又有满蒙协进会、满族同进会、旗族互救急进会等团体请愿，暨八旗各行政长官函请会议加入满族选出代表名额。2 月 27 日，会议决由吴锡宝在法制专门委员联合审查会提出特别审查。由于满族仅有会外请愿，回部仅有贡桑诺尔布在修正案理由中提及，并无正式修正案，所以并未付议。③ 于是，满族人乌泽声等提出《国民代表会议条例（草案）修正案》，声称"近议满、回不必加入另条，然若不规定于先，必至屏除于后"，主张将"满籍附入京兆，回籍附入新、甘二省，各定专额二人"。彭养光、那彦图、阿穆尔沁格勒图、扎噶尔、顿柱汪结、祺璞森、德穆楚克栋鲁普、贡桑诺

---

① 不平子：《中国选举法不明定回族议员之驳议》，《顺天时报》1924 年 7 月 2 日，第 7 版。

② 《临时执政国民代表会议条例草案》，中国第二历史档案馆编《善后会议》，档案出版社，1985，第 137 页。

③ 《善后会议公报》第 7 期，1925 年 4 月，"附录"；《善后会议公报》第 8 期，1925 年 5 月，"议案"。

尔布、顾思浩署名赞成。① 乌泽声等人此举旨在区域选举中补充规定，不实施单独选举。其余涉及蒙古、西藏、青海者，多为区域选举的进一步细化和名额增减。②

1924 年溥仪被赶出紫禁城，进一步强化了满族族群意识及权利保障意识。1925 年 3 月 14 日，满族同进会上书段祺瑞，声称参议院不设专额，明显歧视满族。满族虽然没有土地，但八旗各有都统，如同蒙古的札萨克。并强调，满族不是战败降服之族，而是赞同共和，国家特予待遇，立约保障与汉族平等。"彼英、美、日战败降照之菲律宾、印度、朝鲜，英、美、日尚均许其人民有参政之权利。今民国肇造十四年于兹，满族屏息于五色国旗之下者数百余万名，为平等国民，实无平等权利。"他们估计满族男性人口有五六百万，加上女性则有八九百万，应当选派代表 8 ~ 10 人加入国民代表会议。③ 刘朝望、车林桑都布、祺璞森、贡桑诺尔布、那彦图、汪声玲 6 人提出，国宪起草委员除了每省、京兆、内外蒙古、西藏各 2 人外，每特别区及满旗、回部、青海各 1 人。④ 温寿泉等 10 人提出，除每省、西藏、蒙古各聘 2 人外，每特别区、青海、回部各 1 人。⑤ 4 月 28 日，吴锡宝又要求国民会议条例第四项规定派满族代表 4 人，制宪委员满族 2 人。后由顾鳌提出甘肃、新疆加选回籍国民代表会议代表 1 人的提案，乌泽声、马福祥等人署名赞同。⑥

1925 年 3 月 17 日，善后会议举行第二十次会议，讨论《国民代表会议条例（草案）》。会前，法制专门委员吴锡宝、李德润、康国杰、余钟秀、郑象山、张鼎乾、凌陞、陈炳堃、高桂荣、袁超、惠恩济，教育

---

① 《乌泽声等国民代表会议条例草案修正案》，《善后会议》，第 168 页。
② 《那彦图等国民代表会议条例草案修正案》《林长民等国民代表会议条例草案修正案》，《善后会议》，分别见第 164 ~ 166、179 ~ 181 页。
③ 《满族同进会请愿书》，《国民代表会议条例草案汇编》第 1 卷，1925 年 3 月 19 日，第 21 ~ 23 页。
④ 《刘朝望等国民代表会议条例草案修正案》，《善后会议》，第 161 ~ 162 页。
⑤ 提出者有温寿泉、苏体仁、夏东晓、潘连茹、朱清华、康新民、周斌、聂光韬、赵从辂、王士珍。《温寿泉等国民代表会议条例草案修正案》，《善后会议》，第 162 页。
⑥ 《专电》，《申报》1925 年 4 月 29 日，第 4 版。

专门委员李师泌、冯广民，经济专门委员柴春霖，财政专门委员李士林等，根据满族同进会等团体所请，主张按照四万万人选出 400 名代表的比例，满族应有代表 8 人。他们提请会议修订《国民代表会议条例》第二章"组织"、第四章"选举"，在内外蒙古、西藏、青海之后，加入满族 8 人、回部 11 人，分别在各旗、回部举行单独选举。回部计有哈密、吐鲁番、库车、阿克苏、拜城、和阗、乌什、黑宰、阿勒依吐、贲江塔克鄂托、克加达克鄂托等 11 部，每部选出 1 人。① 不过，梁敬𬭼报告吴锡宝等的意见时，遭到朱清华等的反对，后者说："五族一家，回族人在何处，即取得该处之籍贯，不必另立此歧案。"顾鳌请求撤销议案，马福祥又反对，说明回民有增加代表名额之必要。赵尔巽、林长民亦表示异议，赵尔巽认为反对者固然有理由，但民元以来，除汉族外，其余各族实际上并未获得参政机会。"同人如恐满族有爱尔兰之故事，实为大误。"随后，主席宣告讨论顾鳌修正案第二项，由京兆、热河、察哈尔、绥远、西康各区选出者每区 8 人，附项"京兆区加选满籍一人"，最后却以少数否决。②

满蒙各族人士并不灰心，继续力陈。1925 年 3 月 27 日，那彦图又呈请段祺瑞，请在国民代表中加入满族代表。31 日，段祺瑞交法制院核办。③ 4 月，乌泽声、邵瑞彭、张化南、刘振生、黄容惠、潘大道、张恕、张凤翻等 8 人提出，《国民代表会议条例》应在"内外蒙古二十人"之下增加呼伦贝尔一人一项。理由是，第一届国会选举，将呼伦贝尔并入黑龙江省，"实属向隅"。"该处目前之情形与西康特别区相同，应另列一项，选出议员一人加入国民会议。"在"青海三人"之下增加"满籍各旗二人""回部二人"二项。审查原案中汉、蒙、藏三族之外，应加入满、回二种代表，才符合五族共和真义。蒙古、西藏、青海的选举选择适宜地方或在临时政府所在地举行，满籍各旗及回部议员选举施行"单选制"。满

---

① 《善后会议公报》第 8 期，1925 年 5 月，"议案"。
② 《善后会议二十次大会纪》，《申报》1925 年 4 月 22 日，第 5 版。
③ 《专电》，《申报》1925 年 3 月 28 日，第 4 版；《三十一日之执政会议》，《申报》1925 年 4 月 4 日，第 6 版。

籍各旗的选举在临时政府所在地举行，回部选举由临时政府酌定适宜地方举行。① 不过，善后会议联合审查会同样否决此案，原因是"辛亥革命时虽稍有种族思想，然十四年以来，种族思想渐已消除。且满族人民已经冠姓更名者颇居多数，今若单列一种特别规定，势必令已经冠姓改名与汉人不分之满族人民仍须恢复旧有籍贯，否则其结果必难享受相当之利益，故未附合此种主张"。② 4 月 18 日，善后会议议决《国民代表会议条例》。第二章"组织"规定，国民代表会议议员组织由各省、特别区、内外蒙古、西藏、青海、华侨选举产生，其中内外蒙古名额 30 人，前后藏各 8 人，青海 5 人。③ 这就彻底否决了特设满回议员专额的请求。

善后会议结束以后，内地回民要求单独选举国民代表，较以往仅为新疆回部打抱不平有了转折性变化。他们声称五大民族本来参政机会平等，但回族自民初以来"早已不满意于此有名无实之机会均等"。④ 1925 年 8 月，杨景廉等 80 余人以 20 余省区回教徒代表名义开会，批评《国民代表会议条例》"无回族被选权"，选举被各省县官僚劣绅把持，回族实际上不能胜选，要求回、汉民族分别选举。在临时执政府侍从武官长卫兴武接见后，他们于 8 月 8 日拟向北京政府临时执政、法制院、参政院、宪法起草委员会、国民代表会议筹备处分头请愿。⑤《顺天时报》注意到，中国各地回教徒在宗教上极有势力，对于政治似乎漠不注意，"乃近为召集参政院会议所刺激，目下协议以前鲁军务帮办马良为中心，起为参政运动"。⑥ 可见，后来马良投靠日本侵略者和汪伪政权，思想上与日本侵华策略的关系实在令人遐想。8 月 15 日，临时执政段祺瑞令行临时法制院

---

① 连署者有贡桑诺尔布、李垣、张炽章、德穆楚克栋鲁普、齐真如、苏体仁、胡泳澄、温寿泉、高槐川、周斌、杨以俭、言敦源、尹朝桢、那彦图、刘之龙、汪秉乾、袭玉崑。此外，德穆楚克栋鲁普、乌泽声等 16 人提出内外蒙古国民代表名额调整的提案。详见《乌泽声等国民代表会议条例草案修正案》《德穆楚克栋鲁普等对于国民代表会议条例草案审查报告修正案》，《善后会议》，第 187～190、194 页。

② 《善后会议公报速记录》第 8 期，1925 年 5 月。

③ 《国民代表会议条例》，《善后会议》，第 205～206 页。

④ 钜子：《我回教民族对于国民会议制定宪法之觉悟》，《回光》第 2 卷第 4 号，1925 年 4 月。

⑤ 《回族公民代表团二次请愿》，《申报》1925 年 8 月 12 日，第 3 张第 10 版。

⑥ 《回教参政运动》，《顺天时报》1925 年 8 月 14 日，第 2 版。

院长姚震称："查回民散居各省区暨蒙藏、青海，与其他民族一律享有选举被选举权，所请各节，无从采纳。"[①] 同时，段祺瑞授意国宪起草委员会草拟的《中华民国宪法案》规定，参议院除每省、区、特别市、华侨外，内外蒙古各选出 2 人，前后藏各 2 人，青海 1 人。[②] 可见，北京政府始终将内地回民和新疆回部区别对待，防止二者混同而引起族教纠纷的态度相当坚决。

五　结论

从后见之明看，"五族共和"的民族观念及相关举措尽管有其贡献，但也存在种种缺陷。例如，国会议员选举，没有考虑根据民族成分做出必要补充规定，是民主基础不充分的表现；规定必须通晓汉语，导致非汉族不识汉文、汉字者履职困难，是"大汉族主义"表现；当选者是上层王公贵族，没有普通民众参与；等等。不过，对于千方百计摆脱专制统治的中国人来说，"五族"只是境内各族属的泛称，国民平等的基本宗旨是废除人为设置的族别界限，否则必然重蹈清朝民族特权和共处而未相安的覆辙。事实上，从晚清到民国南京临时政府和北京政府时期的国家根本大法及相关法律草案，无不宣称国民平等、不分民族，从未见宣称必须建立一个多民族国家，相应也就没有建立在民族识别基础上的民族集体平等追求。

严格来说，关于中国是不是民族国家的讨论，其遵循的是西方标准。时人虽然想把文明国家强行塞进民族国家外衣，但没必要也不可能否认民族、语言和宗教的多样性，只是国家转型要求政治统一和民族大同，郡县治理和公民平等相辅相成。民初延续晚清撤藩建省、化除畛域、民族融合的理想追求，相关制度包含保证特权和机会平等要素，兼具转型过渡与顶层设计的时代特点。这种公正但不平等，即以暂时的不平等手段达到长远

---

① 《政府公报》第 3365 号，1925 年 8 月 14 日，"命令"。

② 《中华民国宪法案》，夏新华、胡旭晟整理《近代中国宪政历程：史料荟萃》，第 538 页。

的平等目的之取径，当然有矫枉过正之嫌和难免同化之讥。可是如果从同化本质上是将不同来源的各族混融成具有共同的中华认同，而不是一个纯粹的汉民族"吞灭"非汉族的角度来说，不分彼此和一视同仁似乎仍是从民族区隔导向中华一体的主要途径。因此，它和形式上族别平等可能导致结果不平等的理念各有优劣应当取长补短的争议，反映了近代民族平等实践的螺旋演进和外来民族理论中国化的曲折进程，应当历史地看待。那些脱离具体时空的评价无论如何符合心目中的期许，也不能成为接近历史真实的桥梁。否则，辛亥革命的历史贡献或被无形矮化，前人的智慧和努力就堪比愚夫愚妇了。

〔杨思机，华南师范大学历史文化学院〕

民国前期的
官定历书改制与时间秩序重构[*]

朱文哲

内容提要 辛亥革命之后，作为构建现代国家时间秩序的新历书，却面临官民分野与新旧对立的困境。在此情况下，如何重构官定历书的知识体系和发行方式，便成为历书改革的核心议题。针对此，负责历书制作与发行的中央观象台试图通过查禁私历、删除旧历，实现"统一时政"的目的。不过受制于旧有历法传统及社会习俗，政局动荡及南北分立，以及当政者与中央观象台编历取向的差异，官定历书的推行效果不佳。民国前期历书编订与颁行中的传统与现代、民俗与政治、权威与科学等多重因素的对立与融合，也见证了现代时间秩序与国家构建之间的复杂关联。

关键词 官定历书 时间秩序 中央观象台 民国前期

在古代中国，颁历授时不仅事关王朝"正朔"，而且影响到社会时间秩序的构建，因而备受当政者的重视。辛亥革命推翻帝制，也促使官定历书的内容、形制及印行方式等方面发生了根本变化：现代科学知识替代了具有神秘色彩的宜忌吉凶注解，成为官定历书知识体系的主要构成；"共和"颠覆皇权成为历书纪念日设定的主要取向；维护国家时政统一成为官定历书编订和颁行的重要目标。① 在这种情况下，重构新的官定历书便

---

* 本文系国家社科基金青年项目"民国时期官定历书研究"（项目编号：15CZS038）的阶段性成果。

① 朱文哲：《旧俗、新知与政治：辛壬之际官定历书的改制与编定》，《民俗研究》2015 年第 6 期。

成为辛亥之后中华民国所面临的重要问题之一。另外，尽管在辛亥之后，官定历书的内容发生了急剧变化，但大多数民众的生活习俗仍遵循原有的习惯，因而满足民众需求、以旧法编订的民间历书呈现繁盛的局面。与此同时，围绕历书的使用问题，政府与民众又形成对立之势，如何推广新历书成为困扰当政者的难题之一，而不同政治势力围绕着重构官定历书也进行了尝试和探索。这些丰富的内容构成了民国初期官定历书蜕变的历史面相。① 本文试图在以往研究的基础上梳理清末民初官定历书转型的历史进程，探析官定历书内容变动的多重因素，呈现官定历书推行的措施及困境，揭示政局变动与官定历书重构的复杂关系。

一 时政划一与查禁私历

清末民初之际，历书改革被时人赋予了革新政治的重要意义。1911年，清廷颁布了《时宪书变通办法十九条》，试图将阳历作为收拾人心、消解革命的工具之一。中华民国临时政府刚刚建立，孙中山就发布了《改用阳历令》，时人以为"庶共和之日月一新，而庶政之推行无阻"。② 而袁世凯担任大总统之后，也极力推进时政统一，内务部在颁布改造新历书办法③的同时，又发布了禁止售卖阴历历书的命令④。1913年，教育部又制定了《颁发历书条例》和《翻印历书条例》，参照前清旧例详细制定

---

① 现有研究主要梳理了民国初期历法改革的情况，特别关注时人的新旧历法之争及其影响。相关研究可参见张志明《中国近代的历法之争》，《近代史研究》1991年第5期；左玉河《评民初历法上的"二元社会"》，《近代史研究》2002年第3期；湛晓白《时间的社会文化史：近代中国时间制度与观念变迁研究》，社会科学文献出版社，2013；等等。不过，官定历书不仅涉及历法的变革，还关涉纪念日的设定、知识体系的重构以及历书的发行与接受，特别是历书内容体系与全球标准时间扩展之间的关联等内容，仍有较大的研究空间。

② 《改用阳历令》，《中华民国临时政府新法令》第1册，上海自由出版社，1913，第41页。

③ 《内务部颁布改造新历书办法》，《中国革命记》第28期，1912年，"法令"，第1~2页。

④ 《内务部咨各省都督、民政长请饬属禁止私卖阴历历书文》，《政府公报》第169号，1912年10月17日，第18页。

了历书制作、颁布和翻印的流程。① 随着《中华民国元年历书》和《中华民国二年历书》的颁布，作为时间秩序重要载体的历书构建起了全新的内容体系，形成了阴历、阳历并存的历书编排模式。不过由于系属初创，这两年的官定历书与民间历书一样，仍然是参照清代《历象考成》对历日进行推算。

自1914年起，中央观象台采用新法对历日进行推算，"日躔用纽孔《太阳表》，月离用汉森《太阴表》推算，期于鼎新革故，密合天行"，② 由此新旧历法的差异日渐明显。由于民国初立，政府对历书采取了相对宽松的政策，以至于用旧法编订的民间历书呈现畅销的情况。而中央观象台采用新法编订历书，凸显了官定历书与民间历书之间的差异，加剧了时政纷歧的问题。1914年的官定历书与民间历书因算法差异在阴历九月、十月份月建大小出现差异，1915年又出现阴历十二月份月建大小不同的问题，因直接关系到除夕的时间问题，时人高度关注。这种时政不一的状况，不仅会对当政者的政治权威形成消解之势，还会对社会生活的正常运行造成影响，因而查禁私历也成为当政者维护自身统治的重要手段。1915年因为除夕时间出现差异，影响极为广泛，北京政府要求各地查禁私历。对于上海总商会以该年十二月份为建大的请求，教育部不仅没有同意，反而通饬江苏巡按使公署，要求严行查禁私历："坊间历书并不遵照本部颁发样本翻印，仍用前清时宪书旧式，已属不合，其有推算错误，于月建大小时有出入，殊属不成事体，本年以此项私历禀送本部查验者，已不止一种，其印售之区大率以上海为多，相应咨请贵巡按使通饬所属，一律严禁私历，以重授时要政，是为至要。"③为了解决官私历书差异的问题，实现"以齐时政"，1915年4月中央观象台拟定了"推行历书"办法，采用先期由教育部垫付官定历书印刷费用，

---

① 《颁发历书条例》，《政府公报》第469号，1913年9月21日，第10页。

② 《咨各省、区现时制历采用最新西法，禁止采用旧法以免纷歧，请查照办理文（第三百七十二号，八年二月二十二日）》，《教育公报》第6卷第4期，1919年4月20日，第29～30页。

③ 《严禁私历之通饬》，《申报》1915年3月27日，第10版。

之后由各省汇缴的办法，试图尽早将官定历书的范本发至各地以供翻印，从而达到推广官定历书的效果。① 1916 年 10 月，内务部又发出通咨，要求热河、察哈尔、绥远都统、各省省长、川边镇守使严行查禁"谬误滋多，于时政划一颇有妨碍"的坊行历书。② 不过因为时局动荡，加之历法改革形成的阴历、阳历并行之状况，袁世凯当政时期中央观象台制作的新历书未能普及，"人民尚多购用私历，时政每致纷歧"。③

1918 年，《中华民国八年历书》出版之后，中央观象台访查私历印行情况，将各地私印历书及其谬误等详情报告给教育部，随后内政部、教育部发布命令，再度要求各地"查禁私历"，其中就说："坊行历书私本，谬误甚多，于时政划一，颇有妨碍""亟应一律查禁，以重民时"。特别值得注意的是，北京政府要求各地查禁私历的命令中，将中央观象台开列的应查私历详单附后，其中详细说明了官定历书与坊刻私历的四条区别。一是官定历书虽新旧历并列，但文书标日、会计年度皆以阳历为准，则历书之作自当以阳历为起讫；坊刻历书以旧历为主，于正腊前后补列阳历日期，而年度因之纷乱，殊属不合。二是历书中新历日期宜分别注明，不得含混。坊刻历书第一汇列春秋社三伏等日期，而不标明该日期为新历，抑为旧历殊，令用者无所适从。三是历书中节气时分、月建大小，应遵照中央观象台历书以归统一。坊刻历书类多歧误，且阳历 2 月下每书"闰""平"二字，须知年法有平有闰，既平必不能闰，既闰必不能平，二者不可得兼，又如立秋后五戊为秋社，乃竟改为六戊，皆足淆乱耳目，万不相宜。四是朔望两弦应以北京时分为标准，诚以月建大小，一视合朔为归，若不揭示时分，则月建失其标准。坊刻历书多不载朔望时分，殊为缺点。④ 中央观象台的说明，将"私历"与旧历区隔开来，可以说是设定了

---

① 《咨京兆尹，各省巡按使，各都统需用五年分历书若干请咨覆文（第一千四百零五号，四年五月二十七日）》，《教育公报》第 2 年第 2 期，1915 年 6 月，第 44 页。

② 《咨：内务部咨热河、察哈尔、绥远都统、各省省长、川边镇守使坊行私历应一体查禁请饬属遵办文（中华民国五年十月 日）》，《政府公报》第 289 号，1916 年 10 月 24 日，第 13 页。

③ 教育部编《教育部行政纪要》（丙编·专门教育），1917 年教育部颁布，第 174 页。

④ 《重申私印历书之禁令》，《申报》1918 年 8 月 12 日，第 10 版。

区别官私历书的标准，为官方查禁私历提供了方便。不过更值得注意的是，官方对"私历"与"旧历"的区分，其中包括独特的意味，这是因为民国建立之后，官定历书当中新历、旧历并存，旧历虽然附于新历之下，但经过改造已经丧失了原有的诸多功能，并因此具有了"合法"的地位。而私历则不一样，因为它是未经官方认可的"坊间"行为，特别是依据前清旧法推算节气、月建等，自然使推算结果与官定历书有较大差异。由此造成的差异，不仅会对时政统一造成影响，还会因时间差异引起社会恐慌，因而官方查禁坊间"私历"也就是很自然的事情。

1919 年，时任中央观象台台长的高鲁再度呈文教育部请求查禁私历，并详述了坊间私历与官定历书推算规则的差异："本台所采，既为西人最新之法，则《历象考成》乃西人二百年前旧法，当然在废止之列！拟请通咨各省区行政长官，布告商民，以后制造通书及月份牌等，务按本台现取之法推算，不得再以前清万年历书为根据，如或不能用西文原书，自行推算，可于每年四月后函询本台，即将翌年新历书日期对照及节气时分，详细开示，俾令遵行，以期齐一。"① 教育部在接获该报告后，对于上海茂记等书局私自印制历书，且历书以旧法为准，导致月建大小不一，并在书面印制"教育部审定颁行天下"等字样，教育部认为这是"欺诈商民，尤堪痛恨"，通令各地要严格查禁私历，"以重人时"，② 并令不合翻印历书条例制作的历书禁止销售。③ 与此同时，中央观象台呈请教育部，自1919 年起，"每年于四月间将翌年新旧日期对照及节气时分，开具简表，呈请大部先行公布，俾众周知，似于时政前途不无裨益"。对此教育部同意，并建议"由本部通咨及刊登本部公报，并选登政府公报外，仍由该

---

① 《咨各省、区现时制历采用最新西法，禁止采用旧法以免纷歧，请查照办理文（第三百七十二号，八年二月二十二日）》，《教育公报》第 6 卷第 4 期，1919 年 4 月 20 日，第 29～30 页。

② 《咨各都统、各省省长、京兆尹严禁私历文（第一千八百八十号，八年九月二十九日）》，《教育公报》第 6 卷第 11 期，1919 年 11 月 20 日，第 56 页。

③ 《批严恭寅等翻印历书与样本不合所请令行浙教育厅准予销售一节未便照准（第六十三号，九年一月二十九日）》，《教育公报》第 7 卷第 3 期，1920 年 3 月 20 日，"公牍"，第 49 页。

台设法多送，登各处新闻纸，俾众周知"。① 中央观象台也从该年起在报刊上刊登来年历书摘要，为民间制作历书提供参考，期望通过这样的措施消弭官私历书的差异，以实现时政划一的目标。

尽管民国初期，中央观象台在每年官定历书颁布之后，照例呈请教育部请求查禁私历，也试图通过其他方式来扩展新历书的影响，以扩大新历书的使用范围。而许多趋新之士，也指出了阳历比阴历精密、便利等种种好处，但阳历及新历书的推行状况并不乐观。1915 年 1 月 1 日，钱玄同在日记中就说："改历三年矣，妇稚犹懵然，极与新年萧飒，为之废然。"② 时至 1920 年，时人描述旧历行销之状况时就说："国人惮于革新人间万事。际此阳历岁，阒不觉有丝毫之新现象，即如历书之发行，非待至阴历年底，坊间无购处也。然余见坊间所出之历书，大都陈腐芜陋，即销行最广之《国民快览》，内容缺点亦綦多!"③ 而据《申报》广告所言，即便缺点甚多的《国民快览》，1919 年的销量达 14 万册之多，且"未至年底如数销完"。④ 而 1917 年前后，面向全国发行的官定历书，印量仅为 20 万～30 万册。⑤ 除了民俗旧习的影响外，北京政府时期政局动荡、政府权威不足等诸多因素都制约着新历书的推行，所以时人说："前清时代，私造历书者，处以死刑。人民惧遭重典，故私造者绝少。间或有之，亦无甚错误。而官造历书，系钦天监研究有素，多年专门，从无谬误之处。自改建共和以还，每年历书，由中央观象台专司其事，隶于教育部，而私历盛行国内。查历书一项，官厅用处甚少，而人民用处甚多。且私历价廉，故皆沿用私历，错误亦因之而生。"⑥ 尽管官方不断发出查禁旧历的命令，但认真执行者寥寥无几。甚至推广新历的政府部门既无力也无心，1918

---

① 《部令：指令：第二百五十七号（八年二月十八日）：令中央观象台台长高鲁：呈一件拟每届提前公布略历办法请核示由》，《教育公报》第 6 卷第 4 期，1919 年 4 月 20 日，第 24～25 页。

② 杨天石主编《钱玄同日记（整理本）》，北京大学出版社，2014，第 277 页。

③ 铁头：《中国历书之急宜改革》，《申报》1920 年 12 月 11 日，第 16 版。

④ 《毕公天先生编〈民国九年国民快览〉出版》，《申报》1920 年 1 月 31 日，第 13 版。

⑤ 教育部编《教育部行政纪要》（丙编·专门教育），1917 年教育部颁布，第 174 页。

⑥ 梅蒐：《官私历书》，刘一之、〔日〕矢野贺子校注《益世余谭：民国初年北京生活百态》，北京大学出版社，2014，第 101 页。

年内务部公布的祭天日期实际仍旧依据旧历进行。[1] 在这种情况下，要想通过查禁私历以统一时政的难度就可想而知了。

二　删改旧历的举措与成效

面对政府查禁旧历效果不佳的现实，中央观象台也试图通过对历书本身的改造，以扩展新历书的影响。中华民国建立之后，由中央观象台编订的元年、二年历书，形成了官定历书制作的新风格。不过在袁世凯当政时期，此种新式历书在诸多细节上吸收了清代时宪书的某些内容。这是因为中央观象台在制定历书时，遵循着"以便民用"的原则;[2] 更为重要的是，袁世凯试图借传统思想资源以强化自身的政治权威，如祭天、祀孔、祀关岳等纪念日的设定。这些做法使得官定历书带上了强烈的"复古"色彩，导致了官定历书半新半旧、新旧杂糅的状态，也使得官定历书难以获得整个社会的认可，推行不广。早在 1914 年，王兆勋就说："既用西历，而仍存中历，恐西历终难通行，计非将中历完全删去，不足以大其效力。"[3] 时至 1920 年，面对私历畅销的状况，有人就说："民国成立以来，已有两次错误，既任私历畅行，而官私历又不相合，殊为困难之事。望有管历责任者，亟应详加校正公布，以免人民无所适从。倘以后不能禁止私历，官私历书应一律，自无纷扰之事矣。"[4] 因此，在查禁私历成效不够显著的情况下，对历书本身进行改造就成为推广新历的"有效"措施之一。

从 1916 年至 1927 年，时人围绕历书改制发生了诸多争论。而历书编订的因革损益主要围绕删改旧历展开，中央观象台对官定历书的改造主要

---

① 林炯：《历法》，商务印书馆，1923，第 10 页。

② 就民国四年、五年历书重新补登社日一事，高鲁解释说，此法"沿前清旧历之制度，合社会之习惯，以便民用"。见高鲁《晓窗随笔》（续），《观象丛报》第 1 卷第 12 期，1916 年 6 月 15 日，第 46 页。

③ 王兆勋：《新历法之商榷》，《法政学报》第 2 卷第 8 期，1914 年 9 月 15 日，第 8 页。

④ 梅蒐：《官私历书》，刘一之、（日）矢野贺子校注《益世余谭：民国初年北京生活百态》，第 101 页。

表现在以下三个方面：一是完全删除旧历当中的某些内容；二是将旧历的内容加以改造；三是将旧历的内容移注于新历之下。但这一过程并非简单的此消彼长。就以值宿的删改为例，孙中山等革命党人制作的《中华民国元年历书》，虽然删除了旧历的诸多内容，却保留了值宿。此后中央观象台制作的民国元年、二年、三年历书都未添加此项内容，而民国四年历书却添加了值宿，此后的历书又将之删除。又如《四时农宜表》，民国三年历书创设此项内容，虽然其内容主要是二十四节气适合的农事活动，不再是旧式历书宜忌注解的重现，但仍旧借用了旧历的形式，民国四年历书将之删除，而民国五年、六年、七年历书又都添加了此项内容，民国八年历书再度将之删除。

相对而言，1923 年制作的《中华民国十三年历书》删改旧历的幅度最大。在新历书已经推行 10 余年之后，中央观象台提议在历书当中删去旧历。在历书编订者看来，"民国改用阳历虽经奉令施行，但前清时宪历未经废止，政府颁发之历书仍旧登载，而坊间发行之书或根据前清私版万年历书，月建参差、节气错乱使民国官私所用历法迥不相同"，由此就给国家政治和社会生活带来诸多不便。为改变此种状况，中央观象台拟定了六条改进办法：一是取消官版历书内之旧历一栏；二是严禁私历凡月份牌官商快览等载有旧历日月者皆是；三是严定违犯历法条例；四是无论何种记载均禁用阴历；五是凡记载月日只载阳历不得兼载阴历；六是凡与人订立契约必须以阳历为准。上举六条前三项须由政府办理，后三项即由学界自动为一般社会之倡。[1] 对于中央观象台改订历书删除旧历的做法，钱玄同称之为"一大进步"。[2] 不过在陈展云看来，《中华民国十三年历书》有两大改变：一是删除了旧历；二是书写方式改为横向从左至右。[3]

对于《中华民国十三年历书》的重大变化，《中华民国十五年历书》的凡例给出了较为详细的解释，就删除旧历而言，主要是因为："历法人时，关系至切，历代开国，易朔为先，所以求政治之一统，免人事之混淆

---

① 晶公：《观象台提议禁用阴历》，《申报》1923 年 3 月 25 日，第 2 张第 7 版。
② 杨天石主编《钱玄同日记（整理本）》，第 565～566 页。
③ 陈展云：《中国近代天文事迹》，中国科学院云南天文台，1985，第 104 页。

也。民国纪元，改用新历，元年历书，不载旧历，顺理合法，无过于斯。继因国民积习，不易卒改，自二年起，暂将旧历附注其下，虽为一时权宜之计，而时政因之不能统一者，十有余年。历书为全国时政根据，一书而并存两历，社会之趋向自不免因之纷歧，且自近岁以来，官署公文、学校纪载、海关、邮政、铁路各布告，大率专用新历，而以授时为本之历书，反取两历而并用之，不几矛盾?! 是以自十三年始，废止附注之旧历。"历书的文字书写方式的改变则是因为："中国字形结构，大抵起笔恒在左，落笔恒在右，论其型势，自应次第右行。而习惯上则皆由右而左，事之不便，莫此为甚。盖写向左行，不独布白分行，颇难齐一，且手腕逐渐前进，常至墨滴淋漓，故凡表谱簿录之类，横写实较直为便，书中之有算草公式者，尤以横写为宜。近来学校之教科书，公司机关之表册，大抵均用横写，历书内容，图表十占八九，故亦改用横写以期适用。"[1] 此次官定历书的改革力度前所未有，不管是内容还是形式都有巨大的变化。其中中央观象台台长高鲁极力推动，功不可没。正是这种巨大的变化，引起了一些人的强烈反弹。时任山东省长的龚积柄就通电全国，要求将历书改回以旧法制作。[2]

与此同时，为了避免再度出现如 1915 年因官私历书差异而造成的社会恐慌，中央观象台在颁布新历的同时，于 1924 年 4 月呈请教育部通告全国各地，指出私历依据旧法有误："查旧历甲子年十二月，坊行私历有作大尽者，有作小尽者。迭据各处函询，会为详细推算，查月尽大小，当以朔日为断，而推算朔日，当以躔离度数为根据。《历象考成》后编太阳年根表、乙丑年距冬至度数，经本台查有错误，因该表系递加太阴平行而成。""万年书所载者，多属差误。查旧万年书历，经本台呈请禁止援用，并由部通咨各省在案，乃坊间仍采旧本，淆乱人时，莫此为甚。用敢再呈大部，通咨各省，详叙前由，严行禁止，以一时政，实为公便等情到部。查该台所呈各节，事关划一时政，相应咨请查照，并希饬属亟行严禁，以

---

① 教育部中央观象台编制《中华民国十五年历书》，1925，"导言"。
② 陈遵妫：《中国天文学会和北京古观象台》，中国人民政治协商会议北京市委员会文史资料研究委员会编《文史资料选编》第 16 辑，北京出版社，1983，第 96～97 页。

正人时。"① 这种"预为布告，以免民间届时发生纠纷"的做法，也是中央观象台面对私历畅行的无奈选择。

相比 1923 年官定历书删除旧历的举措，民国初期中央观象台对官定历书的改革，更多是在中华民国元年、二年历书的基础上，对原来旧历的内容进行了细微改革。就以干支为例，这是旧历当中的一个重要构成，也是中国计时体系独创性的内容，在历史演变中，干支与择日、吉凶等问题建立了密切关联。对此，有人认为推行新历，就应该删除这些内容。所以 1914 年，王兆勋针对官定历书存在的问题，认为像"干支"等内容是可以去掉的，因为"此等字样，虽为人民习用，然既革去星命家言，改用西历，似不宜沿用"。② 但由于它是计时的工具，所以中央观象台将之保留，就是在 1923 年删除旧历的改革中，此项内容仍被保留，并被附于阳历之下。不过由于干支与旧历之间的密切关系，这种移花接木的方式也带来了新问题。钱玄同在 1924 年 1 月 6 日的日记中就说："在富晋书庄买到观象台历书，果不注明阴历月日，但于阴历每日下，附注干支，则不但渣滓不清，而且实为蛇足，尤奇于阳历每月下注以'乙丑''丙寅'字样，因阳历大致比阴历早一个月，竟认阳历为建丑，此则尤可怪笑！"③ 由此可以看出，尽管干支作为一个独立的计时体系在新历书中得以保留，但因为它与星命学之间的密切关系，其原有的某些功能限制了它在新历书中的计时作用，甚至因为内涵发生扭曲而为时人所诟病。此种半新半旧的过渡状态，使得官定历书既不为广大民众所接受，又被趋新人士抨击，其发行及使用的范围都十分有限。

不过，官定历书新历、旧历并存，特别是旧法制作的历书在民间广泛流传，使中央观象台在制作历书时进退两难，屈从民俗习惯，从而使新历书难以推广，要推广新历书，则必须删除历书中的旧历。所以在新旧之间犹疑，成为民国初期官定历书制作中经常出现的问题。与此同时，尽管中央观象台不断强调要推广使用新历书，而且教育部及内政部迭令各地推行

---

① 《观象台更正历时》，《申报》1924 年 4 月 8 日，第 13 版。
② 王兆勋：《新历法之商榷》，《法政学报》第 2 卷第 8 期，1914 年 9 月 15 日，第 10 页。
③ 杨天石主编《钱玄同日记（整理本）》，第 566 页。

新历书，但实际上，新历书的推行效果并不理想，由此迫使中央观象台在官定历书中删除旧历。当然，查禁私历效果不佳，官历中删除旧历，也未必能够扩展新历书的影响。首先，尽管政府提倡使用阳历，趋新之士积极鼓吹使用阳历的好处，中央观象台也千方百计试图推广新历书，但个人及新的社会政治组织仍浸淫于旧的社会风俗习惯当中，如年节、结账日期等，而且政府财政预算、学校时间安排、社会习俗变革等方面都参照了阳历，实际则是新历、旧历并用，新历、旧历并存的二元结构无法破除，必将给人们带来诸多不便。其次，中央观象台在改订历书的过程中，仅仅着眼于从内容上清理旧历的内容，对新旧历法的差异解释不够。如新历一日的起点是零点零时零分，但旧历子时则是起自前日的二十三时，这样明显的差异自然会导致推算结果的不同。对此，林炯就认为："像变易日始这样重大的改革，应当有特别的宣传文告，唤起国民的注意。不能只在历书上变更记载，就算了事，因为许多人没有看过历书哪！还有许多人虽然看过历书，是漫不注意，不求甚解！"① 这种隔阂使得社会中人不太了解新旧历法的差异，甚至误以为新历有错，影响了官定历书在民众中的信誉。这些因素制约了新历书的使用与推广，但此种困境并非中央观象台一己之力所能解决。

三　南北分立下的新旧官历

随着大革命的兴起，南北新旧势力之间的较量也愈加激烈。1926 年，张作霖控制北京政府之后，也特别注重加强对历书制作的控制。自中华民国建立以来，官定历书的制作任务一直由隶属于教育部的中央观象台承担。1927 年 8 月 18 日，北京政府将中央观象台改归国务院管辖，目的是"以专职责"。② 9 月 29 日，张作霖又发布命令，要求中央观象台"编制

---

① 林炯：《历法》，第 11 页。
② 《大元帅指令第一百四十号（中华民国十六年八月十八日）：令教育总长刘哲：呈请将中央观象台改归国务院管辖以专职责由》，《政府公报》第 4068 号，1927 年 8 月 19 日，第 3 页。

民国十七年历书样本,并拟附通俗历书一并颁行,以资习用"。① 12 月 22 日,张作霖又令北京政府总理潘复呈送民国十七年历书及通俗历书。② 在这种情况下,中央观象台编订了《中华民国十七年历书》和《中华民国十七年通俗历书》两部历书。除此之外,东方时报社还编纂了《大元帅纪念历书》。尽管这本纪念历书并非由官方机构制作,但实际上仍有官方背景,甚至北京警察厅要求每户居民必须购买。③

《中华民国十七年历书》沿袭了民国以来官定历书的制作传统,不过相比民国十三年至十六年的历书形制,民国十七年的官定历书在某些方面就显得极为独特:一是恢复了历书从右向左的书写习惯,将文字从横排改为竖排;二是重新将旧历内容附于新历之下。④ 这意味着将官定历书的形制完全恢复到 1923 年之前的状态。而《中华民国十七年通俗历书》就更为奇特,它几乎吸收了自民国以来历次历书改革的内容,但根本上又是旧式历书的重现。其内容包括戊辰年芒神春牛图、民国十七年典礼日期纪要、年神方位图、旧历月九宫及月事公规、气候公规、节气太阳出入时刻表、交食图、朔望两弦时分表、十二月份表、四时农宜表、纪年属相及男女宫限表。在十二月份表中,尽管仍是新历、旧历并存,但旧历的内容明显要多于新历。在日历表中,新历日序在上,旧历日序在下。在新历日序表中,最上一行是用红色字体注明的纪念日、朔、望、上弦、下弦、二十节气等内容,中间一行为新历日序,日序之下注明七曜日。在旧历日序表中,最上一行是用红色字体注明的官日敬安、守日吉期、岁德月德等表示吉祥的月神类、日神类和时神类的善神内容,之下为旧历日序、阴阳五行、二十八星宿、建除十二神,这些内容的下一行则是"宜"与"不宜"的历注,最下方一行则是用红色字体标注的月神类、日神类和时神类的煞

---

① 《大元帅指令第二百七十一号(中华民国十六年九月二十九日):令国务总理潘复:呈送中央观象台编制民国十七年历书样本并拟附制通俗历书一并颁行以资习用请鉴核由》,《政府公报》第 4108 号,1927 年 9 月 30 日,第 6 页。

② 《大元帅指令第五百六十四号(中华民国十六年十二月二十二日)》,《政府公报》第 4190 号,1927 年 12 月 23 日,第 2 页。

③ 《北京杂讯》,《申报》1928 年 1 月 29 日,第 2 张第 8 版。

④ 教育部中央观象台编制《中华民国十七年历书》,1927。

神内容。对此，陈遵妫评价说："一九二七年常福元负责中央观象台时期，编制的《中华民国十七年通俗历书》，除封面由过去的红色改为黄色外，内容上又出现了清钦天监编制的'时宪书'中大量的乌烟瘴气的东西，使人看了自有复旧之感。"①

而在北京政府颁发了通俗历书之后，时任中央观象台台长的常福元又呈请北京政府严禁私历，以实现"时政划一"。在他看来："治历明时，事有专责，私家推步，易致纷歧，市井贾人，但图牟利，随意缀辑，流弊尤深，是以前清定律于伪造时宪书者，治罪极严。民国成立以来，官历虽仍旧颁行，而坊本流传充斥书肆，人民罔知鉴别，群相购用。本台以时政所关，历经呈请教育咨行查禁，乃文告虽严，效力卒鲜，遂演成民国三年旧历九、十两月及民国十三年十一、十二两月大小建之舛误，社会惶惑，函电交询，纷错如此，是岂时政所宜？然往岁历书因内容多所变更，于普通人民或不合习惯，本届所制官历既经附载旧历，而又势将淆乱，人时纷扰，社会影响所及，关系甚巨。用敢呈请钧院通咨内务部及各省长公署转饬所属，严行禁止，实为公便。"②尽管这种恢复旧制、屈从民众习惯的方式，实现了官定历书与民间历书的一致，但并未能强化北京政府及张作霖的政治权威。面对兴起的北伐革命运动，此种与历史趋势背道而驰的"复古"取向，反倒面临着前所未有的挑战。

另外，随着国民革命的兴起，对历书改造也成为国民革命的重要组成部分。1927年初，留守广州的国民革命军总政治部的后方人员举行联席会议，"议决废除阴历，组织废除旧历运动委员会，以期阴历废除之实行"，并制定四条具体的措施规定：（1）旧历年关，凡我政府所辖之行省内各机关团体、学校以及民众，不许放假庆贺、拜年、张贴春联、悬灯结彩；（2）各新闻杂志等出版品禁止并刊旧历年月日；（3）颁发新历书，其上仅注气候，凡阴历年节暨各种迷信文字概行废除；（4）商场

---

① 陈遵妫：《中国天文学会和北京古观象台》，《文史资料选编》第16辑，第97页。
② 《中央观象台技正兼署台长常福元呈国务总理拟请通咨严禁私历以齐时政文》，《政府公报》第4180号，1927年12月13日，第6页。

账目月终清结。① 这些措施所涉及的内容十分广泛，其中对历书制作强调要完全删除旧历年节等内容，并试图通过政府强力推行新历。国民革命军司令部总政治部还编订了《废除旧历运动委员会特刊》，在国民革命军控制的区域推广，以期收到废除旧历的效果。② 1927 年 4 月，南京国民政府成立之后，为了强化自身的合法性与政治权威，设立了临时编订历书的时政委员会，成员主要有此前担任北京政府中央观象台台长的高鲁、陈遵妫和陈展云等人，编订了《中华民国十七年国民历》。这本历书的主要内容编排从上到下分别是月份、日序、来复、时令纪要和总理遗教，不仅完全删除了旧历，更为突出的是"总理遗教"栏目的添设，其中按照重要性先后在日序下添加孙中山语录。而时令纪要当中用红色字体标注了二十四节气、朔望及各种纪念日。③ 该历书的变革相比较以往的官定历书呈现以下三个特点：一是只载新历，不附旧历，以往官定历书的旧历部分全部删除；二是宣扬总理遗教，凸显党化色彩，特别是在日序下添加孙中山语录，使历书几乎成了国民党"党义"的宣传册；三是重构历书名称，将官定历书称为"国民历"，以与此前的官历相区别。④ 这本历书以全新的面貌出现，奠定了此后国民历编订的基础。

需要特别指出的是，1927 年南北双方各自编订的官定历书具有很大的象征意义。自 1912 年至 1927 年，围绕官定历书编订中的新历与旧历问题，时人的争论不断，由于民俗习惯强大惯性力量的制约，加之政局动荡及政府权威不足，普及新历书的工作并未取得多大成效。其中一个重要方面就是，政府当局对废除旧历的重视程度不够，所以时人就说："教育部中央观象台自民国以来，岁岁编有新历书，分发各省官厅，官厅不广为传

---

① 《粤省实行废用阴历》，《申报》1927 年 1 月 26 日，第 7 版。

② 《厅令：训令：第四八号（十六年三月二十二日）：令各县知事，弹压委员，省立学校等：令发废除旧历运动委员会特刊》，《广西教育公报》第 1 卷第 7 期，1927 年 3 月，第 154 页。

③ 中华民国大学院监定《中华民国十七年国民历》，国民政府颁布，1927。

④ 对于"国民历"名称的内涵，时人也有不同的看法。但在高鲁看来，"国民历"意指中华民国国民应当遵守的历书。相关内容可参见高鲁《国民历释疑》，《中国天文学会会报》第 4 期，1927 年，第 89～95 页；陈展云《最近一年中国内政之改历运动及普行国历运动》，《中国天文学会会报》第 5 期，1928 年，第 22～23 页。

布，而国民亦不自求之，可叹也!"① 而 1927 年新旧政治势力的激烈角逐，也使得官定历书呈现前所未有的"突变"：张作霖一改民国以来废除前清时宪书的做法，在《中华民国十七年通俗历书》中增加了大量的吉凶神煞的内容，旧历的内容占据了历书的很大篇幅；而南京国民政府制作的国民历，则将孙中山语录大幅填入历书当中，强化了国民党意识形态的传输，使国民历与以往历书呈现根本差异。从此之后，官定历书不附旧历成为定例，同时南京国民政府更深地介入历书编订，使官定历书蜕变与政局形势变动更密切地联系在一起，甚至成为推动历书变革的主要动力。

四　官定历书时间体系的重构

在清末民初官定历书内容重构的过程中，受到时代转型的促动，加之参与历书编制的高鲁等人深受现代西方科学知识的影响，因此，中央观象台在官定历书制作中试图用"普遍性"的西方"公理"与知识，将中国纳入"世界"时间秩序当中，使得官定历书呈现"世界化"的趋势；另外，当政者试图重新构建社会时间秩序，以保证"时政划一"，同时构建新的节庆体系，以强化自身的政治权威，又使得官定历书具有了更为强烈的政治色彩。这两种趋势都反映在官定历书内容的重构与变化当中。

其一，官定历书编订原则以"普遍性"的西方时间体系为目标，知识体系的构建则以现代科学知识为基础，从而构筑了一种全新的时间体系与秩序。

清代时宪书经过长期的演变，形成了一套极为完整的制作流程，而其内容与结构也都有定制，从而实现了年月日的时间表达。与此同时，月历表与天干地支、二十八星宿、宜忌注解等内容密切结合，又构成了有序的社会时间体系及秩序。缪之晋在《大清时宪书笺释》中就以天道、地道、

---

① 铁头：《中国历书之急宜改革》，《申报》1920 年 12 月 11 日，第 16 版。

时道和人道统括了时宪书所要表达的时间秩序："历中首详各省节气时刻及昼夜长短诸例，天之道也；次列八卦方位二十四山、九宫紫白诸局，地之道也；中列十二月七十二候等类，时之道也；内复备人事之趋避、吉凶之向背，人之道也。三才之理，全四时之序，正崇象维，自然之正宗，革通书不经之邪说，顺之者昌，违之者殃。"① 从某种程度上说，清代历书的这些内容构建了人们对宇宙世界的认知以及日常生活安排的秩序。这种有序的时间体系与带有神秘主义色彩的政治文化相结合，为整个社会构建了统一的时间秩序。② 尽管在晚清中西交往日深，西洋新法已经对中国的历法制度产生冲击，但官定历书及其所构筑的时间体系仍然是中国社会时间秩序安排的主要参照。而辛亥革命彻底改变了这种状况，以至于有人认为"建立共和"与"改用阳历"是这场革命的两大成果。

首先就时间体系的构成来看，采用阳历已经成为时人的共识。不过，在历书知识体系发生转型的情况下，如何用新的知识系统替换原有的铺注体系才是关键。对此，中央观象台创设了天文图说，以期通过这种简洁明了的方式传递科学知识，对普通民众进行启蒙。如《中华民国二年历书》的凡例就说："民国历书以授时为主，旨破除一切迷信。凡旧历书中之所谓方位、临值、宜忌等项，悉数删除，而以天文图说代之。"③ 其中行星绕日图又说、行星大小比较图又表、五带寒热图又说、四时成岁图又说、昼夜长短图又说、太阴绕地图又说、晦朔弦望图又说、日月食图又说、潮汐图又说、彗星图又说、流星图又说，都是从人们日常生活中最为常见的天文现象入手，科学阐释这些天文现象的内在原理，希望破除人们对自然

---

① 缪之晋：《大清时宪书笺释》，《续修四库全书》第1040册，上海古籍出版社，2002年影印本，第660~661页。
② 就如《钦定协纪辩方书》所言："选择用事宜忌备矣。然铺注《万年书》，则以事为经，以神为纬。选择吉日、时，则以神为目，以事为纲。盖铺注以事序，而选择由事起也。《大清会典》载《万年书》御用六十七事、民用三十七事，《通书》载选择六十事，今以次合为一编，而分列宜忌于事下。依事之次第，察其所宜忌之日而分注之，则轻重去取可辨矣。"参见（清）允禄等《钦定协纪辩方书》（中），世界知识出版社，2011，第436页。尽管"御用六十七事"与"民用三十六事"有诸多区别，但"轻重去取"的原则仍然是一致的。这种"用事"所构成的时间秩序也是政治秩序与生活秩序的基础。
③ 教育部中央观象台编制《中华民国二年历书》，1912，"凡例"。

天象及旧式历书解释体系的迷信，构筑了与之前历书截然不同的知识体系。

更值得注意的是，随着国际计时体系趋向统一及天文学的发展，官定历书中也增加了新的图说，以反映这种变化。1918 年，中央观象台在历书中添加了有关时区的图说。① 尽管晚清时期很多人已经介绍了世界时区划分的相关内容，并且二十四时区的划分也得到了清政府官方的认可，但民国初期中央观象台将二十四时区纳入历书当中，则将这一知识推广到更大的范围。早在 1913 年，中央观象台就拟写了《世界标准时图说》，简要地介绍了标准时的概况，并认为"全球万国，皆以二十四线为标准，统一之法，莫善于此"。② 1918 年，交通部向中央观象台咨询使用标准时的问题，随后中央观象台给予了回复。针对交通部将中国划分为四个时区的做法，中央观象台认为依据不足为凭，划分不够合理，而应该"参仿各国时区成例，绘具分区简图附以说"。中央观象台将时区划分为昆仑区、回藏区、陇蜀区、中原区和长白区。这种划分基本上遵循了二十四时区的划分标准，并参照了中国省区疆界。③ 而同年由中央观象台制定的《中华民国八年历书》，就以东西里差、日之界线、世界标准时区、授时简法、标准时与地方时比较表、时区权变、中国标准时区等为题，做了简要的介绍，并附世界标准时区总图和中国标准时区总图。④ 这些内容较为详细地说明了标准时区的概况，以及中国按照世界时区所划分的五大时区概况。尽管介绍的内容十分简单，却是中央观象台将中国纳入世界时区的努力之一。

另外，官定历书的时间表达体系也力图与最新的科技发展趋势接轨。民国建立之后，历书中就创设了"日中平时"，这是中央观象台为适应现

---

① 对二十四时区在中国传播与应用的研究，可参见郭庆生《中国标准时制考》，《中国科技史料》2001 年第 3 期；湛晓白《时间的社会文化史：近代中国时间制度与观念变迁研究》，社会科学文献出版社，2013，第 160～169 页；任杰、关增建《20 世纪初我国标准时发展源流初探》，《中国科技史杂志》2014 年第 2 期；等等。

② 教育部中央观象台：《世界标准时图说》，《教育部编纂处月刊》第 1 卷第 7 期，1913 年 2 月，第 1～2 页。

③ 《咨交通部抄送观象台关于改用标准时一案来呈并图说请核定见复文（第五百二十四号，七年三月二十日）》，《教育公报》第 5 卷第 7 期，1918 年 5 月 20 日，第 13～15 页。

④ 教育部中央观象台编制《中华民国八年历书》，1918。

代科学技术的发展趋势而创设。《中华民国四年历书》对此解释说："日中平时者，太阳过子午线之平时分秒也。凡正午校订钟表，须以此为准。"① 对于此项内容，陈展云有过较为详细的说明："进入二十世纪后，钟表制造愈来愈精，国际上一般已使用'平太阳时'，甚至已进入使用'标准时'时代，中国不便故步自封，也应该依据'平太阳时'校正钟表。问题还不止此，它还影响到编制历书。因为'视太阳时'和'平太阳时'先后有时候差距可达十余分钟，假如合朔或交气时刻恰巧发生在夜半零时附近，日期就因使用时制不同而相差一天，影响到月大月小或闰月的位置。"② 尽管这一内容与大多数人关系不大，甚至普通民众未必能理解其中的复杂内涵，但正是中国天文学家力图使中国与世界接轨的想法，官定历书才添加了此项反映最新计时发展水平的内容。

在官定历书中添加星期，则是中央观象台"与世界大同"的又一努力。清廷时宪书变通办法十九条就试图在日序下添加星期表，旋即因为清廷覆灭而未果。民国建立之后，中央观象台制定的《中华民国元年历书》和《中华民国二年历书》则正式添加了"星期"，不过是以七曜日来表示星期。对此，《七曜日说》解释道："当今世界大同，凡文明各国无不七日一休息，而名休息日为日曜日，休息日之次日为月曜日，再次为火曜日，再次为水曜日，再次为木曜日，再次为金曜日，再次为土曜日，是为一周。吾国近数年来讲求新政，亦仿用七日休息之例，而每过七日谓之'星期'而休息一日，而星期以次各日则谓之星期一、星期二等日，夫所以遇七日休息者，盖欲与世界大同，令其名独异，是仍用东西各国同用之名，俾咸归于一致，因特为之更定以星期日为日曜日，星期一为月曜日，星期二为火曜日，星期三为水曜日，星期四为木曜日，星期五为金曜日，星期六为土曜日，而以一星期为一周，相习既就，庶几指名知其为何日，而与环球各国亦不至彼此参差。"③ 尽管这段解释主要侧重于说明七曜之名与西方星期制度的一致性，历书编订者也强调采用此法意在"与世界

---

① 教育部中央观象台编制《中华民国四年历书》，江苏巡按使公署翻印，1914，"凡例"。
② 陈展云：《中国近代天文事迹》，第86页。
③ 教育部中央观象台编制《中华民国二年历书》，1912。

大同"，不过借用曜日来表达星期，则无疑是借用中国传统当中极为熟悉的词语来表达新历法的意涵，以此实现中西历法的对接。[①]

其二，辛亥革命所促动的历法文化与制度转型，也使官定历书的社会时间体系得以重构，而围绕"共和"价值所构建的纪念日体系，则成为建构现代民族国家的重要内容之一。

清代时宪书的政治时间体系主要由两部分组成：一是"御用六十七事"及"民用三十七事"中有关于政治活动的内容；二是清朝历代皇帝、皇后的忌辰等纪念日。在这种政治时间体系当中，从皇权运作到百姓生活，都通过相同的"宜忌"系统来规定，而政事与民俗又通过各种节庆礼仪密切联动，成为维系王朝政治秩序的重要方面。[②] 辛亥革命之后，官定历书废除宜忌注解及前清的政治纪念日，使贯通王朝皇权运作及普通百姓日常生活的政治时间体系走向崩溃。另外，民国之前的时间秩序基本上是以农业社会为基础构建的，而民国建立之后，内政外交及现代工业的发展都需要构建与西方接轨的现代时间体系。尽管这种新的时间体系成为国家运作的主要参照，却并未成为整个社会运行的时间秩序。新旧历法制度的差异不仅造成了官私历书在文本上的区别，还导致了官方与民间在查禁私历上的矛盾，如民国初期由新旧历法差异所形成的官方与民间庆贺"元旦"和"春节"截然不同的景象，就充分彰显了新立之秩序与旧有民俗之间的张力。[③] 在这种情况下，官方礼仪与民间习俗的关联越来越薄弱，新的时间体系难以像以往一样构成上行下效的联动模式。

面对此种困境，构建与政治制度、社会习俗相配的政治时间体系，成

---

① 对于七曜的起源及其在中国的传播，学界已做了较多探讨，多倾向认为它来自印度。相关研究可参见叶德禄《七曜历入中国考》，《辅仁学志》第 11 卷第 1～2 期，1942 年，第 139～159 页；刘世楷《七曜历的起源——中国天文学史上的一个问题》，《北京师范大学学报》（自然科学版）1959 年第 4 期；江晓原《东来七曜术》，《中国典籍与文化》1995 年第 2、3、4 期。不过也有人认为七曜之说源起于中国本土，可参见陈志辉《隋唐以前之七曜术源流新证》，《上海交通大学学报》（哲学社会科学版）2009 年第 4 期。但七曜之说经过长期演变，已经构成了中国历法的一个重要内容，在晚清民国之际，以七曜指称星期，则无疑具有以中国传统接榫西方新法的意味。

② 江绍原：《发须爪：关于它们的迷信》，中华书局，2007，第 115～118 页。

③ 相关研究可参见忻平、张坤《政俗关系视野下的民国"新年"之争——以〈申报〉为中心》，《江苏社会科学》2014 年第 2 期。

为当政者及官定历书编纂者的重要任务之一。官定历书作为构建社会时间体系的重要参照，本身又是国家时间体系的反映。在时局剧烈变动的民国初期，官定历书的纪念日体系及名称也随着时局的变化而变化。1912 年 9 月 29 日，参议院议决的《国庆日纪念日》议案公布，其中设立了南京政府成立纪念日（1 月 1 日）、北京宣布共和南北统一纪念日（2 月 12 日）和武昌起义国庆日（10 月 10 日）。① 而《中华民国二年历书》也以专页列出了这三个纪念日。② 1914 年，陕西都督张凤翙等人电请将 10 月 10 日永远定为国庆日，并将"北京宣布共和南北统一纪念日"改为"宣布共和纪念日"。在他们看来，"以十月十日永远定为国庆，查是日为武昌起义之期，亦即正式大总统就职之日，民国之建设于此造端，而共和之基础亦于此巩固，以是日为国庆，允宜垂为巨典，昭示来兹。至南京政府成立之日，系在临时，现在正式政府既经成立，原电请将此纪念日停止举行，持论亦不为无见。惟查二月十二日之纪念，本为清帝逊位，宣布共和之期。不过历书所纪标'南北统一'名，诚如原电所称，或不足销融畛域，拟请将此日改为'宣布共和纪念日'，庶几名实允符"。③ 这段话说明了设立国庆纪念日的意义以及北京宣布共和南北统一纪念日改名的缘由，但也反映了袁世凯当政时期时局变化对政治纪念日变动的影响。

袁世凯称帝失败之后，国会修订民国纪念日体系，国会议员童杭时提出修正案，请求"加入国会开幕之日，即阳历四月初八日为纪念，并改'云南首义'四字为'云南倡义拥护共和'"。在他看来："国会为成立民国唯一要素，使无国会则所谓民主国体者安在?! 故南京政府成立之日暨北京宣布共和南北统一之日，无非为创造民国之先导，至真正民选之国会成立，而始为完全民国，此列强所以多于国会开幕之日承认中华民国者也! 若以完全成立民国之日而不为民国纪念日，则纪念民国之真意殊多缺憾，且国

---

① 《国庆日纪念日》，《政府公报》第 152 号，1912 年 9 月 29 日，第 13 页。
② 教育部中央观象台编制《中华民国二年历书》，1912。
③ 《政治会议长李经羲呈大总统奉交陕西都督张凤翙等电请定国庆纪念日一案：兹经表决以十月十日永远定为国庆节，南京政府成立之日应行停止，并改二月十二日为宣布共和纪念日，统俟参政院成立饬交修正至各省独立纪念应请一律禁止文并批（中华民国三年五月九日）》，《政府公报》第 723 号，1914 年 5 月 12 日，第 26～27 页。

会之有无既不注意即民国根本因之动摇，小之足以启人民轻视国会之心，大之适以开权奸推翻国会之渐，用特为尊重国会即尊重民国起见，谨将国会开幕日加入为民国纪念日也。"对于"云南首义"名称的改换，他认为："民国四年十二月二十五日云南倡义拥护共和，尔时袁氏洪宪纪元尚不宣布，民国存在本未中断，不过发生危害而急待维护耳。若只言'云南首义'，则玩索意味似首义之日以前民国已中断矣！深恐代远年湮名词定义，益不明了。且按之文法语气，均未完足。惟改为'云南倡义拥护共和'，则斯时既非民国中断，自无恢复之可言，而文义上与论理上似较正确。"① 最终国会议决《民国纪念日修正案》，增设"国会开幕纪念日"（4 月 8 日）和"云南倡议拥护共和纪念日"（12 月 25 日）。② 1919 年，国会通过表决又增设"马场首义再造共和纪念日"，以纪念 1917 年 7 月 3 日段祺瑞在河北马厂讨伐张勋复辟。这些纪念日最终都添加进了官定历书。小野寺史郎通过研究也发现，北京政府时期的国家象征和仪式是以"共和"价值为中心展开的。③ 而不管是张凤翙等人强调国庆日对国家建设的促进作用，还是童杭时强调国会开幕纪念日对维系共和制度的意义，实际上都特别注重节庆体系构建对现代民族国家的重要性。

另外，民国初期旧历仍影响深远，因而传统民俗节日与新定的政治纪念日共同构成了新的社会时间秩序的重要部分，同样扮演着强化国民"爱国之心"的作用。就如《中华民国十五年历书》序言所说："岁时伏腊，国故存焉。保存国故，即所以坚国民爱国之心，内务部有鉴于此，于民国二年一月二十日，呈请大总统规定四节，奉令照准，历书所载之春节、夏节、秋节、冬节，及旧历之元旦、端午、中秋、冬至也。"④ 这种新旧混杂的节庆体系，实际上恰恰也是当政者对新历、旧历并存现实的妥协。尽管官定历书通过文本的形式构建了新的政治时间体系，但这种新型

---

① 《童杭时请加国会纪念日》，《申报》1916 年 12 月 10 日，第 6 版。
② 《民国纪念日修正案》，《政府公报》第 348 号，1916 年 12 月 22 日，第 9 页。
③ 〔日〕小野寺史郎《国旗·国歌·国庆：近代中国的国族主义与国家象征》，周俊宇译，社会科学文献出版社，2014，第 236 页。
④ 教育部中央观象台编制《中华民国十五年历书》，1925，"导言"。

的政治时间只有深入民众当中才能真正有效。但就民国初年设置的诸多新式纪念日来看，形成具有民俗特征的节令，除了元旦和 10 月 10 日国庆节外，其余政治性节日大多数是过眼云烟。① 以至于有人感叹："民国十年即既去，而民国十一年已随此风雨无情以俱来。而一般社会心理中皆熟视若无者。虽官厅学校曾有休假三日之明文，然迫于公令，按其实际不过循例之庆贺而已。对于改历上之要义，殆现有能识者。我国商人尤为固执，明知为共和之改造日，而偏称西历以解释之；明知为世界之公共日，而偏假习惯以抗拒之。其最为甚者，则利用迷信神话，以附会其间。致使新孕之民国，顿成两重年度之影响。此诚大不可也。"② 而官定历书推广不力的现实，更表明这种用于规范民众日常生活及强化政府政治权威的时间体系，尚未得到民众的广泛认可。

五　结语

民国初期，官定历书"除旧布新"的过程，实际上也是中国参照西方的时间体系，重新构建新的时间秩序的过程。不过受制于旧有历法文化及社会习俗，新历书在编订与推行中面临重重困境。这又促使历书编订者试图通过删除旧历、查禁私历，从根本上保证历书制作与颁行的统一，以适应民国初期新历书改造与发行的需要。清末民初官定历书编订中科学知识、民俗习惯、政治权威等多种因素的重构，伴随着清王朝崩溃之后政治秩序的重建，同时见证了传统社会向现代社会的急剧转型。

官定历书编订及推行见证了新旧势力的此消彼长，对力图推行新历的中央观象台而言，尽管试图借助政府力量推行新的时间体系，但所取得的效果并不明显。甚至此后南京国民政府大规模的国历运动，也未能彻底改变旧式历书广泛使用的现实。湛晓白经过研究发现，近代中国现代时间观念及制度的推广，"主要不是借助于自上而下的国家行政力量，而是经由

---

① 王跃：《变迁中的心态：五四时期社会心理变迁》，湖南教育出版社，2000，第 160 页。
② 了翁：《阳历新年感言》，《钱业月报》第 1 卷第 12 期，1922 年 1 月 15 日，"论说"，第 20 页。

社会生活的全面现代化"。① 从这个意义上看，官定历书编纂与推行，试图构建全新的时间秩序，在社会生活未能全面实现现代化的情况下，难以从根本上收到实效。同样，民国初期中央观象台借助行政力量强力推行官定历书，以构筑现代的社会时间秩序，甚至不能收一时之效。

〔朱文哲，南方医科大学马克思主义学院〕

---

① 湛晓白：《时间的社会文化史：近代中国时间制度与观念变迁研究》，第 352 页。

一战后美国驻华使领对日本
在山东活动的观察评估

应俊豪

内容提要　自巴黎和会山东问题争议发生以来，美国驻华使领一方面对五四学生运动抱持同情立场，清楚认知到中国公众舆论力量的觉醒，另一方面也对日本在华的渗透扩张感到不安与戒慎。事实上，自击败德军占领山东胶澳地区后，日本即透过驻军等武装力量，逐步增加对租借地与胶济铁路的控制。尤有要者，日本可能还延续一战期间西原借款以来的手段，借由拉拢亲日派系，扶植代理人政权，不但压制反日运动，亦借此强化对山东的控制。影响所及，山东当地军政人事及重要职务，几乎被皖系、安福系等亲日派系垄断，并利用执行军事戒严令，加速肃清反日学运与排除反侧势力。本文拟根据美国国务院"中国国内事务档案"，探究美国视野下的"山东问题"。通过美国驻华公使馆与山东地区领事馆的第一手情资与观察评估，将可以深入分析美国驻华使领对一战后日本在山东渗透与扩张活动的理解程度。

关键词　山东问题　美国驻华使领　反日学运　亲日派系

一　前言

第一次世界大战之后的山东时局，呈现相当诡谲多变的态势。表面上山东处于日本入侵与军事占领的威胁下，当地人民在五四运动"外争主权，内除国贼"要求的鼓舞激励下，高揭反日大旗，民族主义意识亦渐趋高涨；

但实际上，在山东内部，未能利用此良机团结一致，挟广大民气之助，来抗衡日本，反之，朝野上下依旧困于既有的内斗格局，竞逐权位地盘，派系间彼此争权夺利不断。更为棘手的，一战后山东省政府各级市政组织均极其腐败且毫无效率，再加上濒临财政破产的命运，非但无力偿还国内与国外的债务、军队长期欠饷，连带盗匪肆虐问题也极其严重。① 山东内政秩序的混乱，无形中暴露了中国人欠缺治理地方的能力，这也让日本强占山东有了堂而皇之的合理化借口。日本带着所谓拯救中国的光环，宣称可以协助改善既有恶劣局势，摆除内斗的纷纷扰扰，致力于恢复山东的稳定与治理，繁荣胶澳地区的经济贸易，让中国与世界各国同享利益。而安福系等亲日派势力，也在北京政府幕后军事当权派系（皖系）的支持下，在山东站稳了脚跟，并与日本驻军、民政当局等通力合作，连手肃清反侧，镇压反日力量。简言之，五四以来，固然中国各地反日运动气势激昂，大力声援山东，疾呼一致对外，但山东本身社会经济的混乱、权力斗争的内耗，以及亲日派的掌权掣肘，在在使山东难以仅依靠民气，就能凝聚足够的力量，抵抗日本势力的渗透与入侵。

或许基于对山东时局的担忧，山东省议会在一战后曾透过美国驻济南领事馆，转交一份电报给美国参议院，以表达山东百姓对山东问题争议的严正立场。在这封电报中，山东省议会特别感谢美国参议院对中国山东要求的公正态度与同情立场，同时再次强调"二十一条"要求以及中日两国针对胶济铁路等相关换文的无效性，并希望美国能够基于中美友谊以及远东地区的永久和平，重视山东问题的严重性，以维持中国主权独立与完整。②

---

① "The Present Political Situation in China," Jacob Gould Schurman, American Minister, Peking to the Secretary of State, Washington, 16 September 1921, RIAC, 893.00/4114.

② 山东省议会认为"二十一条"要求是日本以武力胁迫中国签署的，故无法律上的效力。至于关于胶济铁路等有关换文，则是政府内部的亲日派官员等"叛徒"与日本私下所签，且未经国会表决同意，故也应无效。见 "The Secretary of the Shantung Provincial Assembly to the American Senate," 30 July 1919, cited from "Summary of Political Conditions in Shantung for the Month of July," American Consular Service, Tsinanfu, China to the Secretary of State, Washington, D.C., 1 August 1919, RIAC, 893.00/3209。

究其实际，对于当时中国的有识之士来说，国弱民贫的窘况使他们苦心焦虑，积极鼓动民气，试图挟舆论以为外交之助，但更寄望能够援引其他列强势力的支持与协助。尤其是一战后即对中国事务与山东问题抱持异常关注且不吝于流露同情立场的美国，确是中国抗衡日本，收回被其强占租借地的最佳外援。近代以来，美国极力鼓吹的"门户开放"政策，成为中国人反制列强瓜分中国、划割势力范围的重要力量，而美国主动退还庚款用于教育文化事业，又博取了中国人莫大的感激与好感，并印证了美国向来对华特殊亲善的面相。① 是以，当处于无力面对日本强势入侵的关键时刻，中国人在心态上，不免对美国寄予极大的厚望。故如何能够有效善用"联美制日"策略，利用美国的力量，始终是中国有识之士在处理对日外交时审思的主要因应对策之一。② 从一战期间的"二十一条"交涉，到战后巴黎和会上的山东胶澳问题之争，均从中可以清楚看到相同外交思维的痕迹。③

联合美国既然是一战以来中国抗衡日本的主要凭借之一，那么美国对山东问题的观察与态度，就显得至关重要。对于中日山东问题之争，除了巴黎和会上的纵横捭阖、日本的理所当然以及中国的痛声谴责之外，在当时美国人眼中，是否还有来自山东现场的第一手观察？日本代表团在巴黎和会上口口声声表示将会自行归还山东，但自占领胶澳后日本军政当局在山东的活动情况，或许也能够反映出所谓归还山东利权的真相。美国驻华使领如何看待日本在山东地区的实际经营情况？尤其是日本借由与中国亲日派与驻军的合作，进一步强化对山东地区的掌控等措施，美国的评估与态度又是如何？职是之故，本文拟从美国的视角切入，以一战后美国驻华

---

① 近代以来中美特殊关系的形成，以及中国人对美国的想象，可以参见 Michael Hunt, *The Making of a Special Relationship: The United States and China to 1914* (New York: Columbia University Press, 1983)；杨玉圣《中国人的美国观》，复旦大学出版社，1996。

② 应俊豪：《从〈顾维钧回忆录〉看袁世凯政府的对日交涉——以中日山东问题为例》，台湾政治大学文学院编《陈百年先生学术论文奖论文集》第 2 期，1999 年 12 月。

③ 应俊豪：《公众舆论与北洋外交——以巴黎和会山东问题为中心的研究》，台湾政治大学历史系，2001；唐启华：《巴黎和会与中国外交》，社会科学文献出版社，2014；唐启华：《洪宪帝制外交》，社会科学文献出版社，2017。

使领对日本在山东活动的观察评估为主题，深入探究当时美国视野下的山东局势及其理解分析。

在史料部分，本文将大量参阅美、中、日三国的档案，交互参证，以探究当时美国对日本在山东活动情形的观察与评估。其中，最重要的史料莫过于美国国务院的原始档案：《中国国内事务档案》（*Records of the Department of State Relating to the Internal Affairs of China*，*1910 - 1929*，*RIAC*，微卷档案）。该档案收入许多美国驻山东地区领事馆与北京公使馆之间对日本势力在山东活动情形的往来文件，足以清楚呈现一战后美国视野下的"山东问题"。至于早已出版、历史学界大量使用的《美国对外关系文件》（*Foreign Relations of the United States*，*FRUS*），亦有部分可供深入分析的报告。① 此外，中国方面的《中日关系史料：排日问题（中华民国八年至十五年）》，以及日本方面的《日本外交文书》等，也有少部分可供参考的相关档案。②

二 美国对日本在山东镇压反日运动的观察

五四运动之后，日本驻山东军警与反日学生组织间摩擦不断，随时可能爆发严重冲突，美国驻济南领事馆即密切关注此一情势发展，并向美国国务院回报日本驻军对学生运动的镇压行为。1919 年 7 月，齐鲁大学（Shantung Christian University，又称山东基督教大学）一名学生即在济南外国人居留地遭到日本便衣警察的逮捕，并被移送至日本驻军处。此事引起山东群众的愤怒，他们纷纷聚集在省政府前，要求与日本交涉，释放遭非法逮捕的学生。后来在山东省政府的要求与日

---

① （United States）Department of State, *Records of the Department of State Relating to the Internal Affairs of China*，*1910 - 1929*（*RIAC*）（Washington：The National Archives，1960），中研院近代史研究所图书馆藏，微卷档案（Microfilm）；（United States）Department of State, *Foreign Relations of the United States*，University of Wisconsin Digital Collections Center（https：//uwdc. library. wisc. edu/collections/frus/ S）。

② 中研院近代史研究所编《中日关系史料：排日问题（中华民国八年至十五年）》，中研院近代史研究所，1993；日本外务省编《日本外交文书》，日本外务省，1971。

本驻济南总领事馆的斡旋下，该学生才被日本驻军移交给中国警察处理。针对此次学生被逮捕事件，山东省政府一度抗议日本公然侵犯中国主权，日本总领事馆则反过来指责中国官员无视反日运动，放纵学生发起抵制日货运动，影响到日本的商贸利益。根据美国领事馆了解，此次学生被逮捕事件肇因于该名学生发现一名中国苦力替日本商人运送小麦，故出面痛斥工人的卖国行为，而此举动激怒了在场的日本人，所以才有后来的日警逮捕事件。[①] 几天后，日本宪兵队又基于相同理由，在济南市东北方的胶济东站内，逮捕了两名中国人。因为山东学生联合会成员发现有中国商人在替日商运送小麦，故纠众调查此事，而日本宪兵队则采取反制措施，逮捕为首的两名中国人。虽然在山东当局的介入下，这两名中国人后来被移交给中国警察，但因曾遭施暴而身受重伤，故只能送往医院诊治。日本宪兵队事后则声称这两名中国人的伤势，乃是逮捕行动中拒捕所致。[②] 事实上，根据美国驻济南领事馆的观察，日本军警除了出手介入与打压学运外，也曾在胶济铁路沿线地区到处入侵当地村落，践踏庄稼，攻击妇人。例如，北京政府外交部驻山东特派交涉员唐柯三即向日本总领事馆抗议，有十余名日

[①] "Summary of Political Conditions in Shantung for the Month of July," American Consular Service, Tsinanfu, China to the Secretary of State, Washington, D. C., 1 August 1919, RIAC, 893.00/3209. 被日警拘捕的齐鲁大学学生为王志谦，此案先后造成山东外交特派交涉员与日本驻济南总领事、北京外交部与日本驻华公使馆之间的严重交涉，并引起学界与商界的关注与陈情。在山东交涉员承诺取缔排日活动后，日本方始移交王志谦。此案中日交涉始末，见《收山东省长代电》（1919 年 7 月 2 日）、《发山东省长代电》（1919 年 7 月 7 日）、《收山东公署代电》（1919 年 7 月 10 日）、《收山东交涉员代电》（1919 年 7 月 15 日），《中日关系史料：排日问题（中华民国八年至十五年）》，第 63～73 页；「在濟南山田總領事代理ヨリ内田外務大臣宛」（1919 年 7 月 3 日）日本外務省編『日本外交文書』大正八年、第 3 冊、下卷、1336～1337 頁。

[②] "Summary of Political Conditions in Shantung for the Month of July," American Consular Service, Tsinanfu, China to the Secretary of State, Washington, D. C., 1 August 1919, RIAC, 893.00/3209. 此案同样引起中日严重交涉，见《收山东交涉员代电》（1919 年 7 月 15 日、16 日）、《收山东省长电》（1919 年 7 月 16 日）、《发驻日本庄代办电》（1919 年 7 月 21 日）、《发日本小幡公使节略》（1919 年 7 月 21 日），《中日关系史料：排日问题（中华民国八年至十五年）》，第 73～74、80 页；「在濟南山田總領事代理ヨリ内田外務大臣宛」（1919 年 7 月 20 日）日本外務省編『日本外交文書』大正八年、第 3 冊、下卷、1349～1350 頁。

本士兵闯入铁路沿线的村庄袭击妇人，并造成一名妇女在逃跑时摔断了腿。①

再者，美国也与英国密切合作，交流有关日本在山东活动的情资。一战后，在关于中国地方时局的发展上，美国与英国驻华各地领事馆，往往保持密切联系，彼此交换情资。尤其是英国驻华领事馆，无论在数量还是分布上，均居各国之冠，自晚清以来即长期并持续关注中国地方政情与社会经济的演变。② 美国驻华领事馆的数量与分布均逊于英国，故在一些重大问题上，有时亦会向英国领事馆寻求情资交换。例如，美国驻济南领事馆即透过英国总领事馆，获得英籍教士有关日人在山东介入压制反日运动等的相关报告。究其实际，英国驻华领事馆本身亦十分关注山东问题争议的后续发展，特别是在山东地区的情况，故希望该地区的英籍教士能够回报山东当地的中日互动情况。而山东青州英籍教士尼可斯（E. C. Nickalls）给英国驻济南总领事馆的报告，即直言受到英日同盟以及英国在巴黎和会上力挺由日本继承德国在山东利权等要求的影响，山东地区的中国人已经开始将矛头对向英国，公开痛责英国的不当作为。尼可斯也观察到山东地区的中日关系甚为紧张，双方稍有不慎，即可能引爆重大冲突，导致乡间陷入战火。但尼可斯认为日本政府并不会反对此种中日对抗情势，甚至有意纵容或默许，因为中日一旦爆发冲突，就可能会引起群众反外暴动，将其他国家公民卷入其中，导致外侨居民生命财产出现重大损失，从而破坏中国与其他国家（包括英国）的关系。而这种情况应该是日本所乐见

---

① "Summary of Political Conditions in Shantung for the Month of July," American Consular Service, Tsinanfu, China to the Secretary of State, Washington, D. C., 1 August 1919, RIAC, 893. 00/3209.

② 以民国北洋时期来说，英国驻华的使领馆数量就高达 33 个，分布在各省省会或通商要衢，在部分省份甚至设置了不止一处领事馆。在山东省，英国即设有 3 个（总）领事馆：济南总领事馆、芝罘（烟台）领事馆、青岛领事馆。关于英国驻华使领馆的分布情况及其对中国地方政情的情报搜集工作，可以参见 Huimin Luo and Helen Bryant, *British Diplomatic and Consular Establishments in China*, *1793 - 1949*（Taipei: SMC Pub., 1988），Vol. Ⅱ. Consular Establishments, 1843 - 1949, p. xiii; 应俊豪《从英国外交领事档案看北洋涉外史研究的可能方向》，廖敏淑主编《近代中国外交的新世代观点》，台北，政大出版社，2018，第 1 ~ 28 页。

的。此外，尼可斯也向英国总领事回报了一起发生在山东青州的中日冲突案件。青州学生组织发现疑似受日本人雇用，意图在该城市水井下毒的两名外地人（中国人），此二人其后也坦承收受日本贿赂，负责向日本方面报告青州内所有不利于日本的活动，并提交所有涉入反日活动的人员名单。于是学生组织将这两名汉奸移交给青州当局。但几天后，日方即开始介入此事，除了直接向青州当局施压外，还派遣军队前往青州近郊的一所中学校，逮捕了一名中国学生，并将其押往胶济铁路日军驻防车站。青州以及济南当局随即展开交涉，希望日军释放被捕学生，青州市也开始出现商人罢市、工人罢工的情况，以声援政府的援救行动。英国教士尼可斯认为，此次事件凸显了日军随意进城拘捕华人的严重性，他相信当地中国人会有如此激烈的反应，也是基于相同动机，因为如果日军可以在山东城镇内肆无忌惮地拘捕华人，那还有地方是安全的吗？日人在山东为所欲为，确实已经引起山东百姓很大的愤慨，因此尼可斯认为英国政府官员在处理山东问题时，应该要多注意日人在山东的实际作为。尼可斯亦曾亲眼见到日本军警在胶济铁路沿线的一个车站外，痛殴一名年近六十岁的乡下老人。日本军方在山东的暴行也不止于此，甚至故意将军火提供给土匪，以削弱中国地方当局对社会的控制能力。尼可斯即坦言，"众所周知，（山东）当地土匪的武器，都来自日本人"。[①]

简言之，美国使领馆根据既有情资所做的观察分析，再辅以通过英国领事馆获取的教会情报，后来一并送交美国国务院参考，建构出英美对日本在山东镇压反日活动的共同观感，如此自然更加强化了美国国务院对日本阴谋控制山东的印象。

---

① 不过，英国教士尼可斯也强调，基于传教的中立性，他对日本人并无偏见，而且认为理应给予日本同样公正的对待。例如，他发现教会学校中有学生参与政治宣传活动，便立即下令关闭学校，并要求学生必须承诺当生活在教会产业内时，不得涉入任何政治或反日活动。见 "Mr. E. C. Nickalls, British Missionary, Ch'ingchowfu, Shantung to the British Consul General, Tsinanfu," cited from "Summary of Political Conditions in Shantung for the Month of July," American Consular Service, Tsinanfu, China to the Secretary of State, Washington, D. C., 1 August 1919, RIAC, 893.00/3209。

三　美国对亲日派在山东扩张势力的观察（一）：
山东省长人事案

美国驻济南领事馆亦观察到，日本在山东地区的跋扈行径，已使得山东省级官员难以久居其任，而皖系、安福系等北京政府背后的亲日派势力，则很有可能利用此机会，将自己的人马安插至山东，以便尽快解决因山东问题争议所引起的反日学生与群众运动。例如，山东省长沈铭昌即疑似因不堪来自日本与当地反日群众的双重压力，曾两度向北京政府请辞。在沈铭昌与美国领事的一次私人晤谈中，沈铭昌坦承他请辞的原因在于无法处理眼下的中日困境，因为无论如何都无法既能满足中国百姓的要求，又能够抗衡日本的高压行动，特别是日本已摆明无视国际法与中国主权，恣意地压制中国，其行径比普鲁士更为恶劣。而接替请辞的沈铭昌署理山东省长的屈映光则是安福系成员，立场偏向日本。美国驻济南领事馆虽然无法证实，但还是不禁怀疑，沈铭昌的去职，背后可能有安福系的运作痕迹。而沈铭昌的离任对于山东学生以及普通百姓来说，确实是一个重大打击。与此同时，外交部特派山东交涉员唐柯三也被免职，理由是无力处理因日本侵略行动所引起的相关交涉。但美国领事还是认为唐柯三的免职，背后应该同样受到安福系的教唆，因为唐的继任者张仁涛很明显是安福系成员，且与山东督军张树元关系匪浅。美国驻济南领事馆建议美国国务院应该密切关注安福系的亲日倾向，以及替换掉目前山东地区的各级官员，而代之以安福系成员的显著结果，就是在山东官场上，日本将获得相当可观的影响力。① 美国驻华公使芮恩施（Paul S. Reinsch, American Minister, Peking）在给国务卿的报告中，亦认为沈铭昌去职的

① "Political Conditions," American Consular Service, Tsinanfu, to Paul S. Reinsch, American Minister, Peking, 31 July 1919, RIAC 893.00/3221; "Summary of Political Conditions in Shantung for the Month of July," American Consular Service, Tsinanfu, China to the Secretary of State, Washington, D. C., 1 August 1919, RIAC 893.00/3209.

主要原因，乃是其在山东无力抗衡日本的侵略行动，引起部分山东百姓的愤慨，他们通过电报向北京政府表达对沈铭昌的不满，指控其在处理日军在山东的暴行时，诸如私自逮捕学生等问题上，太过消极被动，并要求免去沈铭昌的省长职位。[①] 总结上述美国驻华使领馆的分析报告，可以清楚观察到山东官员处于内外交攻的困窘局面，其一必须承受北京亲日派要求镇压反日运动的极大压力，其二要直接面对日军在山东执行武力干涉后的斡旋与交涉，其三则还要应对对政府当局极度愤恨不满的山东学生与百姓。

另外，皖系领导者段祺瑞似乎也有意透过即将署理山东省长的屈映光，向美国表达亲近与疏通之意。例如，屈映光本人即利用与美国驻华公使的私交，在其即将出任山东省长前，特地在北京拜访芮恩施，表达他将会努力安抚山东百姓，并推动各项建设，造福山东百姓。也因此，芮恩施在给济南领事馆的指示中，强调屈映光对美态度非常友善，致力于维护美国在华利益，且其之前任职浙江民政长期间，也以行政能力优秀著称。况且屈映光也和素来与美国关系甚为密切的前国务总理熊希龄有着不错的关系，[②] 他曾与熊希龄合作，创办了"中美俱乐部"（Chinese – American Club），且作为主要的支持者。既然屈映光对美国表达善意，希望在山东继续与美国领事馆维持亲善互动关系，芮恩施自然也乐见其成，故授意美国驻济南副领事欧曼（Norwood F. Allman，American Vice Consul in Charge，Tsinanfu）可以在友善的前提下，与屈映光进行会面。不过，由于屈映光与段祺瑞关系非比寻常，且其署理山东省长，据信即是为了配合在山东执行镇压政策与军事戒严令，故芮恩施希望欧曼能够在与屈映光会面时，顺便探听相关消息

---

① "Paul S. Reinsch, American Minister, Peking to the Secretary of State, Washington, D. C.," 5 August 1919, RIAC 893.00/3221.

② 根据吴翎君的研究，民初熊希龄在担任国务总理时即力主推动中美实业合作，并由美国驻华公使芮恩施居中斡旋与美孚石油公司洽商。熊希龄卸任国务总理后，改任全国煤油矿督办，亦曾访美，仍继续推动中美合作。由此可知，熊希龄与美国驻华公使芮恩施关系相当密切。吴翎君《美国大企业与近代中国的国际化》，台北，联经出版公司，2012，第 111 ~ 126 页。

的可信度。①

至于即将去职的原山东省长沈铭昌，在离任前，还曾特别前往拜会美国驻济南领事馆，并表达希望能够在北京直接与美国驻华公使芮恩施会晤的意思。美国驻济南副领事欧曼则答以美国公使一定也乐于与其见面之意。欧曼则在稍后给芮恩施的报告中，再次强调沈铭昌与皖系、安福系等亲日派路数不同。在山东百姓的支持下，沈铭昌致力于推动各种现代化的政策，但经常遭到皖系与安福系的掣肘。沈铭昌也反对在山东实行军事戒严令，这或许是其不见容于皖系与安福系的原因之一。②

而对于即将到任的屈映光，欧曼虽然表示将会遵从芮恩施的指示，与其发展友善的互动关系，但欧曼还是对其亲日的派系倾向感到忧心。因为从济南方面所获得消息来看，山东驻军已表态会全力支持屈映光，不会再出现像之前抵制沈铭昌那样的内部矛盾，但是这似乎也意味着屈映光将推行的政策，应会配合安福系以及隶属皖系参战军的要求。③ 不过，在屈映光到任后，美国驻济南副领事欧曼在与屈映光的实际相处中，感受到了他对美国的极大善意。屈映光甚至对欧曼表示，希望能将山东省政府作为维持中美真挚友谊的媒介与典范，任何有关中美利益之事，双方何时都可以开诚布公、自由磋商。屈映光同时对外发布他对山东省政建设的规划，包括改善教育、财政、交通、公共设施等，希望调整陈规，推动山

---

① 有趣的是，虽然屈映光与段祺瑞领导的皖系、安福系等亲日派关系密切，但从芮恩施给美国驻济南领事馆的训令来看，明显还是将屈映光与熊希龄放在一起，归类为带有亲美倾向的人士，故主张与其保持友善关系。然而在美国驻济南领事馆给北京公使馆的报告中，却是将屈映光视为"亲日的安福系成员"，而持较为戒慎的态度。见"Paul S. Reinsch, American Minister, Peking to Norwood F. Allman, American Vice Consul in Charge, Tsinanfu," 4 August 1919, RIAC 893.00/3218；"Political Conditions," American Consular Service, Tsinanfu, to Paul S. Reinsch, American Minister, Peking, 31 July 1919, RIAC 893.00/3221。

② "Change of Civil Governors in Shantung," American Consular Service, Tsinanfu, to Paul S. Reinsch, American Minister, Peking, 8 August 1919, RIAC 893.00/3221。

③ 欧曼在报告中也强调，虽然他担心皖系、安福系等亲日派在山东势力的扩张，但是他本人还是与皖系等亲日派军政要员，包括山东督军等，尽量维持着友善关系，以确保美国在山东的各种利益。见"Change of Civil Governors in Shantung," American Consular Service, Tsinanfu, to Paul S. Reinsch, American Minister, Peking, 8 August 1919, RIAC 893.00/3221。

东的整体建设。然而尽管如此，欧曼认为此时要去分析屈映光是否会履行规划蓝图，以及厘清其与皖系军方势力的关系，恐怕尚为时过早。屈映光的改革与建设，同样深受军方态度的影响，必须在军方不表态反对的前提下，才有可能真正落实。欧曼评估屈映光对美国的善意与诚意固然是真挚的，但是恐怕在骨子里，他还带有挟外制内的意图，因为援引外国势力的支持，他才有与军方抗衡的本钱，毕竟就皖系等军事派系而言，他们还是想将山东纳入军方统治与控制的范围之内。①

事实上，依据屈映光就职后所发布的正式告令，其新政可以分成教育、产业、自治、外交等四大方向。尤其值得注意的是外交方面，屈映光强调在处理外国事务时，首要目标即在于维护主权，其次则在于要和所有国家保持诚实与坦率的关系，希望借此不只维持既有关系，还能改善与其他国的友善程度。② 显而易见，屈映光并未针对山东学生反日运动、百姓念兹在兹的胶澳租借地归属争议，以及中日关系未来发展等做出明显表态，而是对所有中外关系，做一笼统陈述。日本也是外国之一，自然也适用上述原则，所以可以推测屈映光既想要维护国家主权，又与日本保持亲善关系。但是这样的主张在当时的环境下，本质上是自相矛盾的，也难以做到真正的调和。换言之，屈映光的告示似乎带有两面讨好与权宜性的考虑，一方面想向学生与群众交代，宣示会以维护主权为优先事项，但另一方面又向亲日派以及日本示好，强调会继续致力于维持中日两国亲善关系。换言之，屈映光可能试图平衡各方势力，以维护其权力与地位。不过，后来根据美国海军情报处的机密情资，则评估屈映光似乎只是故作姿态，假装对反日问题不置可否，并试图依违在反日与亲日两派之间，然则

---

① "Political Conditions," American Consular Service, Tsinanfu to Paul S. Reinsch, American Minister, Peking, 15 August 1919, RIAC 893.00/3228.

② 关于屈映光就任署理山东省长后的告示，见 "Declaration of H. E. Chu Ying Kuang, the New Civil Governor of Shantung," RIAC, 893.00/3230。此则告示，在北京英文报纸上也有刊出。美国驻华公使馆即曾将英文版《北京日报》（*The Peking Daily News*）的相关剪报资料，送交给美国国务院参考。见 "Shantung's New Civil Governor: Declaration of H. E. Chu Ying Kuang," *The Peking Daily News*, 18 August 1919, enclosure of "Paul S. Reinsch, American Minister, Peking to the Secretary of State, Washington, D. C.," 19 August 1919, RIAC 893.00/3230。

实际上已接受日本方面的贿赂，其故作骑墙之姿，乃是为了避免遭到山东群众的耻笑。①

或许即肇因于屈映光的两面手法，美国驻济南副领事欧曼在判断他是亲美还是亲日时，也曾陷入两难的困境。欧曼分析，屈映光虽然确实隶属安福系，但并不意味着他是亲日派，日本有关当局也不见得能够透过他来控制山东省政；另外，屈映光虽然表面上流露出亲美的倾向，但也不意味着他在现实中有多么亲美。②

四　美国对亲日派在山东扩张势力的观察（二）：山东军事戒严令问题

更令美国驻华使领忧心的是，山东督军张树元已获北京政府大总统同意，预计将自 1919 年 7 月 30 日起，在济南执行军事戒严令，以防止由学生以及部分商人领导的"坏分子"煽动百姓生事。美国驻济南领事馆即认为，以目前山东局势来说，既有的警力已有足够的力量处理各种骚动。而山东督军颁布军事戒严令的目的，显然不只是要防止发生动乱，而是刻意借此镇压学生所推动的抵制日货运动。因为学生目前正积极策划发起更为激烈的对日抵制行动，而军事戒严令明显就是要打破学运势力。③ 军事戒严令发布后，美国驻济南领事馆随即将戒严令翻译成英文，提供美国驻华公使馆参考，并再次强调山东督军发布军事戒严令的目的，主要还是针对学生、商人以及他们所努力推动的抵制日货运动。④ 在这份军事戒严令

---

① "Conditions in Shantung Province," Office of Naval Intelligence, Navy Department to the Department of State, 3 December 1919, RIAC, 893. 00/ 3271.

② "Conditions in Shantung Province," Office of Naval Intelligence, Navy Department to the Department of State, 3 December 1919, RIAC, 893. 00/ 3271.

③ "Summary of Political Conditions in Shantung for the Month of July," American Consular Service, Tsinanfu, China to the Secretary of State, Washington, D. C., 1 August 1919, RIAC 893. 00/3209.

④ "Proclamation of Martial Law in Tsinanfu," Norwood F. Allman, American Vice Consul in Charge, Tsinanfu to Paul S. Reinsch, American Minister, Peking, 2 August 1919, RIAC 893. 00/3218.

中，山东督军张树元授权山东各地驻军司令，可以采取范围极为广泛的管制措施，包括：

（a）电报与信件检查；

（b）各种可能使现况进一步恶化的活动、组织均须予以查扣封锁，如聚会、演讲、剧场表演、新成立的报社等；

（c）人民所持有的武器军火，均须予以没收或强制销售；

（d）兵工厂附近的交通，应当进行封锁管制；

（e）乘客、商人在乘坐铁路或船只时，将施以检查，如有犯案嫌疑，将予以扣留；

（f）居住在戒严令范围内的商人与游客，均须施予检查，必要时可予以驱逐出境；

（g）任何人携带物品进出城市，均须施以检查，必要时得予以扣留；

（h）济南各城门关闭的时间，由驻军指挥官不时调整；

（i）在特定时间内，将在大街上实行净空，并对路过人员进行严密查问；

（j）必要时，驻军指挥官可以针对住宅区、建筑物或船只进行调查行动，无论白日或夜晚。

从上述军事戒严令的管制措施来看，如果严格执行的话，学生与商人所进行的反日与抵制日货运动，确实将受到严重打击。况且在军事戒严令执行期间，凡是牵涉军事事务的司法案件，无论民事、刑事，均由军事法庭管理。这也让山东督军得以无线上纲，并利用军事法庭来处理所有的反日滋事分子。戒严令的有效期，由山东督军决定何时可以终止。且戒严令期间，百姓不得因为军方的紧急措施而提出任何的损害赔偿。[①]

此外，从山东督军张树元向大总统申请批准军事戒严令的理由，也可以清楚看出其剑指学生反日运动的意向。张树元指控有一千名以上的"叛民"（disloyal people），假学生名义，聚众滋事，闯进省议会驱逐议

---

① "Martial Law Proclaimed by the Military Governor Chang Shu Yuan Who Holds the Rank of Field Marshal," Enclosure of "Proclamation of Martial Law in Tsinanfu," Norwood F. Allman, American Vice Consul in Charge, Tsinanfu to Paul S. Reinsch, American Minister, Peking, 2 August 1919, RIAC 893.00/3218.

员，攻击、捆绑记者，并强占议会作为议事场所。这些"叛民"胁迫
"受害者"游街示众，至省长办公处所，直到省长将"受害者"送交法
庭处置，群众才散去。职是之故，山东督军张树元申请执行军事戒严
令，派兵保护议会安全，并要求授权可以依据法律，处理聚众滋事者。
张树元强调法律必须遵守，如果再放纵那些"叛民"为所欲为、视法律
于无物，则无辜百姓安全将无法获得保障。张树元的要求显然获得了北
京政府的支持，最后由大总统发布命令，授权张树元执行戒严令，"以
维护山东地区的秩序与人民福祉"。① 上述戒严令中所指称的"叛民"，
应该即是爱国学生与商人所组织的群众团体，至于文中的"受害者"，则
是学生努力揪出的亲日、卖国分子。换言之，军事戒严令在学生眼中显然
就是要庇护亲日势力，打击反日学生运动。也因此，美国驻济南领事馆才
会两度强调山东督军发布军事戒严令的目的，即镇压反日学生运动。美商
广益公司（American International Corporation）驻北京代表也认为山东督
军是亲日派，他正致力于与日本合作，打击山东的抵制日货运动。②

　　美国驻华公使芮恩施也相当关注山东学生与群众运动，以及军事戒严
令实施后的情况演变，故要求美国驻济南领事馆必须密切关注事态发展，
并随时回报公使馆，以作为美国因应对策的参考。③ 至于段祺瑞所领导的

---

① "Martial Law Proclaimed by the Military Governor Chang Shu Yuan Who Holds the Rank of Field Marshal," RIAC 893. 00/3218. 大总统徐世昌虽然并非亲日派，且对皖系、安福系等亲日势力多所忌惮，在筹组巴黎和会中国代表团时，徐世昌也曾试图防止亲日派势力掌控代表团。不过，段祺瑞等皖系军阀毕竟实质控制着北京政府，徐世昌虽贵为大总统，但恐也不敢撄其锋。关于一战后徐世昌的对日态度及其与段祺瑞、研究系的互动关系，可以参见应俊豪《公众舆论与北洋外交——以巴黎和会山东问题为中心的研究》，第73～94页。

② "American International Corporation's Representative, Peking to F. M. Daring, New York," 15 August 1919, RIAC, 893. 00/3251. 广益公司成立于 1915 年，一战期间积极在中国进行投资事业，并与中国政府签订合作契约，乃一战期间美商在全球市场扩张的重要代表之一。关于广益公司在中国的发展，可以参见吴翎君《民初美国广益公司与裕中公司对中国公共工程的投资——企业、政府与外交关系的考察》，《东华人文学报》第 14 期，2009 年 1 月；George T. Mazuzan，"'Our New Gold Goes Adventuring': The American International Corporation in China," The Pacific Historical Review, Vol. 43, No. 2（May, 1974），pp. 212－232。

③ "Paul S. Reinsch, American Minister, Peking to Norwood F. Allman, American Vice Consul in Charge, Tsinanfu," 4 August 1919, RIAC 893. 00/3218.

亲日派系（皖系）在山东发布军事戒严令背后所起的作用，芮恩施也与美国驻济南领事馆有类似的看法。在芮恩施给美国国务卿的报告中，即认为山东发布军事戒严令，应该就是皖系等北京亲日派系暗中运作的结果，意图透过其驻防山东的参战军，以强化对山东事务的控制与影响力。尤有要者，日本可能也牵涉其中，因为根据其他方面的情资，日本驻济南总领事馆正积极与山东省政府合作，处理因军事戒严令所产生的各种麻烦。所以芮恩施怀疑日本与亲日派之间，可能已经达成某种程度的利益交换与默契，由皖系出面镇压山东的反日运动，避免出现大规模抵制日货运动，以换取日本的支持，协助皖系对抗直系，特别是当时担任直隶督军、省长的曹锟、曹锐兄弟。至于即将接任山东省长的屈映光，则与皖系领袖段祺瑞关系密切，屈映光之所以能够出任山东省长，背后应该是段祺瑞运作的结果。段祺瑞可能试图透过屈映光与军方势力合作，共同镇压山东的学生群众运动，因为该运动不仅反日，还致力于打倒亲日派官员，痛斥其为卖国贼。[①]

五　美国对山东驻军（参战军第二师，后为边防军第二师）动态的观察

五四运动以后，最令美国驻华公使芮恩施担心的，即是亲日军事派系皖系驻防在山东军队的动向。这支由皖系将领、济南镇守使马良所统率的参战军第二师，当时正驻防在山东济南附近。马良向来以反基督教、反外、亲日等鲜明态度著称。而根据美国公使馆的情资，马良在一次对士兵的谈话中，更是不讳言地表明立场，强调士兵不应该同情山东百姓对胶澳租借地归属争议等的要求，因为一旦与日本交恶，中国将失去日本的支持，届时参战军恐怕也无法得到充分的军饷与装备。因此，马良痛斥同情群众运动与山东问题者，乃是短视近利。再加上马良与山东督军张树元之

---

① "Paul S. Reinsch, American Minister, Peking to the Secretary of State, Washington, D. C. ," 4 August 1919, RIAC 893. 00/3218.

间关系并不融洽，他也有可能试图挟军力为后盾来争夺领导权。而随着军事戒严令的发布，前述两者之间权位与地盘的争夺，可能也会因此加剧。①

而马良给美国驻济南领事馆的通告中，即声称近来济南情势险峻，暴徒聚众滋事，占领省议会，并私自拘捕记者，破坏政府官员威信，进而导致其他不法分子如盗匪、流民等仿效，到处惹是生非；故身为军事戒严令主要执法者的他，对于暴徒的非法行为及其对地方秩序的严重影响，必须采取严厉措施来镇压反动势力，否则不只中国百姓会受到威胁，美国公民在华的生命财产也会受到损害。所以马良正式通告美国驻华领事馆，将依据军事戒严令，严格执法，以维护地方秩序，但同时保证不会影响到当地美商的例行贸易活动。不过，马良也希望美国驻华领事馆能够告诫美商，不要相信任何不实的谣言，介入军事戒严令的执行，以维护中美两国邦谊。②

事实上，根据美国驻济南领事馆的报告，马良早已采取极端手段来镇压反日运动，甚至不惜将领导群众运动者处死，而罪名是试图发动布尔什维克革命。例如，1919 年 7 月，马良即下令拘捕三名中国人，指控其携有布尔什维克宣传资料，并涉嫌挑唆士兵与警察参与革命，仿效苏联在西伯利亚的模式，建立苏维埃政权。③ 此事自然引起美国驻济南领事馆的关注，在进行调查后，领事馆发现被处死的三人根本并非布尔什维克分子，

---

① 根据芮恩施的报告，马良过于极端的态度，引起北京政府内部的紧张，陆军部还特定派员前往济南斡旋。见 "Paul S. Reinsch, American Minister, Peking to the Secretary of State, Washington, D. C. ," 4 August 1919, RIAC 893. 00/3218。美国国务院远东司对此问题的备忘录摘要资料，见 "Martial Law Proclaimed at Tsinanfu and the Appointment of New Civil Governor Who is a Close Friend to Tuan Chi – jui," Minutes of Division of Far Eastern Affairs, 9 September 1919, RIAC 893. 00/3218。

② "A Despatch from Lieutenant – General Ma Liang, the Defense Commissioner, and the Chief Officer for Administration of Martial Law, to Mr. Allman, the American Vice Consul," 4 August 1919, RIAC 893. 00/3227.

③ 根据马良所发布的处死公告，内称 "此三人组织众人，意图破坏地区和平，以及散播不实言论，教唆警察与士兵革命，并实行布尔什维克党教条。此三人坦承罪行，故在获得督军批准后，将对其实行枪决"。公告中，亦提及被枪决处死的三名商人，年纪分别为 65 岁、50 岁、39 岁。见 "Proclamation," by General Ma Liang, the Defense Commissioner, August 1919, RIAC, 893. 00/3227。

其中两人是小商店的店主，另外一人则是药商。在山东济南抵制日货运动开始时，有十名商人参与其事，致力于推动反日运动。马良初始对于抵制日货运动并没有太多的反对意见，但是随着反日运动声浪渐大，马良开始表露出坚决反对的态度。据传马良态度的改变，可能与日本人的行贿有关，因为日本借力使力企图以军事压力以及金钱诱惑，让马良成为日本镇压山东反日运动的马前卒。事实上，美国驻济南领事馆分析由于山东公众舆论对马良的指责日趋严峻，马良才选择以杀鸡儆猴的方式，杀人立威，震慑学生与商人团体，力图压制反弹声浪。虽然尚无明确证据可兹证明，但美国驻济南领事馆还是相信前述三名中国商人的被拘捕与处死，背后应该与日本人的教唆脱离不了关系，特别是此三人在发起抵制日货运动过程中，扮演着十分重要且积极的角色。由于三名商人被杀事件发生在山东颁布军事戒严令之前，故美国驻济南领事馆推估，这可能也是山东军队在军事戒严令实行前，略试水温的行动，并让推动反日与抵制日货运动的学生与商人团体提前感受一下军事压力，以表明军方不再容忍群众运动的态度。尤其军事戒严令一旦实行，文人政府的民政权力则受到压制，军方即成为最高执法者，可以任意拘捕处死人员。[1]

1919 年 8 月 3 日，学生组织又在济南发起示威游行运动，并聚集在山东督军府前，表达不满之意。但是身为军事戒严令主要执法者的马良，随即派兵包围学生群众，除逮捕为首者外，并将其余约两百名学生强制看管在师范学校内。马良严词警告学生，在军事戒严令实行期间任何集会都是禁止的。该日晚间，齐鲁大学校长在英国与美国领事的陪同下，拜会马良，希望能够立即释放学生。但马良拒绝此一请求，除指控学生违背法律煽动群众，造成社会不安外，也表明此为内政事务，基于国际法原则，不受外国干涉。[2] 马良甚至发布声明，表示

---

[1] "Execution of Three Chinese Citizens," Norwood F. Allman, American Vice Consul in Charge, Tsinanfu to Paul S. Reinsch, American Minister, Peking, 8 August 1919, RIAC 893.00/ 3227.

[2] "The British and American Attitude towards the Riot of the Chinese Students," *Tsinan Jih Pao*, 8 August 1919.

会有效打击学生运动所引起的社会骚动，而主要做法即是拘捕带头组织学运的学生领袖，且无须经审判，即予以持续扣押，直至反日风波过去。除了学生外，与学运关系密切的政界人士同样不能幸免。马良还拘捕了一名省议员，理由是其与学生运动关系密切。这也使得其他同情学生运动的人士颇为风声鹤唳。例如，山东教育会主席徐名世即逃离济南，以免遭到马良的逮捕。根据美国驻济南领事馆的观察，马良在镇压反日运动上，手段甚为坚决。

1919 年 9 月底，马良采取了更为激烈的手段来镇压反日运动，除了对济南所有对外往来书信进行检查，甚至直接派兵进入学校。由于山东地区的反日运动多半与济南的基督教学校——齐鲁大学的学生组织运作有关，故马良派出数百名士兵进入齐鲁大学并部署在校区内，以震慑学生运动。根据美国驻济南领事馆的调查，齐鲁大学学生组织原定在 9 月 27 日进行反日示威游行，但校方因担心会触犯军事戒严令，而且可能与军方发生流血冲突，故事先成功说服学生组织临时取消活动。但是，当隔日齐鲁大学教授依照预定计划在大讲堂举办学术演讲（主题与反日运动无关）时，马良可能收到错误情资，将学生组织发起的反日游行示威活动与学校举办的学术演讲两事混淆，故认定校方在策动学生运动，乃紧急派遣数百名士兵冲入校区并包围大讲堂。之后马良发现错误，只得悻悻然撤出军队，同意齐鲁大学教授继续进行学术演讲，并让学生与社会大众进场聆听。[①] 从此次军队侵入齐鲁大学包围讲堂事件，也可以看出在执行军事戒严令后，山东济南局势已出现风声鹤唳的情况，学校与学生方面似乎只要稍有风吹草动，马良即急不可耐地要派兵镇压与阻止。

此外，与马良立场与利益一致的亲日势力，也开始利用新闻舆论的手段，声援马良的军事镇压行动。例如，日本人在济南办的报纸《济南日报》，即积极替马良的所作所为进行辩护，强调军事戒严令目的在于

---

① "Political Conditions," American Consular Service, Tsinanfu to Charles D. Tenney, American Charge d'Affaries ad interim, Peking, 30 September 1919, RIAC 893.00/3250.

维持地方的稳定，且自实施以来，济南镇守使马良每日都派军警在街头巡逻，镇压不法分子，使得地方街头安定，并得以保持良好秩序，故"百姓深表感谢"。① 另一份亲日报纸《青岛时报》（*The Tsingtao News*）也有类似口吻的报道，强调正是济南学生联合会反日运动引起了骚乱，政府当局才会发布军事戒严令，但主要执法者马良的态度，显然是"非常公正公平的"。该报纸一方面歌颂马良以独立超然的态度在处理学生运动，压制学生的暴力倾向，认为短时间内应该就可以恢复原有的平静；但另一方面，则痛责在美国与英国领事的庇护下，教会学校齐鲁大学的学生依然在策动"愚蠢的活动"（stupid activity）。这些学生很明显与天津、北京、上海等地的学生串联在一起，他们故意造谣生事，并散播毫无根据的谣言来中伤马良将军，从而使马良陷入相当棘手的困境，因为除了处理社会上的骚动外，还必须同时应付内部的掣肘。《青岛时报》即指控，有部分野心政客企图援引外国干涉的力量，来打压政敌并扩张权力。《青岛时报》强调，山东的困境在于内外都陷入动荡不安的局面，尤其在政府内部，山东官员们规避维持地方秩序的责任，而不愿意采取积极作为来处理学生运动，甚至应和学生的要求。反观只有马良，能够忠于职守，严格遵循中央政府的命令，执行军事戒严令，让失控的局势得以重新稳定。

（马良将军）采取积极的措施，逮捕学生，并根据军事法律，给予其惩罚。他不计个人荣辱，不理会攻击批判，坚持目的，勇往直前。目前虽然马将军陷入困境，但我们只能给予最深的同情……相较于马将军对家国的挚爱，学生团体口口声声说爱国，但将国家引向毁灭……简言之，虽然马将军的行动不可避免地会引起激烈的批判与恨意，但必须承认的是，在面对极端危机时，他已极尽所能恢复社会秩序。②

---

① "The Chief Officer for the Administration of Martial Law Despatched the Soldiers Out as Constables," *Tsinan Jih Pao*, 8 August 1919.

② "General Ma Suppresses the Boycott," *Tsingtao News*, 10 August 1919.

该报除了希望读者能够自行判断学生团体与马将军之间谁真正爱国外，还再次呼吁要对马良的"公正、无私、决心与勇气"，表达最深的敬意。

从《青岛时报》的言论，不难看出该报可能已经受到马良等军方势力的控制，极度歌颂军事戒严令，主张采取强力作为，镇压学生的反日运动。如再参照前述日本人所办《济南日报》的言论，更可以看出以马良为主的皖系军方势力，已与日本方面协力合作，透过报纸舆论宣传的手段，一方面强调军事戒严令的必要性，并形塑出军方执法的正当性与公正性，宣扬其目的在于打击非法势力，恢复地方秩序；另一方面则污名化学生反日运动，指控其破坏政府威信，到处惹是生非，从而引起盗匪、流民等社会不安定力量的仿效，以致社会陷入严重的动荡不安。而在学生运动背后，更令人发指的，则是美国与英国等外国势力的庇护、怂恿与介入。①

职是之故，根据美商的观察，在军方积极贯彻军事戒严令的情况下，山东原先如火如荼的反日运动显然已逐渐受到压制。美商广益公司在给国务院的报告中，即认为：

> 山东省已经纳入军事戒严令管制的范围，以维持和平与秩序。主要担心反日运动可能对中国造成严重后果，故开始执行军事戒严令。山东省也就在军方接管后，情况趋于缓和。②

面对亲日派系的强力镇压，山东反日运动显然无力对抗。

山东政局受到日本及其代理人亲日派系的影响与掌控的情况，也

---

① 关于马良在济南镇压学运的所作所为，以及《济南日报》《青岛时报》等亲日报纸的辩护言论，美国驻华公使芮恩施在收到美国驻济南领事馆报告后，即将相关报纸剪报翻译资料送交国务院参考。见 "Paul S. Reinsch, American Minister, Peking to the Secretary of State, Washington, D. C. ," 21 August 1919, RIAC 893.00/3227。

② "American International Corporation's Representative, Peking to F. M. Daring, New York," 15 August 1919 & "F. M. Daring, American International Corporation, New York to Breckinridge Long, Department of State, Washington D. C. ," September 1919, RIAC, 893.00/3251。

引起美国国务院的关注，在收到美国驻华公使馆的相关报告后，远东司官员即为此撰写备忘录，分析当前山东局势，以供未来思考对华政策的参考。①

不过，除了反日（亲美）与亲日之争外，还必须特别注意的是，在山东军事戒严令的背后，或多或少可能隐含军事派系内部的权力斗争。美国驻济南副领事欧曼在后续报告中称，马良受命负责去执行戒严令，疑是其政敌故意为之。毕竟军事戒严令的始作俑者，并非马良本人，而是北京政府背后的军事派系所推动，显然带有针对性，或许是觊觎马良在山东的地盘，寓含取而代之的阴谋。而军事派系倾轧的主要手段，乃是让马良为其火中取栗，毕竟执行戒严令，难以避免公众舆论反弹，马良则势将首当其冲。欧曼观察到，马良在执行戒严令的过程中，确实已遭到极大的批判，诸如指责其镇压学生运动的残暴行径、一面倒的亲日态度，甚至有谄媚、拍日本马屁的可耻言论，但这些指责与非议，部分言过其实，可能带有刻意炒作与权力斗争的意味。②

简言之，在美国驻华使领的认知中，亲日派在山东已与日本通力合作。而他们采取的方法，乃是一方面由马良等山东驻军将领出面，利用军事戒严令给予的便利性，直接透过高压武力的强制手段，处理并震慑反日学生运动及其同情者、支持者；另一方面则透过亲日的新闻报纸媒体，从事舆论装点的工作，将镇压学运的军事行动，美化成维持地方秩序，而将组织反日、抵制日货的学生团体，丑化成阴谋煽动骚乱与破坏和平秩序的"坏分子""叛民"。尤有要者，上述亲日报纸言论，甚至亦将美国、英国等扯入其中，指其为学生运动背后的推手，暗讽其所作所为带有私心，不但有干涉中国内政之嫌，更意图借鼓动学生发起抵制日货运动，排除日本在华商业势力，以便维持并强化英美商品的优势地位。

---

① "Political Conditions in Shantung," Memorandum of the Division of Far Eastern Affairs, 5 August 1919, RIAC, 893.00/3209.

② "Conditions in Shantung Province," Office of Naval Intelligence, Navy Department to the Department of State, 3 December 1919, RIAC, 893.00/ 3271.

六　结语

根据 1919 年以来美国驻华使领的相关报告，就一战后的山东政局来说，确实面临内忧外患的恶劣困境。其非但未能利用五四运动以来民气可用的助力，自立自强凝聚共识，透过强化内政、厚积力量，以对抗外敌；相反的，却是汲汲于内部权力斗争，致使社会失序紊乱的情况持续恶化，深陷内外交迫的窘境，最为严重的莫过于日本势力的渗透与鲸吞蚕食。姑且不论中国军事派系内部的权力斗争与倾轧，山东时局确实已逐渐开始往日本一方倾斜。军事上，山东督军发布戒严令，意在借此镇压学运与抵制日货行动。而在民政与外交事务上，山东省政府内部省长、交涉员等重要职位，也陆续被亲日的安福系人马掌握。日军在山东的暴行与嚣张跋扈行径，也愈发不可收拾，其除了提供武器弹药给土匪以扰乱地方、任意拘捕学生、殴打百姓外，甚至开始阻扰西方在山东的传教事业。[①] 山东百姓与学生处于如此绝境，未来更无能力反制。

另外，一战后山东地区的中国官员处于反日与亲日之争、内部与外部双重压力下，确实亦面临相当严峻的困境。美国驻华公使芮恩施给美国国务卿的报告中，即强调山东官员既要处理当地学生、群众与公众舆论对日本的怒火，以及抵制日本商品、保卫中国权益等诸多要求，同时必须正面因应来自日本的实质压迫：一来日本与北京政府内部的亲日派关系密切，可以借此透过皖系、安福系等辗转施压，甚至影响到官位的去留；二来日本在山东胶济铁路沿线的各车站多驻有军队，这些军队的存在，意味着日本随时可动用武力进行干涉，直接构成对中国官员的强大压力。[②]

---

① A Member of the American Presbyterian Mission, "Sinister Japanese Methods in Shantung," 1919, RIAC, 893. 00/3271.

② "Paul S. Reinsch, American Minister, Peking to the Secretary of State, Washington, D. C. ," 4 August 1919, RIAC 893. 00/3218; "Martial Law Proclaimed at Tsinanfu and the Appointment of New Civil Governor Who is a Close Friend to Tuan Chi - jui," Minutes of Division of Far Eastern Affairs, 9 September 1919, RIAC 893. 00/3218.

不过，从美国驻济南领事馆的报告以及亲日派报纸的言论，亦可以察觉到在山东复杂局势中潜藏有两股势力相互对抗，一方是学生运动及其背后若隐若现、引为外部依持的美英势力，另一方则是安福系、皖系军事派系及其背后的日本势力。五四运动后，中国各大城市先后兴起了大规模的反日运动，一时蔚为风潮，学生团体与组织则是串联与发起反日运动的主要基干。山东地区的学生反日活动，由于直接切身相关，自然比其他地区更为激烈。而为了压制反日运动，日本驻山东军政局无所不用其极地到处侦察学生活动。而实际控制山东政权的中国亲日派系，也自愿充当马前卒，积极协助日本，打压学生运动。面对日本与地方亲日当权派连手的强力压制，学生们欠缺反抗的能力，为求自保，唯一可仰仗抗衡的力量，似乎也只能够利用外国在华人士对山东问题以及中国事务的同情立场，积极寻求以美国为首的西方国家的支持。

总结来说，由于巴黎和会山东问题争议在中国促成了影响非常广泛的五四政治运动，学生、商人、工人等各阶层先后加入，也间接激发出关心国事、参与国事的中国公众舆论与国权意识，故引起美国驻华使领与商民极大的关注。职是之故，美国驻华使领机构始终密切调查日本在山东的实际活动情况。美国驻华公使馆就特别注意中国公众舆论觉醒后各地反日运动与学运的面相。[①] 美国驻济南领事馆则着重于观察日本驻军当局与山东军政领导人之间的互动情况。究其实际，美国驻华使领对于一战以来中国局势发展最担心的问题之一，就是日本可能借由与亲日派系勾结来压制反日声浪，进而干涉甚至把持中国内政。而从本文的研究结果来看，美国驻华使领对日本透过其代理人（亲日派系）积极扩大对山东的控制，以及其隐含独占山东利益、殖民并吞政策的野心，确实已有相当清楚的了解与认知，并持续向美国国

---

① "Paul S. Reinsch, American Minister, Peking to the Acting Secretary of State," 9 June 1919, *FRUS 1919*, Vol. I, pp. 700 – 701; "Report on Political and Economic Conditions for the Quarter Ending June 30, 1919," Paul S. Reinsch, American Minister, Peking to the Acting Secretary of State, 10 September 1919, *FRUS 1919*, Vol. I, pp. 364 – 368.

务院进行汇报。这或许对日后美国政府在华盛顿会议召开前，筹思如何解决中日山东问题争议，如何有效反制日本素来对华的觊觎，以及如何维护门户开放等有关中国事务的重要处理原则时，有一定程度的影响。

〔应俊豪，台湾海洋大学海洋文化研究所〕

战时中国

华中国策会社集团
与战时日本对华中通货政策[*]

王　萌

内容提要　设立国策会社与发行日系货币、伪币，是全面抗战期间日本控制中国沦陷区经济的两大策略，两者之间存在密切关联。在日本军政当局的庇护下，华中沦陷区内形成了一个资本雄厚、规模庞大的国策会社集团。华中国策会社集团是日本对华货币战的重要协助者，法币需给调节基金的设立与运作则是该角色的具体表现。面对日本军政当局的指令，国策会社集团长期以来在使用军票还是法币的问题上游移不定，反映了企业在货币选择上的"折中主义"与"利益至上原则"。面对日本对华中通货政策所导致的当地经济生态恶化，强化经营、节约经费、统一提高产品价格，是国策会社的主要应对之策。沦陷区内通货膨胀的"慢性化"与日本军政当局的严苛统制，又使这些应对之策成效甚微。战时环境下华中国策会社集团对各种货币之态度，反映出法币经济、"华兴券"经济、军票经济与"中储券"经济在华中沦陷区内的张力与局限。

关键词　国策会社　法币需给调节基金　军票　"中储券"　货币战

何谓国策会社？按日本学界一般之定义，国策会社是日本在战时经济统制过程中设立的半官半民的特殊企业形态。^①全面抗战时期，日本在中

---

*　本文为国家社科基金抗日战争研究专项工程"世界反法西斯战争（含中国抗战）档案资料收集整理及研究"（项目编号：16KZD020）的阶段性研究成果，亦为教育部哲学社会科学研究重大课题攻关项目"近代以来日本对华政军档案整理与研究"（项目编号：16JZD036）的阶段性成果。本文初刊于《日本侵华南京大屠杀研究》2019年第1期，今在内容上略有修改。

①　小学馆编《日本大百科全书》第9卷，小学馆，1986，第176页。

国沦陷区内设立了形形色色的国策会社，其特点是均与各种统制法规相关联，为日本对沦陷区的殖民统治服务。以华中振兴株式会社为首的华中国策会社集团，是日本军政当局在华中沦陷区实行殖民统治的重要经济工具。① 1938 年 10 月武汉沦陷后，抗战进入相持阶段，中日两国对抗的战场从军事转向经济。华中既是日本及欧美列强经济势力集中之地，也是国民政府推行法币政策较为彻底之区域，日伪当局在华中沦陷区内发行的军票、"华兴券"、"中储券"无不遭遇强大阻力，双方在此区域内的货币战异常激烈。华中国策会社集团在服务于日本军政当局对华中通货政策的同时，其自身生产经营也不可避免地受到货币变动之影响。以往学界对这一企业集团的研究，多集中于其对沦陷区内物资与财富的掠取上，② 而并未深入探究该集团以何等程度参与了日本对华货币战，乃至对于其在货币战中的利益诉求也不甚明了。本文利用日本军政当局对该企业集团的指令关系文书、各国策会社经营报告等档案，揭示该企业集团在日本对华货币战中扮演的角色及应对之策，从中考察战时日本对华中通货政策的运作机制及后果。

一 华中国策会社集团的形成

淞沪会战结束不久，日本军政当局即开始考虑吸引本国民间资本至华中沦陷区内大规模投资，以巩固日本对该区域的殖民统治。国策会社被日本军政当局视为"政府、财阀、产业资本家、普通国民浑然一体，共同

---

① 本文所指的华中，按当时日本对中国区域的划分，概指日军控制下的长江中下游流域的沦陷区。

② 关于战时华中国策会社集团经营状况及其侵略性较为详尽的研究，可参见张祖国《二十世纪上半叶日本在中国大陆的国策会社》，《历史研究》1986 年第 6 期；曹霖华《抗战时期日本所设华中振兴株式会社述评》，《档案与史学》2003 年第 2 期；黄美真、李占才编《日伪对华中沦陷区经济的掠夺与统制》，社会科学文献出版社，2005，第 312 ~ 435 页；浅田乔二等《1937 ~ 1945 日本在中国沦陷区的经济掠夺》，袁愈佺译，复旦大学出版社，1997，第 127 ~ 132 页；高綱博文「中支那振興株式会社概要及び研究成果・課題」『人文学研究所報』第 58 号、2017 年 9 月；柴田善雅『中国占領地日系企業の活動』日本経済評論社、2008、225 ~ 244 頁、319 ~ 332 頁；等等。

经营事业的典范",① 成为其控制并垄断华中各经济部门的重要工具。1937 年 12 月，日本政府在其制定的《上海方面帝国经济权益设定策》中指出："将租界周边（除去租界及越界道路后的大上海市管辖区域）设为特别市，我方为掌握该市电话、电力、电灯、自来水、煤气、电车、公共汽车等公共性质事业之实权，设立国策会社对此类及相关事业进行经营或调整。"② 1938 年 1 月华中派遣军特务部编写的《华中经济开发基本纲要》也明确提到："关于经济势力的进入，首先应奖励我国卓越企业家与有力资本，可成立一国策会社统合对公共事业的经营或调整之职。"③ 与九一八事变后南满洲铁道株式会社垄断伪满洲国各经济领域的情势不同，日本军政当局考虑设立一综合性国策会社首先控制华中沦陷区内的公共事业部门，并没有立即使之渗透至"开发"领域，这不仅体现了日本军政当局对华中区域经济发展水平的考量，也吸取了满铁在伪满洲国一社独大的教训。

在日本军政当局的推动下，1938 年 4 月 30 日日本议会通过《华中振兴株式会社法》，11 月 7 日华中振兴株式会社于上海正式成立，第一任社长为日本实业家儿玉谦次。华中振兴株式会社是一家典型的半官半民企业，资本总额高达 1 亿日元，除日本政府"实物出资"外，其民间股东有 1 万余人。这些股东多来自三井、三菱、住友等财阀的下属或相关公司，故该会社的股权仍掌握在大财阀手中。④ 华中振兴株式会社是华中国策会社集团最核心的"母"会社，其业务主要是"协助华中经济复兴及对开发事业进行投资或融资，在特殊情况下，也可在政府的认可下对这些事业进行经营"。⑤ 通过华中振兴株式会社的投资或融资，日本军政当局

① 野田経済研究所『戦時下の国策会社』野田経済研究所、1940、序文。
② 第三委員会決定「上海方面ニ於ケル帝国ノ経済的権益設定策」（1937 年 12 月 16 日）多田井喜生編『続・現代史資料 11 占領地通貨工作』みすず書房、1983、144 頁。
③ 「中支経済開発基本要綱 昭 13 年 1 月 13 日 陸軍特務部」『興亜院配布 経済関係書類 住谷悌史資料』日本防衛省防衛研究所蔵、档案号：支那 – 支那事変 – 全般 –517。
④ 野田経済研究所『戦時下の国策会社』625 ~ 626 頁。
⑤ 「事業見論見書」中支那振興株式会社編『中支那振興株式会社設立趣意書・事業見論見書・収支計算書』（第一回）、1938、日本三菱経済研究所蔵、3 頁。

于华中沦陷区内相继设立或吸收了一批"子"会社，至 1940 年末形成一个具有强大资本、庞大规模的国策会社集团，① 其会社成员基本情况如表 1 所示。

表 1 1940 年末华中国策会社集团各会社成员基本情况

会社名	成立时间	资本额（成立初）	业务内容	经营类型
华中矿业株式会社	1938 年 4 月	1000 万日元	包括铁矿在内的矿物开采业务	生产型
华中水电株式会社	1938 年 6 月	2500 万日元	经营华中电力及自来水业务	公共事业型
上海内河轮船株式会社	1938 年 7 月	200 万日元	华中主要内河航路的客货运输、船舶租赁、仓库码头经营及附带业务	公共事业型
华中电气通信株式会社	1938 年 7 月	1500 万日元	华中电气通信事业、电气通信设备的租赁及对相关附带事业的投资	公共事业型
华中蚕丝株式会社	1938 年 8 月	1000 万日元	机器制丝业的经营、蚕种生产及配给、与蚕种生产相关的加工业、必要的土丝交易及相关投资	生产型
华中都市公共汽车株式会社	1938 年 11 月	300 万日元	华中主要城市的公共汽车业、货物运输汽车业及相关附带业务	公共事业型
华中水产株式会社	1938 年 11 月	500 万日元	鲜鱼批发市场的经营及水产品交易，以华中沿岸为根据地的轮船拖网渔业、制冰、冷冻、渔具搬运及附带业务	公共事业型
大上海瓦斯株式会社	1938 年 12 月	300 万日元	瓦斯供应、瓦斯副产品的制造与销售及与这两项相关的附带业务	公共事业型
上海恒产株式会社	1939 年 9 月	2000 万日元	上海附近的都市、港湾建设，土地及建筑交易、租赁、管理业务	公共事业型

---

① 太平洋战争爆发后，日本军政当局又设立华中运输（1942 年 7 月）、华中火柴（1943 年 4 月）、中央化学工业（1944 年 6 月）等国策会社，因成立仓促、投入资本较少，故省略，具体参见柴田善雅『中国占領地日系企業の活動』566～567 頁。

续表

会社名	成立时间	资本额（成立初）	业务内容	经营类型
振兴住宅组合	1939 年 9 月	300 万日元	华中振兴会社及相关会社职员所需住宅，以及对其所需设施的建设经营	公共事业型
华中轮船株式会社	1940 年 2 月	3000 万日元	航运业、码头仓库业及其附带业务	公共事业型
华中铁道株式会社	1940 年 4 月	5000 万日元	铁路业、汽车运输业及其附带业务	公共事业型
淮南煤矿株式会社	1940 年 6 月	1500 万日元	煤炭的开采与销售及其附带业务	生产型
华中盐业株式会社	1940 年 8 月	500 万日元	食盐的交易与运输、对产盐事业的融资与技术指导、食盐的生产与精炼及以上的附带业务	生产型

注：笔者按经营内容，将从事民生服务的企业定义为公共事业型国策会社，而将从事矿产开发、商品直接生产的企业定义为生产型国策会社。

资料来源：中支那振兴株式会社『中支那振兴会社并关系会社事业概况』（上海）中支那振兴株式会社、1940、15～112 页。

这些会社名义上为中日合办，实则皆由日商控制，在业务上接受兴亚院华中联络部[①]的指导与监督。需注意的是，1940 年末华中国策会社集团中的公共事业型企业，无论在数量上还是资本总额上都超过生产型企业，这不仅与日本军政当局在战争初期即将华中国策会社集团之业务重点置于公共事业的初衷相契合，也与同期华北国策会社集团将业务重点置于矿产开发、金属生产、化工产业的投资布局形成鲜明对照。[②] 华中国策会社集团在经营上的这一特点，使之在经营过程中得以吸收大量来自民间的货币，从而为其协助日本在华中沦陷区的货币战提供必要的金融基础。此外，在日本军政当局的控制下，这些公共事业型国策会社还得以对所属行

① 兴亚院华中联络部是日本军政当局统制华中沦陷区内经济的中枢机构，迄 1942 年 10 月被撤销，一直是华中国策会社集团的直属指导监督机构，参见黄美真、李占才编《日伪对华中沦陷区经济的掠夺与统制》，第 344～345 页。

② 柴田善雅『中国占领地日系企业の活动』228 页。

业实行彻底垄断。如华中水电株式会社成立之初，即受日军之命向沦陷区
内各地派遣工作人员，迅速对华中沦陷区内的电力及自来水事业实行
"一元化的管理"。① 为使华中电气通信株式会社对华中沦陷区内的电信行
业实行绝对统制，日本军政当局要求"除国有之外的同种事业，该会社
成立之后应迅速对之采购、合并，使之处于该会社的统制之下"。② 华中
都市公共汽车株式会社则"必须服从公益上必要之命令"，"华中主要都
市的市内公共汽车行业，除本会社外，一概不予认可"。③ "一社一业"的
经营方针在华中国策会社集团内充分体现，沦陷区内民生的命脉为若干家
国策会社所掌控。这些国策会社对水、电、煤气、电信等公共事业费用的
价格调整，毫无疑问会对沦陷区内民众的经济生活产生难以预估的影响。

二　法币需给调节基金的设立与运作

全面抗战时期，华中国策会社集团作为华中沦陷区内举足轻重的经济
势力，为日本对当地的殖民统治担负重要使命。华中振兴株式会社成立之
初，日本军政当局即寄予厚望，除给予发行资本总额 5 倍为限的巨额社债
之优惠政策外，在物资供给与货币金融上也给予特别通融，"为使该会社
实现目的，相关各部门应共同努力，尽可能地为之提供物资及外汇资金，
而使该会社之事业在物资及资金充裕的范围内得以推进"。④ 这些优惠政
策使华中国策会社集团于满目疮痍的华中沦陷区内迅速投产或运营，大多
数国策会社在成立之初即获得了良好的营业收益。

---

① 华中水电株式会社：《营业报告书》（第一回），1938 年 6 月 30 日～1938 年 10 月 31 日，
日本三菱经济研究所藏，第 1～2 页。

② 「華北電信電話株式会社設立要綱並華中電気通信株式会社設立要綱ニ関スル件」（1939
年 7 月 9 日）『公文雑纂・昭和十三年・第二ノ三巻・内閣二ノ三・第三委員会』日本
国立公文書館蔵、档案号：纂 02330100。

③ 「華中都市自動車株式会社設立要綱ニ関スル件」（1938 年 11 月 2 日）『公文雑纂・昭
和十三年・第二ノ三巻・内閣二ノ三・第三委員会』日本国立公文書館蔵、档案号：纂
02330100。

④ 「中支那振興株式会社設立要綱」（1938 年 3 月 15 日）多田井喜生編『続・現代史資料
11　占領地通貨工作』148 頁。

抗战进入相持阶段后，货币战成为中日经济战中的主要形式。维持所发行货币的价值与流通，是一国经济实力的象征。法币能否维持其汇兑价值并于民间广泛流通，是国民政府是否具有抗战力的表现，也是其对手——日本军政当局竭力设法打击、削弱、瓦解的目标。华中沦陷区内的货币战首先在汇率上打响。1939 年 5～6 月，上海汇市日元汇率急剧下跌，引起了日本军政当局的恐慌。[①] 作为日本军政当局的紧急对策之一，1939 年 8 月，华中国策会社集团在其内部秘密设立了一个特殊金融部门——法币需给调节基金。法币需给调节基金的资本总额起初仅为 22 万日元，出资方包括当时华中国策会社集团所有企业成员，其中华中振兴株式会社承担 10 万日元，其他会社各承担 0.1 万～1 万日元不等。[②] 该基金具有顺畅的资金融通渠道，当其法币出现不足时，可立即从华中振兴株式会社借入不超过 30 万日元额度的借款。1939 年 5 月，日伪当局于上海成立"华兴商业银行"，该基金虽由该行负责保管及具体运作，但实际上受兴亚院华中联络部的监督与指挥。

按日本军政当局之设计，法币需给调节基金的职责在于平衡华中国策会社集团内部间的法币供求，以此维持华中沦陷区内日系货币价值的稳定。[③] 其运作要领如下：

    1. 相关会社应每旬向华中振兴会社报告其日币及法币资金的库存数，及实际收支情况。

    2. 相关会社在一次性支付 2000 日圆以上的法币资金时，应得到华中振兴会社许可。而在一次性支付 10000 日圆以上的法币资金时，

---

① 相馬敏夫「中支那通貨工作の回顧」多田井喜生編『続・現代史資料 11　占領地通貨工作』285 頁。

② 中支那振興株式会社『中支那振興会社并关系会社事业概况』119 頁。振兴购买组合的投资情况参见「中支那振興会社及関係会社法幣資金需給調節基金臨時組合員総会二関スル件」（1942 年 8 月 22 日）『本邦会社関係雑件/北支開発及中支復興株式会社/関係会社関係』第 3 巻、日本外務省外交史料館蔵、档案号：E－2－2－1－3_ 13_ 21_ 003。

③ 中支那振興株式会社『中支那振興会社并关系会社事业概况』9 頁。

华中振兴会社应与兴亚院华中联络部协商。

3. 华中振兴会社及相关会社在持有 1000 日圆以上法币资金且不欲于短期内使用时，应将其超出部分按市场价格转售于该基金。

4. 该基金将根据华中振兴会社及相关会社对法币资金的需求情况，按市场价格出售所需法币资金。在出售前项法币资金时，该基金将以"华兴券"支付。①

按当时参与此项工作之日军嘱托（即特别委托人员）清水善俊对该基金运作原理之解释，当华中国策会社集团企业成员需要法币时，则由该基金供给，而当该集团成员持有多余法币时，则必须转售于该基金。该基金适时将法币投入汇市，平抑法币兑日元（军票）的汇率；当法币大量囤积时，该基金则将之先行兑换为"华兴券"或外币，以供国策会社集团采购中外物资之需。② 1939～1942 年度该基金中的货币交易极为频繁，大致情况如表 2 所示。

表 2 1939～1942 年度法币需给调节基金收支实绩

	1939 年度		1940 年度		1941 年度		1942 年度		合计	
	金额(元)	次数	金额(元)	次数	金额(元)	次数	金额(元)	次数	金额(元)	次数
法币购入量	4285470	51	14127744	183	20370500	201	7780000	45	46563714	480
法币卖出量	4103799	102	14207506	314	20529500	332	8560882	90	47401687	838

资料来源：「中支那振興会社及関係会社法幣資金需給調節基金臨時組合員総会ニ関スル件」(1942 年 8 月 22 日)『本邦会社関係雑件/北支開発及中支復興株式会社/関係会社関係』第 3 卷、日本外務省外交史料館蔵、档案号：E－2－2－1－3_ 13_ 21_ 003。

以 1940 年度法币需给调节基金中的法币交易情况为例，华中蚕丝会社是向该基金售出法币最多的国策会社（1939～1942 年度情况亦然），其

---

① 《控制华中振兴会社中有关会社的法币资金要纲》（1939 年 7 月 5 日），上海市档案馆编《日本侵略上海史料汇编》（下），上海人民出版社，2015，第 134 页。

② 清水善俊「支那事変軍票史」『日本金融史資料・昭和篇』第 29 卷、大蔵省印刷局、1971、100～103 頁。

次为华中电气通信、华中水产两家会社；华中铁道会社则是从该基金购入法币最多的国策会社，其次为华中矿业、上海恒产两家会社。由此可见，在华中国策会社集团中，华中蚕丝会社从市场交易中获得了最多的法币，而华中铁道会社则在铁路运营、基材采购上消耗了最多的法币。

华中蚕丝会社何以成为售出法币最多的企业？这或与该会社在日本对华中通货政策中扮演的角色有关。"华兴商业银行"成立后，日本军政当局规定该行发行之"华兴券"与法币等价联系，意图将"华兴券"改造成能够兑换外币的"贸易通货"，进而使之逐步取代法币成为"国内通货"。然而，"华兴券"的价值根本得不到华中中外企业的认可，1939年度"华兴商业银行"的对外贷款只有2500万元，存款仅为1000万元，即使这一营业成绩，也大多来自日本在华企业"道义上的援助"。目前可知，华中蚕丝会社是"援助"该行最主要的企业。[①] 华中蚕丝会社通过法币65%、"华兴券"35%之比例从该行获取贷款，因"华兴券"实际价值很低，华中蚕丝会社为此蒙受很大损失，仅1940年度该会社即在汇兑中损失529.4万日元。[②] 作为援助该行的条件，华中蚕丝会社得以将其从市场交易中获得的法币转售于法币需给调节资金，从中获取日元（军票）或其他外币。在华中蚕丝会社协助日伪当局"华兴券"工作的同时，这家企业还与军票工作存在密切联系。1939年6月，日本军政当局挪用上海海关关税法币500万元，于横滨正金银行上海分行设立秘密账户"乙资金"，以之维持包括军票在内日系货币的价值。1941年7月，"乙资金"将账户内剩余的3048万元法币转让于新设立的"军票价值平衡资金"后秘密关闭，[③] 当时华中蚕丝会社与"乙资金"尚存650万元军票（按当时上海汇价，折合法币1518.22万元）的交易，"因考虑到华中蚕丝会社存在法币不足之困难，故而将此交易由军票价值平衡资金继承"。[④] 可以推

---

① 桑野仁：《战时华北通货工作史论》，法政大学出版局，1965，第114页。
② 华中蚕丝株式会社：《营业报告书》（第三回），1939年11月1日~1940年10月31日，日本三菱经济研究所藏，第18页。
③ 清水善俊「那事变军票史」『日本金融史资料・昭和篇』第29卷、73頁。
④ 興亜院華中連絡部「軍票価値平衡特別資金設置ニ伴フ措置要領」（1941年6月18日）多田井喜生編『続・現代史資料11　占領地通貨工作』509頁。

知，华中蚕丝会社内部存在"从市场交易中获取法币→从法币需给调节基金获取军票→从乙资金中获取法币投入生产"之货币流动渠道。此外，该会社还经常将社内法币向汇市抛售并购入军票，以及有意识地以军票支付原料费用及其他经费，暗中扩大军票的流通力。①

从表 2 可知，法币需给调节基金自运作以来，总体收益情况良好。在中日货币战最为激烈的 1940 年度，该调节基金获得了丰厚的收益，当年度实现对股东高达五分的红利。② 随着华中货币战的退潮，法币被汪伪当局严禁流通，至 1942 年 8 月，"中储券"已名义上成为华中沦陷区内统一的"新法币"。在日本军政当局看来，法币需给调节基金已无存在必要，故而将之解散。法币需给调节基金是日本军政当局控制华中国策会社集团为其货币战服务的最有效的经济武器，它的效能如同上海日商纱厂设立的"伊资金"等秘密账户，主要为日本军政当局操控法币兑日元（军票）的汇率服务。③

三　日本军政当局对华中国策会社集团的指令

抗战全面爆发后，日本军政当局内部关于是否于华中沦陷区内发行军票，有过一场激烈争论。文官与日商鉴于法币在华中沦陷区内仍广泛流通，反对发行军票，认为"以国策会社为首的各种企业，经营收支都要依靠法币，使用军票并不恰当"。④ 而大藏省驻上海财务官相马敏夫与华中振兴会社总裁儿玉谦次则赞成发行军票，认为此举可以减轻日本在军费上的负担，儿玉称，"当此重大时局之际，当地各家企业应率先协助军票对策"。⑤ 随着抗战进入相持阶段，1938 年 11 月，日本军政当局于华中沦

---

① 华中蚕丝股份有限公司编《华中蚕丝股份有限公司沿革史》，华中蚕丝股份有限公司，1944，第 384～385 页。

② 中支那振兴株式会社『中支那振兴会社并关系会社事业概况』119 页。

③ 关于上海日商纱厂设立"伊资金"，以操控法币汇率之内幕，参见王萌《从上海日商纱厂考察战时日本在华中的军票工作》，《历史研究》2013 年第 6 期。

④ 冈田酋次『日中戦争裏方記』東洋経済新報社、1974、104 頁。

⑤ 冈田酋次『日中戦争裏方記』106 頁。

陷区推行军票一体化政策，其内容之一即要求华中国策会社集团以军票标价并征收公共事业费用。

1939 年春以后，虽然公共事业型国策会社宣布水、电、煤气、交通运输等公共事业费用以军票征收，然而一些会社，如华中都市公共汽车株式会社等收入军票的情况并不理想，"其费用原则上以军票征收，但在不得已的情况下也认可法币，实际上因利用者都是中国人，大部分的收入是法币"。① 对日本军政当局而言，华中国策会社集团在公共服务费用上以军票标价措施的出台，重要的是对华中沦陷区内民众的货币使用心理产生了"不可低估的影响"。② 对此，日本军政当局给予华中国策会社集团很高的评价："（国策会社）对于军票普遍信用的提升，尤其是在中国人中普及所产生的效果，乃是维持军票价值的有力支柱。"③

随着军票工作的深入，日本军政当局不断强化对资金的统制，华中矿业会社等生产型国策会社出现劳工收入减少而生产效率低下、产品对日出口数量锐减等问题。④ 1940 年 3～4 月，日本军政当局"鉴于现地通货价值维持之紧急态势"，要求华中国策会社集团各企业成员"应在资金紧缩范围内竭力设法健全事业，特别是对日供给的重要物资及扬子江开放对策上所要求的物资等，要考虑在如上限度内如何满足今后之要求"。⑤ 日本军政当局对资金的统制，迫使国策会社的经营方针不得不变更为"重点主义"。所谓"重点"生产所需的资金，来自公共事业资金的牺牲，淮南煤矿、华中矿业等生产型国策会社的预算得以增加，而上海恒产、华中都

---

① 「南市開放ニ伴フ関係会社事業対策」（1940 年 2 月 5 日）『本邦会社関係雑件/北支開発及中支復興株式会社/経伺通牒関係』第 2 巻、日本外務省外交史料館蔵、档案号：E－2－2－1－3_ 13_ 11_ 002。

② 支那派遣軍経理部「信用拡大に乗じて高値維持絶対必要」『南京日本商工会議所所報』第 4 号、1940 年 3 月 15 日、3 頁。

③ 清水善俊「支那事変軍票史」『日本金融史資料・昭和篇』第 29 巻、64 頁。

④ 「華中連絡部経済第一局塩見調査官致興亜院経済第二課石原事務官」（1940 年 6 月 8 日）『本邦会社関係雑件/北支開発及中支復興株式会社/経伺通牒関係』第 2 巻、日本外務省外交史料館蔵、档案号：E－2－2－1－3_ 13_ 11_ 002。

⑤ 「業務主任者連絡会議開催ノ件」（1940 年 3 月 14 日）『本邦会社関係雑件/北支開発及中支復興株式会社/経伺通牒関係』第 2 巻、日本外務省外交史料館蔵、档案号：E－2－2－1－3_ 13_ 11_ 002。

市公共汽车、大上海瓦斯、华中水电、华中水产等公共事业型国策会社则为之减少。① 当时大藏省驻上海财务官相马敏夫直言不讳公共事业型国策会社的生存之道在于"现地自活"："必要的事业资金原则上依靠现地解决主义，即在当地尽可能地获取收入，采取提高铁路费用、水电费用等方式来增加收入。"②

自 1941 年 1 月汪伪中央储备银行成立以来，围绕其发行的"中储券"与军票的地位问题，日本军政当局内部进行了反复争论。在太平洋战争爆发前夜，兴亚院联络委员会基本与华中国策会社集团达成今后以"中储券"替换法币进行内外交易的谅解。③ 1942 年 5 月，日本军政当局最终确立以"中储券"统一华中货币的方针，即不断培育强化"中储券"之价值，以之彻底驱逐法币并代替军票在华中的流通。④ 不久兴亚院以对外谈话的形式，向华中沦陷区公开发表了华中国策会社集团与"中储券"统一工作之间的联系：

> 经各相关机构商议，以往苏浙皖三省内以军票征收之火车、轮船、公共汽车、煤气、自来水等公共事业费用，自 6 月 20 日后改为以军票、中储券两种货币征收，换算率为百元中储券兑军票十八元之比例。按此比例，可以军票或中储券自由支付。按此措施，预计今后将不断促进军票经济与中储券经济之一体化，中储券的流通力得以不断强化，希望普通民众对于此充分体认，以巩固对中储券之信任，协助其之培育强化工作。本次费用改为两种货币标价的公司有：华中铁道、华中都市公共汽车、华中水电、华中电气通信、上海内河轮船、华中轮船、大上海瓦斯、东亚海运（扬子江航路）、华中运输（旧日

① 斎藤栄三郎『大東亜共栄圏の通貨工作』光文堂、1942、271 頁。
② 相馬敏夫「中支那通貨工作の回顧」多田井喜生編『続・現代史資料 11 占領地通貨工作』296 頁。
③ 興亜院連絡委員会「中支ニ於ケル新法幣ノ育成並旧法幣ノ流通制限ニ関スル方策（試案）」（1941 年 11 月 8 日）多田井喜生編『続・現代史資料 11 占領地通貨工作』462 頁。
④ 清水善俊「支那事変軍票史」『日本金融史資料・昭和篇』第 29 巻、223 頁。

本通运）、中华航空（与华北当局协商，预计自 20 日以后实现两种标价）、上海特别市轮渡股份有限公司、华中航运统制组合。①

兴亚院所规定以两种货币标价的国策会社，大部分是华中国策会社集团中的公共事业型企业。在日本军政当局看来，这些会社的业务关涉民生，是提高"中储券"价值与扩大其流通领域的利器。然而在这些国策会社迅速推广"中储券"的过程中，极易造成"中储券"经济与军票经济之间的矛盾，从而导致民众在货币使用心理上的混乱："一方面，（以中储券标价）如实地表明我方对于培育中储券的认真态度，其政治上、人气上将收获极大的效果；但另一方面，作为以往一步也绝不退让的公共事业费用以军票单一标价之政策，全面改为两种货币标价，这虽是以军票将被整理回收为前提的举措，然而也进一步加深了太平洋战争爆发以来普遍对军票抱有不安之认识。"②

为了进一步强化"中储券"在民间的流通，兴亚院规定华中国策会社集团全体企业员工之薪资，自 10 月起以军票、"中储券"两种货币支付，其中对日人职员的各项薪资应至少三分之一以"中储券"支付，而对于雇用华人的工资则必须以"中储券"全额支付。③ 不久，兴亚院华中联络部又要求各企业原以军票支付物件费用者，除日本军政当局特别指定之物资外，自 11 月起改用"中储券"支付。④ 为了配合日本军政当局的"中储券"统一工作，汪伪财政部与伪中央储备银行发布公告，自当年 12 月 1 日起禁止法币于苏浙皖三省及上海、南京两市内持有、使用、流通。在日伪当局的通力合作下，1942 年末"中储券"成为华中沦陷区内统一的货币。

---

① 清水善俊「支那事变军票史」『日本金融史资料·昭和篇』第 29 卷、293 页。
② 清水善俊「支那事变军票史」『日本金融史资料·昭和篇』第 29 卷、290 页。
③ 「国策会社ノ诸给与ノ一部ヲ储备ニ依リ支払方実施ノ件」（1942 年 9 月 22 日）『中支に於ける皇军租界进驻以后の金融施策概况（第 5 编）昭和 18 年 3 月』日本防卫省防卫研究所蔵、档案号：中央 - 军事行政 - 经理 - 325。
④ 「国策会社宛通牒」（1942 年 10 月 29 日）『中支に於ける皇军租界进驻以后の金融施策概况（第 5 编）昭和 18 年 3 月』日本防卫省防卫研究所蔵、档案号：中央 - 军事行政 - 经理 - 325。

　　然而从短期来看，华中国策会社集团内部推广"中储券"的效果十分有限。至 1942 年 11 月末，在各企业成员的员工薪酬费用中，以"中储券"支付比例较高者，有华中盐业（94.5%）、华中轮船（67.8%）、华中都市公共汽车（56%）、华中蚕丝（55.8%）、大上海瓦斯（53.6%）等；而较低者，则有淮南煤矿（36.2%）、华中矿业（34.2%）等。[1] 同时，在各企业成员的物件费用中，以"中储券"支付比例较高者，有华中矿业（99.9%）、华中蚕丝（63.4%）、华中都市公共汽车（33.7%）等；而较低者，为华中水电（14.1%）、华中水产（14.1%）、华中铁道（2%）、淮南煤矿（1%）等。[2] 从华中国策会社整体情况来看，以"中储券"支付薪资的平均比例为 48.7%，而以"中储券"支付物件费用的平均比例却只有 16.2%。这一现象可以理解为，"中储券"较军票更易为国策会社职员、劳工所接受，故而在会社内部普及较快；而在物资采购中，军票则较"中储券"更为中日两国商人所接受，军票作为采购货币的地位并没有发生明显的变化。以企业个案来看，以"中储券"支付薪资的比例中，华中盐业会社最高，达到 94.5%，这可能与该会社绝大部分员工为华人有关。而淮南煤矿会社"中储券"支付薪资的比例非常低，以及这所企业以"中储券"采购物资的比例也极低之情况，表明其内部所受军票经济的浸透最深，从中可知当时"中储券"在皖南地区的影响力尚弱。值得注意的是，华中蚕丝会社无论是员工薪资支付还是物资采购，以"中储券"支付的比例都较高，说明该企业对"中储券"的接受程度较高，这或许与其获取伪政权授予的独家收购华中蚕茧的特权，必须通过大量的"中储券"从江浙民间收购蚕茧有关。

　　抗战后期，华中国策会社集团对于日本军政当局通货工作之协助，在于不断吸收"中储券"，使之成为其内部投资、融资的"血液"。以华中

---

① 「国策会社人件费ノ储备券払实施状况」（1942 年 11 月）『中支に於ける皇军租界进驻以后の金融施策概况（第 5 编）昭和 18 年 3 月』日本防卫省防卫研究所藏、档案号：中央 – 军事行政 – 经理 – 325。

② 「国策会社物件费ノ储备券払实施状况」（1942 年 11 月）『中支に於ける皇军租界进驻以后の金融施策概况（第 5 编）昭和 18 年 3 月』日本防卫省防卫研究所藏、档案号：中央 – 军事行政 – 经理 – 325。

振兴株式会社所需与调入资金中军票与"中储券"情况为例，1943 年 12
月末，华中振兴株式会社所需资金（包括投资、融资、贷款、物资资金
等）为军票 3.3 亿元、"中储券" 0.5 亿元，而调入资金（包括社债、借
款、存款、投入资本等）为军票 3.15 亿元、"中储券" 0.62 亿元。[①]
1944 年 7 月末，该会社所需资金为日元（含军票）5.4 亿元、"中储券"
1.45 亿元，当月贷款于华中水产"中储券" 0.14 亿元、华中水电 0.27
亿元、淮南煤矿 0.33 亿元；调入资金为日元（含军票）4.2 亿元、"中储
券" 2.8 亿元。[②] 当年 12 月末，该会社所需资金为日元（含军票）5.87
亿元、"中储券" 14.32 亿元，当月贷款于华中矿业"中储券" 2.49 亿
元、华中水电 1.42 亿元、华中铁道 2.3 亿元、淮南煤矿 1.9 亿元；调入
资金为日元（含军票）4.72 亿元、"中储券" 18.47 万元。[③] 从这些数据
可以看出，在 1944 年 7～12 月华中振兴株式会社所需资金中，日元（含
军票）资金在数量上波动不大，而"中储券"资金在数量上则大幅增加，
说明"中储券"借款成为华中国策会社集团最主要的财源。这与 1942 年
10 月日本军政当局对华中振兴株式会社的资金筹集应通过当地发行振兴
债券，尤其要积极吸收中国金融机构资金的指令有关。[④] 从华中振兴株式
会社对子会社的贷款内容来看，华中水电、华中铁道、淮南煤矿等这些原
本对以"中储券"采购物资并不积极的企业却获取了大额"中储券"贷
款，似可说明日本军政当局希望这些企业加大以"中储券"采购当地物
资的力度，促使其加快供出产品或协助军需，以敷战争末期日本物资动员

① 「業務概況報告書」（1944 年 7 月）『本邦会社関係雑件/北支開発及中支復興株式会社/
月次報告』第 4 卷、日本外務省外交史料館藏、档案号：E－2－2－1－3_ 13_ 14_
004。
② 「業務概況報告書」（1944 年 7 月）『本邦会社関係雑件/北支開発及中支復興株式会社/
月次報告』第 4 卷、日本外務省外交史料館藏、档案号：E－2－2－1－3_ 13_ 14_
004。
③ 「業務概況報告書」（1944 年 12 月）『本邦会社関係雑件/北支開発及中支復興株式会
社/月次報告』第 4 卷、日本外務省外交史料館藏、档案号：E－2－2－1－3_ 13_ 14_
004。
④ 「儲備券放出回収対策ニ関スル件」（1942 年 10 月 7 日）『中支に於ける皇軍租界進駐
以後の金融施策概況（第 5 編）昭和 18 年 3 月』日本防衛省防衛研究所藏、档案号：
中央－軍事行政－経理－325。

的急迫需要。

在日本对华中沦陷区内"走马观灯"的通货政策中，华中国策会社集团对于军票、"中储券"流通区域的扩张起到了重要推动作用。可以发现，该集团在日本军政当局的指令下按四步进行：第一步，为扩大军票之流通范围，推行公共事业费用军票标价一体化；第二步，为推行"中储券"统一华中沦陷区金融之工作，将公共事业费用以军票、"中储券"两种标价并行；第三步，为彻底实现"中储券"统一工作，推行国策会社员工薪资与物件费用以军票、"中储券"两种标价并行，并不断向"中储券"倾斜，最终完成"中储券"统一工作；第四步，不断吸收"中储券"资本，使之作为国策会社集团不断扩张的"血液"融入华中各经济部门。

四　华中国策会社集团对通货政策之因应

日本对华中通货政策引起的货币汇率变动与物价膨胀，当然会对华中国策会社集团的经营与收支状况产生各种影响。国策会社为之采取应对之策，以确保利益最大化，这是作为社会经济组织所应具有的"活力"。通过表 3 可知，尽管面对日本军政当局的指令，华中国策会社集团长期以来在使用军票还是法币的问题上游移不定。1940 年 8 月是日本军政当局所谓推行军票工作最为活跃之际，然而华中国策会社集团内部的货币使用情况却极不统一。

表 3　华中国策会社集团通货使用及收入情况（1940 年 8 月）

会社名	会社货币使用及收入情况
华中矿业株式会社	上海总社、所有轮船船员及各矿业所的华人工资，大部分以法币支付，其中矿业所华人工资（劳工）占最大份额。然而该社已渐渐采取军票支付之方针，马鞍山劳工工资的 40% 已用军票支付。其他尚未达到以军票支付的程度
华中水电株式会社	在工资费用中，苏州工厂的华人工资以法币支付（七八千元）；在物件费用中，当地采购的外国货物，即一部分电线、自来水管用小机器，以小额法币支付。苏州军管理工厂的费用则以法币收取。此外，无锡地区也以法币收取，军票与法币的汇率趋势，大体可参考前一个月的平均情况

续表

会社名	会社货币使用及收入情况
上海内河轮船株式会社	在工资费用中,华人除部分职员外全部以法币支付。小蒸汽轮船、舢板的租费以法币支付,其金额每月在七八万元。在物件费中,除轮船的修缮费用之外,在现地调办的建设物资(木材、工具)及石油类物资,都以法币支付。苏州、无锡、常州收取军票,而内地则在换算后收入法币,军票汇率较上海行情为高(上海为军票 100 元兑法币 127 元,当地可兑 130 元)。黄浦江、长江航班收取法币。上海代理店收入法币,直营店收入军票。收入中法币占 40%,军票占 60%
华中电气通信株式会社	华人工资仅上海总社以法币支付(三四万元),其他地区则以军票支付。除房租、工部局租税、对 C.T.O 的支付、小机器采购等之外,建设电话总局也支出了相当多的法币。租界(朝向苏州河)发报的外国电报费,以法币收取。总收入中军票占 40%,法币占 60%
上海恒产株式会社	华人工资(包括劳工工资)完全以军票支付。以法币支出的大部分是土地收购费、房屋转让费等,也包括新会社、新房屋的建筑费若干,这些都向华人支付。极小额的杂费以法币支付
华中都市公共汽车株式会社	华人工资 11 月以后完全以军票支付。除外国油的采购费用及少量的汽车零件采购费用之外,有时(比如 1 月)因物资动员计划,国内石油的预纳金也以法币支付。南京、杭州、苏州、无锡等地的公共汽车收入的 80%,以及上海杨树浦方面的公共汽车费用(每日二三百元)少量为法币收入。军票、法币换算率在上海为 1∶1.2,在地方上为 1∶1.4
华中水产株式会社	华人工资除去高级职员(七八人)之外,计算市场销售的助手、劳工,冷冻工厂的职工、劳工(三四十人)也以法币支付。会社也可勉强以军票支付。在物件费用中,重油、煤炭等燃料及渔具、船具等在当地调办的情况下,有相当部分以法币支付。因为物资动员计划,物资难以入手,而且这种情况相当多。市场收入因生产者、消费者都是华人,故而全部为法币。将船具分租的情况下,其租款则收入军票
大上海瓦斯株式会社	全部以军票支付。但 1939 年 12 月在军方的斡旋下,现地采购的钢管以法币支付,是为特例
华中铁道株式会社	工资全部以军票支付。在物件费中,以外币标价的车辆及其他急切需要在当地采购的建设资材,以法币支付。1940 年 2 月以来此类支出达到相当金额。在长途公共汽车的收入(军票标价)中,极少额度(每月五六千元收入的 20%)为法币收入。其换算率为法币 100 元兑军票 70 元,与当时市场行情相比对军票约 12% 有利
淮南煤矿株式会社	工资费用全部以军票支付。除少量当地调办物资的采购费以法币支付外,全部以军票支付
华中盐业株式会社	无法币支付之情况。必须以法币支付的场合,也以军票换算后进行支付
华中蚕丝株式会社	与工厂相关之华人职员、职工以法币支付,但也混杂些许军票。工资费用中 80% 以法币支付,20% 以军票支付

资料来源:「中支那振興会社関係会社参考資料送付ノ件」(1940 年 8 月 3 日)『本邦会社関係雑件/北支開発及中支復興株式会社/経伺通牒関係』第 2 卷、日本外務省外交史料館蔵、档案号: E-2-2-1-3_13_11_002。

可以想见，华中国策会社集团成员在货币使用上处于两难境地，这正如华中振兴株式会社经营者所说："在薪资费用上，虽然华人工资采取尽可能以军票支付的方针，以法币支付的情况的确将不断减少，然而在当地采购外国物资的货款，则又不得不用法币支付。当然华人的工资、外国物资的货款即使用军票支付，很多接受者也会在市面上直接将之兑换成法币，作为相关会社销售物资货款，而被接受的军票小额支票，也会通过财务官向基金申请兑换成法币，这样的例子并不罕见。"① 虽然企业表面上接受了日本军政当局"以军票为本位"的指令，但与其交易的华商很快就将获得的军票于汇市兑换成法币，而能够通过法币需给调节基金获取法币的，不言而喻，当然是那些依附国策会社、掌握特权的日商。军票一体化政策不仅没有得到华商的认同，也没有得到日商的支持。

从企业内部情况来看，表 3 中各家会社使用军票或法币的情况差别很大。使用军票较积极的企业，有上海恒产、大上海瓦斯、淮南煤矿、华中电气通信、华中盐业等；而使用法币较为积极的，则有上海内河轮船、华中水产等企业。总体来看，生产型企业使用军票的情况较弱，而公共事业型企业使用军票的情况较强。上海及其周边地区企业使用法币的情况要多于上海及其周边以外地区。一些企业如内河轮船会社的运营，必须采购大量当地物资或第三国进口物资；一些企业如华中水产会社等，因法币汇率下跌而从市场交易中获取巨额利润，故而使用法币较为积极。而军事管理化较强的企业，如淮南煤矿等，则使用军票比较积极。还有两家国策会社，即华中都市公共汽车、华中铁道虽以军票标价，均因实际运营中以华人为服务对象，故而不得不收入法币。国策会社集团成员使用或收入法币的情况存在如此大的差别，充分说明了法币在中国民间的广泛流通力，以及租界对国策会社内部货币流通不可低估的影响，反映出企业在货币选择上的"折中主义"与"利益至上原则"。

作为日本对华中通货政策的重要一环，1942 年 5 月以来日本军政当

---

① 「中支那振兴会社関係会社参考資料送付ノ件」（1940 年 8 月 3 日）『本邦会社関係雑件/北支開発及中支復興株式会社/経伺通牒関係』第 2 巻、日本外務省外交史料館蔵、档案号：E－2－2－1－3_ 13_ 11_ 002。

局推行的"中储券"统一工作，引起华中沦陷区经济生活的激烈动荡，尤以物价上涨对民生影响最甚。笔者利用目前尚存的战时日本在华国策会社经营报告，通过考察华中蚕丝会社、华中水电会社、华中电气通信会社三家国策会社的经营动向，具体揭示这些国策会社的应对之策及效果。

1942 年 5 月以来，面对丝价的飙涨，华中蚕丝会社全力协助日伪当局的低物价政策，"特将所存生丝不顾牺牲，贱价售出，专以维持公正之蚕价"。[①] 该会社故意使丝价廉于黑市价格，且将部分生丝产品与中华丝绸业产销互助会之绢布交换，以防投机者从中牟利。然而丝价很快追随市场涨风，华中蚕丝会社很快屈服，"不幸适逢币制改革之初，致未能克服炽烈之换物人气，及公司方面极行提高蚕价，冀与市价相衡"。[②] 1943 年之后，因粮价暴涨，蚕价于农产品物价中处于最低位，农户拔掘桑树以种粮食，蚕茧日呈减产之势。原料价格暴腾而产品不易销售，华中蚕丝会社日渐难支，当年 6 月、7 月勉强维持操业者仅一二成。[③] 可以看到，1942 年 5 月以来华中蚕丝会社执行的产品低价政策，因市场涨风炽烈而破产，该会社也因原料采购困难、市场销售不畅，生产经营陷入困境。1943 年 11 月，会社以顺应日本军政当局对华新方针之名义，将缫丝业等民生部门转交华商"自主经营"后宣告解散。

再看华中水电会社的应对策略。1938 年以后，日本国内经济统制日益严峻，不少日商于沪上置产兴业。华中水电会社顺应这一趋势，确立积极营业方针。自 1939 年 12 月 1 日起，对上海地区的水电费用提价 40%，[④] 后因煤炭价格上涨，1940 年 9 月又采取临时比例增加制，规定电费随煤价变动而浮动，会社自成立以来收支失衡的状况得以明显改善。[⑤]

---

① 华中蚕丝股份有限公司编《华中蚕丝股份有限公司沿革史》，第 13 页。
② 华中蚕丝株式会社：《营业报告书》（第七回），1942 年 4 月 1 日～1942 年 9 月 30 日，日本三菱经济研究所藏，第 4 页。
③ 华中蚕丝株式会社：《营业报告书》（第八回），1942 年 10 月 1 日～1943 年 3 月 31 日，日本三菱经济研究所藏，第 3～5 页。
④ 华中水电株式会社：《营业报告书》（第四回），1939 年 11 月 1 日～1940 年 4 月 30 日，日本三菱经济研究所藏，第 4～5 页。
⑤ 华中水电株式会社：《营业报告书》（第五回），1940 年 5 月 1 日～1940 年 10 月 31 日，日本三菱经济研究所藏，第 3～4 页。

太平洋战争爆发后，在华中沦陷区的物价涨风中，为了顺应日本军政当局的低物价政策，华中水电会社特意将电费下调 10%，对于该会社"伴随价格降低必然导致事业利润的减少"，日本军政当局则要求"适当指导其以经营合理化、增强事业功能等方式来逐步克服"。① 该会社"以经营合理化与对重要部门的供应为中心，坚决执行国策会社的使命"，将一部分工厂封闭或大量减少工作为应对之策。② 1943 年 4 月以后，物价高涨之风"漫无止境"，煤炭短缺问题日益突出。会社从 1944 年 3 月起全面停止受理对电力的新需求。③ 1944 年 8 月，该会社又受日本军政当局之命提高水费，结果"销量受到极大制约，导致收入锐减。本年 4 月以来每月出现巨额亏损，10 月末已累计达到 7400 万元（折合'中储券'4.1 亿元）"。④ 华中水电会社的经营陷入了极度恶化的境地，这一状况延至日本战败。

最后考察华中电气通信会社的应对情况。太平洋战争爆发后，法币暴跌，对华中电气通信会社的收支造成诸多影响。自 1942 年 4 月 11 日起，该会社不得不通过提高电报电话收费标准"以图事业财政之稳固"。⑤ 因彻底采用"中储券"标价，货币使用上的混乱得以解消。10 月以后，随着日本决战体制的紧迫化，会社顺应日本军政当局"新事态下的国防及产业文化开发之策"，并"被要求采用超重点主义"，重点置于扩充"现地自活"必需的设施，极力节约资金的使用。尽管如此，"在此主旨下的

---

① 「中支那振興会社関係会社（軍管理ヲ含ム）ニ於ケル電灯料及瓦斯料金ノ更改ニ関スル件」(1942 年 11 月 31 日)『本邦会社関係雑件/北支開発及中支復興株式会社/関係会社関係/華中水電股份有限公司関係』日本外務省外交史料館蔵、档案号：E‐2‐2‐1‐3_13_21_1_001。

② 前波伝八「新政策の進展と中支における国策会社」中支那経済年報刊行會編『中支那経済年報』(昭和 18 年第四輯)、中支那経済年報刊行會、1943、227 頁。

③ 华中水电株式会社：《营业报告书》（第十二回），1943 年 10 月 1 日~1944 年 3 月 31 日，第 3 页。

④ 「華中水電公司電気水道供給料金統一改正ニ関スル件」(1944 年 11 月 18 日)『本邦会社関係雑件/北支開発及中支復興株式会社/関係会社関係/華中水電股份有限公司関係』日本外務省外交史料館蔵、档案号：E‐2‐2‐1‐3_13_21_1_001。

⑤ 华中电气通信株式会社：《营业报告书》（第七期），1942 年 4 月 1 日~1942 年 9 月 30 日，日本三菱经济研究所藏，第 1~2 页。

企业计划，也因资材入手困难问题，企业事业亦不得不中止或变更"。①抗战后期，在"强化华中动脉干线"的同时，上海异常高涨的物价对该社大多数中日职员的生活造成了极大威胁。为了确保其生活稳定，在日本军政当局的许可下，该会社从1944年1月1日起再度提高电报电话收费标准。②此后上海物价与电话、电报收费标准之间展开拉锯战，这一状态延续至日本战败。因电话电信与日军军事活动密切相关，故而华中电气通信会社的业务受到日本军政当局的严格监督，该企业基本没有自主经营之权。由于财政收支不稳定，该会社对货币变动极为敏感，多次采用提高电报电话收费标准之战术，以应对物价攀涨之风。这是公共事业型国策会社应对中日货币战的典型手段，也是导致华中沦陷区内物价进一步上涨的主要原因之一。

可以发现，除经营合理化、经费节约之外，产品价格统一提高，是国策会社平衡收支、应对物价上涨的最主要策略。然而，当华中经济生活中物价高涨已"慢性化"，日伪当局不得不采取低物价政策之时，国策会社又不得不顺应此政策而匆忙调整物品价格，由此导致收支失衡，生产经营陷入困境，一些企业最终走向破产。这种结构性弊病，从本质而言，乃企业的生产活动并非为了满足市场或社会群体的需要，而是日本军政当局对其施加统制的结果。

五　结语

设立国策会社与发行日系货币、伪币，是全面抗战期间日本控制中国沦陷区经济的两大策略，两者之间存在密切关联。全面抗战时期，在日本军政当局的庇护下，以国策会社为代表的日本在华企业极度扩张，在华中沦陷区内形成了一个资本雄厚、规模庞大的国策会社集团。与华北国策会

---

① 华中电气通信株式会社：《营业报告书》（第八期），1942年10月1日～1943年3月31日，日本三菱经济研究所藏，第1页。

② 华中电气通信株式会社：《营业报告书》（第十期），1943年10月1日～1944年3月31日，日本三菱经济研究所藏，第2页。

社集团的业务取向不同，华中国策会社集团更侧重于对公共事业的投资与经营。为了维持日元（军票）与伪币的价值与流通，日本军政当局设置多种秘密"资金"，制定各种统制措施，日本在华企业手中的财力与物力，成为日本军政当局进行货币战的"资源"。华中国策会社集团是日本对华货币战的重要协助者，法币需给调节基金的设立与运作则是该角色的具体表现。华中蚕丝会社等国策会社从该基金中获取大量日元或外币，而依附于这些会社的日本商人则从中获得了大量用于采购、生产所需的法币，体现出企业对日本军政当局大力协助与极力确保自身利益的双重面相。

面对日本军政当局的指令，国策会社集团长期以来在使用军票还是法币的问题上游移不定，反映了企业在货币选择上的"折中主义"与"利益至上原则"。华中国策会社集团对于"中储券"统一工作的协助，初期取得的效果十分有限。抗战后期，华中国策会社集团不断吸收"中储券"资本，这不仅加剧了"中储券"在华中沦陷区内的贬值，也从侧面反映出日本军政当局加强了对华中地区物资的掠夺力度。华中国策会社集团内部的货币使用情况，与日本所处的战争时局密切相连。面对"中储券"统一工作所导致的华中经济生态的恶化，强化经营、节约经费、统一提高产品价格，是国策会社的主要应对之策。然而，沦陷区内通货膨胀的"慢性化"与日本军政当局的严苛统制，导致这些应对之策成效甚微，最终华中国策会社集团在经营困境中迎来日本战败、为国府所接收的命运。战时环境下华中国策会社集团对各种货币之态度，实则反映了法币经济、"华兴券"经济、军票经济与"中储券"经济在华中沦陷区内的张力与局限。

〔王萌，武汉大学历史学院〕

美国政府对华东沦陷区政治博弈的考察与评估（1940～1945）

陈佳奇

内容提要 作为控制中国半壁江山的汪伪政权，在日本扶植下可谓在战时与国共并成"三足鼎立"之势，就此引发了中国的盟友美国的强烈关注。美国凭借其在华外交、军事和情报等机构，通过近距离直观考察、翻译中日资料以及对当事人进行访谈，形成了大量反映汪伪政权统治状况的调查报告、来往信函、情报评估、访谈记录及政府备忘录等资料。其间美国对汪伪政权的运行、宁渝合流的趋向、中共在华东沦陷区的势力发展及国共在此的竞逐博弈展开了分析。美国政府逐渐认识到虽然重庆方面成功统合汪伪高层，却在沦陷区的敌后博弈与力量扩充方面失去优势，而中共在此期间的积蓄壮大亦成为其战后应对国共政争的有力筹码，这也成为美国对华政策发生转向的动因之一。

关键词 美国政府 华东沦陷区 国共关系

1940 年 3 月 30 日，在日本扶持下，汪精卫在南京成立"中华民国国民政府"（以下简称"汪伪政权"）。对外它是日本"大东亚共荣圈"的一部分，主要执行"联日排外"之策；对内它作为日本"以华制华"方针的体现，通过各级伪军政组织加强对沦陷区民众的管控。其势力范围涵盖华北、华中、华东，约占全国三分之一的领土，可谓影响了当时中国的半壁河山。[1]

---

① 此处所言及的统治范围主要是指"中华民国临时政府"和"汪伪华北政务委员会"的管辖范围，不包括"蒙疆联合自治政府"，因为后者虽名义上属于汪伪政府管辖，但实际上拥有高度的自治权。1940～1945 年，汪伪政权的统治区域主要涵盖河北、山东、山西、

20 世纪 80 年代伊始，中国学界对其研究业已取得明显进展。[①]而海外的研究著述则多从地方史、区域史的视角观察汪伪政权统治下高层与基层的千姿百态。[②] 然而，对汪伪政权的研究目前仍存在不少薄弱环节，特别是从国外视角考察华东沦陷区政治实态的研究寥寥无几。[③] 汪伪政权建立伊始

河南、江苏、淮海、安徽、浙江、江西、湖北、湖南、广东、福建等省份的部分地区，下设北平、天津、青岛、南京、上海、汉口、厦门等特别市，总体范围涉及华北、华中和苏北地区。

① 相关研究著述具有典型代表性的包括：黄美真、张云编《汪精卫国民政府的成立》，上海人民出版社，1984；黄美真、张云编《汪精卫集团投敌》，上海人民出版社，1984；蔡德金《历史的怪胎——汪伪国民政府》，广西师范大学出版社，1993；居之芬、张利民《日本在华北经济统制掠夺史》，北京出版社，1995；江沛《日伪"治安强化运动"研究》，南开大学出版社，2006；余子道等《汪伪政权全史》上、下卷，上海人民出版社，2007；潘健《汪伪政权财政研究》，中国社会科学出版社，2009；刘敬中《华北日伪政权研究》，人民出版社，2007；王士花《日伪统治时期的华北农村》，社会科学文献出版社，2008；夏军、沈岚《汪伪统治区奴化教育研究》，社会科学文献出版社，2015；居之芬《日本对华北经济统治和掠夺》，《历史研究》1995 年第 4 期；曾业英《日伪统治下的华北农村经济》，《近代史研究》1998 年第 3 期；陈静《沦陷时期北平日伪的金融体系及掠夺手段》，《抗日战争研究》2002 年第 3 期；汪朝光《抗战时期沦陷区的电影检查》，《抗日战争研究》2002 年第 1 期；孙新兴《日本在青岛的殖民地奴化教育》，《抗日战争研究》2003 年第 1 期；经盛鸿《侵华日军"以华制华"政策的标本：评伪"南京市自治委员会"》，《南京社会科学》2008 年第 4 期；张福运《如何评判沦陷时期的南京民间社会——"抗争"与"灰色地带以外"的视角》，《抗日战争研究》2011 年第 1 期；张生等《日伪关系研究——以华东地区为中心》，南京出版社，2003；王克文《汪精卫·国民党·南京政权》，台北，"国史馆"，2001；刘熙明《伪军——强权竞逐下的卒子（1937~1949）》，台北，稻乡出版社，2002；罗久蓉《她的审判：近代中国国族与性别意义下的忠奸之辨》，台北，中研院近代史研究所，2014。

② Poshek Fu, *Passivity, Resistance and Collaboration: Intellectual Choices in Occupied Shanghai, 1937 - 1945* (Redwood City: Stanford University Press, 1988); Akira Iriye, "Towards a New Cultural Order: The Hsin-min Hui," Akira Iriye ed., *The Chinese and the Japanese: Essays in Political and Cultural Interactions* (New Jersey: Princeton University Press, 1980), pp. 254 - 274; Lincoln Li, *The Japanese Army in North China, 1937 - 1941: Problems of Political and Economic Control* (Tokyo: Oxford University Press, 1975); Lloyd E. Eastman, "Facets of an Ambivalent Relationship: Smuggling Puppets, and Atrocities During the War, 1937 - 1945," Akira Iriye ed., *The Chinese and the Japanese: Essays in Political and Cultural Interactions* (New Jersey: Princeton University Press, 1980), pp. 275 - 303.

③ 涉及中共在沦陷区抗战情况的代表性研究包括：刘熙明《伪军：强权竞逐下的卒子》，台北，稻香出版社，2002；汪朝光《抗战时期伪政权高级官员情况的统计与分析》，《抗日战争研究》1999 年第 1 期；李蓉《抗战时期中国共产党领导的沦陷区人民的抗日斗争》，中共党史出版社，2001；方艳华、刘志鹏《华北沦陷区国民党民运工作研究——以冀鲁为中心的考察》，《求索》2012 年第 10 期；杨家余《抗战时期国统区与沦陷区之间通邮问题述略》，《山西师大学报》（社会科学版）2000 年第 4 期；徐旭阳《论抗日战

就引发了美国的强烈关注，自淞沪会战以来，美国在以上海为中心的租界遭到了严重的经济损失。①日本不仅侵占美国的租界，更极力消除美国在华的影响，从而建立起自身对中国的高度控制。美国在华利益的折损以及汪伪政权这般充满敌意的粉墨登场，促使美国认识到中国的战局已发生巨大的转折：一方面，日本将借助汪伪政权进一步打压美国的经济利益，削蚀其在华势力范围；另一方面，汪伪政权已成为日本推进"大东亚共荣圈"、实施"以华制华"战略的抓手，这就为日本在东南亚乃至太平洋地区的扩张留下了转圜的余地以及更为充沛的兵力。② 汪伪政权的成立给中国战场形势带来的变化，极有可能辐射世界大战的整体利益格局，美国强烈意识到必须通过驻华机构密切关注汪伪政权的发展动态及日本在中国的军事行动与政策方针。

本文拟主要利用美方资料探究 1940～1945 年美国对华东沦陷区政治博弈的考察与评估。这期间美国关注的重心着眼于华东沦陷区的政治实态，侧重分析该政权能否与中国战时另两个强大的力量——国共抗衡。美国通过考察国共两党在华东沦陷区的势力发展，对汪伪政权、国共两党的未来前景都做出了清晰的预判。与此同时，美国对华东沦陷区各方政治势力博弈的考察记录、文献档案也为探析二战时期美国对华战略及其政策焦点的变化轨迹，反映美国自身利益走向与其对华政策之间的关联提供了一扇窗口。

争时期湖北敌后国统区政权组织的职能和作用》，《历史档案》2005 年第 2 期；李仲元《抗战时期我军对日伪军瓦解工作研究》，《南京政治学院学报》2005 年第 1 期；侯竹青《抗日战争时期新四军的伪军政策再研究》，《中共党史研究》2012 年第 9 期。但上述研究均从中国人的视角出发来审视中共的敌后抗日，未能透过"他者"的视野观察中共的活动。

① 值得一提的是，日本的军事活动一方面影响了美国商人的在华经营业务，另一方面美国租界中普通公民的住宅、私人企业甚至教会与学校也不时遭到抢劫。见 The Report from Allison to American Consul Shanghai, The Secretary of State and American Embassy in HanKow, January 14th, 1938, Library of Congress Manuscript Division, Harry E. Yarnell Papers-Commander in Chief Asiatic Fleet War File, Box 8 Folder 61 - 80, p. 2; The Report from Allison to the Secretary of State and American Embassy in Hankow, Peiping and Shanghai, January 22th, 1938, Library of Congress Manuscript Division, Harry E. Yarnell Papers-Commander in Chief Asiatic Fleet War File, Box 8 Folder 91 - 105, p. 1。

② The Telegram from Morris to the Secretary of the State, July 1st, 1941, NARA Ⅱ, RG 59 Central Decimal Files 1940 - 1944, Box 5850 Folder 893. 01 - 891, pp. 1 - 2。

一 美国对汪伪政权及宁渝合流趋势的分析

在"联日排外"政策的影响下，美国判定汪伪政府的对外关系政策实际上是以日本为中心而排斥西方国家。在此政策影响下，西方国家的通讯社在汪伪政权辖区内不断遭受挤压和驱逐，英国通讯社被要求将其通信业务转手汪伪政权主办的中华新闻社，其中著名的哈瓦斯通讯社就收到了这样的通知。同时美国媒体则被排除在可自由报道的范畴之外，美方分析此举背后的目的就是要实现日伪对辖区内新闻传播的控制，除非外媒能够坚持以亲日态度进行报道。[①] 更令美国担忧的是，西方媒体记者的人身安全已经难以得到保障。部分西方记者遭受无端扣押和逮捕，《英文中国邮报》的英国员工已不得不停止工作，晚间伪军和日本军人更是进入路透社驻中国办公地，通知他们必须停止发送和传播通信新闻和传单，否则他们将会有人身危险。第二天一早，路透社的首席代表就被日本宪兵抓走了，整个中国办事处空无一人。[②] 美国主办的《大美晚报》（*Shanghai Evening Post and Mercury*）办公楼被日本战机轰炸不下 6 次，而报刊的工作人员也有许多被日本人刺杀。在此期间，美、英、法等西方各国媒体成为日本及其伪政权针锋相对的靶子。[③] 这种试图在沦陷区清除西方影响的举动诱发了美国政府的强烈反感和警惕。美方首先对汪伪政权的合法性予以否认，国务卿赫尔明确发表声明称："南京组织之成立，为某一国以武力强其邻国接受意志之进一步计划之表现。今日南京之组亦具有同一模型，对某一国特表优异待遇，对美国等第三国合法权益则置之不顾。美国特再度声明，

---

① Report of Wang Chingwei Publicist Trying to Sign an Exclusive Contract with Reuters News Agency, February 23th, 1940, NARA Ⅱ, RG 59 Central Decimal Files 1940 – 1944, Box 3360 Folder 4, p. 2.

② Intimidation and Arrest of British Newspaper Staff by Puppet Government, July 15th, 1941, NARA Ⅱ, RG 59 Central Decimal Files 1940 – 1944, Box 3360 Folder 4, p. 1.

③ The Letter from Norwood Allmanto William Donovan, March 24th, 1943, Hoover Institution Archives, Norwood F. Allman Papers, Box 24 Folder 17, pp. 1 – 2.

仍不承认。"①

而对于华东沦陷区民众的生活状态，美国观察到一部分居民是在困境中艰难求生：由于缺少煤炭来发电，上海当地的居民只有从晚上7点到10点才能用电，整个街道漆黑一片，只有少量微弱的灯泡在十字路口亮着，在法租界，漆黑的街道使夜行十分危险。居民每个月都被限额用电，但是日本人占领的办公区域则灯火通明，街道的灯光也很明亮，这也是人们辨别哪里是日本办公区的一种方式。② 而汉口经过连续的轰炸也处于一片废墟之中，停了好几个月电，工厂的机器已经没有动力继续运行，市民也逃难到附近的村庄。③ 通过对英山县当地的美国商人和普通中国民众的访谈，美国了解到湖北英山县在日军"报复性"的军事行动中有大批村民被捕，村民的蔬菜、家禽、鸡蛋被日军占用，还要免费出卖劳动力为日军修筑战壕。村里的人非常希望中国的军队能够回归，以帮助他们摆脱困境。④ 汪伪统治的沦陷区民众总体上倾向于支持重庆政府和抗日游击队，虽然在日伪严格的舆论控制下，沦陷区的民众没有途径去接触其他消息，但是零星分布于华东地区的一些中英文报纸和电台依然发挥了巨大的抗日宣传作用。⑤ 中日酣战期间，非沦陷区人民对汪伪政权亦是普遍排斥，甚至连青红帮等民间组织也联名通电拥蒋斥汪，列名者包含杜心五、李福林、杨虎、杜镛、方茂山、张知竞、田行胜、司徒美堂、陈兰亭、黄三德、杨庆山、张荫梧等人。⑥

---

① 翁文灏著，李学通、刘萍、翁心钧整理《翁文灏日记》（下），中华书局，2013，第462页。

② Interview with Mao Tsup-pei, May 31th, 1945, NARA Ⅱ, RG 226 Entry 210 - OSS Classified Sources and Methods Files, "Withdrawn Records", Box 163 Folder 2, p. 3.

③ Conditions in a Japanese Field Village in Hupeh, June 9th, 1945, NARA Ⅱ, RG 208 Entry 6J Records of the Historian - Outpost Reports, Box 7 Folder China Outpost Reports June - August 1945, pp. 3 - 4.

④ Conditions in a Japanese Field Village in Hupeh, June 9th, 1945, NARA Ⅱ, RG 208 Entry 6J Records of the Historian - Outpost Reports, Box 7 Folder China Outpost Reports June - August 1945, pp. 3 - 4.

⑤ The Letter from Norwood Allmanto William Donovan, March 24th, 1943, Hoover Institution Archives, Norwood F. Allman Papers, Box 24 Folder 17, p. 1.

⑥ 翁文灏著，李学通、刘萍、翁心钧整理《翁文灏日记》（下），第477页。

　　基于对汪伪政权统治实态的考察，美国认为在法统上的背离与道义上的失当使汪伪政权日益陷入孤立无援之境难以转圜，亲日后所推行的内外政策既使其与英美对立，又加剧了与沦陷区民众的隔阂，这不仅造成其政权系统的"合法性"危机，更威胁到其生存的根基。[①]1943年后，随着日本在华战事的吃紧，美方密切关注到汪伪政权开始在日本的推动下积极联络重庆政府，宁渝合流的趋势初见端倪。[②]1944年9月初，汪伪政权行政院副主席兼财政部部长周佛海与日本首相小矶国昭、前首相近卫文麿、东久迩稔彦亲王及宇垣一成将军举行了会谈，会谈结果就是以达成中日和解的方式来换取日美作战的时间。[③]9月13日，日本陆军部副部长到达南京，代表日本政府和首相小矶国昭同担任汪伪政权政府主席兼行政院院长陈公博、周佛海展开秘密洽谈，希望陈公博与周佛海能够担任日本与蒋介石政府谈判的调解人。10月，周佛海派遣私人代表给时任第三战区司令长官顾祝同将军带去了一封信，列出一系列促进和解的建议。一个月后，顾派信使带回一封其私人信函，他认同计划并安排了三方面合作事宜：第一，南京与重庆实现情报交换；第二，允许商品流通并开放桐油进口业务；第三，将南京与重庆的货币统一。[④]与此同时，美国注意到重庆政府似乎对与汪伪政权合作显露出愈加浓厚的兴趣。自1943年以后，戴笠几乎每月都会派遣密使与南京、上海、汉口等地的汪伪政权高官开展联络，就连周佛海、陈公博二人也与其有频繁的沟通往来。[⑤]

---

① The Telegram from Morris to the Secretary of the State, July 1st, 1941, NARA Ⅱ, RG 59 Central Decimal Files 1940 – 1944, Box 5850 Folder 893.01 – 891, pp.1 – 2.

② Division of Far Eastern Affairs, August 5th, 1943, NARA Ⅱ, RG 59 Central Decimal Files 1940 – 1944, Box 5850 Folder 893.01 – 891, pp.1 – 2.

③ Secret Information Regarding the Interconnections between the Japanese, Puppets and Chungking, 1944, University of Oklahoma, Western History Collection, Patrick J. Hurley Collection, Box 88 Folder 13, pp.1 – 2.

④ Secret Information Regarding the Interconnections between the Japanese, Puppets and Chungking, 1944, University of Oklahoma, Western History Collection, Patrick J. Hurley Collection, Box 88 Folder 13, p.3.

⑤ Activities of Puppet Representatives at Chengtu, October 15th, NARA Ⅱ, RG 59 Central Decimal Files 1940 – 1944, Box 5850 Folder 893.01.964 – 893.01 Manchuria.1639, p.3.

值得注意的是，对汪伪政权内忧外困的处境及其寻求与重庆政府媾和的初衷，美国虽然已有清晰了解，但实际上，美国对宁渝合流乃至中日和解的未来并不看好：一方面，美国了解到顾祝同并未接到蒋介石明确的指示要实现中日和解，因为这无疑会破坏中美之间的关系，甚至使重庆失去美方的外援，这是蒋介石政府无论如何不愿看到的局面；另一方面，美国无心与日本达成和解，除非日本宣布投降。美国对日强硬的政策也会促使蒋坚定使用军事手段解决中日问题，更别提和谈。[①] 失去日本支持的汪伪政权就仿佛是一座风雨飘摇的孤岛，美国认为即使实现了宁渝合流，国民政府也一定会吞噬消解汪伪政权，而绝非使其获得与国民政府平起平坐的地位。[②]

二　美国对中共在华东沦陷区活动的观察与认知

美国对中共的关注由来已久。早在埃德加·斯诺《红星照耀中国》（*Red Star Over China*）出版之际，美国人就已对中国的共产主义革命产生了兴趣。在 1943 年初，美国驻重庆大使馆二秘兼史迪威政治顾问谢伟思（John Service）在给国务院递呈关于美国在华政策时就指出："美国需要在应对中国事务的过程中，能够关注到包括共产党在内的其他力量，开展双边活动。单纯支持任何一个党派，这种决策是错误的、愚蠢的。"[③] 及至 1944 年，美国派遣迪克西使团（Dixie Mission）访问延安可谓对中共近距离了解的重要举措。更值得注意的是，美国不仅关注中共在北方根据地开展共产革命的情况，更注意到其在华东沦陷区的敌后活动，尤其关注到

---

①　Secret Information Regarding the Interconnections between the Japanese, Puppets and Chungking, 1944, University of Oklahoma, Western History Collection, Patrick J. Hurley Collection, Box 88 Folder 13, p. 4.

②　Transmission of List of Puppet Military and Civilian Leaders and Units in China Coastal Areas with Which the Chinese Government Maintains Liaison, May 8th, 1945, NARA Ⅱ, RG 226 Entry 210 – OSS Classified Sources and Methods Files, "Withdrawn Records", Box 163 Folder 2, p. 1.

③　Adviser on Political Relations, January 30st, 1943, RG 59 Central Decimal Files 1940 – 1944, Box 5841 Folder 893. 00. 14921 – 14985, p. 1.

中共在华东沦陷区的抗战宣传动员工作。

正如美国所观，自全面抗战爆发后，中共确实更为注重在沦陷区开展抗日工作。早在 1938 年 3 月，中共中央就已确立在沦陷区开展政治宣传和统战动员的基本方针："在敌人占领的中心城市中，应以长期积蓄力量保存力量隐藏力量，准备将来的决战为主。在统一战线的基础上，在重要企业中，建立精干的极端秘密的党的组织……在敌人占领的大城市及重要的工商业区域中，不必有什么特殊举动，应埋头苦干，而不要虚张声势。"① 同年 8 月，中共中央更对沦陷区的工作提出了具体的要求："党的组织应绝对保守秘密"，"组织各种合法团体……以组织群众"，"在'中国人不打中国人'的口号下，经过秘密的或半公开的活动方式去组织伪军及伪保安队的全部叛变与倒戈"。② 至 20 世纪 40 年代初，中共已经在以上方针的影响下形成了"隐蔽精干"的工作方式，美国对此方面也给予了密切的关注。

首先，美国对汪伪政权内伪军的力量及中共与伪军的关系进行了深入考察。根据美国对八路军总政治部主任罗瑞卿的采访所搜集到的信息，及至 1945 年，在汪伪政权的统治区域内共有 78 万伪军为日本和汪伪政府服务，其中有 38 万人是在南京应征入伍，其他人则散布在独立的常备军或各地的方面军之中。伪军总共分成国民军、治安军和独立武装三大类别。国民军主要由地方军组成，各地方军配备 3 个师，每个师约有 2.5 万人。治安军主要包括两个分支：一是驻扎在武汉的 25000 人的军队；二是规模不定的驻扎在广东的治安军。这些组织的变动很广泛，武装力量为 5000～40000 人不等。同时在华北亦分布着大量的治安军，它的行动比较独立，由 13 支军队组成，每支军队有两到三个团，武装力量总体为 45000～60000 人。③ 除此之外，伪军当中还存在大量独立的武装组织，包括分布

---

① 《中央关于目前时局与党的任务给刘晓的指示》（1938 年 3 月 21 日），中央档案馆编《中共中央文件选集》第 11 册，中共中央党校出版社，1991，第 473 页。

② 《中央关于抗战中地方工作的原则和指示》（1937 年 8 月 12 日），《中共中央文件选集》第 11 册，第 320 页。

③ Eight Route Army Propaganda to Puppet Troops, March 30th, 1945, NARA Ⅱ, RG 208 Entry 370 – Bureau of Overseas Intelligence Central Files, Box 377 Folder Yenan Reports, p. 1.

于 21 个区域的"独立反共军"，他们受命于南京政府，一些武装力量几百人，而大的武装组织可能超过 1000 人。① 根据美国战争信息署深入实地的调查，美方判断沦陷区的伪军数量虽然庞大，但其组织发展不足、纲纪松散，而军饷更是少得出奇，只能购买几块蛋糕。没有油和盐的炒菜以及沉积霉烂的稻米是他们日常的饮食，由于和日军待遇有着天壤之别，伪军与日军经常爆发冲突。他们并不忠实于日本人，而日本人也不信任他们，尤其在武器弹药的配备方面经常加以限制。② 伪军艰难的处境和灰暗的前景使其生存空间日渐萎缩，这就为中共抗战动员的开展提供了契机。

关于中共对伪军动员的方式，美国一方面对中共八路军总政治部主任罗瑞卿进行了采访，另一方面以美国战争信息署为载体，在汪伪统辖区展开了详细的调查。在美国看来，中共对伪军的宣传首先以政治劝降为目标，其宣传着重于突出日本的战争颓势以及日军在华的残暴行径，从而激发伪军对日本的失望与不满。主体内容包括：第一，日本正在逐渐失败的事实。从军事、经济、政治等多方面力量来看，中国取得胜利是必然的，继续为日本效力只能使自己落于尴尬境地。第二，陈述日军的侵华暴行，并向伪军指明追随日本的可怕后果："八路军列举了日本人对待中国人的残酷暴行，即使投靠日本，伪军的女眷仍然难逃厄运，不是被强暴就是被虐待。"③

美国还注意到八路军在宣传动员的过程中尤其注重介绍中共对待投降伪军的政策，以此化解伪军瞻前顾后的观望心理。总政治部主任罗瑞卿在接受美国采访时提到："伪军中只有少数人是亲日分子，其余大多数人只

① Eight Route Army Propaganda to Puppet Troops, March 30th, 1945, NARA Ⅱ, RG 208 Entry 370 – Bureau of Overseas Intelligence Central Files, Box 377 Folder Yenan Reports, p. 2.

② Conditions among Puppet around Nanking, August 7th, 1945, NARA Ⅱ, RG 208 Entry 6J Records of the Historian – Outpost Reports, Box 7 Folder China Outpost Reports June – August 1945, pp. 4 – 5.

③ Yenan Interrogation Report, on Puppet "District Peace Preservation Units", December 6th, 1944, RG 493 Entry 255 – China Theater/General Staff/G2/Sino Translation and Interrogation Center – Reports and Documents 1944 – 1946, Box 40 Folder SINTIC Items #171 – 2, p. 3.

是为了谋生，如果投降中共，那么就不会遭受歧视和不平等待遇，更不会被遣散或解除武装；如果带领整个组织一起投降，那么中共将会全盘接收并编入抗日的军事力量中。对于伤兵病患，中共给予必要的医治并提供住处和生活费。"① 中共亦明确指出，伪军绝不会因出身而在八路军队伍中遭受不平等待遇："经过仔细审查和基本训练之后，你们（伪军）可以加入八路军，并且保证不会遭受歧视辱骂，更不会从事繁重的劳动。"② 如果伪军是成群投降，那么将会为他们解决给养、装备、薪酬和人事安排等问题，同时会有慰问组前去看望。这方面的宣传对伪军产生了很大的影响，不少伪军对八路军的优抚政策存有好感，并且不愿意再为日本和汪伪政权卖命。③

美国发现中共政治动员中积极采用多元的宣传方式，将公开与隐蔽、口头与书面的手段相结合以扩大政治宣传的覆盖面。与国民党相比，中共在动员民众发放传单方面更为成功，尤其在上海和南京。④ 沦陷区的村民、老幼、小贩、商人都被动员起来将中共的宣传单发给伪军的卫戍部队，许多伪军的眷属也被动员起来向她们的丈夫宣传中共的统战主张，而伪军将领也普遍会听从家人的恳求与日本人划清界限，因为这不仅关乎个人的生存，更影响整个家族的荣誉。⑤ 这些宣传材料通常在晚上被放在伪军军营的墙洞里，藏在伪军所需物资的篮子里，放在已封锁的碉堡的门阶上，或者通过热气球撒播到伪军驻地。另外，中共特别注重口头宣传和夜间演讲。罗瑞卿在接受美国采访时提到：接受宣传教育的伪军通常被集合

---

① Eight Route Army Propaganda to Puppet Troops, March 30th, 1945, NARA Ⅱ, RG 208 Entry 370 – Bureau of Overseas Intelligence Central Files, Box 377 Folder Yenan Reports, p. 2.

② Report on Chinese Puppet Information Based on Field Reports of CCP Armies in North China, Central China, and Guandong Area, January 6th, 1945, RG 493 Entry 255 – China Theater/General Staff/G2/Sino Translation and Interrogation Center – Reports and Documents 1944 – 1946, Box 40 Folder SINTIC Item #221 – 239, pp. 7 – 8.

③ Report from Goumindang Intelligence "Information on Puppet and Communist Connections", RG 226 Entry 210 – OSS Classified Sources and Methods Files, Box 163 Folder 2, pp. 2 – 4.

④ Interview with Mao Tsup – pei, March 31th, 1945, NARA Ⅱ, RG 226 Entry 210 – OSS Classified Sources and Methods Files, "Withdrawn Records", Box 163 Folder 2, p. 3.

⑤ Report of Communist Penetration of Honah Province, June 19th, 1945, RG 59 Central Decimal Files 1945 – 1949, Box 7263 Folder 893. 00 6. 1. 45 – 6. 30. 45, p. 2.

点名，接下来是传达消息，八路军会向其解释中共的路线政策并进行主题演讲，夜间宣传一般以合唱结束，如果条件允许的话，也会拍照记录。[①]这一套方法不仅八路军在使用，民兵和自卫队也都借着黑夜的掩护，假扮八路军的正规军向伪军宣传。有十个问题是伪军必须要面对的，如果伪军在和八路军合作后将这些问题完美解决，那么其将被原谅，如果不能，则会受到惩罚。这十个问题通常会在宣传单中以表格的形式呈现，分别是：

（1）你是否给哪家房子放过火？

（2）你是否杀害过中国人？

（3）你是否盗窃过别人的财产？

（4）你是否强暴过中国妇女？

（5）你是否辱骂或殴打过中国人？

（6）你是否成功欺骗过日本人？

（7）你是否为八路军提供过情报？

（8）你是否释放过被日军抓捕的中国人？

（9）你是否保护过从事抗日活动的中国人？

（10）你是否有决心和意愿回归到中国人的阵营当中？

所有投降伪军的名字被集中到一个花名册上，如果伪军曾有前五条中提到的行为，他的名字附近会画上一个黑点，如果他从事过后五条中提到的有益于抗日的活动，他的名字附近会画上一个红点，红点和黑点的平均数将决定他是被惩罚还是被原谅，这一结果会经过一定的调查核实而被最终确认。[②] 在美国看来，此种动员形式对伪军而言，既是一个矫正行为、自我反思的过程，也是中共以此启发觉悟、促其悔改的方式，由此中共对伪军的统战动员就不单局限于政策宣传的表面，而已扩展到思想启发的深度，带有鲜明的"心理战"味道。

[①] Eight Route Army Propaganda to Puppet Troops，March 30th，1945，NARA Ⅱ，RG 208 Entry 370 – Bureau of Overseas Intelligence Central Files，Box 377 Folder Yenan Reports，p. 6.

[②] Eight Route Army Propaganda to Puppet Troops，March 30th，1945，NARA Ⅱ，RG 208 Entry 370 – Bureau of Overseas Intelligence Central Files，Box 377 Folder Yenan Reports，p. 6.

　　美国同时注意到中共在华东沦陷区敌后力量的发展，其考察范围已不仅局限于汪伪政权所控制的华东地区，更涉及相对遥远的华北。美国发现，中共借助人口稀疏、高山掩护等优势，在晋绥边区形成大股中共游击队，且活动十分频繁。美国将中共的敌后武装分成常规军、游击队、民兵以及自卫武装四个部分，并总结出其各自特征：常规军会身着便装从事巡逻和情报工作；游击队由各县分别指挥；民兵配备着少量的手榴弹，可以不时袭击日军；自卫武装的主要职责是从事谍报工作，以及在任何可能的情况下帮助正规军和游击队。截至 1945 年，美方统计中共在晋察冀边区已有将近 62 万的民兵，其中有 39 万人被编入固定的自卫组织。经过七年的发展，冀鲁豫边区的民兵数量已超过 10 万人，主要分布在山区。① 在冀鲁豫和晋绥边区，中共的新四军就有 5 个县城作为常驻地。② 中共在沦陷区发展民兵及自卫组织，一方面作为配合中共武装行动的有生力量，另一方面成为动员与发动群众的重要载体，美国人将中共敌后武装的力量编辑成表（见表 1）。

表 1　中共在沦陷区民兵数量及分布（截至 1945 年）

单位：人

分布区域	晋察冀根据地	晋冀豫根据地	冀豫鲁根据地
总人数	630000	320000	80000
分布区域	山东根据地	晋绥根据地	江苏北部新四军
总人数	500000	50000	85000
分布区域	江苏南部新四军	安徽中部新四军	浙江东部新四军
总人数	130000	25000	10000

　　资料来源：The Study Whole Section on Communist Area：Political Leaders，Military Strength，June 15th，1945，NARA Ⅱ，RG 226 Entry A1 139：Washington/Field Station Files，Box 173 Folder 2292，North China Project，p. 8。

---

① Organization of Communist Forces in Shandong, June 15th, 1945, NARA Ⅱ, RG 226 Entry A1 139：Washington/Field Station Files, Box173 Folder 2292 North China Project, p. 1.

② The Study Whole Section on Communist Area：Political Leaders, Military Strength, June 15th, 1945, NARA Ⅱ, RG 226 Entry A1 139：Washington/Field Station Files, Box 173 Folder 2292, North China Project, p. 7.

　　值得一提的是，美方在注意中共敌后力量发展的同时，也深入考察了中共开展敌后游击的后备物资资源及力量支持。在美国看来，中共通过收费和检查的方式对来往人员的身份进行严格筛选，以巩固根据地在沦陷区内的安全发展，同时筹备发展武装和根据地的资金。[①] 通过采访美国商人苏尔斯，美方似乎掌握了其中更多的信息。据苏尔斯所言，来往商人进入新四军的根据地必须通过前哨，哨卫首先会对货品的价值进行评估，之后扣除30%的过路费，如果商人认为他的货物被估值太高，他有权利抗议，如果理由充分，会得到相应的折扣。交付责任履行后他会获得一个收据，凭借这个收据可以在新四军占领的区域里畅行无阻，但是离开这个区域，他必须把这个收据交还新四军。[②] 苏尔斯此前有一次长途奔波，很晚才到达汉口郊区的一个村庄，因没有找到适合寄宿的房子，他被一个陌生人邀请到家中留宿，后来苏尔斯发现这个陌生人就是中共的游击队员。[③] 中共也在必要时为根据地的民众提供相应的援助，此举很大程度上提高了中共的口碑。沦陷区一些普通民众对收缴高额税收的汪伪政权十分不满，但是对只征缴适当税收的中共有明显好感。美国经过考察发现，湖北京山、监利、沔阳、潜江、天门等地的民众普遍有亲共倾向，其他地区的民众也和中共有良好的合作，在国民党的游击队已经撤离的汉口，大部分区域已属于中共控制的"内环"。[④]

　　1945年夏，战争逐渐向日本本土推进，日本战败已成定局，汪伪政府上下弥漫着一种末日情绪。高级官员急于向重庆国民政府输诚，基层士兵亦拿枪支弹药同中共交换食品、鸦片和金钱，甚至携武器倒戈投奔中共

---

① Life in and around Hankow, July 10th, 1945, NARA Ⅱ, RG 208 Entry 6J Records of the Historian – Outpost Reports, Box 7 Folder China Outpost Reports June – August 1945, p. 6.

② Report Based on an Interview with a Businessman Who Arrived back in Chungking, June 15th, 1945, NARA Ⅱ, RG 208 Entry 6J Records of the Historian – Outpost Reports, Box 7 Folder China Outpost Reports June – August 1945, p. 4.

③ Report Based on an Interview with a Businessman Who Arrived back in Chungking, June 15th, 1945, NARA Ⅱ, RG 208 Entry 6J Records of the Historian – Outpost Reports, Box 7 Folder China Outpost Reports June – August 1945, p. 4.

④ Life in and around Hankow, July 10th, 1945, NARA Ⅱ, RG 208 Entry 6J Records of the Historian – Outpost Reports, Box 7 Folder China Outpost Reports June – August 1945, p. 8.

或国民党部队。值得注意的是，向来以军纪严明著称的日军此时也人心涣散。美国关注到中共对日本军人展开了政治宣传，并取得了一定的效果。位于湖北黄陂和孝感附近的一小队日本人，规模在 30 人左右，已经与中共建立了长达 3 年的联系，1944 年春他们被上峰要求撤离，结果全队携带弹药投向了中共，日本派来占领该处的新的分队很快被其联合击溃。①总之，美国人对中共敌后武装与根据地的发展评价颇高，美方指出日本战败时，伪军会投靠中共，更重要的是沦陷区的许多年轻人亦会受共产主义信仰感染而倒向中共，中共俨然已取代汪伪政权成为国民党最强劲的对手。②

三 敌后的竞逐博弈：美国对国共发展前景的评估

中共的统战动员依托其独特方式一直或明或暗在敌后发挥作用，然而美方也强调重庆当局亦从未放弃实现与汪伪政权合作的可能。1943 年后，重庆与汪伪政权的地下联系更加活络，虽然国民党对汪伪人员持有怀疑态度且难以全心信任，但出于抑制中共的目的，重庆方面依然派遣机构和人员在沦陷区进行宣传与争取工作。③ 在美国人看来，北平、南京和汉口的汪伪高层也希望抓住重庆政府忽隐忽现的橄榄枝，因而积极在成都的国民党高层中打通关系。他们试图通过撕开西南实力派与重庆政府之间关系的裂口，挑唆西南继续保持对重庆政府的对抗姿态，而地方实力派与重庆政府的冲突加剧无疑有利于汪伪高层坐收渔翁之利，从而促使国民党不得不继续依赖"羁縻"之策以维系各方力量达至均势，这样汪伪政权就会在恰当时机获得与重庆政

---

① Life in and around Hankow, July 10th, 1945, NARA Ⅱ, RG 208 Entry 6J Records of the Historian – Outpost Reports, Box 7 Folder China Outpost Reports June – August 1945, p. 9.

② Shantung Forces, July 11th, 1945, NARA Ⅱ, RG 226 Entry 210 – OSS Classified Sources and Methods Files, "Withdrawn Records", Box 169 Folder 6, pp. 1 – 2.

③ Interview with Mr. Liu Shu-chin, The Ministry of Education's Chief Supervisor at Feiping, June 3, 1945, NARA Ⅱ, RG 226 Entry 210 – OSS Classified Sources and Methods Files, "Withdrawn Records", Box 163 Folder 2, p. 1.

府讨价还价的余地。[1] 由于大多数的高层官员与国民党素有纠葛，他们或是脱胎于国民党或是服务于国民党，这一层人事关系促使其在日本气数将尽之前选择投向重庆。1943 年秋，许多汪伪高层人物将自己的子女送去成都读大学，从而让子女摆脱"汉奸"一词带来的耻辱。还有部分汪伪高层人物为确保家中的财产不被日本人没收充公，而将大部分资产转移到国统区。[2] 美国判定宁渝双方高层在人事处理上达成了一定的默契，南京会在日军面前帮助渝方官员及情报人员掩饰身份并安排出逃机会，对其在沦陷区的活动更是佯装无视、姑息纵容。[3] 而重庆国民党高层也通过安排在北平、南京、上海和汉口的密使或观察员与汪伪政权的高层实现每隔一两个月的联系。[4] 沿海地区伪军和政府头目借此与国民政府秘密接洽联络，以图带领军队和武器倒戈。美方对主要人员进行了统计（见表 2、表 3、表 4）。

表 2　汪伪军方与国民党秘密联络人员名单

所在部门	负责人	驻地	军队人数（人）	步枪数量（支）
第 2 区总部	孙良诚	泰州、扬州、盐城、阜宁	15600	9660
苏北剿匪总司令部	郝鹏举	徐州、泗县、沛县、淮阴、灌县	20000	15000
警卫部队长官	刘启雄	蚌埠、滁县、六合、句容	5700	4000
第 25 师师长	秦庆霖	东台、安半、西溪	4800	4467
第 28 师师长	潘干丞	淮阴	3000	2758
第 15 临时旅旅长	胡冠军	溧阳	2550	2268

---

① Activities of Puppet Representatives at Chengtu, October 15ᵗʰ, 1943, NARA Ⅱ, RG 59 Central Decimal Files 1940 – 1944, Box 5850 Folder 893.01.964 – 893.01 Manchuria.1639, pp. 2 – 3.

② Activities of Puppet Representatives at Chengtu, October 15ᵗʰ, 1943, NARA Ⅱ, RG 59 Central Decimal Files 1940 – 1944, Box 5850 Folder 893.01.964 – 893.01 Manchuria.1639, p. 3.

③ Interview with Mr. Liu Shu-chin, The Ministry of Education's Chief Supervisor at Feiping, June 3, 1945, NARA Ⅱ, RG 226 Entry 210 – OSS Classified Sources and Methods Files, "Withdrawn Records", Box 163 Folder 2, pp. 2 – 3.

④ Activities of Puppet Representatives at Chengtu, October 15ᵗʰ, 1943, NARA Ⅱ, RG 59 Central Decimal Files 1940 – 1944, Box 5850 Folder 893.01.964 – 893.01 Manchuria.1639, p. 4.

续表

所在部门	负责人	驻地	军队人数 （人）	步枪数量 （支）
宜兴政治卫队队长	史耀民	宜兴	800	722
民兵苏北第 2 军团长官	蔡鑫元	泰兴	2500	2335
第 26 师师长	陈才福	东台	5000	5000
民兵苏北第 1 军团长官	孙建言	兴化	2200	2000
淮海省剿匪军第 5 团团长	吴漱泉	淮阴	1600	1596
第 37 师第 145 团第 2 卫戍队长官	丁祖日	如皋	500	414
第 71 旅旅长	徐继泰	赣榆	6000	3000
第 43 师师长	彭济华	中山	2950	2300
福建北部警察编队长官	莫清华	梧屿	550	550
福建剿匪军长官	翁尚功	汛州	474	368
陆军第四路军司令	李辅群	广东	4500	4000
第 45 师师长	朱全	东莞	4730	4435
广东税务署长官	黄志敏	番禺	1000	1000
福建和平与救助军长官	张逸舟	妈祖、长岐、西洋、白犬、三都	6460	4629
广东税务署长官	潘福	船山	无	无
第 4 师师长	李少廷	揭阳	无	无
广东省卫戍军长官	陈光烈	汕头	无	无
华南海军部长官	甘致远	阳江	无	无
华南卫戍部长官	卓球	潮汕	无	无
广州湾卫戍长官	陈忠武	广州湾	无	无
海康警署长官	符永茂	海康	无	无
广东先锋编遣队长官	李培英	广州湾	无	无
廉江人民自卫队长官	黄成	廉江	无	无
第 1 师第 2 团团长	袁庆光	乌镇	无	无
第 4 军长官	赵云祥	盐城	无	无
第 39 师师长	潘子明	盐城	无	无
第 1 区水警长官	赵军山	扬州、邵伯镇	无	无
第 72 独立旅旅长	黄少卿	赣榆、青口	无	无
连云港海军基地长官	李玉昆	连云港	无	无
卫戍军长官	林谷	禾山	无	无
警政部金门临时执行部长官	王廷植	金门	无	无
闽浙交界区国家建设军长官	蔡功	嵛山	无	无

资料来源：Transmission of List of Puppet Military and Civilian Leaders and Units in China Coastal Areas with the Chinese Government Maintains Liaison，May 8th，1945，NARA Ⅱ，RG 226 Entry 210 - OSS Classified Sources and Methods Files，"Withdrawn Records"，Box 163 Folder 2，pp. 1 - 4。

表3　汪伪政权政界与国民党秘密输诚人员名单

所在部门	负责人	驻地
上海卫戍总部长官	周佛海	上海
上海警署长官	卢英	上海
金山县地方行政官	翟继真	金山
海州市市长	邵镜生	海州
福州市市长	夏之网	福州
厦门市市长	李思贤	厦门
汕头市市长	许少荣	汕头
马尾市市长	欧全炎	马尾
南澳县县长	许伟斋	南澳
台山县县长	余觉芸	台山
徐闻县县长	王岳为	徐闻
海康县县长	袁茂松	海康
遂溪县县长	陈池存	遂溪

资料来源：Transmission of List of Puppet Military and Civilian Leaders and Units in China Coastal Areas with the Chinese Government Maintains Liaison，May 8th，1945，NARA Ⅱ，RG 226 Entry 210 - OSS Classified Sources and Methods Files，"Withdrawn Records"，Box 163 Folder 2，pp. 1 - 4。

表4　投降国民党中央的伪军将领及部队

将领	所属部队	驻地	人数(人)
孙岚峰	第2军	商丘、陇海铁路	70000
孙良诚	第1军	扬州	16000
吴化文	第3军	山东莱芜	10000
庞炳勋	第24军	河南开封	13000
孙殿英	第4军	河南新乡	14000

资料来源：Conditions in North China，August 7th，1945，NARA Ⅱ，RG 226 Entry 210 - OSS Classified Sources and Methods Files，"Withdrawn Records"，Box 150 Folder 3，pp. 1 - 2。

　　美国在对国共两党敌后力量的发展评估方面，谨慎注意到汪伪政权内部的分化倾向。美方认为普通伪军并没有直接与重庆中枢接触的机会，这与汪伪政权上层官员的政治出路完全不同，伪军经常与广泛开展游击战争的八路军遭遇。美国人发现一些下级军官在与八路军的交易中逐渐发展出一种秘密的合作方式：伪军向日本人谎报中共前来侵扰，以此向日军索要武器和物资，之后伪军将其带到前线，埋入已经挖好的大坑后撤离，而中共的军队到此挖出坑内的军火和其他物资之后再将钱埋到坑内，其后伪军佯装回击再将钱挖出带走。虽然日军会派翻译官到伪军中监视，但是这些翻译官胆小畏缩根本不去前线，这就使中共与伪军之间的交易得以多次进行。① 而当日军"清乡"开始，中共对伪军的宣传就会如火如荼地进行，伪军被劝说通过消极怠工的方式拖延与日军的配合，拒绝去焚烧中国人的房子，或者保护中国人不受杀害。从长期来看，这样的宣传收到了明显的成效，在日军开始"清乡扫荡"之前，伪军会把"清乡扫荡"的地点、方式、参与部队的情况等情报传递给八路军，这样八路军的游击队在日军到来前就已灵活撤离。②

另外，美国人通过实地访谈和情报搜集，发现伪军在 1944 年后加强了与中共的合作。第一，伪军协助中共对其被捕的情报人员展开营救。中共一位从事情报工作的高层领导人曾被日军抓获，但日军并不知道其真实身份，知晓情况的伪军对此保持沉默，同时迅速将这一消息传递给八路军，告诉他们何时何地日军会转移被捕的中共领导人，八路军得知消息后派遣三个团埋伏在日军必经的路上，成功将其解救出来。第二，伪军帮助八路军突破军事和经济封锁。中共只要在路口伸出大拇指和食指做出"八"的手势，就可以穿过伪军封锁线进口和出口物资。第三，部分伪军还保护中共的抗日宣传者，为他们提供食物、药品和藏身之地。不过也有少数人是被贿赂之后才选择帮助八路军，这些人包括日本宪兵监狱里的厨师、军事要塞的警卫，他们为解救中共被捕情报人员及八路军的突袭行动提供了一定的便利。③ 美国人将中共对伪军的俘虏与争取情况也做了清晰的统计（见表 5、表 6）。

---

① Conditions among Puppet around Nanking, August 7th, 1945, NARA Ⅱ, RG 208 Entry 6J Records of the Historian – Outpost Reports, Box 7 Folder China Outpost Reports June – August 1945, p. 5.

② Eight Route Army Propaganda to Puppet Troops, March 30th, 1945, NARA Ⅱ, RG 208 Entry 370 – Bureau of Overseas Intelligence Central Files, Box 377 Folder Yenan Reports, pp. 5 – 6.

③ Eight Route Army Propaganda to Puppet Troops, March 30th, 1945, NARA Ⅱ, RG 208 Entry 370 – Bureau of Overseas Intelligence Central Files, Box 377 Folder Yenan Reports, p. 5.

表5　八路军对伪军的俘虏与争取情况

单位：人

时间段	俘虏人数	自愿投降/日伪逃兵人数
1937 年 9 月 ~ 1938 年 5 月	2094	1366
1938 年 6 月 ~ 1939 年 5 月	7521	17935
1939 年 6 月 ~ 1940 年 5 月	15338	9180
1940 年 6 月 ~ 1941 年 5 月	15355	5178
1941 年 6 月 ~ 1942 年 5 月	17914	4306
1942 年 6 月 ~ 1943 年 5 月	31161	4728
1943 年 6 月 ~ 1944 年 5 月	59343	6948
合　计	148726	49641

资料来源：Eight Route Army Propaganda to Puppet Troops，March 30th，1945，NARA Ⅱ，RG 208 Entry 370 – Bureau of Overseas Intelligence Central Files，Box 377 Folder Yenan Reports，p. 7。

表6　新四军对伪军的俘虏与争取情况

单位：人

时间段	俘虏人数	自愿投降/日伪逃兵人数
1938 年 5 月 ~ 1941 年 5 月	5392	暂无
1941 年 6 月 ~ 1942 年 5 月	5458	4825
1942 年 6 月 ~ 1943 年 5 月	9923	7921
1943 年 6 月 ~ 1944 年 5 月	13642	11320
合　计	34415	24066

资料来源：Eight Route Army Propaganda to Puppet Troops，March 30th，1945，NARA Ⅱ，RG 208 Entry 370 – Bureau of Overseas Intelligence Central Files，Box 377 Folder Yenan Reports，pp. 6 – 7。

　　由此，美方认为汪伪军政高层更倾向于投靠国民党，而一部分仰人鼻息的普通伪军则在与中共游击队的接触中接受中共的统战动员，态度逐渐转向中共，但这只是双方在敌后工作的表面成效，其深层较量则体现于双方敌后游击对抗及势力范围的争夺之上。1941 年皖南事变更加剧了国共之间的拉锯之势，其后日本、汪伪和国民党三方军队试图谋求联合反共，但依然没能遏制中共的游击势力在华北、华东的扩张。[①] 根据负责情报工

[①]　Report of Cooperation in Shantung between Nationalist，Japanese，and Puppets Against Communists，June，25th，1941，NARA Ⅱ，RG59 Central Decimal Files 1940 – 1944，Box 5840 Folder 893. 00. 14570 – 14799，p. 1.

作的美国"战略情报局"和对外宣传工作的"战争信息办公室"向美国本部发出的报告，国民党的游击队往往在与中共的争夺中处于劣势，不是被共产党"鹊巢鸠占"，就是投降汪伪政权。在山东，国民党游击队的首要敌人已不是伪军，中共游击队才是其主要威胁，尤其是中共在日本人撤离之后迅速占领先前的敌占区，国民党的行动节奏往往落后于中共。① 短短半年时间，中共在山东的控制区域就包括海阳、掖县、沂水、莒县、蒙阴、濮县、莱县、朝城、聊城、冠县等 10 个县的全部区域，以及招远、莱芜、文登等 40 个县的部分区域，中共游击队的势力遍及山东北部、东部和西部。② 及至抗战末期，中共的游击组织已渗透到汉口至宁波铁路的南部地区并控制了整个铁路沿线，在江苏、浙江、安徽三省交界处也有中共的游击武装力量，国共游击队之间不时爆发武装冲突，过去被国民党游击队占领的区域尤其是乡村有不少被中共夺取。③ 这种坚持"处于敌之翼侧、集中兵力击破"④ 的游击战略使中共在游击战中取得了显著的成绩，1945 年秋中共的游击队突袭南京机场，只用了两个小时就全部夺取了日军在此储藏的 16000 支枪以及其他各种型号的武器。⑤ 相反，将"游击战视为正规战之一种，一定要配以正式部队，尤其要是纪律好、精神好、战斗力强的正规部队才能够担任"⑥ 的国民党游击队，不仅难以对抗中共游击队而失去武器装备甚至地盘，更出现游击队将领率部

---

① Shantung Forces，July 11ᵗʰ，1945，NARA Ⅱ，RG 226 Entry 210 – OSS Classified Sources and Methods Files，"Withdrawn Records"，Box 169 Folder 6，pp. 1 – 2.

② Shantung Forces，July 11ᵗʰ，1945，NARA Ⅱ，RG 226 Entry 210 – OSS Classified Sources and Methods Files，"Withdrawn Records"，Box 169 Folder 6，p. 10.

③ Interview with Mao Tsup-pei，March 31ᵗʰ，1945，NARA Ⅱ，RG 226 Entry 210 – OSS Classified Sources and Methods Files，"Withdrawn Records"，Box 163 Folder 2，p. 2.

④ 《关于独立自主山地游击战原则的指示》，中央档案馆编《中国共产党抗日文件选编》，中国档案出版社，1995，第 189 页。

⑤ Communist Guerrilla Raid on Nanking Airdrome，October 15ᵗʰ，1944，NARA Ⅱ，RG 226 Entry UD 140 – Washington – Pacific Coast – Field Station Files，Box 38 Folder 6 – AGFRTS，p. 1.

⑥ 蒋介石：《抗战检讨与必胜要诀》，张其昀主编《先总统蒋公全集》第 1 卷，台北，中国文化大学出版部，1984，第 1088 页。

投降汪伪政权的情况。① 据美国驻沪总领事洛克哈特分析，此举主要缘于当时国共的冲突已趋于公开化，国民党的抗日民族统一战线极可能崩溃，一些驻留在沦陷区的国民党游击武装更担心无法对抗八路军，故而选择投降日本或者是日本在中国扶持的汪伪政权，以为国共合作破裂所出现的危机寻求退路。②

需要强调的是，尽管国共游击队在沦陷区出现了局部摩擦和利益争夺，但美国人并不认为国共双方的博弈会达到公开白热化，相反，双方亦在一定范围内积极推动合作。③ 美国人相信，无论是国民党还是中共都没有很大的敌意去互相对抗，游击战的性质使其无法全面了解对方游击队的真正实力，国共都不会采取明晃晃的混战方式去攻击对方，毕竟它们在沦陷区还拥有共同的敌人。④ 国共双方在沦陷区的敌后博弈，已从国民党在敌后游击战中屡屡受挫、中共在游击战争中日渐做大的趋势中始见分晓。

四　结语

美方对华东沦陷区政治博弈与国共关系的分析，体现出美方的利益诉求和价值判断，与二战期间美国对华政策及其战略重心的流变不谋而合。随着1941年珍珠港事件的发生，美国则希望中国能拖住日本，尽可能牵制日军，减轻美国在太平洋战场的军事压力。为此在对华政策方面，美国既注重对中国政治局势的观察，对包括汪伪政权在内的各个政治力量发展

---

① 这主要是指1941年国民党游击队首领李长江率领他的7个编遣队共2万人向上海市政警署投降，此后他获得了50万元的经费用来抗击中共游击队。见 KMT Guerilla Leader Li Ch'ang-chiang Surrenders to Puppets，March 6th，1941，NARA Ⅱ，RG 59 Central Decimal Files 1940 – 1944，Box 5839 Folder 893. 00. 14680 – 14720，p. 1。

② KMT Guerilla Leader Li Ch'ang-chiang Surrenders to Puppets，March 6th，1941，NARA Ⅱ，RG 59 Central Decimal Files 1940 – 1944，Box 5839 Folder 893. 00. 14680 – 14720，p. 1.

③ Interview with Mao Tsup-pei，March 31th，1945，NARA Ⅱ，RG 226 Entry 210 – OSS Classified Sources and Methods Files，"Withdrawn Records"，Box 163 Folder 2，p. 3.

④ Interview with Mr. Liu Shu-chin，June 3rd，1945，NARA Ⅱ，RG 226 Entry 210 – OSS Classified Sources and Methods Files，"Withdrawn Records"，Box 163 Folder 2，p. 3.

前景进行评估，同时增加对华的军事与经济援助，开罗会议关于中国利益的维护更体现出美国对中国战略地位的看重。从战略利益来看，及至1944 年，日本在菲律宾海战、莱特湾海战中丢盔弃甲，其对华政策也转为谋求宁渝合流，以换取与国民政府的和解，美方由此密切注意到宁渝两地政权的关系发展。

值得注意的是，也正是在 1944 年前后，美方已发觉愈演愈烈的国共摩擦所带来的中国内政危机。中国的内讧很大程度上会给日军以喘息之机，亚洲战场压力的缓解将促使日本加大对太平洋战场的投注，进而给美军作战造成更大威胁。基于以上考量，美国在 1944 年前后倾向于派遣延安观察组访问中共，在中国北方搜集抗日情报的同时，也以此向国民党当局施压，维系国共合作抗日的局面。① 然而，美方也发现在国共双方的敌后政治博弈中，国民党虽然成功赢得大多数汪伪高层的"回归"，战后以宁渝合流的方式吃掉汪伪政权，但其敌后游击武装受到中共的打击失去了大块的发展区域，而中共游击队则凭借群众动员和根据地建设的后备基础，不仅顺利开展统战动员，亦获取了大量的地盘和资源，其力量也得到了前所未有的增强。而 1944 年 7 月延安观察组的成行，也体现出美国对华政策发生转折，即实行"国共两边下注，是一个较为妥善和圆满的选择"。② 美国已更为重视在"联蒋"与"扶共"这看似充满张力的政策拉驰中实现动态平衡，这既符合美国在华的短期战略目标，亦服务于美国在远东的长远利益。

〔陈佳奇，北京大学历史学系〕

---

① Long Telegram from Gauss on Subject of KMT – CCP Relations to the Secretary of State, October 14th, 1943, NARA Ⅱ, RG 59 Central Decimal Files 1940 – 1944, Box 5842 Folder 893. 00. 15160 – 15189, p. 8.

② Service Report on "The Communist Policy towards the Koumintang", September 8th, 1944, NARA Ⅱ, RG 59 Central Decimal Files 1940 – 1944, Box 5844 Folder 893. 00 – 9. 20. 44 – 10. 16. 44, p. 3.

从社会到政治：
抗战时期"忠勇"观念的形成与流衍[*]

郭　辉

内容提要　"忠勇"本属中国古已有之的概念，九一八事变后突然繁兴，用以形容抗日英雄事迹与人物。各种报刊纷纷报道忠勇事迹与人物，"忠勇"成为衡量道德标准的重要社会观念。"忠勇"观念成为社会各界议论和书写的对象，并从社会观念上升至国家意志，抗日烽火环境下的忠勇叙事得以广泛宣传与流衍。国民政府利用制度与法令试图掌控"忠勇"话语，"忠勇录"的编撰形成系列"忠勇故事"，并分门别类进行逻辑处理。"忠勇"从纷繁复杂的状态逐步条理化，并且有相关制度出台，形成如《中国国民党党员守则》中的"忠勇为爱国之本"的表述，体现出国家意志与意图，逐渐成为政治观念。抗战时期"忠勇"观念的形成与流衍提供了从衡量道德标准的社会思想变成国家意识形态的政治观念的路线图，"忠勇"的流衍也表明时代确实需要类似的精神动力与支援，具有强大的社会基础。

关键词　抗战时期　"忠勇"观念　"忠勇录"

九一八事变后国家危难，诸多中国历史上的传统文化资源被发动和利用起来，以服务于抗日战争。民族精神不能凭空产生，而需要借鉴历史已有的思想资源，如此才能达到为现实服务的目的。用安东尼·史密斯的话说，但凡民族或国家危难之时，传统即充当重要资源，为现实政治提供滋

---

*　本文为湖南省教育厅优秀青年项目"湖南抗战遗址遗迹图文资料整理研究"（项目编号：19B369）的阶段性成果。

养，此时的传统实际上为现实诉求需要而被重新阐释，故称之为"传统的发明"。① 这些"'被发明'的传统是文化工程师们深思熟虑和固定的创作，这些工程师们伪造象征物、仪式、神话和历史，以适合工业和民主动员的需要以及被政治化的现代大众的需要。换句话说，'被发明的传统'是统治阶级别有用心的社会控制工具"。② 不少学者阐述了传统转化的重要性，帕特里克·格里在其关于欧洲中世纪史的研究中，也强调了传统在现实合法性建构中所起的作用。这些观点揭示出传统强大影响力的同时，也强调了传统的延续性，并且相对于社会而言，传统的力量始终保持着生命力。

现实社会中的"传统"也有其发明的成分，因为社会环境、政治语境、文化意涵等各方面情况的变化。传统本身已经再难适应现实社会的需要，若非转换，则无法生根发芽，从该方面而言，传统更多的是转化创新。本文试图着重论述的"忠勇"观念，也具有同样的转化创新。古代"忠勇"在近代中国一直未出现重要的意义转化，但国难当头，国家层面不再希望"忠勇"作为衡量道德的社会观念，试图掌控这一观念，将之提升到意识形态构造的政治观念。社会道德观念如何上升为国家政治观念，"忠勇"提供了较好的个案视角。如此，亦是抗战时期国家控制手段逐渐加强的表现，试图用国家标准衡量社会行为，纳入国家统一管控。笔者尝试结合思想与社会、国家，从思想史与社会史结合的角度重点关注抗战时期"忠勇"观念的形成与流衍，观察当时参与各方在"忠勇"制造过程中扮演的角色，以及其各个层面的表现与诠释，通过了解战时"忠勇"的制造过程，观察民族精神的建构与被建构，并厘清战时精神动员的某些面相，观察国家与社会间的思想流动。

---

① 〔英〕E. 霍布斯鲍姆、〔英〕T. 兰格：《传统的发明》，顾杭、庞冠群译，译林出版社，2004，第 1～17 页。

② 〔英〕安东尼·史密斯：《民族主义——理论、意识形态、历史》第 2 版，叶江译，上海人民出版社，2011，第 88 页。

一 抗日与"忠勇"范畴

在"瀚堂近代报刊"数据库与全国报刊索引数据库搜索"忠勇"，则显示 1931 年"忠勇"一词使用频率骤然提高。经细致文本分析，该年"忠勇"凸显源自九一八事变后"马占山"与"十九路军"的英勇抗日事迹。

马占山抗日被视为"忠勇"，与其抗日凄惨壮烈且缺少援助有关。马占山对日作战之初即希望得到援助，但因"惟据目前形势，日军尚续续增援不已，马将军以绝无援应之孤军，终恐不能久守，但即此足以显马将军之忠勇"。① "忠勇"或有孤军奋战、虽败犹荣之意，孤立无援尽显其"勇"，正是"孤军御侮，忠勇同钦"。② 马占山不仅孤立无援，而且所部与日军实力悬殊，正体现马占山忠于国家、勇于抗战之精神，他"仅以一旅之众敌数万倭军，抗战兼旬，再接再厉，卒以弹尽援绝，始行退出黑垣，固守克山，其忠勇之精神，可嘉，可敬"。③ 实力悬殊、孤立无援、弹尽援绝方退守，马占山抗日如此惨烈，相较当时东三省惨遭沦陷而"不抵抗"则显"忠勇"。时人愤慨道："当暴日进攻沈阳，东北健儿，秉命保全实力，不抵抗而退之奇耻大辱纪念日，为九月十八日。我忠勇神威之马占山将军，为弹尽援绝而放弃黑垣之日，为十一月十八日。"④ 不抵抗与弹尽援绝后放弃形成显著对比，以示马占山之"忠勇"。当时国民政府《中央周报》亦用讽刺与歌颂之辞分别形容"耻辱"与"忠勇"："慨自暴日寇我东北，以我辽吉数十万大军，竟不能抗御数千日寇，坐令二省疆土，于数小时内为暴日安然夺去，此诚中华民族之奇辱大耻也。乃暴日得寸进尺，既得辽吉，复窥黑省。幸有马占山将军驻军边陲，本守土有资之义，独御强敌，率黑省健儿，屡挫敌军，为我中华民族增光不少。虽卒

① 时评：《忠勇哉马占山将军》，《申报》1931 年 11 月 14 日，第 5 版。
② 《药材业公会一千元》，《申报》1931 年 11 月 20 日，第 13 版。
③ 《马占山忠勇可嘉》，《一师旬刊》第 13~14 期，1931 年。
④ 徐碧波：《国民之言》，《申报》1931 年 12 月 4 日，第 13 版。

以孤军无援，饷械皆缺，难与强敌相抗拒，遂于十九日晨放弃黑垣，退守克山，再图反攻。"① 其实，马占山"忠"在毫不犹豫奋起抗日，"勇"在孤军无援而独御强敌。"忠"在行动性质，"勇"在行动本身。

概言之，马占山能在东北军纷纷解甲投降之际，不顾个人生死存亡，率部抗击日军，被舆论视作尽忠报国典型。时人有言，马占山"敢战！不为投难所阻爱国之楷模军人也；呜呼！将军诚忠勇兼全矣哉！"② 不仅马占山抗日被誉为"忠勇"，其士兵也现"忠勇"，"此次暴日压境，钧座帷幄运筹，率师抗拒，士兵忠勇奋旺，群歼寇仇，固我屏藩，争我国光"。③ 战争中既需个人奋勇，也需团体合作。马占山与将士们的"忠勇"皆十分重要，所以当时有称"马将军虽然极忠勇，而马将军部下也有忠勇将士，所以能死守龙江"。④ "忠勇"成为抵抗日本侵略的精神资源。

社会各界广为关注马占山"忠勇"抗日，有感于其"忠勇"抗日而"纷纷通电慰问募款助饷"。⑤ "忠勇"成为社会动员的重要理由与情感因素，马占山"忠勇"激起国人纷纷募款。《申报》关于募款援助马占山的报道相当多，充分反映了当时各界抵抗日本的坚决态度和踊跃积极。社会发起"援马捐款"运动，乃至"赫德路春平坊刘姓家女孩"等普通民众也"鉴于马将军忠勇救国，愿将私蓄扑满一个悉数助捐"。⑥ 社会各界纷纷致电马占山以精神鼓舞，并多称其"忠勇"。如上海二区党部电马占山："此次暴日侵犯黑省，我将士忠勇奋发，杀敌诛仇。"⑦ 大学生也积极援助马占山抗日。交通大学感于"忠勇之气，实薄于云天"，全体学生演讲募捐，并有该校女生四人加入东南救护队赴黑龙江救护受伤将士。⑧ 甚至有商家利用马占山"忠勇"抗日宣传商品，如福昌烟公司广告词称：

① 《马占山将军忠勇抗日》，《中央周报》第 181 期，1931 年。
② 必炎：《杀贼应具马占山将军忠勇的精神》，《抗日专刊》第 1 期，1931 年。
③ 《各界电慰马占山》，《申报》1931 年 11 月 11 日，第 9 版。
④ 秦秉宽：《马将军部下也有忠勇将士》，《无锡童报》第 89 期，1931 年。
⑤ 必炎：《杀贼应具马占山将军忠勇的精神》，《抗日专刊》第 1 期，1931 年。
⑥ 之范：《募捐志感》，《申报》1931 年 11 月 26 日，第 13 版。
⑦ 《各界电慰马占山》，《申报》1931 年 11 月 13 日，第 9 版。
⑧ 《各校抗日捐助马将军》，《申报》1931 年 11 月 21 日，第 10 版。

"黑龙江全省军民愿随马占山将军共死疆场，全体同胞将如何颂扬此铁血救国之大英雄，福昌烟公司得马将军允许特制名烟将发行，使吾全国民众时刻不忘忠勇卫国之马将军。"① 马占山的"忠勇"抗日将社会各界动员起来。于此，国人深感若要救国，全体同胞能效仿马占山之"忠勇"精神，而"自须人人非继马将军杀敌之忠勇精神不为功！马部将士杀敌之忠勇精神不为功"，② 希望政府"立派大军，星夜驰援，继续马将军之忠勇精神，收回失地"。③ "忠勇"观念的社会影响逐渐扩大，并成为直接关联"抗日"的词语。

九一八事变后国人的奋勇抗日往往被赋以"忠勇"。虽说此时"忠勇"与传统语义相较尚未有太多变化，却有了新语境。1932 年"一·二八"事变爆发，十九路军在上海抵抗日本侵略，其壮举被国人视为"忠勇"。"一·二八"事变爆发时，《抗日急进会会刊》因当期刊物已编排，于是在"报末加此数语"："我十九路全体将士，抱卫国守土之决心，对于暴敌，作正当防御之战，军士则人人奋勇，个个争先；将官如蒋光鼐、蔡廷锴、戴戟、翁照垣等无不亲临火线，指挥杀敌，血战十九小时之久，卒将各路进攻之日兽军完全击败，使敌人狼狈万状，屈服求和。我十九路军之忠勇卫国，实可以震山河，贯日月，使全国人民感奋狂歌，至于泣下，壮哉，我十九路军！勇哉，我十九路军。"④ 若说舆论宣传下马占山"忠勇"抗战侧重个人英雄主义行为，十九路军抗战则自始至终强调其群体"忠勇"，"十九路军"以群体面貌出现，书写叙述路径迥异于马占山抗战"忠勇"。其间多出现十九路军"忠勇抗敌""忠勇抗日"。在日本侵略背景下，"忠勇"附上另一层语义，具有强烈的民族主义色彩，面对中华民族外部敌人，添加了爱国主义内质。

如此忠勇精神能更广泛动员社会，无论政府抑或社会对十九路军抗日均抱以极大关注和同情。《申报》为十九路军劝募、捐款、赠食品等的宣

---

① 《马占山将军誓死御敌不受暴日威迫利诱》，《申报》1931 年 12 月 13 日，第 3 版。
② 必炎：《杀贼应具马占山将军忠勇的精神》，《抗日专刊》第 1 期，1931 年。
③ 冠：《忠勇哉马将军！》，《现代论衡》第 1 卷第 3 期，1931 年。
④ 记者：《忠勇为国之十九路军》，《抗日急进会会刊》第 3 期，1932 年。

传和报道铺天盖地，各界与个人的"感慰"之辞和举措激动人心。如上海邮务工会、职工会以十九路军忠勇卫国，特备糖果饼干五百袋，派代表慰劳各医院伤兵。① 孔祥熙则"因十九路军忠勇抗日，屡挫敌锋"，且天气酷寒、雨雪纷飞，所以"购蓝布棉衣裤一千套，派员送至十九路军驻沪办事处"，给前线士兵御寒。② 两路局全体同人发起集资慰劳"忠勇抗日之十九路军"。③ 于此列举者仅社会各界捐赠、慰劳行动沧海一粟。"忠勇"成为动员社会的缘由，激起国人关注与援助。时人即道出此番道理："一·二八战役，十九路军为争国家人格，民族生存。而忠勇抗日，当时民众嘉其真能为民前锋，誓死杀贼，打破历来军人自私恶习，遂多不惜慷慨倾囊，捐赀助饷；甚至莘莘学子，罄节衣缩食所积，劳工小贩，举毕生辛苦所得，悉供军需。此军民合作精神，足可窥见民众爱国热烈，与该军深得民心之一斑。"④ 从历来军人作风观察十九路军"忠勇"抗日，相较下更能凸显十九路军"忠勇"的难能可贵，也更易动员民众参与援助，体现"军民合作"与"民众爱国"，以示社会民众认可与赞赏"忠勇"。

十九路军抗战"忠勇"有沿袭传统"义"部分。时人感慨："这次上海十九路军，仅以一万余众，愤然抗敌，为国家争生存，为民族争光荣，这种忠勇奋发的抗日救国军队，我们怎样能不表示敬意呢？"⑤ 十九路军抗日救国行为符合"忠勇"标准，"仅以一万余众"示其"勇"，而"愤然抗敌"示其"忠"。正是"敌寇淞沪，戍守是邦之卫国将士，十九路军也。以三万之师，当四倍之敌，以血肉之躯，当犀利之械。苦战匝月，迭败巨寇，十九军之忠勇英武"。⑥ 所论"卫国"与"苦战"，亦即"忠勇英武"，从中不难见与马占山"忠勇"抗日相似处，含有奋起反抗与实力悬殊之意。

---

① 《邮务工会赠糖果饼干》，《申报》1932 年 2 月 16 日，第 2 版。
② 《孔祥熙致赠寒衣》，《申报》1932 年 2 月 9 日，第 3 版。
③ 《两路同人集资万元慰劳》，《申报》1932 年 2 月 11 日，第 2 版。
④ 浣花：《十九路军纪念赠章》，《申报》1932 年 8 月 30 日，第 17 版。
⑤ 程景：《介绍忠勇抗日的十九路军》，《大侠魂》第 1 卷第 5 期，1932 年。
⑥ 石颜也：《南北两十九》，《申报》1932 年 5 月 24 日，第 13 版。

　　时论用"忠勇"形容十九路军抗战者众多，也有将之与"不抵抗"相较者，借以讽刺"不抵抗"，并赞赏十九路军"忠勇"。沈企峄觉得"要不是十九路军的奋勇抗拒，换了一位只知'不抵抗'的张学良先生来"，那上海迅速被占据将"要成为事实咧"。① 作者以东三省沦陷时的不抵抗政策凸显十九路军之"忠勇"。九一八事变后东三省的不抵抗政策成为"忠勇"比较项，时人有言："大好河山，竟断送于'不抵抗'三字。自九一八以后，有识之士主张对日作战，乃多闻而咋舌，足见民族衰老，积弱成性，'怕与外国人战'的心理，牢不可破，故只得束手待毙。今我十九路军将士一战而雪此耻。"② "不抵抗"被时人视为民族耻辱，如此积极抗日体现"忠勇"越发值得颂扬，饱含浓烈民族精神。时人赞赏因民族义愤抗击外侮的忠勇举措："假若国内的军人能够一个个都像于旅长的作战而死，则暴日纵强，亦决不能坐得军事上的顺利，而东北同胞，亦决不至于顷刻之间沦于异国之手，身受亡国之痛，可惜，能战者苦于无兵，拥兵者又不肯战（指对外言），呜呼！此即我国军人人格的卑鄙，而国家之所以不能振兴的结症也。"③ 抵抗与不抵抗的鲜明对比更显"忠勇"。同时也有"忠勇"对外方面，饱含鲜明的民族主义色彩。

　　此后"忠勇"再未集中呈现用以形容抗日中的某人或某群体，直至全面抗战爆发后日军侵略上海，谢晋元率领的八十八师八百将士死守四行仓库，出现"八百忠勇壮士""忠勇孤军"的"忠勇"小高潮，但也无法与马占山、十九路军"忠勇"铺天盖地的宣传相提并论。时人形容八百忠勇壮士"宁以最后一滴血与最后一颗弹保卫国土，租界英军激于良心，一再劝令避入租界，谢等宁死不辱，婉词峻却，屋顶高悬国旗，死守不去，租界同胞，隔河高呼'中华民族万岁！'四行仓库健儿，齐声响应，且高唱国歌，以示中华民国正气之所在"。④ 还有报道称"八百忠勇

---

①　沈企峄：《慰劳杀敌归来的忠勇战士》，《斗报》（临时紧要特刊）第 2 号，1932 年。
②　朱是农：《致敬我忠勇坚毅的十九路军将士》，《急进抗日》第 1 期，1932 年。
③　美予：《忠勇可钦的民族英雄》，《民智月报》第 3 卷第 7 期，1934 年。
④　华民：《八百忠勇健儿遵令退出闸北》，《新粤》第 1 卷第 15 期，1937 年。

壮士孤军死守，博得中外人士之崇敬"，① 八百壮士忠勇举动引起全国乃至世界人民的关注与同情。谢晋元率领下的八百壮士也被称为"忠勇孤军"，他们"据四行仓库，仍镇静守卫，准备流最后一滴血，作最后牺牲"。他们对租界英军的劝告虽怀感激，但依旧希望为保卫国土流尽最后一滴血："驻防该处之英军，曾劝告我忠勇壮士，却去武装，退入租界，壮士们对英军好意，虽极感激，但彼等以决定死后可宝贵之最后阵地，拼最后一滴热血，作最光荣之牺牲，故坚决谢绝。"② 时人甚至将之视为四行忠勇孤军事件，即"为悬旗被阻而发生流血事件"。谢晋元率领八百壮士希望在四行仓库上悬旗而遭工部局阻止，乃用绝食抵抗，可见爱国忠勇精神。③ 谢晋元率八百壮士死守四行仓库事甚至被编撰成《八百英雄抗敌记》④ 流传。

　　九一八事变后的"忠勇"显然与日本帝国主义的侵略有关，涌现的重要忠勇事迹往往能引起社会各界强烈反响。这两个"忠勇"事迹皆发生在抗战爆发初期，后来未见用"忠勇"集中形容抗日人物或群体，因忠勇与抗日的关联已形成。虽然较少集中呈现某"忠勇"人物或群体，更多朝个案演进，但通过编撰也能成"忠勇"系列。

二　抗日"忠勇"的通俗扩散

　　在各种传统"忠勇"故事涌现的同时，国人也对抗日中的"忠勇"人物进行通俗性书写，记录和传播抗日英雄人物的忠勇事迹和精神，以更便于进行社会宣传。这些通俗性的书写包括将忠勇事迹故事化，且以散文、小说等形式歌颂忠勇人物。

　　国人开始注重刻画和描绘普通人物的"忠勇"抗战，以小故事型的叙事进行传播。普通官兵的"忠勇"被书写成小故事，便于塑造将士形

---

① 《八百孤军沉着应战》，《申报》1937年10月30日，第1版。
② 《我忠勇孤军壮烈义举　决死守最后阵地　誓与闸北共存亡》，《抗战情报》第2期，1937年。
③ 《孤军事件》，《现世报》第17期，1938年。
④ 《八百英雄抗敌记》，救亡出版社，1937。

象。"一·二八"事变过去有年，社会依旧出于各种现状，不断回忆曾经发生的忠勇故事。"一·二八"抗日中的各种"忠勇"故事以记忆的形式浮现。如金冷汉讲述"上海日军暴行开始第一幕，靠着忠勇的陆排长，把三辆铁甲车，全数房获"，并颂其为"造成上海战争史上最光荣的一页"。① 十九路军抗日演绎出"惊天动地永不磨灭的史实"，而"值得我们时时回忆，刻刻纪念"，如兽军的铁甲车直冲过来"誓死不退的勇士"。② 十九路军的"忠勇"记忆被重新发掘出来以鼓舞现实，为挽救民族危亡贡献力量，"忠勇"成为民族精神中相当重要的因子。全面抗战爆发后，涌现了更多的忠勇故事，上海航空战中有"空军少尉任云阁，当时为国捐躯。驾驶师梁鸿云亦受重伤，但仍驾机安然降落机场，当由医师多人医治，终以出血过多，不治殉国，这种精神实在令人可敬可佩"。③ 诸如此类战场上的英勇事迹，备受世人的赞扬和关注。各地方性抗日战役中的"忠勇"故事被发掘出来。1940 年中国军队对抗在开封的日军时，涌现孙班长的忠勇事迹。④ 戴广德讲述了湘西会战的"忠勇故事"。⑤

农夫等普通人忠勇故事的书写也感人肺腑。"忠勇的农夫"朱有光以种地为业。七七事变后敌人飞机大炮将他全家毁灭，自此他在部队当兵特别卖力，博得上司诸多好评，被称为"忠勇的农夫"。⑥ 医师和修女也十分忠勇。1938 年 10 月，日机前往松江投弹，公教医院四周弹如雨下，院中有三位公教医师及五位修女，正为伤兵换药治疗，竟不稍畏避继续工作不辍，诚可谓"忠勇服务"。⑦ 学校员生也颇为忠勇。冀南四存学校员生忠勇杀敌，以步枪与敌激战，毙敌五六十名，并毁敌汽车三辆；后又发生激烈巷战，毙敌百余名，毁敌汽车五辆。该校受伤教职员五名、学生三十二名，阵亡教职员两名、学生十一名。正是"我忠勇卫国之四存校师生，

---

① 金冷汉：《一个忠勇的排长——"一二八"抗日故事》，《民众旬刊》第 2 期，1934 年。
② 《忠勇卫国的十九路军——勇敢爱国爱群的故事》，《儿童与教师》第 13 期，1934 年。
③ 大愿：《忠勇的飞将军》，《国讯》第 172 期，1937 年。
④ 曾非：《袭击开封中的忠勇事绩》，《国讯》第 243 期，1940 年。
⑤ 戴广德：《湘西会战的忠勇故事》，《光半月刊》第 10 期，1945 年。
⑥ 刘祖心：《忠勇的农夫》，《大风》第 48 期，1938 年。
⑦ 《医师修女之忠勇服务》，《公教妇女》第 5 卷第 1 期，1938 年。

以文弱之青年，与敌作殊死战，以血肉之躯，当敌之精锐武器，在此精神总动员之余，实为精神力量战胜物质力量之明证"。① 后来该校师生的忠勇壮烈成为"全国学校师生之模范"，并"由政府优予奖恤"。② 普通百姓顾及民族大义，以身杀敌殉国，贡献着自己的力量。

各种形式的文学作品书写"忠勇"故事，增添艺术色彩，给"忠勇"艺术化的表达，更能触动人心。诗歌是书写忠勇故事、传递情感的重要方式。戴伯晖的散文诗《迫击炮断了——献给我们忠勇的战士们》，他用动情的语言描绘："你们听见否？那塞外的风声，有这样一段英勇而悲壮的传闻。在那风劲严寒的北国，在那冰天雪地的江滨，有一群伟大勇敢的灵魂，与那残忍凶暴的敌人拼命。"③ 作者选材于九一八事变后东北义勇军的"忠勇"抗战。谭安礼则用七律"勉沪滨忠勇战士"，歌颂"壮士服膺沉舟志，血流马革裹尸身。为邦丧命青乘载，高踏优游沟壑陈"。④ 若为国才能说"忠"，勇敢才能说"勇"，则战士们显然忠勇兼具。王启顺撰写《忠勇的战士》，用满怀感情的诗句歌颂："忠勇的战士们呀！我可知道——我们的抗战是为着拥护世界和平，发扬人类正义。应该不惜任何牺牲，不顾一切灾祸，惟有努力向前，我们正在制着胜利的红旗。"⑤ 周青选撰写《军笳之什（一）——献给绥远前线忠勇的将士》。⑥ 奎章以"忠勇的一群"赞扬将士们的"忠勇"："他们是忠勇的一群，并山岳巍立，与天地永存，至死不屈勇敢的英魂。"⑦ 克锋以"最后遗语""向一个忠勇的连长的英魂致敬"。⑧ 这些诗文皆以日本侵略为背景，献给忠勇之士，

① 朋：《我们的话：四存校员生忠勇杀敌》，《青年向导》第34期，1939年。
② 《我们的模范：四存学校全体师生参加抗战工作忠勇壮烈》，《华东联中季刊》第1期，1939年。
③ 戴伯晖：《迫击炮断了——献给我们忠勇的战士们》，《社会与教育》第18卷下半期，1932年。
④ 谭安礼：《勉沪滨忠勇战士七律一首》，《自新》第32期，1932年。
⑤ 王启顺：《忠勇的战士》，《清华校刊》十周纪念刊，1941年。
⑥ 周青选：《军笳之什（一）——献给绥远前线忠勇的将士》，《国闻周报》第14卷第2期，1937年。
⑦ 奎章：《忠勇的一群（诗）》，《涛声》第1卷第4期，1938年。
⑧ 克锋：《最后遗语——向一个忠勇的连长的英魂致敬》，广州《中国诗坛》第2卷第3期，1938年。

用艺术的语言歌颂种种"忠勇"事迹，书写忠勇故事。

小说等成为传播和书写"忠勇"的重要方式。如汪浩权的小说《一队忠勇的士兵》，讲述"义勇军的一小支队，已奉令在抄袭日军的后路。不幸被日军发觉了，竟中伏被围，不得已奋勇应战"，而后在日军不断增兵下，"数十分钟后这一小队忠勇不屈为国奋斗的将士，在弹雨中都同归于尽了。此役敌军却死亡了大半！大都死于短兵相接的肉搏中"。[1] 中学生邢宗卫的小说《一个忠勇的卫国者》描写道，该兵士"见了倭兵如疯了一般，拼命的乱砍"，但他最终因受重伤在抬往医院途中"身死了"。[2] 叶子的戏剧《忠勇男儿》，讲述了在日本侵略下普通百姓中涌现的"忠勇"故事。[3] 季大任以书信形式"致前线忠勇将士"："这样出生忘死，大无畏的精神，国人的心灵都为你们跳跃着，都替你们万分的赞扬，就是不幸。你们如果和敌人抵抗，奋不顾身，为国殉命，战死沙场，你的肉体虽离开了人间，可是你不屈不挠为国牺牲的精神仍是'浩气长存'的，深深地刻着在四万万五千万同胞的脑海里，给我们永久欣佩和崇拜。啊！英勇的将士们，愿望你们继续着固有奋勇精神，常具着始终如一。"[4] 各式文学作品纷呈，试图书写出饱满的"忠勇"故事供人阅读，扩大"忠勇"的流衍传播范围。话剧《忠勇少年》亦以九一八事变为背景，讲述了一位普通百姓家里的少年因不愿听从父母的逃亡建议而奔赴前线忠勇抗敌的故事。[5] 该话剧直接演绎了人们对抗战胜利无限憧憬的美好画面。作者大概愤懑于日军侵华而不得全面抗战，讥讽丧心病狂的日军丑恶嘴脸，构想出一幕抗战胜利而大快人心的喜悦情景。

三 政府关注与"忠勇录"的编撰

官方对现实中的"忠勇"抗日相当关注，虽说九一八事变爆发后东

---

① 汪浩权：《一队忠勇的士兵》，《生路》第 20 期，1933 年。
② 邢宗卫：《一个忠勇的卫国者》，《二中学生》第 9 期，1933 年。
③ 叶子：《忠勇男儿》，《民众教育》第 2 卷第 1 期，1933 年。
④ 季大任：《青年文艺战线：致前线忠勇将士》，《新阵地》第 22 期，1938 年。
⑤ 恩：《忠勇少年》，《锄声》第 1 期，1933 年。

三省沦陷，国民政府奉行不抵抗政策，但实际也视马占山抗日为"忠勇"。国民政府格外重视"一·二八"事变中十九路军的"忠勇"抵抗，多个政府部门、众多政府要员纷纷响应并电慰"守沪忠勇将士"。国民党中央执行委员会电："暴日侵占东省，炮击南京，威胁上海，幸赖我诸君及增援各军奋勇抵抗，忠义之气，照耀天日。"① 电文高度颂扬十九路军抵抗日军的忠勇。国民党中央秘书处特别留心"一·二八"事变后中国军队的"忠勇爱国"行为，希望能搜集到"国军抗日之写真"，其中"我军之忠勇抗敌，一往无前之精神，革命民众拥护战士之热忱，莫不网罗殆尽"。国民党中央秘书处对战事用心关注，并拍摄照片，更好地展现了将士的"忠勇"。② "忠勇"受到国民政府大力提倡和鼓励，1933 年元旦举行中华民国成立纪念会时，国民政府授予蒋光鼐、蔡廷锴、张治中、戴戟、俞济时五人青天白日勋章，被人颂为"国府奖忠勇"。③ 抗战"忠勇"历来受政府重视和关注，随着全面抗战爆发，政府将褒奖"忠勇"逐渐提升至政策与制度层面。

七七事变后全面抗战爆发，国家上下与社会各界均以不同方式被动员。1938 年国民党临时全国代表大会文件规定："各该县分之区乡镇村保甲长，均由县长就地方领袖份子之忠勇者委派之。"④ 同年 4 月 30 日蒋介石电令地方党部："现值三期抗战进入紧张阶段，我前线正规部队，忠勇将士"，"我游击部队及民众武力，亦异常活跃，各抱同仇卫国之雄心"，"吾人长期抗战，最后胜利之信念，至此愈有坚决肯定之把握"。⑤ 1939 年国民党五届五中全会通过军事报告决议案，其中即涉及战略战术、作战方针、军队整编、军需补给、交通通信运输等方面，一致要求抗战诸将士

---

① 《各方响应及电慰守沪忠勇将士》，《中央周报》第 194 期，1932 年。
② 《请看国军抗日写真》，《中央周报》第 282 期，1933 年。
③ 《元旦国府奖忠勇》，《国闻周报》第 10 卷第 2 期，1933 年。
④ 《刘代表金钰提：拟请在已沦陷区域树立新政治机构案》（民国二十七年三月三十一日临时全国代表大会通过），中国国民党中央执行委员会训练委员会编印《中国国民党历次会议宣言及重要决议案汇编》，1941，第 858 页。
⑤ 《致各级党部并全国父老士绅电》（二十七年四月三十日发表），胡树荣编《抗战建国史料类编》第 1 集，新建设出版社，1941，第 205 页。

忠勇用命。① 同年 2 月 1 日，蒋介石在政工会议开幕仪式上发表训词，强调提高忠勇奋发精神，实现军民合作，共同完成抗战建国的革命任务。② "忠勇"精神为抗战胜利、国家建设的必要条件。11 月 20 日，国民党五届六中全会党务报告决议案继续宣扬忠勇精神对于抗战建国的重要性，称："本党领导全国同胞，一直继续抗战，同仇敌忾之义愤，有加无已，忠勇壮烈之精神与日俱增，卒使顽敌叠遭重大挫折，势成强弩之末，抗战必胜之基础已坚定不摇，建国必成之工作规模渐备。"③ 个体精神的培育固然不可能脱离口号式话语动员，空间场域与规训演练使抽象精神符号具体化。基于此，国民革命军军政部特设立补充兵训练处，征募训练士兵激发忠勇爱国热情，为长期抗战做准备，④ 以动员抗战。

"忠勇"精神的弘扬必须落实于事例和人物，才能使之更具体而易于接受和理解。1938 年 1 月 23 日，国民政府行政院发布训令："自抗战以来，各机关公务人员，尽忠职守，作壮烈牺牲，英勇奋斗者，汇见不鲜。凡此事迹，皆抗战过程中最可宝贵之史料，亟汇由各机关详加调查，汇送中央宣传部编印成册，广为宣扬，以彰忠勇，而资激励。"于是"凡所属县市长以下各级行政人员，及各级警察机关官警如有忠勇事迹，均希随时报部，以便汇送中央宣传部编印宣扬，以昭激励"。⑤ 国民党与国民政府准备编撰相关"忠勇事迹"，以达到激励世人的目的。该文件公布后，各省与地方纷纷依据忠勇事迹呈请忠勇奖状。

如某连指导员王东平参战忠勇，准予记大功一次，并传令嘉奖。他"勇于牺牲，爱惜物力，可为政工人员楷模"，故将"参战之忠勇事迹，

① 《对于军事报告之决议案》（民国二十八年一月二十九日第五届中央执行委员会第五次全体会议通过），《中国国民党历次会议宣言及重要决议案汇编》，第 1008~1009 页。
② 《改进政训工作要务训词》（二十八年二月一日于政工会议开幕礼），胡树荣编《抗战建国史料类编》第 1 集，第 457 页。
③ 《对于党务报告之决议案》（民国二十八年十一月二十日第五届中央执行委员会第六次全体会议通过），《中国国民党历次会议宣言及重要决议案汇编》，第 1059 页。
④ 《军政部补充兵训练处征募补充兵条》，徐百齐编《中华民国法规大全》，商务印书馆，1937，第 1680 页。
⑤ 《为奉省府转内政部令各级行政人员如有忠勇事迹希汇报以便宣扬通令遵照由（总文字第七五号）》，《四川公路月刊》第 3 卷第 4 期，1938 年。

报请表扬，以昭激励"。① 第三战区皖南民众总动员委员会就农民余同锦忠勇为国请予嘉奖："第六区第一联保第六甲农民余端铭之子余同锦者，年仅十五，以小船渡我军过河，先后凡四次，当第一次过河时，一弹从该童头上经过，幸未中伤，然头发竟为之焦黄，亦云险矣！该童犹复镇静如常，连续撑船，因为渡过四十余人，是不啻援救我军四十余人性命，其忠勇为国精神，可惊可佩。"② 民众总动员委员会制发奖品传令嘉奖，呈第三战区司令长官司令部给予奖金，还呈国民政府军委会函请安徽省政府嘉奖。"忠勇"事迹得到政府部门关注与宣扬，使之具备榜样与模范作用。某团第二连连长司耀庭，奉令扼守孝义郭家庄阵地后惨死，后司令长官手批，"司连长耀庭、张排长志全，可谓忠勇备极，国家民族多有如此之军人，必能为强盛之国家与民族"，并视其为"民族之光，军人之魂"，呈请中央抚恤。③ "忠勇"被作为重要"荣誉称号"授予相关人员。某师特务连连长王随亭等因"忠勇"抗敌，司令长官手批："连长王随亭，着奖给铁军人奖章一座，'有胆有识忠勇兼备'八字，准晋升营长；副官施先率，着奖'勇敢超人'四字，晋二级待遇；伙夫寇二宝着奖给'勇敢有为'四字，晋升少尉待遇。"④ 从用词亦能发现"忠"与"勇"的程度等级之别。陆军突击总队第二突击队参见龙衢战役阵亡官兵忠勇事迹表，将阵亡者列入其中。⑤ "忠勇"成为将士抗敌的精神标杆与价值取向。

国民党政府兵役会议为规范"忠勇奖状"颁发，专门决议明定宗旨。江西省政府主席熊式辉颁发"忠勇奖状"："案查前据弋阳县长张揄元呈报壮丁黄季四等志愿报国，踊跃从军，造具名册，请予传谕嘉奖。"参照

---

① 陈诚：《训令：治养巴字第一八五七号（民国二十九年五月十二日）》，《政治部公报》第 81 期，1940 年。

② 戴戟：《抗战史料：皖南行署为农民余同锦忠勇为国请予嘉奖之原呈》，《安徽政治》第 2 卷第 20～22 期，1939 年。

③ 《民族之光军人之魂忠勇剿叛弥足可钦》，《革命动力》第 1 卷第 5 期，1941 年。

④ 《王随亭、施先率、寇二宝杀敌致果忠勇可嘉》，《革命行动》第 11 卷第 2 期，1944 年。

⑤ 《陆军突击总队第二突击队参见龙衢战役阵亡官兵忠勇事迹表》，《突击队月刊》第 6 期，1944 年。

兵役会议议决案，由江西省政府制发"忠勇奖状"，且规定："（一）限于已中签未奉召集而志愿提前入营，或未中签而志愿从军之志愿兵适用，其他非志愿兵不得请领。（二）须按级呈由县（市）政府查明事实，转请颁给，不得越级请领。"① 兵役会议议决"忠勇奖状"用于鼓励报国从军，地方据此实施。浙江分水县潘胥乡第二保九甲壮丁王叔扬、王叔春、王大构、王叔根等兄弟四人，皆是甲级中签壮丁，受短期军事训练，照章兄弟四人应有半数入营，唯依照次序，均要数月或年余才可征及。但四人以倭寇患刻不容缓，恃全体到县投效，请求入伍赴前线杀敌。又因家境清寒，父母已年老，经议决由该县人民杨志道献款提拨一百元，给充安家费。另由县政府颁"忠勇可明"匾额，以资激励。② 根据当时政策给予"忠勇奖状"。西安县"社训总队书记杨春荣弟兄六人，长兄因作战奋勇殉职，二兄亦从戎受伤，五弟于去岁四月在××军教导团，于晋南之役阵亡，六弟杨兴华年仅十七，鉴于国难家亡，又自愿请求提前入营受训。陕省军营区司令部除据呈奖励外，并赠匾额一方，以资鼓励"。③ 提前入伍之壮丁皆可授予"忠勇"称号，显然为鼓励卫国报效。中央军事学校也专门"征求殉难同学忠勇事迹"。④ 政府各机关皆相当重视"忠勇"，将之视为重要荣誉，希望借此鼓舞其他人奋勇抗敌。

政府部门相当重视"忠勇"控制，并主持编撰"忠勇录"，掌握"忠勇"话语权。各种刊物也通过刊载"忠勇录"传播"忠勇"。如1939年、1940年国民革命军军事杂志社编辑部发行的《军事杂志》连续两年开设《抗战忠烈录》，刊载各种抗日忠勇故事二十余篇，对象多为普通百姓或士兵、下层军官。⑤ "忠勇录"刊载诸多故事且系统化。国民政府教育部

---

① 《规定请领忠勇奖状手续令仰知照（江西省政府训令民二役字第 11935 号）》，《江西省政府公报》第 1098～1099 期，1938 年。

② 《一家忠勇四兄弟从军》，《伤兵之友》第 55 期，1940 年。

③ 《杨家兄弟一门忠勇》，《江西地方教育》第 169～170 期，1940 年。

④ 《征求殉难同学忠勇事迹包括下列各点》，《会声月刊》第 3 卷第 7 期，1944 年。

⑤ 《抗战忠烈录》，《军事杂志》第 119 期，1939 年；《抗战忠烈录》，《军事杂志》第 121、123、124、125 期，1940 年。

主办《特教通讯》刊载了郭从周撰写的数十篇忠勇事迹，① 作者遣词造句相当用心，数十个忠勇故事的标题形成排比句。书写对象多为中下层将士，最高级别为"旅长"。第三战区战地党政委员会分会战地宣传委员会的《军民旬刊》亦搜集系列"抗战忠勇事迹"，② 其中专门有巾帼英雄抗日忠勇事迹。③《梅县导报》也刊载系列忠勇义烈故事，为"我报章所公布之爱国军民成仁取义之事迹"，以"撮要列入"使"伟烈丰功之得彰于后世"，彰显"我国军民一心一德奋死抗战之成果"，且表明"我全国各地英勇将士与爱国同胞之壮烈牺牲，真可惊天地泣鬼神，其碧血丹心，虽蔚为国殇，而其慷慨成仁之精神，实为我中华民族永奠复兴之基石"。④《九政月刊》刊载长官部参谋处发布的《抗战阵亡将士忠勇录》。⑤《荣誉军人》《田家半月报》《青年通讯》《阵中月刊》刊载"忠勇义烈""抗战忠勇事迹""忠勇史绩"等以"汇志"。⑥ "忠勇录"以系列形式呈现，该类文章不胜枚举。不仅刊物发表"忠勇"系列故事，也有专门搜集抗战以来忠勇故事者"为供给军队常务工作人员训练材料，激发前线士气及表扬忠烈"，且编辑有目录，选取数十个忠勇故事编成系列。⑦ 显而易见，该类皆现实抗战中涌现的忠勇故事，特别是全面抗战爆发后忠勇事迹的报道和收录日趋增多，通过遴选编撰出"忠勇录"。

---

① 郭从周：《前线将士的忠勇事迹》，《特教通讯》第1卷第5期，1939年；《抗战忠烈录》，《特教通讯》第1卷第6期，1939年；《抗战忠烈录（续）》，《特教通讯》第1卷第7期，1939年。

② 光旭：《军民忠勇抗敌事迹（续）》，《军民旬刊》第2期，1940年；豪：《军民忠勇抗敌事迹（续）》，《军民旬刊》第3期，1940年；光旭：《军民忠勇抗敌事迹（续）》，《军民旬刊》第4期，1940年；光旭：《军民忠勇抗敌事迹（续）》，《军民旬刊》第6期，1940年；安波：《抗战忠勇事迹》，《军民旬刊》第9期，1940年；培：《抗战忠勇事迹（附图）》，《军民旬刊》第18期，1940年。

③ 明祁：《巾帼英雄忠勇事迹》，《军民旬刊》第13期，1940年。

④ 《抗战中之忠勇义烈》，《梅县导报》第2卷第8期，1940年。

⑤ 长官部参谋处：《抗战阵亡将士忠勇录》，《九政月刊》第2卷第1期，1941年。

⑥ 《忠勇义烈：寡母幼女贞烈可风》，《荣誉军人》（屯溪）第2卷第9~10期，1941年；《抗战忠勇事迹汇志》，《田家半月报》第10卷第12~13期，1943年；编者：《忠勇史绩》，《青年通讯》第3卷第6~7期，1943年；编者：《忠勇史绩》，《青年通讯》第4卷第2、7期，1944年；硕儒：《忠勇事迹》，《阵中月刊》第3卷第1期，1944年。

⑦ 《编辑忠勇故事第一集》，《中央党务公报》第1卷第4期，1939年。

因政府极力推崇忠勇，当时也有许多有关"忠勇录"的图书纷纷编排出版。军事机构通过编撰"忠勇事迹录"激励将士们抗战，如第三集团军总司令部编印《忠勇故事》①，军事委员会政治部与国民精神总动员会秘书处合编《抗战中之忠勇义烈》②，国民政府军事委员会政治部编《抗战特殊忠勇军民题名录》第1辑③。有专门就某战役或某类人士编撰"忠勇录"，如绥远各界抗战建国四周年纪念筹备会编《四年来绥远抗战忠勇事迹》④，暂五六师抚恤委员会编印《淮阳战役官兵忠勇事迹录》⑤，三民主义青年团中央干事会编印《三民主义青年团团员忠勇事略》⑥。也有个人编撰的"忠勇录"，如何炯编著《忠勇事迹》⑦，查广德编著《湖南团员抗战忠勇事迹》⑧，梁中铭编绘《抗战忠勇史画》⑨。"忠勇录"书籍较刊物更显系统条理，更好地书写了系列忠勇事迹。

政府主导和影响下的"忠勇录"编撰出现于行政院训令发布后，使"忠勇故事"的呈现更为系统，更具内在逻辑，偏重于同类事迹与人物的组合编写，或将"忠勇"故事归类处理形成系列。

四　制度化的"忠勇"

"忠勇"抗战事迹受到广泛关注的同时，1935年11月18日，国民党第五次全国代表大会第三次会议通过《中国国民党党员守则》，共十二条，第一条即"忠勇为爱国之本"。⑩国民党赋予"忠勇"浓烈的"党

---

① 第三集团军总司令部编印《忠勇故事》，1940。
② 军事委员会政治部、国民精神总动员会秘书处合编《抗战中之忠勇义烈》，国民精神总动员会，1940。
③ 国民政府军事委员会政治部编印《抗战特殊忠勇军民题名录》第1辑，1941。
④ 绥远各界抗战建国四周年纪念筹备会编印《四年来绥远抗战忠勇事迹》，1941。
⑤ 暂五六师抚恤委员会编印《淮阳战役官兵忠勇事迹录》，1942，第1~2页。
⑥ 三民主义青年团中央干事会编印《三民主义青年团团员忠勇事略》，1943。
⑦ 何炯编著《忠勇事迹》，青年书店，1940。
⑧ 查广德编著《湖南团员抗战忠勇事迹》，三民主义青年团湖南支团部，1946。
⑨ 梁中铭编绘《抗战忠勇史画》，正气出版社，1946。
⑩ 《五全会昨开第三次大会　通过中国国民党党员守则提案十二条》，《申报》1935年11月19日，第3版。

化"色彩，党员遵守履行忠勇精神成为爱国爱党标杆。"党员守则前文"阐述了国民党历史使命及制定守则的动机与目的、实行的方法与希望，并强调"本大会懔于遗教之伟大深切，与国难之严重，更鉴于世界人类祸患之方兴未已，确信自立为人之基，自救为救人之始，特制为全党党员守则十二条"。① "党员守则"每条七个字，予时人诠释空间。此后关于"党员守则"的诸种诠释纷纷涌现，正因其中有"忠勇为爱国之本"一条，给"忠勇"自然有番解释，且表明"忠勇"重要性。"忠勇"成为国民党和国民政府统筹利用的重要政治资源。

为引导社会舆论，蒋介石其后在四川省党部扩大总理纪念周上专门释义"党员守则"，"忠勇为爱国之本"即"忠实勇敢的精神道德，是我们爱国的根本条件。我们要爱国救国，首先要养成忠勇的精神和德行，同时我们的忠心和勇气，必须用之于爱国家，必须用之于救国家同胞，必须为公而不为私，为人而不为己。……所以忠勇的真义，就是古人所谓'尽忠报国'，所谓'杀身成仁'，所谓'公尔忘私，国尔忘家'，所谓'勇于公战，怯于私斗'"。② 蒋介石侧重从国家角度诠释"忠勇"，"忠"抑或"勇"皆立于国家才有真正价值和意义。此后成为"总裁《党员守则释义》"，流传甚广。③ 蒋介石相当重视"党员守则"，手书"党员十二守则"。④ 夏观钟觉得"党员守则""从第一条至第五条完全是讲'八德'的重要。如我们将身家和国家相较，当然国家为重，身家为轻；而且没有国家，根本就没有个人的身家的。因此，忠于国家，是我们的天职，同时，惟能有为国牺牲的决心与勇气，然后才算得是真正忠于国家，所以第一条说：'忠勇为爱国之本'"。⑤ 他也从国家角度诠释"忠勇"。有人通过阐释"忠勇为爱国之本"，将"忠勇"视为"可以表现爱国之报本精

---

① 《中国国民党党员守则》，《中央周报》第 389~391 期合刊，1935 年 12 月 2 日。

② 《蒋委员长演讲四川民众的光明之路——在川省党部扩大纪念周》，《申报》1936 年 4 月 26 日，第 9 版。

③ 总裁：《党员守则释义》，《党员知识》第 1 卷第 2 期，1940 年。

④ 《蒋介石手书"党员守则"》，《蒋委员长寿辰纪念画册》，1936 年 11 月。

⑤ 夏观钟：《党员守则与军人读训浅释》，《青年月刊》第 8 卷第 5 期，1939 年。

神"，从而"大忠大勇之人必赤心爱国，而赤心爱国之人亦必忠贞勇敢"。① 从国家角度诠释"忠勇"成为当时主流话语。李汉魂专门释义"党员十二守则"，解释为什么"第一条就先要标出'爱国'提出'忠勇'两个字来"，"国家虽为全体人民所构成，但人民的身家则必须靠国家来保护，没有国家就没有个人"，但"爱国并不是空论所能济事，必须确立'忠'心，然后才有忠实的行为表现，因为一个人忠心到极点，只有一个'死'字，有了为国而死的'勇'气，才真正能够慷慨赴义，不辞牺牲，两者是互相关联而不可分离的，我们唯有能忠且勇，始可达到爱国的目的"。② 本即"忠勇为爱国之本"，自然强调"忠勇"为国服务。

陆军步兵学校政治部官员谢玉裁阐释"党员十二守则"，认为"忠勇为爱国之本"的"忠"即"忠者爱人及物也"，"忠者方正诚实也"，"忠者不限于臣之事君"；而"勇"即"勇者知耻之谓也"，"勇者果敢无惧也"，"勇者有决断也"，"勇者为国效劳也"，"勇者能御侮也"。③ 谢玉裁的"忠勇"解释被其他刊物纷纷转载，广为传播。其所论"忠勇"偏重从古代经典寻求含义，并用诸多古典词句加以说明。李蒸不求理论阐述"党员守则"，而注重"行动化"，党员应"切实力行实践"。"忠勇为爱国之本"需要"敬爱国旗党旗，参加升降旗典礼"，"闻唱国歌必起立"，"切实研究并彻底奉行三民主义"，"参加国父纪念周及各种纪念仪式"，"参加国民月会，遵守国民公约"，"服膺总裁训示"，"遵守国法及校规"，"了解并能欣赏本国文化"，"了解抗战建国纲领之精神与内容"，"认识近百年来国难国耻史实"，"努力参加战时服务"，"诚意接受军事训练"，"参加各种体育竞赛"，"养成良好卫生习惯"。④ 李蒸从行动角度阐发"忠勇"，通过各种活动实践"忠勇"。"芝"发表"精神讲话"，用通俗语言解释"忠勇为爱国之本"，"忠"即"你的身体本很健康，耐得劳，

① 《党员十二守则浅释》，《陇海党讯》第 2 期，1942 年。
② 李汉魂：《党员十二守则释义》，《行政干部》第 1 卷第 10 期，1941 年。
③ 谢玉裁：《党员十二守则阐释》，《军事杂志》第 91 期，1936 年。
④ 李蒸：《党员十二守则行动化》，《建进》第 1 卷第 5 期，1941 年。

吃得苦，挑得起，扛得动，跑得路，作得工"，"勇"即国民对国家的"忠"应马上实行、马上去干。[1] 就根本而言，因国家危难，"忠勇"依旧从各层面出发隐含为国为公爱国精神，以此才真正符合"忠勇为爱国之本"本义。

各部门还专门就"党员守则"的学习颁布相关条例，成为一场运动。党员与军人通晓"党员守则"成为重要政治任务，国民政府军事委员会于 1936 年 5 月 6 日颁布训令，要求"陆海空军军人读训十条及党员守则十二条，凡我军人皆应同时并读并详解其意义"，并要求"各机关部队学校一体遵照"，遵照具体的办法规定，将之融入工作、学习与生活。[2] 总理纪念周也规定恭述总理遗教或工作报告后，由主席先宣读前文，然后领导全体循声宣读守则。中央执行委员会奉总裁指示，"举行总理纪念周时，应宣读党员守则"，并将总理纪念周条例加以修正，于第四条增加"宣读党员守则"。[3] 地方政府也制定相关"忠勇"实施办法。如 1936 年 12 月杭州市颁行《小学忠勇训练实施办法》，包括目标、训练要项与要则等，通过布置各科教学，设置国防中心单元教学，举行忠勇故事讲演竞赛会、图画展览会、国防中心教学成绩展览会等活动，"培养儿童忠诚对人的态度、衷心服务的精神"，"培养儿童做事不怕艰险和失败能勇往直前去做的精神"，"依据牺牲训练各目标继续训练儿童对于国家民族之关系，使有更深切之了解与认识"。[4] 制度层面规定"忠勇"便于宣传，能形成有效机制并传播官方"忠勇"含义。

随着抗战持续进行，1939 年 4 月 13 日，国民政府军事委员会通过施行《抗战特殊忠勇官兵表扬办法》，详细规定该办法的适应范畴与原则，以及具体办法、规制等。[5] 后依据该办法第十条，制定《抗战特殊忠勇官兵表扬与宣传实施细则》，规定"表扬宣传之件"的呈报原则、报告要点

---

[1] 芝：《忠勇为爱国之本（精神讲话）》，《士兵月刊》第 1~3 期合订本，1942 年。

[2] 《党员守则与军人读训之讲读办法》，《安徽教育周刊》第 62~63 期，1936 年。

[3] 《总理纪念周应宣读党员守则》，《浙江战时教育文化月刊》第 1 卷第 4 期，1939 年。

[4] 《杭州市小学忠勇训练实施办法（二十五年十二月订行）》，《杭州市政季刊》第 5 卷第 1 期，1937 年。

[5] 《抗战特殊忠勇官兵表扬办法》，《前线日报》1939 年 5 月 26 日，第 4 版。

及表扬宣传办法等具体内容。① 军队也专门颁布《抗战忠勇士兵呈报奖励及优待办法》，规定"每一会战终结时，各部队对于特殊忠勇之士兵应参照抗战特殊忠勇官兵表扬办法第三条规定之标准，每团择一二名呈报军事委员会核奖"，并制定奖励种类、规则等。② 国民党与国民政府通过细化"表扬办法"，具体化操作方案以便实施。

国民政府教育部通过制度性规定，将"忠勇"纳入德育宣传的重要内容。1938 年 2 月，国民政府教育部颁布《青年训练大纲》，德行方面规定的实施要点即依照《中国国民党党员守则》，被称为"依照下列十二守则体会力行"，包括"忠勇为爱国之本"。③ 不久后国民党将其"党员十二守则"规定为中国青年守则。后国民政府教育部针对专科以上各校学生颁发青年守则，并随时由各校主持训育人员严加考核，务须每生均能熟读背诵，要求各学校"遵照办理，并限于一个月内，将办理情形""呈报备核"。④ 国民党"党员十二守则"成为青年守则后，还受到蒋介石极力推广。1939 年，蒋介石在第三次全国教育会议上发表训词，有言："但训育的目标，最好能作共通的决定，现在我们各级学校，往往各自制定各校的校训，所取德目，互有重轻，非常的不一致，我们人的意见，定位总理'忠孝仁爱信义和平'的八德，以及党员守则可订为青年守则，一致信守以外，所有全国各级学校，可以礼义廉耻四字为共通的校训，这四个字既又简单通行，包含了我国固有的国民行为的基准，也包含了近代国民必具的品格。"⑤ 国民党与国民政府试图打造各学校"共同校训与青年守则"，将之作为青年学生共同遵循的模范与道德，规范青年行为举止。1940 年，蒋介石在寒假届满、学期更始时，电至全国各级校长及教职员，再次强调"共同校训与青年守则"在学校教育中的重要性。⑥ "党员守则"成为青

① 《抗战特殊忠勇官兵表扬与宣传实施细则》，《军事杂志》第 118 期，1939 年。
② 《军事法规：抗战忠勇士兵呈报奖励及优待办法（八月廿六日颁发）》，《军事杂志》第 119 期，1939 年。
③ 《青年训练大纲》，《战时教育》第 2 卷第 11～12 期，1938 年。
④ 《教部训令全国各级学校颁示青年守则十二条》，《申报》1938 年 11 月 12 日，第 7 版。
⑤ 《第三次全国教育会议蒋委员长训词》，《申报》1939 年 3 月 7 日，第 2 版。
⑥ 《蒋委员长电勖全国各级校长暨教职员》，《申报》1940 年 2 月 21 日，第 4 版。

年守则后，1939 年 10 月 14 日教育部召开训育会议，详细讨论学校如何使青年守则转化为行动，且通令各校颁发青年守则十二条，印发给"学生熟读背诵，并应体会力行"。① "忠勇"被制作成国民党"党员十二守则"后，影响力扩大，成为其他制度性文件阐发的核心内容。

五 结语

古已有之的"忠勇"观念于九一八事变后突然勃兴，用以形容抗日英雄事迹与人物，显然与国难危机大背景紧密相连。"忠勇"成为相对流行的社会观念，各种报刊纷纷报道抗战忠勇事迹与人物，社会与思想形成互动。社会层面被"忠勇"极大地动员起来，成为特殊时期的思想现象。传统话语下的"忠勇"契合了现实国难的需要，而国难背景也给予"忠勇"诠释新的语境。社会与思想交织并有相当复杂的关系，思想有现实与历史之分，而社会也有各层面的差异，抗战时期的"忠勇"观念提供了不错的考察视角。

"忠勇"观念从社会上升至国家层面，显然更有利于"忠勇故事"的宣传，国民政府利用制度与法令试图掌控"忠勇"话语，"忠勇录"的编撰形成系列"忠勇故事"，并分门别类进行逻辑处理。"忠勇"从纷繁复杂的状态逐步条理化，并且有相关制度出台，形成如《中国国民党党员守则》中的"忠勇为爱国之本"的表述，体现出国家意志与意图。无论社会报道抑或国家宣传，均有抗日这一时代背景。抗战时期"忠勇"观念的形成与流衍提供了从社会思想变成国家意识形态的路线图。在某些情况下，社会与国家立场相同，国家意识形态从社会思想中汲取相当的养分，国家应社会之需而制定相关的政策和制度，社会与国家在某种意义上形成了良性互动。制度化的"忠勇"有利于"忠勇"的社会宣传和流衍。对抗战时期"忠勇"观念的研究，将使社会、国家与思想之间的关系更为深刻，或能为国难之际相关思想的研究提供样本，也勾连起社会思想与

---

① 《全国高教训育概况（二）》，《申报》1939 年 10 月 20 日，第 8 版。

民族精神。诸多思想因时代所需而发源于社会并最终落实到国家层面，显然这种观念或思想并非一般意义，而是一个时代的普遍价值。"忠勇"的传衍即表明时代确实需要类似的民族精神，具有强大的社会基础。

〔郭辉，湖南师范大学历史文化学院〕

抗战时期的战区检察官

——以国民党特务人员从事司法工作为中心

李在全

内容提要 全面抗战以前，国民党当局已启动把司法系统纳入党国体制中的进程，党务人员从事司法工作即其体现之一；全面抗战爆发后，赓续这一进程，显著例证即战区检察官的出笼。与一般检察官相比，战区检察官的职权大为扩张，不仅可以办理普通刑事案件，还办理侦查特种刑事案件，尤重于"锄奸肃反"。在党国体制中，党与国在诸多领域是重合的，作为国家主体代理者的检察官，在党国体制中可转换为党的代理者。在面临外敌入侵之际，作为掌控政权的国民党试图通过充实、强化检察系统，增强抗战能力，本无可厚非，问题是，国民党内部派系重重，控扼国民党党务系统的 CC 系，自然将其掌控的中统特务人员转任、渗透进司法（检察）系统之中，由此造成战区检察官的实际运作与原初主旨背道而驰：本应为抗战中的国家利器，成为执政党（国民党）维护专政的工具，进而衍异为党内派系斗争的工具。经此，国民党党国体制中很多的无规则性、肆意性被引入原本尚有一定规则可循的司法系统之中，破坏力甚巨。

关键词 战区检察官 司法系统 国民党 党国体制 抗日战争

清末以降，以司法独立为主旨的西式司法理念与制度渐次在中国展开。1912 年中华民国建立后，赓续其事，这反映了民国北京政府对司法独立、超越党派政治的诉求。但从 20 世纪 20 年代起，随着国民革命的兴起和国民党党国体制的建立，北京政府时期宣扬的"不党"司法逐步被"纳入"国民党党国体制之中，司法开始"国民党化"。

一　党务人员从事司法工作：全面抗战前国民政府的司法党化

1923 年孙中山第三次在广州开府设政，"以俄为师"，学习苏俄的党国体制，推行"以党治国"，建立国民党党治政权，司法领域的"国民党化"由此开始。此后，在国民党与国民政府领导者之中，倡导"司法党化"者，不乏其人，如 1926～1927 年任广州、武汉国民政府司法部长的徐谦，[①] 1929 年前后的司法院长王宠惠，[②] 1934 年、1935 年之交出任司法行政部长的王用宾，均宣称要"党化司法"。[③] 但是，持续不断的"司法党化"论调并未获得多少司法界人员和社会人士的认同。有人对此分析道：司法界的很多人是保守的，对"党化"两个字没有十分习惯，这缘于他们长期深受"司法独立"思想的影响。依照西方传统观念，司法独立的一项重要条件是司法官不卷入党政的旋涡，因此，许多国家在法律上规定司法官不得加入任何政党。民国北京政府也规定在职司法人员不得为政党党员或政社社员。到南京国民政府成立时，这种规定在中国已经有十多年的历史，可以说，司法官不得参加政党的思想已经"深入人心"了。"加入政党"这句话不仅为人们所怕说，就是"党"这个字也为很多人所不乐闻。结果，不但有许多服务司法界的人不愿谈"党"，就是社会上一般关心司法的人也不希望他们与"党"有何关系。所以，很多人一听见"党化司法"这几个字，便觉得刺耳，难以接受。此外，在南京政府成立之初，一些在司法界资历很深的人没有得到升迁，他们眼见很多"党化的分子"却升官加俸，自然心存愤恨，迁怒于"党化司法"；有些对司法现状不满的人，也不免将其归咎于"党化司法"。[④]

---

① 参见拙文《从党权政治角度看孙中山晚年的司法思想与实践》，《近代史研究》2012 年第 1 期；《徐谦与国民革命中的司法党化》，《历史研究》2011 年第 6 期。

② 王宠惠：《今后司法改良之方针》，张仁善编《王宠惠法学文集》，法律出版社，2008，第 285～290 页。

③ 《革命司法、人民司法、生产司法与地方司法——司法行政部长王用宾十一月十八日在党政欢迎会上演词》，《安徽政务月刊》第 25 期，1936 年，第 28～30 页。

④ 杨兆龙：《党化司法之意义与价值》，《经世》第 1 卷第 5 期，1937 年 3 月 15 日。

到 1935 年前后，国民政府司法中枢进行了一番权力与人事的调整。1934 年 10 月，国民政府宣布，司法行政部重新隶属司法院，这也迫使主张司法独立的司法行政部长罗文干离职，由司法院长居正暂时兼任。1934 年 12 月，王用宾出任司法行政部长；次年 7 月，焦易堂出任最高法院院长。王、焦二人均为革命元老，都主张司法党化。以司法院长居正为核心的司法中枢在强化司法政治性（如司法党化）问题上颇具共识。居正等人察觉到司法界普遍存在"司法独立"的意识与现象，以及由此造成的司法界"国家意识"淡薄问题。这实际上是司法与政治的疏远。作为党国元老，居正很容易将司法建设与国民党关联起来，从强化国民党因素的角度寻求司法变革之道，让司法系统更紧密、有效地整合进国民党党国体制之中。居正倡导和践行的"司法党化"即在如此历史情境中登场。

针对当时各界对司法如何建设认识不一致的状况，居正撰写《司法党化问题》长文。该文最初发表在《中华法学杂志》上，半年之后，又在《东方杂志》"司法问题"专栏重刊，引起广泛的社会反响。在该文中，居正首先统一各界对"司法党化"的思想认识，认为在"以党治国"一个大原则统治着的国家里，"司法党化"应该被视为"家常便饭"，在这样的国家里一切政治制度都应该党化，因此，司法必须党化。居正提出"真正"的司法党化必须包含以下两个原则：主观方面，司法干部人员一律党化；客观方面，适用法律之际必须注意于党义之运用。①

居正所言的司法党化，大体可分为党义化与党人化两方面。在推进司法党义化方面，除举行总理纪念周等常规方式灌输国民党党义外，当局还很注意在司法官的考选、培训环节灌输党义。在选拔司法官的考试中，加大有关党义党纲题目的比例，将录取人员送入法官训练所受训。该所组织条例第一条明言："司法院为确立三民主义之法治基础，培养健全司法人才，特设法官训练所。"② 学员入所后，研究党义被列为学习的重要内容，

---

① 居正：《司法党化问题》，《东方杂志》第 32 卷第 10 号，1935 年 5 月 16 日。
② 《司法院法官训练所组织条例》，《司法公报》第 27 号，1935 年 3 月 15 日，"法规"，第 9～10 页。

训练所为此特制定《职员学员研究党义细则》。① 司法党义化虽在努力推行，但这种思想道德层面的说教，往往流于空谈。可实际操作的还是司法党人化，包括将司法人员拉入国民党组织中、委派党务人员直接从事司法工作等方式。

在司法党化过程中，法官训练所②是一个大本营，尤其是在 1934 年底国民党 CC 系骨干分子洪兰友担任该所所长后，司法当局利用这一训练机构，把大量司法人员拉入国民党组织中，同时，派"忠实"国民党员进入司法系统。1942 年 12 月洪兰友在一份给国民党中央的密呈中，简要回顾了自己在法官训练所的工作业绩："主持法官训练行将十载，计办理中央党务人员从事司法工作及高考及格司法人员之训练，与现任法官之调训，已十四班，综计毕业学员一千二百五十六人，均已分发各地法院任职。"重申"本所训练之任务，其重要者为使党与司法合为一致，而司法进为党化为宗旨，是以训练党员为法官者居半，训练法官为党员者亦居半"。法官训练所学员主要来源有二："一、为中央举行考试及甄审及格之党务人员；二、为考试院举行高考及格之司法人员。"③

1935 年开始，大量党务工作人员通过"考试"途径进入司法领域，即"党务人员从事司法工作"。④ 1935 年 2 月 28 日，国民党第四届中执会第一六○次常务会议通过了《中央及各省市党部工作人员从事司法工作考试办法大纲》，明言：中执会为使中央及各省市工作同志得实际从事司法工作，特举行现任工作人员考试，其及格人员交由司法院法官训练所，训练后分发各司法机关尽先任用；凡现任中央及各省市党部工作人员志愿

---

① 司法院法官训练所编印《司法院法官训练所概览》，1935 年 9 月，第 60~61 页。

② 法官训练所成立于 1929 年，其成立及早期运作情况，可参阅《司法院法官训练所概览》，第 1~2 页。

③ 《裁撤法官训练所由中央政校办理高考司法官初试及格人员训练事宜案》（1943 年 1 月 20 日），中国国民党党史馆藏会议记录档案，档案号：5.3/195.7。

④ 实际上，在此之前，国民党中央已经开展了"党务人员从事政治工作"。1934 年 7 月国民党中常会通过《选送中央党部工作人员从事政治工作办法》，见《中央党务月刊》第 73 期，1934 年 8 月，"法规"。

从事司法工作者，均得应考，省市党部工作同志由省市党部保送之；等等。为落实上述大纲，国民党中常会还通过了大纲的《施行细则》（17条），规定考试分为甲、乙两种进行。①

为此，国民党中央推定居正、戴传贤、叶楚伧、覃振、陈立夫、陈公博、钮永建、王用宾、陈大齐为此次考试委员，以居正为委员长，洪兰友为秘书长。② 从报名情况来看，党部人员相当踊跃，这既因为掌控党务组织的 CC 系之运作，也因为党部人员的职权、待遇、发展空间均不如政府部门人员。③ 在国民政府中，司法部门待遇虽不算好，但与党务系统相较，还算是个不错的选择。借此途径，很多国民党党务人员开始"服务"于司法界，成为党治体制下的司法人员。

1935 年 6 月，国民党中央及各省市党部工作人员从事司法工作考试在考试院举行，"计录取司法官彭年鹤等 126 人，承审员陈大鹏等 9 人，监狱官萧巩叔等 6 人，法院书记官陈玉润等 8 人"，司法官及承审员考试及格人员由司法院发交法官训练所，与司法行政部司法官临时考试及格者涂怀楷等 18 人，合为法官训练所第四届法官班，8 月开学。④ 入所受训一年期满后，"分发各司法机关尽先任用"。1936 年 7 月，国民党第五届中常会第 17 次会议通过《中央及各省市党部工作人员从事司法工作考试及格人员分发办法》（7 条）⑤，规定：中央考试甲种司法官及格在法官训练所毕业经再试及格者，按其成绩分别分发任用，再试在 75 分以上者，分发各省以正缺推检任用；75 分以下者，以候补推检任用，仍尽先补缺；愿赴边远省区者，以正缺推检任用。9 月、10 月，这些由党务人员

---

① 《中央及各省市党部工作人员从事司法工作考试办法大纲》《中央及各省市党部工作人员从事司法工作考试办法大纲施行细则》，《司法公报》第 29 号，1935 年 3 月 25 日，"院令"，第 1~4 页。

② 《推定中央及各省市党部工作人员从事司法工作考试委员》，《中央党务月刊》第 80 期，1935 年 3 月，"纪事"，第 242~243 页。

③ 王奇生：《党员、党权与党争：1924~1949 年中国国民党的组织形态》，上海书店出版社，2003，第 7 章。

④ 《司法院法官训练所概览》，第 5~6 页。

⑤ 《中央及各省市党部工作人员从事司法工作考试及格人员分发办法》，《司法公报》第 136 号，1936 年 9 月 10 日，"院令"，第 6 页。

转变而来的司法人员分赴各地任职①，成为令人"另眼相看"的"党法官"。②

二 战时体制与战区检察官的出笼

1937 年 7 月 7 日，卢沟桥事变爆发，日本全面侵华，中国军队奋起反击。8 月，国民党中央决议，设立国防最高会议，为全国国防最高决策机关，对国民党中央执行委员会政治委员会负其责任。与此同时，国民政府设立统率指挥全国抗战的大本营，进行抗战动员与部署，整个国家进入战时体制。

全面抗战爆发后，在日军优势兵力进攻下，华北、华东、华南等地大部沦陷。1937 年 11 月，国民政府宣布迁都重庆。面对抗战的严峻形势，为统一党内各方面的认识，制定领导抗战的路线方针政策，国民党中央决定召开一次全国代表大会，但处于战争非常时期，无法在全国范围内举行选举工作，国民党中常会决定以 1935 年原出席第五次全国代表大会的代表为这次临时全国代表大会的代表。1938 年 3 月 29 日，国民党临时全国代表大会在重庆开幕，同日晚上，预备会及第一次正式会议在武汉举行。此次会议确定"抗战"与"建国"并举的主题，通过了作为国民党指导抗战的纲领性文件——《抗战建国纲领》。纲领总则明确两点："确定三民主义暨总理遗教为一般抗战行动及建国之最高准绳"，"全国抗战力量应在本党及蒋委员长领导之下，集中全力，奋砺迈进"；确定国民党在抗战中的外交、军事、政治、经济、民众、教育等方面的基本方针政策。③根据战时体制之需要，此次大会还确立了国民党的领袖制，蒋介石任总

---

① 分发各地充任地方法院候补推检（75 分以下）的人员名单，见《司法公报》第 139 号，1936 年 9 月 25 日，"部令"，第 8~9 页；分发各地充任各地正缺推检（75 分以上）的人员名单，见《司法公报》第 144 号，1936 年 10 月 20 日，"部令"，第 7~8 页。

② 蔡晋：《国民党统治时期的上海司法界》，上海市政协文史资料委员会编《上海文史资料存稿汇编》（12），上海古籍出版社，2001，第 3 页。

③ 荣孟源主编《中国国民党历次代表大会及中央全会资料》下册，光明日报出版社，1985，第 484~488 页。

裁，汪精卫任副总裁。

《抗战建国纲领》也成为抗战时期司法领域的指导文件，司法系统亦进入战时体制。作为国民政府司法最高长官的居正（司法院长）明确指出："战时国家之政策，及社会之动向，均与平时有异，欲以平时之法律，适应于此特殊之环境，实属有所不能，势必另有战时法律，方足应付裕如。"① 当时，有论者即指出："所谓战时司法，系在战时国家为期司法裁判之迅速，妥当公平以利人民；改善处置监犯，以期囚犯之安全，救济战区司法人员，集中司法人员，厉行检举汉奸，安定地方，检举营私舞弊役政人员，免妨碍役政进行，而增强抗战力量，故订定战时处理司法种种法规，以适应环境之需要，而达成抗战建国之任务。"② 抗战爆发后，国民政府的司法机构设置、人员任用与救济、诉讼程序修订、监所人犯处置等各方面，均转入战时状态。③

具体落实到检察权与检察官，司法中枢要员也认为必须适应整个国家的战时体制。居正认为，抗战"后方之所需者为何？曰：秩序与福利而已。秩序定则各种建设进行利而人民之心理一。秩序安定之方，首在各种事物循规以进，刈除秕政，便利军役；次至侦查间谍搜捕奸细，以及防止一切危害国家之行为，固赖警宪紧密查察，然此项任务，以司法方面有检举权之检察官为最宜"。居正明示，抗战军兴后，他已先后密令各级法院检察官，"对上述罪犯，务须时加留意，认真举发"。④ 居正还强调："法院检察官系代表国家行使监督检举之权，在此抗战期间，对于侦查间谍，搜捕奸细，以及防治一切危害国家之行为，尤赖检察官之克尽职责，亟应甄选人材，严格训练，以发挥检察官之效能。"⑤ 时任司法院秘书长的张知本也认为：抗战期间，要充实司法机关，司法官本身能够尽力负起非常时期的审判和检察责任，尤其是对于非常时期的各项法律要注意，而行政

---

① 居正：《战时法律研究之重要》，陈三井、居蜜主编《居正先生全集》上册，中研院近代史研究所，1998，第 322 页。
② 李生泼编著《战时司法》，商务印书馆，1939，第 1 页。
③ 司法院编印《司法院战时工作概况》，1938 年 7 月 7 日。
④ 居正：《抗战与司法》，陈三井、居蜜主编《居正先生全集》上册，第 291 页。
⑤ 居正：《一年来司法之设施》，陈三井、居蜜主编《居正先生全集》上册，第 300 页。

方面对于检察人员，尤其应该予以极大便利，并且帮助他们实行职权。① 除司法中枢要员之外，不少社会人士也认为必须强化战时检察权，"检察官为国家之代表，凡有触犯国家刑章，均负检举职责"，"故代表国家之公益之检察官，对于刑事诉讼，除告诉乃论之罪外，均有干与检举之权。至战时国家代表之检察官，其职责更宜加重"。② 在1939年2月举行的国民参政会第一届第三次大会上，国际法学家、参政员周鲠生等人联名提交《充实司法机构案》，称"我国现行司法机构弱点颇多，亟应充实加强，以树立法治之基础"，并提出具体办法，即包括充实检察机关与人员。③

实际上，抗战爆发后，国民党中央很快把司法系统纳入战时体制之中，战时检察官即例证之一。1938年4月11日，陈立夫、居正、叶楚伧、洪兰友在国民党第五届中常会谈话会中，提出中央党务工作人员（主要是特务人员）通过甄审、训练后充任检察官职务一案。④ 4月21日，在汉口由汪精卫主持的国民党第五届中常会第74次会议通过《中央党务工作人员从事司法工作甄审办法大纲》，明确："中央执行委员会为使中央党务工作人员实际从事司法工作，担任各地检察官任务，特举行甄审。"甄审事宜由中央组织甄审委员会办理，"凡中央党务工作同志从事调查工作五年以上，卓著劳绩者（酌）得应甄审"。⑤ 甄审程序由甄审委员会拟订，呈报国民党中央核准实行。甄审及格人员由司法院先交法官训练所训练，毕业后交付司法行政部以检察官任用。受训人员，依其学历，分为甲、乙两种：在法科毕业者，训练期为三个月；在大学或高中毕业者，应补习法科必要之课程，其训练期为一年（实际训练时间有变）。

在抗战初期的 1938 年上半年，陈果夫、陈立夫等人为何通过甄训使特务人员转任检察官？此与抗战之初党务系统人员处境极为不佳的状态有关。全面抗战爆发后，在日军进攻下，大片国土沦陷，作为执政党的国民党，其党务人员与党员在抗战中毫无作为，无甚踪影，备受各界强烈批评。据《王世杰日记》所载，1938 年 1 月 26 日，在为留在武汉的国民党中央执行、监察委员举行的招待会上，蒋介石公开"斥责数年来党部工作不力，以致我方军队所到之处，不见党部人员或党员之协助或存在"。两天后，王世杰又记述："近日党部受军队及其他方面之攻击甚烈，陈果夫、陈立夫甚愤慨。"① 对于党务现状，陈果夫本人也叹息道："余办党务约七年，可说有罪无功。但言组织、办组织，而不注重训练，致党员不知组织之运用，至今不能健全。虽原因系多方面，而余总不能辞其咎。"② 与此同时，在紧迫、繁忙的战事当中，蒋介石仍不断思考如何改进国民党党务、统计调查工作、党员监察网等问题（这些问题均与战区检察官相关）。③ 在如此形势下，长期掌控国民党党务系统的陈果夫、陈立夫等人，只能谋求有所作为，改善观瞻，将特务人员甄训充任检察官，自然是其中选项之一。

---

① 《王世杰日记》上册，林美莉编辑校订，1938 年 1 月 26 日、28 日，中研院近代史研究所，2012，第 86 页。

② 《陈果夫日记摘录》，中国社会科学院近代研究所《近代史资料》编辑部编《近代史资料》总 131 号，中国社会科学出版社，2015，第 174 页。

③ 《蒋介石日记》（手稿），斯坦福大学胡佛研究所藏，下同。1938 年 1 月 28 日，注意"改造本党之方针"，预定"党部之改进"；1 月 29 日，注意"改称党名，收容新党员"，"商议改组本党方针"；2 月 17 日，预定"党务改革"；2 月 18 日，"完成全国政治监察网"；3 月 25 日，注意"党监察网之人选与组织"；4 月 13 日，"监察与司法权，应直接到最下层，乃为治大国之要旨"；5 月 1 日，本月工作"调查统计局之组织"；5 月 3 日，预定"调查局长人选"，"特工之整顿与组织"；5 月 9 日，预定"特务工作会议"；5 月 11 日，注意"监察制度与系统"；5 月 28 日，预定"特务工作之改组"；6 月 9 日，预定"特务工作事之解决"；6 月 22 日，预定"编组青年模范团，分组训练，以备组成全国监察网之用"；6 月 24 日，预定"训练各种技术人才，组织监察网"；等等。

三 甄训与人员构成

经过两个多月的筹划与甄审，[1] 1938 年 7 月 13 日，应甄人员资格审查结果产生。（1）合于甄审办法第三条及第六条甲款者：薛秋泉、林光耀、戴宗尧等 30 人。（2）合于甄审办法第三条及第六条乙款者：高振雄、朱依之、李光月等 87 人。（3）不合甄审办法之规定者：刘敬修、张毅忱等 8 人。（4）与甄审办法第三条所规定之年限稍有不足而合于第六条甲、乙两款，曾在党部工作有年、著有成绩者：蔡寅裳、杨世忠、杨敬时等 26 人。（5）与甄审办法第三条所规定之年限稍有不足，而合于第六条甲、乙两款，服务司法、对于法学有研究者：邓纯、王克迈、艾承普等 26 人。（6）复旦大学法律系毕业生志愿受训者：胡经明、水范九、赵桥深等 9 人。档案记述："先后报名应甄审者凡一百七十四名，因为战争，各地尚未如期填表者委署尚多，报名手续完备者九十四人，甄审表格九十四分。"最终准予以甲种资格受训者：张道同、刘德清、郑大纶等 30 人。准予以乙种资格受训者：余建中、张济传等 138 人。[2] 数日之后，中央党务工作人员从事司法工作甄审及格人员名单出炉。（1）合于甄审办法第三条及第六条甲款者：薛秋泉、林光耀、戴宗尧等 30 人。（2）合于甄审办法第三条及第六条乙款者：高振雄、朱依之、李光月等 87 人。（3）准以甄审办法大纲第六条乙款之资格受训者：蔡寅裳、杨世忠、艾承普等

---

[1] 在中统特务人员甄训转任检察官过程中，背后实际操控者当是中统特务头子、陈立夫表弟徐恩曾。张文：《中统 20 年》，江苏省政协文史资料委员会编《中统内幕》，江苏古籍出版社，1987，第 249 页；郑大纶：《中统向司法部门渗透点滴》，全国政协文史资料委员会编《文史资料存稿选编·特工组织》（上），中国文史出版社，2002，第 60 页。

[2] 《中央党务工作人员从事司法工作应甄人员资格审查结果案》（1938 年 7 月 13 日），中国国民党党史馆藏会议记录档案，档案号：5.3/85.9。补充说明：1938 年 7 月 13 日，国民党第五届中常会第 85 次会议通过甄审及格名单，合于甲者 30 人，合于乙款者 87 人（《中国国民党中央执行委员会常务委员会会议录》第 23 册，第 195～196 页）。这份名单并不完整。

52 人。①

在正常情况下，上述各员应立即进入法官训练所受训，然而，当时处于抗战军兴之非常时期，不少甄别合格者因为各种原因不能入训，员额不满，司法当局不得不有所调整，呈报国民党中央递补员额，"检察官训练班乙班受训学员之法校毕业者，请提会准予归入甲班受训及遴选合格人员递补未能受训人员之空额"。② 法官训练所所长洪兰友呈请国民党中常会，议决递补办法，国民党中常会第 98 次会议通过了《司法工作甄审同志提升及递补办法》。③ 因此，在开学一段时间之后，受训人员的班级等次名单又有所调整。据洪兰友呈报："中央党务工作人员从事司法工作甄审及格人员，甲种班原报到者，计刘仲策等二十二人，现将乙种班邓纯等二十人提升该班，共计四十二人；至乙种班原报到者，为一百零九人，除邓纯等二十人提升甲种班外，共计八十九人。"④

按照司法院长居正的说法，甄审合格人员送入法官训练所训练，训练时间：甲种人员为 6 个月，乙种人员为 18 个月。训练纲领："补充其法律学识与司法实务及侦查技术，养成为特殊技能之检察官；发挥其致力党务工作之本能，循率司法程序，从事检察实务，以增进党治下检察制度之效率。"⑤ 据司法行政部后来公布的资料，甲种 43 人，于 1938 年 9 月送交法官训练所第五届法官班受训，次年 5 月，训练期满，经再试及格者 41人；乙种 87 人，于 1938 年 11 月送交法官训练所第六届法官班受训，1940 年 12 月，训练期满，经再试及格者 85 人。⑥ 这些人员大多分发各战

① 《党工人员从事司法工作甄审合格之人员名单》（1938 年 7 月 21 日），中国国民党党史馆藏会议记录档案，档案号：5.3/86.16。

② 《中央党务工作人员从事司法工作甄审及格人员未能受训者可否核补案》（1938 年 10 月6 日），中国国民党党史馆藏会议记录档案，档案号：5.3/96.34。

③ 《中央党务工作人员从事司法工作甄审及格人员升补问题案》（1938 年 10 月 27 日），中国国民党党史馆藏会议记录档案，档案号：5.3/98.42。

④ 《中央党务工作人员从事司法工作及格学员名册》（1939 年 1 月 13 日），中国国民党党史馆藏会议记录档案，档案号：5.3/111.12。

⑤ 居正：《一年来司法之设施》，陈三井、居蜜主编《居正先生全集》上册，第 300 页。

⑥ 司法行政部编印《战时司法纪要》，1948，第二十一章"储备司法人员"，第 1 页。

区，即抗战时期的"战区检察官"。①

按照国民党中常会通过的甄审办法，此次甄审对象是"中央党务工作同志从事调查工作五年"者。实际上，这一标准不易认定，何为"调查人员"就颇有歧出，故在甄审过程中，充斥着诸多不确定的人为、派系因素。② 在甄审过程中，不少人动了"手脚"。据中统特务分子、甲种甄审及格者郑大纶以后供述：时任中统局主任秘书的濮孟九③负责主持甄审的实际工作，濮通知郑参加甄审。当时甄审及格的甲种人员实际只有27人，乙种人员有80多人（不包括"准以甄审办法大纲第六条乙款之资格受训者"）。在甲种甄审及格人员中，真正从事调查工作五年以上的，只有郑大纶、王之悰等5人；有一部分人员，如水范九等4人，是新从复旦大学毕业的学生，据说都是通过中央委员等私人关系介绍参加甄审的，他们根本没有参加过调查工作，也没有特务的组织关系；④其他如张道同，是新从持志学院毕业的学生，也是既未在中统系统工作过又无中统的组织关系，是由其胞兄、中央委员张道藩介绍来的。⑤ 按规

---

① 在通常的中国近代史、法律史、检察史著作中，绝少言及"战区检察官"。以笔者阅读所及，关于"战区检察官"的学术研讨，主要有两篇论文：三桥阳介「日中戦争期の战区检察官——中华民国重庆国民政府法制の一考察」『社会文化史学』第50号、2008年3月25日、67~86页（此文承蒙中国社会科学院近代史研究所郭阳博士帮助查找，谨此致谢）；罗久蓉《从1938年甄审看国民党对司法的"渗透"》，黄自进、潘光哲主编《蒋介石与现代中国的形塑》第2册，中研院近代史研究所，2013，第31~89页。
② 罗久蓉：《从1938年甄审看国民党对司法的"渗透"》，黄自进、潘光哲主编《蒋介石与现代中国的形塑》第2册，第48~62页。
③ 濮孟九（1898~?），江苏松江人，上海浦东中学、德国威慈堡大学毕业，历任国民党中央党部组织部调查处处长、书记、总监察、中统局特工总部秘书、中统局局长室主任秘书、侍从室第七组组长等职，1949年后赴台（张宪文、方庆秋等主编《中华民国史大辞典》，江苏古籍出版社，2002，第1916页）。据《蒋介石日记》1938年5月6日记载：预定"见濮孟九（恩曾介绍）"，"令戴（笠）、徐（恩曾）保荐特工最有能力者"。可见，蒋介石不仅过问而且介入战区检察官的甄训事务。
④ 档案记载，甲种人员中标明"毕业未久"者有3人：钱永定，男，26岁，江苏武进人，江苏东吴大学法律毕业；胡经明，男，27岁，湖北汉口人，上海复旦大学法律系毕业；水范九，男，25岁，湖北武昌人（未写毕业院校及专业）。《法官训练所第五届毕业学员名册》（1939年6月），朱家骅档案，中研院近代史研究所档案馆藏，档案号：301-01-14-011。
⑤ 档案记载：张道同，男，26岁，贵州盘梁人，上海持志学院毕业，国民大会选举总事务所办事员。《法官训练所第五届毕业学员名册》（1939年6月），朱家骅档案，中研院近代史研究所档案馆藏，档案号：301-01-14-011。

定，甄审时须缴验大学或法专文凭，郑大纶没有上过大学，没有文凭，他就伪造了一张江西私立豫章法政专科学校法律本科毕业的文凭。其他人据说都是大学法律系或法律专科学校毕业的。[①]

对于某些党国要员在甄审过程中所动的"手脚"，以及不少应甄人员伪造文凭等问题，[②] 相关部门有所了解。中央党部秘书、亲身参与此次甄审具体事务的王子壮在日记中写道："比来余对于甄审工作积极进行，监察委员会工作同志又拨六人，共同审查。有多数待决问题，借取鉴铨叙部，如学籍之确定、学校之立案否，均借录铨叙部之册籍，以资检对。此次甄审工作，虚伪假造之证件，恐不在少。但如完全依法不予丝毫假借，又恐真正为党服务之同志，因手续稍差致多向隅，不得已责重于党务工作。因此，此次甄审即所以救济党务工作同志，凡确有正式党部之委任书状，虽手续稍差，亦予通融，否则，亦不予付审，所以免冒滥也。"[③] 可见，对此次甄审工作，相关部门还是比较重视的，亦意识到伪造文凭等问题，但在很多情况下，还是予以通融。在王子壮等中央党务部门人员看来，这次甄审含有"救济党务工作同志"之意。从事后甄审通过的名单来看，大多确是国民党的中统特务人员。[④]

甄审通过者，送入法官训练所受训，受训期满并经再试后，最终人员是甲种 41 人、乙种 85 人。甲种 41 人中：从性别而言，除 2 名女性（印铭贤、王爽秋）外，男性 39 人；年龄方面，最大的是 42 岁（李华龙），最小的 25 岁（水范九），主体是 30 岁左右的中青年；从学历看，除 1 人（水范九）未标明毕业院校之外，其余 40 人都是大学或专门学校毕业，

---

① 郑大纶：《中统向司法部门渗透点滴》，《文史资料存稿选编》（特工组织·上），第 60 页。

② 参加甄审人员必须填写《中央党务工作人员从事司法工作甄审表》，涉及党籍（入党年月、入党地点、党证字号、入党介绍人、所属党部）、学历、工作年月及经历、证件、相片等内容。《中央党务工作人员从事司法工作甄审程序》，中国国民党党史馆藏特种档案，档案号：30/183.4。

③ 《王子壮日记》第 4 册，1938 年 5 月 17 日，中研院近代史研究所，2001，第 453～454 页。

④ CC 系是国民党内以陈果夫、陈立夫为首的政治派系，该派系长期掌控国民党党务组织，控扼很多党内资源，是国民党众多派系中最有影响力的。"中统"全称为"中国国民党中央执行委员会调查统计局"，很长时期里是 CC 系的组成部分，即 CC 系中从事调查统计工作者。

且绝大多数是法律专业（当然，其中一些是伪造文凭者），从形式上看，符合检察人员的专业背景。① 乙种85人中：从性别而言，女性4人（苗维汉、蔡炳彤、高益君、黄觉），男性81人；年龄方面，除2人年龄不明之外，其余83人中，年龄最大者46岁（叶敷英），最小者27岁（3人，高硕仁、杨镇荪、戴志钧），主体也是30岁左右的中青年；从学历看，除1人（李成儒）学历不明外，明确是中学毕业者1人（马德馨），大多是各种各类公私大学、专门学校毕业（肄业、修业），而且所学专业颇为庞杂（其中伪造文凭者应亦不少），明确是法律专业毕业者很少。② 就性别、年龄而言，甲种与乙种人员均较符合战区检察官的职业要求；与甲种人员相比，乙种人员的学历与专业层次低了不少，以至在一些司法人员晚年的忆述中，认为法官训练所"第六届学员（主要是乙种人员——引者注）全是中学生"。③ 显然，如此忆述未必准确，但大体反映了乙种人员的学历不高与专业之杂乱。从受训者的此前履历观察，多数人员与党务、调查工作有关，但甲、乙两者显然有别，甲种层级较高，乙种级别较低（履历也更为庞杂）。④ 需注意，在全面抗战爆发后的1938年，不少人员是从沦陷区逃难到武汉、重庆等后方的，在战火连天、兵荒马乱之时，能应甄入选者，多数还是与党务、调查系统存有关系者。

1939年前后，沦陷区、交战区的各级司法人员大量撤退，逃难到重庆等地，后方各级司法机关无缺安置，只能由司法行政部门发给生活费。法官训练所第五届的新毕业人员，在后方各省市的法院中自然无法安置；与此同时，国民党高层也意识到必须派一些年富力强的司法人员从后方前往战区，以改变国人对战时军政人员尚未撤退前，司法人员即纷纷逃往后

---

① 《法官训练所第五届毕业学员名册》（1939年6月），朱家骅档案，中研院近代史研究所档案馆藏，档案号：301-01-14-011。
② 《中央党务工作人员从事司法工作及格学员名册》（1939年1月13日），中国国民党党史馆藏会议记录档案，档案号：5.3/111.12；三橋陽介「日中戦争期の戦区検察官——中華民国重慶国民政府法制の一考察」『社會文化史學』第50号、2008年3月25日、75頁（原表列名86人，其中1人在训练期间死去）。
③ 陈嗣哲：《1912年至1949年我国司法界概况》，全国政协文史资料委员会编《文史资料存稿选编》（政府、政党），中国文史出版社，2002，第459页。
④ 从战区检察官以后的发展情况来看，甲种人员的职位、发展、晋升明显优于乙种人员。

方的不良观感；第五届新毕业的多数人员也深感在后方没有出路，同意前往战区。故此，司法行政部指令：法官训练所第五届毕业人员以战区正缺检察官分发各战区，[1] 且在经费方面给予便利，作为前往战区的优待条件。不久之后，法官训练所第六届毕业人员也以正缺检察官分发战区。但是，再后来的法官训练所第七、八、九届毕业人员，不再享受如此优待，恢复了老规矩。显然，这是对中统分子居多的战区检察官的特殊优待政策，背后离不开 CC 要员徐恩曾、洪兰友与司法中枢的磋商与运作。[2] 战区检察官出笼的台前幕后，在其他司法人员晚年忆述中，基本得以证实。有人就回忆说：经过中统头子徐恩曾、司法行政部次长洪陆东、法官训练所所长洪兰友等人磋商，"决定从中统特务中挑选 150 名学员，办两届法官训练班。第五届吸收大学生和专科学校法科毕业生，学习半年；第六届吸收高中毕业生，学习两年，学习期间薪金照发。挑选下来，第五届收了学员 27人，第六届收了 89 人。第五届 1939 年 2 月开学，9 月毕业；第六届 1940 年开始学习，实际只学习一年，就结业了。因为当时后方各城市的法院都挤满了人，这批人便分配到了湖北、江西、安徽、江苏、浙江、陕西等省，称为战区法院检察官"。[3] 其中一些具体细节未必准确，但大体情况不差。

四　职权与活动

据司法行政部的公开信息，第一批战区检察官（甲种）在 1939 年 5月训练期满并经再试后，派赴战区。[4] 作为战区检察官执行职务的法律依据与规范，《战区检察官服务规则》却是到半年以后的 1940 年 1 月才公

---

[1] 此前，按照推事、检察官任命升迁程序，初任地方法院的推事、检察官，必须经过半年至一年的学习候补阶段，补缺后才能成为正式的推事、检察官，才能按月支领荐任薪俸。学习阶段，担任候补推事、检察官时期，只能领取补助费，只能帮助正缺推事、检察官办案和草拟判决书，不能独立办案。

[2] 郑大纶：《中统向司法部门渗透点滴》，《文史资料存稿选编》（特工组织·上），第 61页。

[3] 柴夫编著《中统兴亡录》，中国文史出版社，1989，第 41 页。

[4] 《战时司法纪要》，第二十一章"储备司法人员"，第 1 页。

布，这表明，战区检察官的活动存在"先实践、后规范"问题。据亲历者郑大纶（甲种第一名）晚年供述：我们接到司法行政部派令后，反复琢磨"战区检察官"这一名词的特殊含义，考虑怎样显示中统甄训检察官的特殊作用，认为中统甄训检察官、战区检察官，应该不同于后方各级法院的一般甄训检察官，它应该配置在高等法院或分院，在专区以内之各县巡回检察，不受地方法院首席的约束，并且以"锄奸肃反"为主要任务；不应该配置在地方法院，办理普通刑事案件。为此，我们挖空心思，草拟了《战区检察官服务规则》。我们将《服务规则》提交法官训练所第五届全体同学会议讨论通过以后，经报洪兰友（法官训练所所长）同意，函送司法行政部长谢冠生批准，便以命令发布战区各省高等法院，这样，战区检察官的特殊任务便有了法律根据。① 可见，在《服务规则》制定过程中，主导者就是这些身为战区检察官的中统分子。

《战区检察官服务规则》共 16 条，大体内容：战区检察官分区执行职务，分区由各该省高等法院首席检察官按照高等法院或分院管辖区域定之，每区分配人员之数额，由该省高等法院首席检察官定之。战区检察官在法院县司法处及兼理司法之县政府管辖区域内，均得执行职务。战区检察官之职务，与一般检察官同，"关于妨害抗战建国犯罪之检举，尤应特别注意"。战区检察官在法院执行职务时，与配置该院之检察官同，并应受该院首席检察官或兼行首席职权之检察官指挥监督。战区检察官在县司法处或县政府管辖区域内，办理不起诉案件，仍应制作不起诉处分书。战区检察官向县司法处或县政府起诉时，仍应提出起诉书。战区检察官侦查犯罪，如认为普通司法机关无审判权者，应附具意见书移送当地有审判之权机关办理。除依法调征司法警察外，战区检察官尤应与当地有关侦查工作之机关密切联系。战区检察官得支给必要之旅费等。②

① 郑大纶：《中统向司法部门渗透点滴》，《文史资料存稿选编》（特工组织·上），第 61~62 页。
② 《战区检察官服务规则》（1940 年 1 月 15 日司法行政部公布，1940 年 2 月 2 日司法院令准备案），司法行政部编《司法法令汇编》第 2 册，上海法学编译社，1946，第 268~270 页。

作为参与制订规则的主要人员，郑大纶认为《战区检察官服务规则》之要点有三。一是战区检察官的任务为办理妨害抗战建国案件。这点用意在于显示战区检察官任务的特殊性、重要性，其不同于一般检察官之任务，即办理普通刑事案件；1938 年 4 月国民党公布《抗战建国纲领》，一切违反该纲领的言行，都可以"妨害抗战建国案件"进行干涉和检举，如此一来，对于中共、民主党派、民主人士的言行，即可以"妨害抗战建国纲领"论处。二是战区检察官配置在战区各省高等法院或分院，得在本专区管辖范围以内的各县进行巡回检察。该规定的用意在于，可以在各县调查中共和各民主党派的活动，向中统局提供情报。三是战区检察官对于军法机关审判的案件，侦查终结以后，应制作意见书，移送军法机关审判。当时的地方法院一般无权过问禁烟禁毒、惩治贪污、惩治匪特的案件，有此规定作为依据，战区检察官可以进行侦查，并可制作意见书移送军法机关审判，"意见书"可以起到"起诉书"的作用，军法机关对"意见书"不能等闲视之。此规定也表明，战区检察官不只可以办理法院一般的刑事案件，还可以办理侦查特种刑事案件，亦体现不同于一般检察官的特殊性。①

战区检察官职权特殊，在党国体制中地位特殊，加之这些人员善于揣摩上意、工于钻营，往往具有各种"通天"能力。在台北国民党党史馆所藏的特种档案中，保存有当时任职于湖北宜昌的战区检察官郑大纶草拟的一份《战区检察官工作纲领》（油印本），拟订时间为 1941 年 7 月 7 日，题写"吴秘书长教正，郑大纶敬赠"字样，"吴秘书长"即时任国民党中央秘书长的吴铁城。② 可见某些战区检察官的"通天"能力。

《战区检察官工作纲领》分两部分。第一部分，工作原则，共 7 条，第一条即"秉承三民主义暨国父遗教，积极推进党化司法"；第二条："遵守中央抗战建国同时并进之基本国策，一切工作措施，力求配合战时环境，适应国家实际需要。"第二部分，工作实施，共 10 条：铲除抗建

① 郑大纶：《中统向司法部门渗透点滴》，《文史资料存稿选编》（特工组织·上），第 61~62 页。

② 刘维开编《中国国民党职名录（1894~1994）》，中华书局，2014，第 103 页。

障碍、厉行自动检举、运用检察手段、实行巡回检察、建立县侦查网、整顿司法警察、联络侦查机关、切实视察监所、培养革命精神、办理登记统计。每条之下，又列出细目，例如，在"第一条、铲除抗建障碍"之下详列：（1）肃清汉奸反动，巩固抗战基础；（2）检举贪官污吏，澄清地方政治；（3）追诉妨碍兵役，充实军事力量；（4）制裁囤积居奇，安定国计民生；（5）根绝鸦片毒品，增进民族健康；（6）查究酿酒熬糖，减少粮食浪费。"第三条、运用检察手段"之下详列：（1）侦查案件，务求迅速完备，一切诉讼程序，随到随办，随办随结，尤不得有片刻之搁压；（2）对于刑事简易案件，依法尽量声请以命令处刑，俾案件得以迅速终结，以免讼累；（3）对于刑事轻微案件，依法采取便宜主义，以消弭社会间不必要之纷扰；（4）对于因执行有关抗战之政令而有犯罪嫌疑之案件，应注意政令推进效率，慎重办理；（5）司法与行政，实有密切关系，应依司法独立之精神与行政机关取得工作之联系，以免扞格。① 郑大纶呈递的这份工作纲领，内容可谓详尽，很多条文显系官样文章，空洞难以操作，估计也未实际生效，但这从侧面反映了战区检察官的广泛且肆意之职权。

相对于既有司法官员，"战区检察官"是个新花样，职权特殊，故颇引人瞩目。在很多司法人员眼中，战区检察官是"一种新的官名"，是享受特殊职权、待遇、使命的"黄马褂"，他们"在一省范围以内，可以流动行使职权。其常驻地点，虽原则上规定由高等法院首席检察官酌予安排，但这批'黄马褂'可以自请派驻某院。在工作来说，他们可以接受所在地法院首席检察官的监督指挥，承办一些检察事务，这是一种掩护的方式；他们肩负的更主要的任务是：所在地法院首席无权过问的'锄奸肃反'。'反'是指共产党人和反对国民党的爱国进步人士，对这些人他们认为是必肃的；而对汉奸之类的'奸'，则还要看具体情况，认为可以利用的还要勾结。他们有权逮捕侦讯现役军人，但须移送军法机关审判。

---

① 《战区检察官工作纲领》（1941 年 7 月 7 日），中国国民党党史馆藏特种档案，档案号：9/20.40。

他们的特务工作是秘密的，直接受中统特务头子徐恩曾领导，并与当地省党部'调查统计局'密切联系和合作。每个战区检察官都有美制手枪一支，证明中统身份可以调度军警力量的'派司'一份，随身携带，耀武扬威"。① 战区检察官很多并非法科专业出身，也未受完整的司法检察业务训练，故若从业务水平而言，确实不尽如人意。据一位与战区检察官打过交道的司法人员回忆："抗战期间，我在鄂西法院与他们（战区检察官）接触过，其中有几名，按照规定，还由我对他们所写文件作过鉴定，除个别较好外，多数的文化和法律水平均较一般还差。"②

在战区检察官诸多职权与活动中，"锄奸肃反"是重点，"反共"则是重中之重。据郑大纶忆述，在他们这批战区检察官分发各地以前，国民党中统局局长朱家骅③、副局长徐恩曾，在重庆上清寺新生花园，以西餐招待即将赴任的全体战区检察官，餐后，所有战区检察官各自填写了《党网登记表》和誓词，都被吸收参加了中统新的特务组织——"党员监察网"④。战区检察官便成了中统的特务检察官，负有反共的特殊使命。为了使战区检察官与当地中统调查统计室密切联系配合，拟订了《各省市调查室与当地战区检察官联系办法》，主要内容：战区检察官应与当地调查统计室密切联系，互助合作；各省市调查统计室应吸收当地战区检察官参加高干小组，出席会议；战区检察官办理案件，必要时可请调查统计室协助；各省市调查统计室有关法律问题，应征询战区检察官的意见；战

---

① 金沛仁：《略谈谢冠生与国民党司法界》，中国人民政治协商会议全国委员会文史资料研究委员会编《文史资料选辑》（合订本，第 27 卷，总第 78～80 辑），中国文史出版社，2000，第 57 页。

② 左开瀛：《民国时期的司法官场》，政协武汉市委员会文史学习委员会编《武汉文史资料文库》第 6 辑（社会民俗），武汉出版社，1999，第 335 页。

③ 朱家骅原本与陈果夫、陈立夫关系密切，颇得二陈提携。抗战爆发后，朱氏先后担任国民党中央秘书长和组织部长，一度兼任中统局局长，逐渐网罗人马，自组班底，开始与二陈争夺资源，双方矛盾日深，但在推进司法党化和派遣战区检察官方面，朱氏与二陈当有共识。

④ 抗战时期国民党的"党员监察网"，是旨在强化国民党员的纪律观念，增强党组织的凝聚力的监察制度，具有浓厚的特务色彩。详见李强《论抗战时期国民党的党员监察网》，《西南师范大学学报》2006 年第 2 期；王舸、何志明《战时国民党的党员监察网》，《抗日战争研究》2013 年第 3 期。

区检察官有关中共和各民主党派的活动情报，应随时送交调查统计室。① 战区检察官乃中统特务人员，与各省市保持极为密切联系，在当时司法界几乎是公开的秘密。一位司法人员后来忆述：国民党各省的省党部都设有"调查统计室"，与这批人员（战区检察官）勾结办事，因此，事实上这些人都是特务。由于国民党在各地势力情况不同，战区检察官在各地的待遇与处境也有别。当时山西、云南、广西等省形成割据地区，对这批人员采取敷衍态度。在国民党控制下的浙江，情况则不同。在国民党 CC 系核心人物、浙江高等法院院长郑文礼所控制的浙江司法，是厉行"司法党化"的，郑文礼和王秉彝（浙江高等法院首席检察官）把这批"黄马褂"安排在重要地区，使能在从事"通常司法"的幌子下，大做其 CC 派所特交的任务。"凡系'战区检察官'所办的某些案件，他们要向省党部'调查统计室'汇报情况；中统特务头子徐恩曾利用交通部次长地位，借名视察交通，到各地督导，其底细非门外人所能洞悉。"②

不可否认，在抗战洪流中，战区检察官在检举贪污、惩治匪特、维护兵役等方面有所作用。③ 湖南是战区检察官派遣人数较多的省份，据《大公报》报道，1939 年司法行政部派法官训练所毕业者 6 人，④ 充任湖南战区检察官，分配于高院所在地之长沙，以及高等分院所在地的沅陵、桂阳、常德、邵阳、衡阳。1941 年 4 月，司法行政部又派 20 名法官训练所新毕业生，充任湖南战区检察官，"各员颇能称职，检察方面，已感充实"。⑤ 湖北也是派发战区检察官人数较多的省份，战区检察官活动颇为密集。湖北秭归县政府谍报员李子章，"稽查烟案，勒索人民财务"，湖北宜昌地方法院的战区检察官刘有容，"依法检举，连同意见书解送鄂保

---

① 郑大纶：《中统向司法部门渗透点滴》，《文史资料存稿选编》（特工组织·上），第 62 页。

② 金沛仁：《郑文礼与浙江旧司法界》，浙江省政协文史资料研究委员会编印《浙江文史资料选辑》第 2 辑，1962，第 110 页。

③ 三桥陽介「日中战争期の战区検察官——中华民国重庆国民政府法制の一考察」『社會文化史學』第 50 号，2008 年 3 月 25 日，77～79 页。

④ 此 6 人应为：邓纯、王子兰、马希援、王克迈、张道同、胡经明。《湖南各级法院暨监所职员录》，湖南高等法院书记室，1941 年 8 月编印（油印本，无页码）。

⑤ 《湘省地方法院明年将增加十个》，桂林《大公报》1941 年 8 月 30 日，第 4 版。

安司令部审讯属实，判处死刑，执行枪决"。① 在抗战中，一些战区检察官为国付出了生命，如分发江苏的战区检察官赵启震，于 1942 年 3 月，"化装前往苏州巡回检察，道经无锡县甘露镇，为当地敌军某队严加盘诘，侦悉系司法人员，乃移至无锡伪县政府，旋解至江阴敌军指挥部军事法庭，每隔数日审讯一次，敌军威胁利诱，无所不用其极，赵氏始终坚拒，卒为杀害"。为此，江苏高等法院首席检察官呈请司法行政部予以褒扬，法官训练所所长洪兰友闻讯后开会追悼。② 可见，抗战中的战区检察官，并非一无是处。

五 结语：从战区检察官看中国现代检察权之变动

一般认为，现代检察官源于中世纪法国的"国王代理人"，后来逐渐演变为国家司法官员。大体而言，现代检察制度之创设与发展，与以下问题相关：（1）刑事诉讼模式之变革。在早先的纠问式刑事诉讼中，法官独揽控诉与审判权，近代以降，刑事诉讼模式变为控诉式，法官权力削弱，成为单纯的审判官，与此同时，赋予检察官主导侦查程序及公诉的权力，通过分权与制衡，以求达成诉讼结果的客观与正确。（2）检警关系。通过检察官来控制警察活动的合法性，以避免"法治国家"异化成"警察国家"，这点在某些"检察官领导警察侦查"的西方国家刑事诉讼体制中表现较为突出。（3）从法理层面而言，检察官是国家法律的守护人，由其保障国家与国民的公共利益。

中国现代检察制度肇始于清末新政时期。清末司法改革，远师欧陆，近法日本。清廷在删修旧律、制定新法的同时，筹设各级新式司法机构，设立与大理院及各级审判厅相应的检察厅。光绪三十二年（1906）颁布的《大理院审判编制法》，已规定检察官"于刑事有起公诉之责""可请

---

① 《严惩贪污，鄂枪决一污吏》，重庆《大公报》1942 年 9 月 14 日，第 2 版。
② 《司法界忠贞斗士赵启震殉职》，桂林《大公报》1942 年 11 月 2 日，第 2 版。

求用正当之法律""监视判决后正常施行"等基本原则。① 次年颁布的《各级审判厅试办章程》列有"各级检察厅通则"专章，全面确立了检察制度，规定"检察官统属于法部大臣，受节制于其长"，确定全国检察"一体主义"："各级检察厅联为一体，不论等级之高下，管辖之界限，凡检察官应行职务，均可由检察长官之命委任代理。"相对于审判机关，检察官独立行使检察职权，包括：对刑事案件提起公诉；收受诉状、请求预审及公判；指挥司法警察官逮捕犯罪者；调查事实、搜集证据；在民事方面，保护公益，陈述意见；监督审判并纠正其违误；监督判决之执行；核查审判统计表；等等。② 换言之，经检察官起诉的案件，审判厅不得无故拒绝审理，被害人也不得私自和解；对于刑事案件实行侦查，提起公诉，充当民事案件的诉讼当事人和公益代理人，并有权监督审判和执行。宣统二年（1910）颁布的《法院编制法》，最终在国家基本组织法层面确立了审检合署并立，各自独立行使职权的日式检察制度。③ 中华民国成立后，民国北京政府基本承袭清末检察制度，机构与人员有所扩展。南京国民政府成立后，裁撤检察厅，在各级法院内配置检察官，将原有的检察长及监督检察官改称各级法院首席检察官，仍独立行使检察职权。1932 年 10月，国民政府公布《法院组织法》，规定：最高法院设检察署，置检察官若干人，以一人为检察长，其他各级法院及分院各置检察官若干人，以一人为首席检察官，若检察官员额仅一人时，不置首席检察官；检察官虽内置于法院，但独立行使检察职权。④

综上所述，清末民国时期，虽然检察机构设置有变，时而审检并立，时而配设于审判机关之中，但其独立行使检察职权未变。检察官之职权，亦大体不出清末来华参与修律的日本专家之所言："检察官之职务涉及民

---

① 上海商务印书馆编译所编纂《大清新法令》第 1 卷，李秀清等点校，商务印书馆，2010，第 381 页。
② 《大清新法令》第 1 卷，第 403 ~ 405 页。
③ 《宪政编查馆奏核订法院编制法并另拟各项章程折》，《政治官报》第 826 号，宣统二年一月九日，第 15 ~ 16 页。
④ 谢振民编著《中华民国立法史》下册，张知本校订，中国政法大学出版社，2000，第1047 ~ 1049 页。

事、刑事、行政、国际各法，其范围甚广，而常以关于刑事法为其最重要者"，"关于刑事法之检察事务，以公诉事宜为其中心"。①

抗战时期，随着战区检察官的出笼，中国现代检察权发生很大变动。此变动与两大体制背景相关：国民党的党国体制与抗战时期非常的战时体制。从法理上讲，检察官确是国家主体的代理者，检察机关确属司法机关，但具有浓厚的行政权力色彩（这点与审判机关不同）。在国民党的党国体制中，在诸多领域中党与国是重合的，作为国家主体代理者的检察官，在党国体制中即可转换为党的代理者。抗战时期，作为掌控全国政权的国民党，在战时体制的架构中，自然试图通过强化检察机关，增强抗战与建国之能力。但是，国民党并非统一体，其内部派系重重，这时掌控国民党党务系统的是以陈果夫、陈立夫为首的 CC 系，负责调查统计工作的特务人员是 CC 系中的一支重要力量。特务人员与战区检察官的某些职权方面确有相似之处，故 CC 系将中统分子安插、渗透进检察系统之中，自是自然。与一般检察官相比，战区检察官的职权大为扩张，不仅可以办理普通刑事案件，还办理侦查特种刑事案件，尤重于"锄奸肃反"。战区检察官的"锄奸肃反"，不仅包含反共、反日伪、反民主党派等，也暗含着反对国民党内部的非蒋派别，从事实情况看，战区检察官确实深度卷入了国民党内部的派系纷争。从理论上言，在面临外敌入侵之际，在战时体制的架构之中，国民党当局强化作为国家主体代理者的检察官，扩充其机构，充实其人员，扩展其职权，本无可厚非，② 问题是，战区检察官的实际运作与此渐行渐远：本应为抗战中的国家利器，变为执政党（国民党）维护专政的工具，进而衍异为国民党内派系斗争的工具。换言之，战区检察官本应该是对外、抗日的，实践中变成对内、反共（民主党派）的。

若从清末以降司法制度、人员任用的纵向长时段观察，也不难发现党国体制、战时体制对检察权变动的深刻影响。自从清末司法改革开始，到

---

① 〔日〕冈田朝太郎等口授，郑言笔述《检察制度》，中国政法大学出版社，2003，第 39 页。

② 抗战时期，在某些地方司法领域中，检察权存在一定弱化的倾向，如在江西的战区巡回审判中，即没有检察官之设置。孙西勇：《抗战时期战区巡回审判检察职权的弱化与变通——以江西战区为例》，《江西师范大学学报》2015 年第 1 期。

民国北京政府时期，在强调专业化、职业化、法律人共同体的面相下，司法人事制度与一般行政机构颇为不同。南京国民政府初期，司法人事行政大体继承北京政府的旧制。据当时司法人员后来忆述：北京政府时期，司法人员有一套严格的选拔、任用、升迁、保障制度，如"终身职"，名曰有"保障"；"月享高俸"，名曰"厚俸养廉"；还有养老金、抚恤金等。为了实施上述各项制度，北京政府制定了一系列的人事规章，如"任用标准""叙俸规程""轮补办法""资格审查""成绩审查""考勤惩奖""稽功授勋"等，如此保证了司法人员的专业标准，总体人数不多，规模也不大。但是，在国民政府中后期，"自从CC集团控制司法行政权力以后，上述一系列虽有虚假性而还有一些框框的制度，就被CC束诸高阁，他们为了实现'司法党化……'，用人行政亦相应趋于简化。这样，那些中统分子进入司法机关以后，马上可做正缺法官，享受高俸待遇，其升职加俸不受什么限制，年资不足可以先行派代，等到积满年资时，一面正式任命，一面又可派代更高一级的职位。这办法叫做先升官后积资，其作用在于收买特务分子效忠卖命。到了后来，CC集团认为这种办法也太麻烦了，干脆把老制度明令废弃，关于法官任用之程序，仅分为代理、派署、实授三种。经过这样改变，司法人事行政同普通行政的区别就没有了。因此，在当年有所谓'司法行政化'之说。'司法行政化'，乃是实现'司法党化'的重要措施之一"。① 另一位司法人员的回忆印证了前述看法。在国民政府成立以前，"司法官的任用限制很严，所谓法官只限于高等审检厅，地方审检厅的厅长、检察长及推事检察官，外县的承审员、审判官、司法委员都未入流，不能算作法官。法官资格之取得，要司法官考试及格在法官〔训〕讲习所学习期满，始由司法部派充候补推检，由候补若干年才能再补正式推检"；南京国民政府初期，"司法官的任用尺度放宽，把法律科毕业、考取普通文官的，也任为正式法官"，但这时"尺度虽宽，但未紊乱"，问题是，在"抗战期间，在党人从政的口号下，把

---

① 金沛仁：《国民党法官的训练、使用与司法党化》，《文史资料选辑》（合订本，第27卷，总第78～80辑），第99～100页。

CC 分子送进洪兰友负责的法官训练所受训，期满即可轻易地取得了法官的资格，派到湖北的郑大纶、杨世忠、王之倧、任埏、陈曼修等即是"，"推事检察官如此，未入流之审判官更不足论，至此司法官之任用紊乱极矣"。①

显而易见，随着党务人员从事司法工作，国民党势力进入司法系统，原本尚有一定规矩的司法官员任用制度变得紊乱。在此过程中，战区检察官是破坏司法制度建设的一个环节。一位在国民政府司法行政部工作多年的人员忆述，"在国民政府各部会中司法行政部的人事制度是比较完整的，无论在用人的资历、俸级的核叙、功过的奖惩等方面都有一套比较完整的制度可以遵循"，但是，对国民党的"党法官"则"大开绿灯"。②实际上，战区检察官的提升也确实比一般司法官员"快速得多"，"他们的表现不同于一般法官，也是很自然的"。③ 抗战胜利后，战区检察官转任普通法院检察官，"他们神通广大，嗅觉最为灵敏，一遇比较好的地方有缺，即他们所谓的'肥缺'，他们就削尖脑壳，极力钻营，就请'果夫先生'写信。而当时的司法行政局（部）对'二陈'又不敢得罪，不能不卖他的账。所以这些'党法官'几乎是有求必应，飞扬跋扈，把一个司法界闹得乌烟瘴气"。④ 显然，党国体制中很多的无规则性、肆意性亦被引入司法系统之中。

从抗战结束后的情况来看，很多战区检察官的提升确实比一般司法官员快速得多，显著者，如郑大纶升任汉口地方法院首席检察官，刘有容升任河南信阳地方法院院长，李华龙升任宜昌地方法院首席法官，何承斌升任北平特刑庭庭长；到 1947 年国民党当局在各省成立特刑庭，借处理政

---

① 吴俊：《湖北省解放前的司法体制》，武汉市政协文史资料委员会编印《武汉文史资料》1993 年第 2 辑（总第 52 辑），1993，第 116～117 页。

② 程尊汉：《我所知道的国民党司法行政部的情况》，隆昌县政协文史资料研究组编印《隆昌文史资料选辑》第 6 辑，1985，第 41、43～44 页。

③ 左开瀛：《民国时期的司法官场》，《武汉文史资料文库》第 6 辑（社会民俗），第 335 页。

④ 程尊汉：《我所知道的国民党司法行政部的情况》，《隆昌文史资料选辑》第 6 辑，第 44 页。

治案件以镇压革命，"这帮人中的不少人便再次扶摇直上了"。① 不可否认，抗战期间，战区检察官也有某些正面作用，但负面作用更大，尤其从司法建设的长时段着眼，破坏性尤大，故有学者认为："如果以特工人员从事司法调查工作是国民党党化司法的具体表现，此举无异宣告党化司法的死亡，与国民政府成立以来建立司法制度以昭公信，争取法权独立的努力背道而驰。"② 由此而言，司法党化表面上强化了国民党党国体制的统治力，实际上，作用相反，加速了党国体制的溃败。这些多半超出国民党当局起初之预期，可谓事与愿违。

〔李在全，中国社会科学院近代史研究所〕

---

① 柴夫编著《中统兴亡录》，中国文史出版社，1989，第42~43页。一些战区检察官跟随国民党败退台湾后，仍获提拔、重用。例如，王建今，1949年赴台后曾任"最高法院检察署"检察长；马希援，赴台后任"国防部军法局"上校军法官、"最高法院检察署"书记官长等职。唐荣智主编《世界法学名人词典》，立信会计出版社，2002，第800页。
② 罗久蓉：《从1938年甄审看国民党对司法的"渗透"》，黄自进、潘光哲主编《蒋介石与现代中国的形塑》第2册，第87页。

学术与社会

"超今文学"与近现代经史转型

张 凯

内容提要 1930 年前后，"今古"之见支配民国史学界，顾颉刚有意发起新一轮的"今古文论战"，"超今文学"逐渐成为学界焦点。胡适提出"回到廖平"，重审廖平以礼制平分今古的合理性；钱穆以史事澄清秦汉学术演化轨迹，解决近代今古文之争，反对于经说中强求异同；钱玄同、顾颉刚进一步将今古文问题史学化，从"辨伪"与"析学"的层面明确主张超越经今古文问题；廖平门生蒙文通、李源澄发展经史分流观，以"理想"与"陈迹"分别今古，实践以国故整理科学。以 20 世纪三四十年代民国学界"超今文学"的学术纠葛为线索，揭示民国学术的多元流变与各派学人的学术旨趣，展现近现代经史转型过程中沟通中西新旧的多种取径，融会各家超越经今古之争的方法与宗旨，或可反思进而丰富时下史学研究，使史学研究成为确立文明主体性的源头活水。

关键词 超今文学 古史辨 钱穆 蒙文通

近代经今古文之争本是清学汉宋之争的子题，后演化为清末民初政教、学术转型的枢纽。民初整理国故与古史辨运动聚焦于今古文经辨伪工作，侧重公羊改制与刘歆造伪，辨伪经典有意消解经学义理、礼制与政教体系的合理性。后学通常认定钱穆《刘向歆父子年谱》结束了晚清以来的经今古文学之争，经今古文之争演化为史学问题。① 经史异位、由经入

---

① 参见余英时《钱穆与中国文化》，上海远东出版社，1994；罗义俊《钱穆与顾颉刚的〈古史辨〉》，《史林》1993 年第 4 期；刘巍《〈刘向歆父子年谱〉的学术背景与初始反响》，《历史研究》2001 年第 3 期；李帆《从〈刘向歆父子年谱〉看钱穆的史学理念》，《史学史研究》2005 年第 2 期；陈勇《钱穆与〈刘向歆父子年谱〉》，《西华师范大学学报》（哲学社会科学版）2016 年第 2 期。

史诚为时代大势，但应当进一步追问经今古文学的内在派分与经义分殊及其所承载的学术方法、问题、理念，乃至背后所指向的回应中西文明分合的方式是如何被民国学人扬弃与超越的。20 世纪 30 年代，经学史学化已成定局，如何超越经今古文之争，以史学的方式处理经今文学与经古文学的理念、方法与材料成为学界焦点，由此开启了新一轮"今古文论战"，钱玄同、蒙文通等学人称之为"超今文学"，扬弃经今文学的议题、方法与义理成为各派学人实践新学术的起点。以此为线索，将"超今文学"置于民国学界复杂的历史脉络中，当可更深入地阐释经今古文之争在晚清民国时期演化的多元线索与内涵，准确把握近代学术转型的多重路径与复杂性。

一 "今古文论战"与"回到廖平"

就清代学术流变的内在脉络而言，经今古文问题仅是汉宋之争的子题。陈寿祺、陈乔枞父子渐别今古，由粗及精。廖平《今古学考》以礼制平分今古，发明《王制》《周官》分别为今学、古学的宗纲。受廖平《今古学考》《古学考》等著作启发，康有为倡言公羊改制，复兴今文学，由此引发晚清民国政治与学术的多层纠葛。古史辨运动强化康有为之于现代学术的意义，顾颉刚自称"上古史靠不住的观念"来源之一便是以康有为为代表的清代今文经学，今文学的古史观可谓古史辨运动兴起的关键因素。相形之下，廖平之于近代古史学的意义在既有学术史叙述中长期未被重视。实际上，廖平早已怀疑古史一元叙述，他以礼制并非一系区分经今古文时，即注意到古史多元问题。求学时期的顾颉刚称赞清末如果没有今文学，"将使朴学之功与汉人头脑同其混沌"。[1] 在傅斯年的启发下，顾颉刚认为："国中为学主者，近世惟康长素与太炎先生，风从最众，建设最著。康君之学受之廖氏，屡闻称说。今太炎先生又受其学，则廖君洵开

---

[1] 顾颉刚：《侍养录（三）·清儒之信古》，《顾颉刚全集·顾颉刚读书笔记》（一），中华书局，2010，第 171 页。

创时世者已。"① 1920 年前后，顾颉刚多次点校《知圣篇》，"以穷改制之源"，指出："廖氏《今古学考》及《古学考》为康氏《新学伪经考》所自出，《知圣篇》则为《孔子改制考》所自出，证验分明，无事辩论。康氏盗之而没其名，心术诚不可问也。"② 康有为疑古历史观为古史辨运动提供方法与思想动力，今文学经史多元观成为古史辨思潮演化的内在学术议题。顾颉刚关于商周不同源的说法，正源自经今文说。③ 古史层累观突破古史一元体系建构，恢复古史的多元叙述，经今古文问题成为研究古史的"一个最大的关键"。

北伐前后，国内的学术格局有所改变。顾颉刚南下讲学，提倡怀疑精神，以疑古辨伪打破信古氛围，亦打破"求正统"的观念而易以"求真实"的观念，赞扬清代经今文学与康有为的变法运动，古史辨的影响力与日俱增。若要在学理层面超越今文学，势必要分析一元古史系统的来源。顾颉刚在厦门大学、中山大学开设上古史课程，"方才对于今古文问题有较深的认识"，重点在于辨析少昊的今古叙述与五德终始说。④ 与此同时，廖平门生蒙文通撰成《古史甄微》，以鲁学为根本，质疑古文经的古史系统，经传并重，博采诸子百家学说，甚至"多袭注疏图纬之成说"，提出古史三系说，申明儒学在中国文化中的地位。顾颉刚与蒙文通的学术活动直接激发钱穆撰写《刘向歆父子年谱》，力图解决晚近经今古文之争。顾颉刚向钱穆约稿，钱穆"即读康有为《新学伪经考》，而心疑，又因颉刚方主讲康有为，乃特草《刘向歆父子年谱》一文与之"。钱穆虽称"此文不啻特与颉刚争议"，但此文无疑旨在回应顾颉刚。⑤ 1930年 6 月，顾颉刚推荐此文刊发于《燕京学报》。钱穆以史学立场"为经学显真是"，考量新莽代汉的历史发展趋势、人心所向，力证刘歆并未篡改

① 顾颉刚：《西斋读书记》，《顾颉刚全集·顾颉刚读书笔记》（十五），第 358 页。
② 顾颉刚：《题记·知圣篇》，《顾颉刚全集·顾颉刚文库古籍书目》（二），第 789 ~ 790 页。
③ 皮锡瑞：《经学通论》卷二，中华书局，1954，第 38 ~ 41 页。
④ 顾颉刚：《〈中国上古史研究课〉第二学期讲义序目》，顾颉刚编著《古史辨》（5），上海古籍出版社，1982，第 259 ~ 260 页。
⑤ 钱穆：《八十忆双亲　师友杂忆》，生活·读书·新知三联书店，1998，第 146 ~ 152 页。

群经，《周官》《左氏传》二书皆先秦旧籍，经今古文学之分在东汉之前并未分明，今古对立为近世晚起学说，列举康有为学说不可通者二十八端，认为廖平分别今古、尊今抑古之论张皇过甚。顾颉刚在《五德终始说下的政治与历史》中虽然吸收了钱穆的某些意见，但依旧沿用康有为、崔适的刘歆造伪说。双方往复争辩，钱玄同称顾颉刚"颇有意于再兴末次之今古文论战。刘节必加入，适之将成敌党"。① 此时，胡适在中国上古史学转变的趋势中，开始由"疑古"走向傅斯年所提倡的"重建"，《刘向歆父子年谱》成为促使他放弃"刘歆遍伪群经"说法的重要因素，他进而批评顾颉刚仍旧墨守康有为与崔适之说。胡适与钱穆论辩今古时，提出"廖季平的《今古学考》的态度还算是平允，但康有为的《伪经考》便走上了偏激的成见一路，崔觯甫的《史记探源》更偏激了"，现在应该"回到廖平的原来主张，看看他'创为今古之分，以复西汉之旧'是否可以成立。不先决此问题，便是日日讨论枝叶而忘却本根了"。② 胡适知晓廖平与康有为学术倾向有别，廖平"平分今古"之说是近代今古纷争的根本，"回到廖平"成为超越今文学的重要环节。

　　钱穆、顾颉刚、胡适、钱玄同等人的讨论引发了学界对经今古文问题的再度热议，既有研究侧重讨论各方观念异同与互动，却忽视了此次今古文论战所展示的今文学内部派分与经史转型复杂的内在理路。刘节评论《刘向歆父子年谱》之于经今古文问题是"消极攻击旧说"，而非"积极分析事实"，更期望能"说明今古学之源流与底蕴，以为讲论学术史者所取资"。钱穆对于"刘歆未造伪经之证据颇多，而对于《周官》及《左氏传》之著作时代无具体意见"，"抨击崔、康者仍未能中其要害"，"当崔、康辈立说初意，本在提倡今文，因而不能不攻击古文经典，于是《周官》及《左氏传》之著作时代发生问题矣。后人复以其攻击古文家之法还以检讨今文经典，则《春秋经》，《公羊》《穀梁》二传相继提出不信任案，

---

① 钱玄同：《钱玄同日记》（整理本），1931 年 6 月 14 日，北京大学出版社，2014，第 806 页。

② 胡适：《致钱穆函》，杜春和、韩荣芳、耿来金编《胡适论学往来书信选》下册，河北人民出版社，1998，第 1105 页。

由是《禹贡》《洪范》《尧典》《金縢》——证明伪作，而中国上古史顿觉改观"。[1] 刘节视钱穆为古文学立场，诚然有所误解，但提出《周官》与《左传》的年代问题的确是解决经今古文的症结。钱穆本来没有经生之见，更无"平分今古"的束缚，批评廖平"以礼制一端划分今古鸿沟，早已是拔赵帜立汉帜，非古人之真"。[2] 循此思路，自然以康有为《新学伪经考》为今文学大本营，力驳刘歆造伪说，再得古人之真，以史事解决今古文之争。为了回应刘节的批评，钱穆撰写《〈周官〉著作时代考》，论证何休所谓"《周官》乃六国阴谋之书"的说法较为合理，"据今考论，与其谓《周官》乃周公所著，或刘歆伪造，均不如何氏之说为近情"。[3] 不过，钱氏仅将考证《周官》《左传》的成书年代视为突破经今古文问题的辅助。刘节还指出："晚清治今文学者以皮锡瑞、廖平、崔适、康有为最有力。如廖平之《今古学考》、崔适之《史记探源》，皆精深宏笃，远在康氏以上。"[4] 换言之，超越今文学不能仅以康有为为鹄的，更要考察廖平与崔适学说。有学人批评刘节所言"昧于康氏之说统治民国学界的事实，又犹惑于廖、崔诸说"，应是有所误解。若以今文学流变内在脉络的视角而言，刘节意在提示廖平与康有为学术的不同及其启发后学的不同路径。

廖平、康有为是近代今文学系谱的核心人物，康有为是否"剽窃"廖平学说成为近代学术难解之公案，廖平及其门生更不断与康有为学术划清界限。廖平认为，经史分流后经学与史学门径有别。康有为《经学伪经考》"外貌炳烺"，"足以耸一时之耳目，而内则无底蕴，不出史学、目录二派之窠臼"；[5] 研究经学"贵笃守旧说，经传中微言大义，不少可致力处，即有可疑，亦当就其说而引申之"，不宜以目录之学妄加驳斥。康

---

① 刘节：《评〈刘向歆父子年谱〉》，《大公报·文学副刊》第 137 期，1930 年 8 月 25 日，第 11 版。此文署名"青松"，数年前，刘节之子刘颂曾先生告知此为刘节笔名。刘巍先生对此亦有精当考证。

② 钱穆：《致胡适》，杜春和、韩荣芳、耿来金编《胡适论学往来书信选》下册，第 1098～1101 页。

③ 钱穆：《〈周官〉著作时代考》，《燕京学报》第 11 期，1932 年 6 月。

④ 刘节：《评〈刘向歆父子年谱〉》，《大公报·文学副刊》第 137 期，1930 年 8 月 25 日，第 11 版。

⑤ 廖平：《致某人书》，《四益馆杂著》，《六译馆丛书》，四川存古书局，1921。

有为遍伪群经，一概抹杀，"未能深明大义，乃敢排斥旧说，诋毁先儒，实经学之真贼也。其以新学名篇者，不过即所谓今古文者而略为变通之"，"此谬诬之甚，妄诞之尤，不足以言治经"。① 康有为以史学与目录学为门径，为进化的历史观开道；廖平从经义分歧入手，由今古上溯齐鲁，使"复古求解放"更进一步。顾颉刚在归纳清代今文学时明确指出："廖平之学由分析《五经异义》而来，康有为之学由比较《史记》、《汉书》而来，其所用方法皆近世之方法也。然使无清代汉学积累之功力，二君亦不能有此偶然之解悟。"② 吕思勉注意到廖平、康有为学术旨趣及其影响后学的路径差别，康有为"昌言孔子改制托古"，廖平"发明今古文之别，在于其所说之制度"，二人学说为"经学上之两大发明"。康氏学说使得"后古胜于今之观念全破，考究古事，乃一无障碍"；廖平揭示今古文分野，使之判然分明。③

民国学界自然多以"怪诞"看待廖平六变之学，关键即在廖平视"哲理与事实为反比例"，未能将孔学义理与历史事实相结合。舒君实强调廖平之于近代学术流变的意义，提出"研究儒学宜师今而存古，师今取其足以救时弊，存古可以备参考故"，若不研读廖平《今古学考》，而"妄谈儒家学说，譬彼舟流罔知所届矣"。④ 廖平所揭示的微言大义被视为中国学术以及文明出路的重要参考。以礼制平分今古的方法与《春秋》之微言大义成为民国学人褒贬廖平学说的缘由，如何以历史眼光贯通春秋大义与六经典制成为廖平后学弘扬、超越经今文学的关键。蒙文通执教河南大学时，"比辑秦制"，察觉周秦之制与春秋一王大法间的区别。蒙文通质疑今古文学的宗纲，以历史之义区别《王制》与《周官》官制异同：《王制》《周官》实为西周、东周两种不同的制度，且二者所论官制、礼制"相通而不相妨"。所谓今古学"实为汉人不合理强制组成之学"，"究

---

① 廖季平遗稿：《评〈新学伪经考〉》，《孔学》第 1 期，1943 年 8 月，第 137～138 页。
② 顾颉刚：《遂初室笔记·清代今文学》，《顾颉刚全集·顾颉刚读书笔记》（三），第 51 页。
③ 吕思勉：《论经学今古文之别》，《吕思勉读史札记》（中），上海古籍出版社，2005，第 725 页。
④ 舒君实：《释儒》（下），《国民公报》1921 年 12 月 5 日，第 7 版。

空说则今古若有坚固不破之界限，寻实义则今古乃学术中之假名"，"汉师家法固若是，而周秦传记参差犹多，实非区区今古家法所能统括而各得其所"。① 以礼制平分今古不仅不能得周秦学术实情，就是连两汉经学也不能囿于今古文派分。1933 年 3 月，章太炎、李印泉、陈柱、蒙文通一同前往无锡国专演讲。蒙文通当时在南京支那内学院编纂佛典，就急于拜谒章太炎，最关心的仍是今古之争："六经之道同源，何以末流复有今、古之悬别？"章太炎回答道："今、古皆汉代之学，吾辈所应究者，则先秦之学也。"此说自然与蒙文通以"齐鲁"代"今古"的观念相通，旨在突破今古文学，寻求周秦儒学源流，明经学根柢。不过，章太炎仍未解答蒙文通最关切的汉代今古文与周秦学术关联何在，即"然古今文家，孰不本之先秦以为义，则又何邪？"② 蒙文通探求汉代古今文学与周秦学术义理的传承，希冀得其正解。抱着此种疑惑，蒙文通北上平津。钱玄同此时主张晚清民国今古文学者"莫善于康有为之《新学伪经考》，莫不善于廖平之《今古学考》"，其原因正是"前者是辨伪，后者是析'学'"。皮锡瑞的《经学历史》与《经学通论》则"既不敢辨伪，又略有析'学'"，所以"亦不甚佳"。③ 廖平门生蒙文通、李源澄与钱玄同、顾颉刚正是以"辨伪"与"析学"的方式实践宗旨异趣的超越今文学。

二 "辨伪"与"析学"

作为民国今文学运动的急先锋，钱玄同称赞近百年来今文学运动是近代学术史上极光荣之事，其主要贡献在于"思想的解放"与"伪经和伪史料的推翻"。钱玄同主张以"史眼"穷经，视六经仅是史料，不赞成"国学""经学"等提法，更反对以经师的眼光"析学"。"研究经书，应

---

① 蒙文通：《井研廖季平师与近代今文学》，《经学抉原》，上海人民出版社，2006，第 101～102 页。
② 蒙文通：《治学杂语》，蒙默编《蒙文通学记》（增补本），生活·读书·新知三联书店，2006，第 3～4 页。
③ 钱玄同：《最后一页·钱玄同来信》，顾颉刚编著《古史辨》（5），第 1～3 页。

该以实事求是为鹄的，而绝对破除师说、家法这些分门别户、是丹非素、出主入奴的陋见！"他还认为康有为《新学伪经考》所用清儒的考证方法是科学的方法，廖平《今古学考》"东拉西扯，凭臆妄断，拉杂失伦，有如梦呓，正是十足的昏乱思想的代表，和'考证'、'辨伪'这两词儿断断联接不上"。①六经皆史与微言大义并非区别今古文的标准，经今古文的差异主要是篇卷与文字之别，经说异义根本不值得注意。钱玄同以此质疑儒家学说一系相传的内在脉络，进而提出"超今文"的口号，否认今文学为"学"的资格：近代今文学者"只有对于《春秋》都是公羊之说为宗（惟邵氏不言《春秋》），对于其它各经，独崔觯甫师一人笃守汉之今文说，他人即不如此"，"他们自己解经，则并非专宗汉之今文说，所以他们解经的精神实在是'超今文'的"。②

钱穆为《古史辨》第四册作序时，指出考据家以怀疑的态度，不受正统与经典的束缚，以历史观念平视各家学说，"疑者非破信，乃所信之广"。③钱穆之所以将重点放在考察刘歆造伪一事，即基于认定汉代今古文不是学术进化的结果，实为政学合一的遗毒：经今古文之争"实则争利禄，争立学官与置博士弟子，非真学术之争也"。古文派的兴衰、分裂，"其机捩点皆在于政治之权势，在上者之意旨"，"两汉经学仅为秦人焚书后之一反动"。④傅斯年认为汉代经学的"家法之争，既是饭碗问题，又涉政治"。⑤钱穆与杨宽进而猛烈批评晚清经今文家的著作与学说，"有新闻纸的气息"，"只是宣传而不是学术"。⑥那么解决近代今古文之争，似乎仅需从史事上澄清政学纠葛与变迁轨迹，而没有必要于经说中强求异同。钱穆注重儒学作为义理与史学间的关联，经学并非儒家义理的核心，

---

① 钱玄同：《重论经今古文学问题》，顾颉刚编著《古史辨》（5），第27～28页。

② 钱玄同：《〈左氏春秋考证〉书后》，顾颉刚编著《古史辨》（5），第10页。

③ 钱穆：《〈古史辨〉第四册序》，顾颉刚编著《古史辨》（4），上海古籍出版社，1982，第5页。

④ 钱穆：《国学概论》，商务印书馆，1997，第81页。

⑤ 傅斯年：《留学笔记》（1919～1926年），中研院史语所藏傅斯年档案，档案号：Ⅰ-433。

⑥ 顾颉刚：《当代中国史学》，上海古籍出版社，2002，第39页。

其重要性须配合古史研究。① 顾颉刚的学术转向深受钱玄同的影响，以辨伪平视经今古文，将近代辨伪学分为几个阶段，"崔述、梁玉绳指出事件之妄，康有为指出作伪之时代，崔适指出作伪之方式（始用五德说说明之）"。"今文家只肯打破五德说，不肯打破三统说"，顾氏自期"立于超然之地位，加以系统之说明，补其所未备"。② 不过，顾颉刚并不抹杀学派，坚持"析学"，由家派入手梳理经今古学说的层累演化。求学北大时，顾颉刚认可黄侃所言"经学分家派，本不为善，然苟为其学，即不得不藉家派以为其假定，而后一切义类有所附；得其义，乃舍其家，则知所择"，"假定一言，是极，此即为科学之方法也"。③ 辨伪古史不受家法门户限制，但若"不从辨别经学家派入手，结果仍必陷于家派的迷妄。必从家派中求出其条理，乃可各还其本来面目。还了他们的本来面目，始可以见古史之真相"。④ 诚如周予同所言，近代超经学的研究"不是治经不谈'家法'，而是以'家法'或学派为基础而否定了它，超越了它，而到了一个新的阶段"。⑤ 顾颉刚考察五德三统说，辨明经今古文流变，认为"三统改制学说是造伪古史之原则"，"得其原则，足以穷其流变"。⑥之后，顾颉刚更计划完成四考："辨古代帝王的系统及年历、事迹，称之为帝系考"；"辨三代文物制度的由来与其异同，称之为王制考"；"辨帝王的心传及圣贤的学派，称之为道统考"；"辨经书的构成及经学的演变，称之为经学考"。⑦ 由此打破种族的偶像（帝系）、政治的偶像（王制）、伦理的偶像（道统）、学术的偶像（经学）。可见，辨伪与析学是顾颉刚学术方法的双轨，由三统改制学说判定战国、秦汉时期的"造伪思潮"，

① 戴景贤：《论钱宾四先生之义理立场与其儒学观》，《台大文史哲学报》第70期，2009年5月，第104页。

② 顾颉刚：《遂初室笔记（二）·近代辨伪之进展》，《顾颉刚全集·顾颉刚读书笔记（三）》，第71页。

③ 顾颉刚：《西斋读书记》，《顾颉刚全集·顾颉刚读书笔记》（十五），第358页。

④ 顾颉刚：《沪楼日札·古史与经学之关系》，《顾颉刚全集·顾颉刚读书笔记》（四），第346页。

⑤ 周予同：《怎样研究经学》，《中国经学史讲义》，上海文艺出版社，1999，第132页。

⑥ 顾颉刚：《纂史随笔（三）·三统改制说是造伪古史之原则》，《顾颉刚全集·顾颉刚读书笔记》（一），第430~431页。

⑦ 顾颉刚：《〈古史辨〉第四册序》，顾颉刚编著《古史辨》（4），第4页。

解释战国、秦汉学术思想演化历程，落实对战国、秦汉时代学说之批判。

刘歆作伪问题是五德终始观的最终环节，也是民国学界古史辨伪的焦点。钱穆从政治和学说两面，均认为从汉武帝到王莽、从董仲舒到刘歆，"只是一线的演进和生长"，今文学家"则认为其间定有一番盛大的伪造和突异的改换"。这是钱穆与顾颉刚的本质分歧。① 顾颉刚认为宇宙间的事物有渐变，有突变，"古史的传说和古文籍的本子当然不能例外"，五德三统说是秦汉政治学说的根本，刘歆倡导的古文学运动是西汉末年学术突变的原因。② 顾颉刚始终坚持刘歆造伪说便根源于此，在晚年依旧认定"刘歆表彰《左氏》，保存春秋一代史事，固一大功绩，而其附莽以造伪史，淆乱当时史官之记载，则为千古罪人，功罪自当分别论之"。③ 杨向奎批评顾颉刚没有在"层累地造成的古史说"的基础上再前进一步，"只是重复过去的老路，恢复到今文学派康有为的立场，又来和刘歆作对……是经今文学派的方法，一切委过于刘歆"。④ 顾颉刚因此被民国学人贴上"新今文家"的标签。

在《古史辨》第五册"序言"中，顾颉刚申明"超今文学"的立场，"家派既已范围不住我们，那么今文古文的门户之见和我们再有什么关系！我们所以在现在提出今古文问题，原不是要把这些已枯的骸骨敷上血肉，使它们重新活跃在今日的社会，只因它是一件不能不解决的悬案，如果不解决则古代政治史、历法史、思想史、学术史、文字史全不能做好，所以要做这种基础工作而已"。⑤ 刘节认为顾颉刚《五德终始说下的政治和历史》揭示了汉人搅乱史迹的根本方略，问题可以分两层来讨论：第一，阴阳五行说起源；第二，今古文经说之争。《古史辨》第五册的编纂正是围绕这两个问题展开。刘节指出，汉代经今古文之争"本因学说

---

① 钱穆：《评顾颉刚〈五德终始说下的政治和历史〉》，《大公报·文学副刊》第 170 期，1931 年 4 月 13 日，第 10 版。

② 顾颉刚：《跋钱穆评〈五德终始说下的政治和历史〉》，《大公报·文学副刊》第 171 期，1931 年 4 月 20 日，第 10 版。

③ 顾颉刚：《与徐仁甫书》，《顾颉刚全集·顾颉刚书信集》（三），第 512 页。

④ 杨向奎：《论"古史辨派"》，《中华学术论文集》，中华书局，1981，第 32 页。

⑤ 顾颉刚：《古史辨第五册·序言》，顾颉刚编著《古史辨》（5），第 3 页。

不同，利害冲突，其相争自有意义"。晚清以来今古文家人主出奴，"可谓无甚价值"，以真正历史家眼光而言，"两者皆历史上事实，既无所轩轻，更不必偏袒"。① 今古学的根本症结在于"阴阳五行灾异谶纬说之不同，其次为制度名物之异；至于文字训诂之乖违，其实皆同声假借之故，无所谓今古文之分"。② 阴阳五行说的起源是今古文之争的中心问题，顾颉刚《五德终始说下的政治和历史》已经抓住今古文问题的中心，"我们无论如何追不上去了，只好让他独步"，于是转入"从新得的材料中做成新史的骨干"。③ 然而，钱玄同对此种析学的做法颇为不满，他致信顾颉刚，坚称："'经今古文'这个词的下面加上一个'学'字，此更与鄙见相左。我认为'经今文学'与'经古文学'这两个词，都是根本不能成立的。"并没有同条共贯的"今文经学"，如"今文《诗》学"，也没有同条共贯的"古文经学"，如"古文《周礼》学"，对历史上的不同经说，"该平等看待"。考证今文与古文的意义在于"有真伪之别，在史料上关系甚大，但并无所谓两家之'学'"。④ 阅览《古史辨》第五册后，钱玄同称顾颉刚、刘节皆认今古文最根本之问题在阴阳五行，"固不尽然，然则许然。不过我总觉得，今古文之说，实一丘之貉耳"。⑤ 顾颉刚与钱玄同就"辨伪"与"析学"各持己见，顾颉刚、钱穆、杨向奎、杨宽观点有别，然"超今文学"的立场则一，今古文问题成了中国古史的子题。

寓居平津四年，蒙文通浸染于超今文的氛围，与顾颉刚、钱穆等学人充分交流，为他重构经今古文学提供了契机。抗战后返川，蒙文通即出资创办《重光》月刊，在李源澄的催促下，提倡"非常异义之政治学"，言内圣不废外王，回应"超今文学"与疑古思潮："清世今文之重兴，而庄刘之徒，言《春秋》而不知礼，则一王大法为徒言，左海之俦，言礼而

---

① 刘节：《评〈刘向歆父子年谱〉》，《大公报·文学副刊》第 137 期，1930 年 8 月 25 日。
② 刘节：《论今古学书》，顾颉刚编著《古史辨》（5），第 639～640 页。
③ 刘节：《古史辨第五册·序言》，顾颉刚编著《古史辨》（5），第 7～9 页。
④ 钱玄同：《最后一页·钱玄同来信》，顾颉刚编著《古史辨》（5），第 1～3 页。
⑤ 钱玄同：《钱玄同日记》（整理本），1935 年 2 月 5 日，第 1071 页。

不求之义起，与经世云者，邈不相关，至康有为益肆为虚泛不根之言，于是《周官》、《左传》，凡诸古文经传，以为皆作于新室，狂论一倡，举世为靡，而谓周人旧书，反足以开王莽之新治，夫王莽之为社会政策，而《周官》为封建制度，在近世夫人而知之，即平不平等之间，乖隔已远，周与莽政，水碳难谐，乃袭其余唾者，曾不思此，又猥自标置曰'超今文学'，以疑古相夸扇，诬古人而欺后生，斯又下矣。"① 在《经学抉原》中，蒙文通通过梳理今学、古学的源流来考察刘歆与《周官》《左传》的关联，以礼制分别今古。此时，蒙文通认为《周官》是封建不平的制度，王莽改制为改良的社会政策，周政与莽治势如水火。此一见解源自蒙文通在北大讲授魏晋南北朝史时的感悟，"国、野不仅田制、兵不同，学制、选士也不同"，"《孟子》、《周官》所讲确实是如此"。这更促使蒙文通接近廖平四变之学。"廖先生说古文是史学、今文是经学（或哲学），的确是颠扑不破的判断。同时也看出经学家们把经今古文问题推到孔孟时期显然也是不对的，孔孟所言周事还基本上是历史事实而不是理想虚构。"② 蒙文通进而分判廖平与康有为的学术关联，廖平"初说古文为从周，今文为改制者，实不刊之至论，廖氏所谓一史学，一经学者，经学因即哲学，而政治之理学也，乃廖氏旋动于康更生古文学出新室之言，及格于《管子》、《大戴》，而康说亦难安，则又变而言大小，凡致廖氏之说于岐罔者，皆康氏之由，而世或以康为窃之廖氏，或以康为能光大廖学，肤薄无识之论，何足以辨哉"，肯定廖平以礼制区别今古与经史分流学说，而将廖平三变后之大小天人学说诿过于康有为的影响。③

钱基博认为廖平依据《五经异义》考察两汉学说而成《今古学考》，"昔人说经异同之故，纷纭而不决者，至是平分江河，了如指掌"，今日为今学古学正名，当以"事义而有不同者"为主。④ 蒙文通评价廖平"说《春秋》缜密，说礼则略"，廖平分判《王制》《周官》礼制有所疏漏，

---

① 蒙文通：《非常异义之政治学说》，《重光》第 1 期，1937 年 12 月 15 日，第 69 页。

② 蒙文通：《治学杂语》，蒙默编《蒙文通学记》（增补本），第 41 页。

③ 蒙文通：《非常异义之政治学说》，《重光》第 1 期，1937 年 12 月 15 日，第 64 页。

④ 钱基博：《古籍举要》，世界书局，1933，第 56 页。

并不影响《春秋》大义的阐发。蒙文通重审廖平学说，并未走向将经学史学化，而是回到了廖平晚年经史分流说："古文是史学、今文是经学（或哲学）"，"有素朴之三代，史迹也；有蔚焕之三代，理想也。以理想为行实，则轻信；等史迹于设论，则妄疑。轻信妄疑，而学两伤，是谁之责欤？世之争今古文学者，何纷纷也？盖古以史质胜，今以理想高"。① 古史辨派提倡"超今文学"，无论辨伪与析学，均主张经学史学化。蒙文通反对用阴阳五行学说来解释今古文问题，而是以"哲学"与"史学"分别对待"今学"与"古学"。经之所以有别于史，是将理想寄托于素朴的史迹，经学正宗不在古文而在今文。蒙文通会通廖平一变与四变之学，"不唯继承了其师的经史之分说，又去掉了迷信孔子和孔经的成分，而发展了廖平的经史之分说"。② 发展经史分流观的重点不仅系于孔孟之学，更落实在秦汉新儒学，今文、古文之辨关键在于历史与理想的差别。以政治制度而言，古文家言《周官》重在述古，今文家主《王制》寄托文化理想。廖平固守孔圣制作，蒙文通认为战国、秦汉时期历史文化之变孕育与激发了今文学的"革命"精神与理想制度。今文学思想应当以《齐诗》《京易》《公羊春秋》的"革命""素王"学说为其中心，革命不仅是"王者异姓受命"，更需要圣者改制立法，创立一套新的制度，"改正朔，易服色，殊徽号，异器械，别衣服"。今文学家所讲"一王大法"为万民一律平等的思想，既与贵贱悬绝的周制不同，更与奖励兼并的秦制相异，而是秦汉新儒家的理想制度，今文学的礼制多有精深大义。井田、辟雍、封禅、巡狩、明堂诸制"皆今文学非常异义可怪之论，以其不敢显言，故辞多枝叶，实儒家精义所在，而不能见诸行事者也"。③

顾颉刚自称所研究的"不是普通的战国秦汉史，乃是战国秦汉的思想史和学术史，要在这一时期的人们的思想和学术中寻出他们的上古史观念及其所造作的历史来"。④ 顾颉刚区分经学中的"理想"与"事实"，

① 蒙文通：《儒家政治思想之发展》，《儒学五论》，第33页。
② 黄开国：《廖平评传》，百花洲文艺出版社，1993，第190页。
③ 李源澄：《西汉思想之发展》，《图书集刊》第2期，1942年6月，第53~76页。
④ 顾颉刚：《自序》，顾颉刚编著《古史辨》（2），第5页。

目的在于研究古代历史，"汉人解经之目的，欲使经义为一而无异同。今人解经之目的，欲使经义异同毕露而无一毫糅杂之处。上面是统一观念，下面是历史观念"。① 古史辨运动代表近代经学的结束期，打倒古文家，不是主张今文学，而是要用同样方法来收拾今文家，"对于各派皆还其真相，但有分析而无褒贬；自己站在历史研究上，不站在信仰上；从根本作起，不占一些便宜；作有系统的整个辑佚功夫"。② "统一观念"与"历史观念"背后的学术旨趣或可以"救时弊"与"备参考"概括，顾颉刚将澄清经典所蕴含的古史实情视为中国文化的内层与核心，蒙文通阐发秦汉新儒学的大义微言以资实践传统文化的现代转化。③

三　文明的估价与开新

在"学术中国化"运动中，嵇文甫指出钱穆与顾颉刚讨论今古文问题，看似是陈腐的经学题目，其实掩藏着新的东西，本可将讨论"引到一个新方面，而展开一个方法论上的大论战，这是很有意义的。然而当时我们没有办到"。④ 嵇文甫敏锐察觉出此次经今古文问题的学术论战之于建构中国文化路径的启示。1946 年，童书业综述民国学术的必然趋势是新宋学运动，新宋学是依据汉学科学实证精神来讲道理，提出科学化哲学或思想。顾颉刚同时畅谈中国现代史学：以北平为中心之史学家，重实际而注意枝节，往往失之琐碎；以上海为中心之史学家，重概括而追求完整，往往失之空洞；如有人能综合各方面之研究，再予以系统之整理，则中国史学必有再辉煌之发展。中国学术以文史哲较受国外重视，实因为此

---

① 顾颉刚：《泣吁循轨室笔记（五）·解经目的》，《顾颉刚全集·顾颉刚读书笔记》（二），第 266～267 页。

② 顾颉刚：《纯熙堂笔记·经学大势与今日任务》，《顾颉刚全集·顾颉刚读书笔记》（四），第 269 页。

③ 参见张凯《秦汉新儒学与近现代儒学之重建》，《浙江大学学报》（人文社科版）2018 年第 2 期。

④ 嵇文甫：《漫谈学术中国化问题》，《理论与现实》第 1 卷第 4 期，1940 年 2 月。

种文化遗产颇为丰厚。① 顾颉刚视经学为文化遗产的重要组成部分，"经学到将来固不成其为一学，但在其性质尚不十分明了时，则必须有人专攻，加以分析，如廖平、皮锡瑞然"。② 蒙文通认为，今人关于经学性质的论定，"不免轻率，有些儿戏"，"是由于我们不认识古人学术，轻视文化遗产，自以为是高出古人"。蒙文通对"史料""文化遗产"有所分别："数十年来，国内史学界皆重史料，而绝少涉及文化遗产之史学"，中国史学发展历程中，"（南宋）浙东史学究为文化遗产之一大宗，而世人知之者竟不多，殊可悯叹"。③ 贯通义理、制度与事功正是南宋浙东史学这一文化遗产的难能可贵之处。顾颉刚与蒙文通对"文化遗产"的不同理解，反映出近代学人转化传统的多元抉择。

清末民初学人重建国学，中学由"体"逐渐演化为"故"，中国学术体系完全为西学分科所取代。今文学复兴虽是"以复古为解放"的关键步骤，但新文化派眼中解放的目标不再是复兴古代经典大义，而是通过输入新学理、新观念、新思想，并以相同的批判态度对我国固有文明进行重建，"这一运动的结果，就会产生一个新的文明来"。④ 胡适视文艺复兴为反抗权威和批评精神兴起，中国的文艺复兴运动是"由既了解他们自己的文化遗产，又力图用现代新的、历史地批判与探索方法去研究他们的文化遗产的人领导"，是一场人文主义运动。这场新运动"引起了中国青年一代的共鸣，被看成是预示着并指向一个古老民族和古老文明的新生的运动"。⑤ 胡适、顾颉刚倡导整理国故和古史辨运动，力图以严肃的学术运动参与和支持反孔非儒的新思潮，解构儒学意识形态最有效的三条途径：一是大力输入西方哲学；二是恢复儒学在历史上的原形；三是恢复非儒学

---

① 《史学家顾颉刚畅谈中国现代史学并列举近代史家及其成就》，《时事公报》1946年12月22日，第3版。

② 顾颉刚：《浪口村随笔（三）·经学清理工作》，《顾颉刚全集·顾颉刚读书笔记》（四），第137~138页。

③ 蒙文通：《治学杂语》，蒙默编《蒙文通学记》（增订本），第45页。

④ 胡适口述，唐德刚整理《胡适口述自传》，安徽教育出版社，2005，第189页。

⑤ 胡适：《中国的文艺复兴》，收入欧阳哲生、刘红中编《中国的文艺复兴》，外语教学与研究出版社，2001，第181页。参见欧阳哲生《中国的文艺复兴——胡适以中国文化为题材的英文作品解析》，《近代史研究》2009年第4期。

派的历史地位。钱玄同一直期待胡适等学人"仿泰西新法，独出心裁的新国故党"，"必大有造于国故界"。① 钱氏将 16 世纪初年至民初视为中国文艺复兴、宗教改革时期，"对于宋儒（程朱）以来不近人性之举改革，阳明、卓吾、黎州、习斋、圃亭、东原、理初、定庵诸人是也，对于学术之革新，如焦竑以来之实学是也，而最近五十余年中之前二十年开灿烂之花"，②"其中对于国故研究之新运动，进步最速，贡献最多，影响于社会政治思想文化者亦最巨"。③ 胡适既倡导以科学整理国故，更期盼以国故整理科学，既用现代哲学去重新解释中国古代哲学，又用中国固有的哲学去解释现代哲学，"这样，也只有这样，才能使中国的哲学家和哲学研究在运用思考与研究的新方法与工具时感到心安理得"。④ 王皓我认为随着整理国故运动的深入，国学的地位因同外来的文化切实的冲突、融洽与调和，"国内自然是很稳固了，但在国际上亦打破历来空洞的，虚泡的状态而渐趋具体的，确切明了的地步"，"在国际上有超越的地位，更可以看出是很普遍的，很有向前无穷的进展的"。⑤ 然而，纵观整理国故运动与古史辨运动的走向，胡适及其同道始终侧重于以现代哲学解释传统思想，以西方学理解释中国文化，并未找到平衡中西文明、科学与国故的路径。

在以科学条理中学的欧化大潮中，寻求中学的自主性地位，进而以中学整理西学貌似不合时宜，但仍是近代学术转化的潜流。民初国学论战之时，张煊认为："在世界学术方面观之，与其得一抄拾欧化之人，毋宁得一整理国故之人。抄拾欧化，欧化之本身不加长也，整理国故，以贡诸世界学术界，世界反多有所得。"⑥ 宋育仁批评胡适所引领的整理国故运动仅在史料中盘旋，胡适所倡导的新文化史总系统仅是"开局纂书的办

---

① 顾颉刚：《琼东杂记（二）·钱玄同论宋、崔、康之学》，《顾颉刚全集·顾颉刚读书笔记》（一），第 71 页。

② 钱玄同：《钱玄同日记》（整理本），1937 年 3 月 10 日，第 2514 页。

③ 钱玄同：《〈刘申叔先生遗书〉序》，《钱玄同文集》第 4 卷，第 319 页。

④ 胡适：《先秦名学史》，《胡适文集》第 6 册，人民文学出版社，1998，第 11 页。

⑤ 王皓我：《中国国学在国际上的新地位及其最近之趋势》，《青年进步》第 114 期，1928 年 6 月。

⑥ 张煊：《驳〈新潮〉〈国故和科学的精神篇〉》，《国故》第 3 期，1919 年 5 月。

法"，"仍旧充其量著一部续文献通考后案"。宋育仁所言文化指向经学所承载的文化系统，编纂文化史应当"是述文化于史，非以史为学，是将文化的成迹及其应用载在史上，不是将此史所载的拿来作文化"。① 翁文灏更是明确提出以科学整理国故，不若以国故整理科学为效之大，"诚以以科学整理国故，为效仅止于国故，所补止于一国家。以国故整理科学，则为效渗入科学，所补将被于世界，其为功可以道里计哉?"② 蒙文通、李源澄站在今文学立场，贯通义理、制度与史事，实践以国故整理科学，重新认知中西文明的高下之分，力图以秦汉新儒学重塑立国精神与文化主体。

李源澄认为整理国学是中国文化更生的必经之路，胡适倡导的整理国故运动有两种偏蔽：其一，中西比附，格义附会。"曰某为形而上学，曰某为认识论"，"惧后之学者，即以此为理学儒先之精英，则于斯学不惟无益而且有害也"。③ 其二，以历史的眼光研究国学，视经学仅有历史价值。④ 李源澄主张提供固有文化中优良成分以资时下参考，促使盲目反对固有文化的人反省。各国自有其历史文化，中西文化精神根本不同，不要对任何一方随便抹杀。中西文化两相比较，特长与短处分外鲜明，"我们应该发展我们的长处，修正我们的短处，但是须要明白者不是移花接木，而是要从根本上救起"，"我们又必不可以与人不同为可耻，而是要我们能自创文化"，"我们要重新对于固有文化加以研究，大家负起责任来创造我们的将来，才不负我们的时代所赐与，不必去演那东施效颦的丑剧了，更不可自伐其根本"。⑤ 中国文化传统不仅具有历史价值，更是中西对话、创新文化、以国故整理科学的源头活水，被新文化运动猛烈抨击的礼教精神本可以发展出另一种样式的民治政体。中国政治结构为君主、士

① 宋育仁：《评〈国学季刊发刊宣言〉》，《国学月刊》第17期，1923年7月，第49～53页。
② 蒙文通：《〈周官〉〈左传〉中所见之商业》，《图书集刊》第5期，1943年12月，第1～13页。
③ 李源澄：《理学略论》，《国风》第8卷第12期，1936年12月，第7～13页。
④ 李源澄：《读经杂感并评胡适读经平议》，《论学》第5期，1937年5月，第62～67页。
⑤ 李源澄：《与陈独秀论孔子与中国》，《国是公论》第35期，1940年5月，第6～13页。

大夫、人民，而重心实在士大夫，士大夫又是社会重心，研究中国历史必须了解士大夫与士大夫所服膺的经典。汉代今文学本寄托民主政治思想，秦汉以后，以君主与士大夫互让而结合，中国政治社会"并非儒家原始理想，而为士大夫补偏救弊之办法"。① 蒙文通认为中国有两套政治学说，一套是国家主义的政治学说，一套是大同主义的政治学说。国家主义的政治学说以强与富为特征，大同主义的政治学说以和与平为特征。大同学说相当于大一统学说，最能代表国家主义的是法家，最能代表大同主义的是秦汉新儒学。② 汉代以来政治上排斥秦汉新儒家的精华，所接受的"仅以不违反家天下之君主制度为限度"，"现在的一切，必不是宗法社会的遗毒，更不是儒家的遗毒，而是宗法政治的遗毒。儒家继承的是宗法政治，所创造的则是王道政治"。天下为公之贤人政治与民主政治不同，重点即在礼治超过法治，天下高于国家。③ 蒙文通认为儒家理想社会以井田为最精，儒家理想政治以明堂位最备。君主专制，诚不足道；议会制度亦不得为世界最理想政治；"专制于一夫诚非，专制于多数亦未是，皆非中国思想所应有之说"。明堂为议政之宫，不得视为代议制。"中国之法，治权分系于各级之职司，实非专系之上层或下层"，《月令》所设计的政治模式"为政治积极之职责，而非权力消极之限制；乃政治之规定，而非权力之规定"。此即中国立国精神与西方迥然异趣之所在，"权固非专之于庸众，而与独裁于一夫者，尤为不同"。中国政治理论与制度，自然不能以西方逻辑衡量。④ 汉代以下所行者为儒者之第二义，阐发儒学第一义当是沟通中西的关键，"致治之术，建国之规，是固今日言民族文化之最可贵亲者"，"言民族文化而不自井田、明堂始，则为空谈，未足以规我文化之宏效，言井田、明堂而不本于儒家之仁义，亦不足以尽我文化之深

---

① 李源澄：《儒学对中国学术政治社会之影响》，《东方杂志》第 42 卷第 7 期，1946 年 4 月，第 33～38 页。
② 李源澄：《汉代大一统政治下之政治思想》，《真理杂志》第 1 卷第 1 期，1944 年 1 月，第 33～47 页。
③ 李源澄：《论宗法政治》，《新中华》复刊第 5 卷第 1 期，1947 年 1 月，第 66～67 页。
④ 蒙文通：《月令之渊源与其意义·附录》，《儒学五论》，第 176～177 页。

旨","仁以为本,其可诬乎,究心于民族文化者,于此幸致思焉"。①

今古文辨义是清末民国学界出入经史、分殊中西的重要枢纽,民国学界继承与超越今文学的方式、旨趣存在内外之别。国难之际,贺麟疾呼中国不能失掉文化上的自主权,而沦于文化殖民地。周予同认为清代今文学中国学术思想史上,有相当功绩。在学术精神层面,"在消极方面,能发扬怀疑的精神;在积极方面,能鼓励创造的勇气";就学术实践而言,"在消极的方面,使孔子与先秦诸子并列;在积极方面,使中国学术,于考证学、理学之外,另辟一新境地"。②童书业指出,周予同以科学精神为研究基础,发扬廖平、崔适的今文学传统。对于周予同的今文立场,童书业持保留意见,强调"今古文互有短长,不可偏废";在制度异同层面,"今古说之短长,盖亦略当";就版本文字异同而言,"古文本于校勘上亦有参考之价值"。③蒋伯潜在周予同说法的基础上更进一步指出:"今文学家所说的孔子,究竟是否孔子底真相,原也还待澄清。不过他们所说的孔子却是有生气的,有热情的,有创造革新的精神的;较之古文家所说的孔子,仅为一史学家,仅为一保存古代一部分史料的史学家,却胜一筹。"今文学复兴在汉学、宋学之外,另辟学术新境地、新出路。现在研究经学,"与其采取古文学,不如采取今文学;因为从前一派底观点来读经书,来研究孔子,则经书是死书,孔子也成了木偶;从后一派底观点来读经书,来研究孔子,则书和人便都凛凛有生气了。不过古文派所长底客观的近于归纳法的治学方法,却也是不能一笔抹杀的"。④

在古文经学的历史观念之下,六经被视为古代的政典文献,古史与儒家义理精神分离。章太炎学术分"修己治人之学"与"超人之学"两层,以经史为用,晚年仍倾力于寻求民族历史的特殊性,借助史学获得历代社会政治经验,探索民族文化的发展,重建讲信修睦、修己治人的师儒之

①　蒙文通:《非常异义之政治学说》,《重光》第1期,1937年12月15日,第69~70页。
②　周予同:《经今古文学》,《周予同经学史论著选集》,上海人民出版社,1983,第31页。
③　童书业:《评周予同著〈经今古文学〉(万有文库本)》,《童书业论著集外集》,中华书局,2010,第341~349页。
④　蒋伯潜:《经学纂要》,正中书局,1944,第190~191页。

学。科学史学派意在以史学建构内在的文化演化历程，变经学为史学，建造中国文化史的骨架，而不囿于儒学，再造中国本位文化。顾颉刚提倡超今文应当吸收宋学的批评、清学的考证，以史代经，推陈出新，澄清中国历史文化流变的实情。蒙文通主张孔孟洞彻三代历史文化传统，提炼"仁义之说"，确立了中华文明的核心价值，秦汉新儒学重塑立国精神与文化主体，儒家义理在某种意义上成为此后两千年中国历史展开的精神动力，秦汉以降中国历史的演进或可视为儒家义理的实践与展开。历史演进又为因时因地的调整与深化儒家义理提供有效客观经验。既以经驭史，又以史证经，儒史相资，构建儒学义理与历史演化的能动关系，或可以现代学术体系开辟一种义理化的经史之学。杨向奎晚年总结顾门后学"虽所趋各异，所得不同，都受有今文经学影响"，童书业独守师法，以"公羊"义研究古史，遂为"古史辨"后劲。杨氏自称"斤斤于'公羊'三世说，盖亦有所为者"，时至今日，公羊学仍多有可取处，如"大一统"与民族学说，"公羊义可以永放光芒"，"在社会主义时代而谈经学未免不伦不类，但去其糟粕而取其精华，不亦可乎？"① 考察近代以来各派超越经今古文之争的历史脉络，融会各家的方法与宗旨，既可探讨近代经史转型的复杂内涵，更利于反思进而丰富时下史学研究的方法与旨趣，使史学研究成为确立文明主体性的源头活水。

〔张凯，浙江大学历史学系〕

---

① 杨向奎：《致史念海教授书论晚近"公羊学"三变》，《繙经室学术文集》，齐鲁书社，1989，第 16 ~ 25 页。

"以学殉时"：
洪宪帝制期间的刘师培[*]

张仲民

内容提要 关于袁世凯复辟帝制期间刘师培的言行事迹，特别是他为洪宪帝制所做的文字宣传工作情况，不太为过去的研究者注意，有待补充重构之处颇多。因此，笔者试图通过搜集更多的历史资料，重建有关事实和语境，尽可能展现刘师培为袁世凯规复帝制活动进行鼓吹的情况，其言论的大致内容以及引发的时人反应和舆论反响，进而将其同刘师培个人性格与遭际相结合进行讨论。

关键词 刘师培　袁世凯　筹安会　洪宪帝制

"致君尧舜上"是传统中国士大夫"吾道一以贯之"的情怀。然而在如此之高的期许背后，却是无数意气书生的伤心史，他们固然希望"学以致其道"，甚至妄想"为往圣续绝学、为万世开太平"，可惜最后往往是"书生论政"，不仅易被后人讥笑为御用文人，还可能落得连"复牵黄犬""逐狡兔"也不可得的下场。此类例子所在多有，即便到了近代，西学东渐大背景下知识分子需要重新定位自己的角色之时，主动或被动的落水者仍是络绎不绝。所谓"筹安会六君子"之一的刘师培即这样一个例证，身为古文经学大家的他曾替袁世凯复辟帝制的活动大唱赞歌，造成的影响与产生的非议均很大。

具体到刘师培在袁世凯复辟帝制期间的言论和行迹情况，钱玄同等人

* 本研究受到复旦大学亚洲研究中心资助，并蒙复旦大学历史学系博士生赵帅同学提示资料信息，谨此一并致谢。

所编《刘申叔先生遗书》中收录的相关文字却不多，既有学者的研究也基本语焉不详，唯万仕国先生对此曾加以比较多的关注，不但于《刘师培年谱》中加以钩沉，[1] 还在《刘申叔遗书补遗》中收入了数篇有关文字，[2] 为后来研究者提供了很大方便。然而万先生的工作仍有可以继续补充加强之处。因此，笔者希望通过更全面的史料搜集，重建有关史实，进一步钩沉刘师培的言行情况，同时注意其产生的影响，以期为尚显薄弱的晚年刘师培研究做出一些贡献。

一　投靠袁世凯

刘师培同袁世凯本没有私人交集，两人之结缘或由于阎锡山的介绍。1913年秋，刘师培经由留日期间结交的好友、深受阎锡山信任与器重的山西宁武人南桂馨推荐，[3] 成为山西都督阎锡山的顾问。一年后，阎锡山利用袁世凯在全国范围内征召所谓经学通儒的机会，将刘师培推荐给袁世凯，希望他能充当密探和说客，在袁世凯那里打探情报并能为阎锡山缓颊。[4]

为了让袁世凯能够重用刘师培，阎锡山特意具名写了一封保荐信，详细介绍了刘师培的情况，并高度评价其学识，请求袁世凯能够接见和重用刘师培。[5] 袁世凯收到阎锡山推荐后，即发批文把刘师培"交政事堂饬铨叙局查照履历"，最后任命刘为"政治咨议"这样的顾问闲官。[6] 1915年

---

[1] 参看万仕国编《刘师培年谱》，广陵书社，2003。

[2] 参看万仕国编《刘申叔遗书补遗》，广陵书社，2008。

[3] 有关南桂馨与刘师培的关系，可参看拙文《南桂馨和刘师培》，《近代史研究》2018年第3期。

[4] 参看南桂馨《辛亥革命前后的回忆》（李泰棻执笔，1959年3月），《山西文史资料》第2辑，1962年2月，第98页。

[5] 《刘师培送觐之保荐呈》，《申报》1914年10月21日，第6版；《阎百川将军特荐经学通儒》，《宗圣汇志》第1卷第10号，1914年11月，"丛乘"，第1~2。

[6] 《批同武将军督理山西军务阎锡山呈保荐经学通儒前分省补用知府刘师培请恩准送觐量才录用由》，收入骆宝善、刘路生编《袁世凯全集》第29卷，河南大学出版社，2013，第97页；《同武将军督理山西军务阎锡山呈，前呈保荐经学通儒刘师培遵批送觐文，并批令（中华民国三年十月二十五日）》，《政府公报》第891号，1914年10月28日，第32页。

初，急于笼络各方势力为自己卖命的袁世凯召见了刘师培，"著交教育部从优任用"。①

袁世凯对刘师培的任用让刘受宠若惊，他马上用骈文体写了谢恩呈文给袁世凯，表示自己得以书生身份为其所赏识，感恩荣幸至极，除了读书应对之外，唯有专心等待差遣以作报答。呈文所用文句华丽典雅，并暗喻大总统为皇帝，自己为文学侍从之臣，可谓工于献媚、格调低下。②

为了报答袁世凯的知遇之恩，刘师培再拿昔日革命同志开刀，公开撰文劝告二次革命失败后的昔日同盟会诸同志，不要再密谋造反，"进为三次革命之计划"，因诸同志革命的初衷在于"以利民福国为前提"，"今则举事未成，而荼毒生灵，至于此极。则是诸君反对政府，实反对人民也。至其结果，则利民福国，转以祸国病民。非仅祸及国家，抑且害延己党"，更不要借日本浪人之力兴风作浪，最后导致"亡国灭种"的危险。③刘师培还进一步劝告革命党诸同志权衡得失，以"党见为轻，国家为重"，接受政府特赦令，联合外御其侮。刘师培此文发表后，颇引时论瞩目。《申报》曾公开予以关注，④但对其言论产生的效果则有所保留："刘虽为旧同盟会人，然今已任政府咨议，其言未必为党人所信。"⑤

早在清末时，身为学部咨议官的刘师培就曾托都察院代奏清廷，"呈称东汉大儒贾逵学行卓绝，请从祀文庙"。⑥此事当时即引起时论关注。《新闻报》即有针对刘师培此奏的评论，文章历数刘师培昔日激烈多变的历史，连带披露其妻何震同汪公权的私情以及刘师培个人的性格弱点，揭发刘师培投靠端方充当清廷侦探侦察革命党诸事，最后直斥刘师培此奏是

---

① 《刘师培交教育部从优任用令》，收入骆宝善、刘路生编《袁世凯全集》第 29 卷，第 635 页；《补录命令》，《申报》1915 年 1 月 9 日，第 11 版。
② 《刘师培谢恩骈呈》，《申报》1915 年 1 月 24 日，第 6 版。该文也被收入万仕国编《刘申叔遗书补遗》下册，第 1317 页。唯文章名字有所差别。
③ 刘师培：《告旧中国同盟会诸同志书》，收入万仕国编《刘申叔遗书补遗》下册，第 1330～1333 页。
④ 《专电》，《申报》1915 年 2 月 4 日，第 2 版。
⑤ 讷：《难得此党人之言》，《申报》1915 年 2 月 4 日，第 11 版。
⑥ 《交旨》，《大公报》1911 年 5 月 19 日，第 1 张；《谕旨》，《申报》1911 年 5 月 24 日，第 2 版。

"异想天开"，"竟欲表彰贾逵从祀文庙，贾逵有知，能无痛哭于地下耶?"① 立场激进的《天铎报》也特别发表评论揭露刘师培旧日立场多变的"恶历史"，认为"自知得罪于全社会"的刘师培在投靠清廷"敛迹"两三年后，又"忽然抛头露面"，呈请表彰汉儒贾逵，原因在于刘师培希望借表彰贾逵一事"标榜声誉"，洗刷昔日恶名，"思乘间运动保举""硕学通儒"上位。② 只是刘师培的呈请最后并未被清廷采纳，其希望获得"硕学通儒"的努力也告失败。

到了民初，袁世凯提倡尊孔读经，利用这个机会，刘师培再次提出将"东汉纯儒"贾逵入祀孔庙的呈请。不过为适应现实，刘师培这里表彰贾逵的理由也有所变化，并不完全"因汉代贾逵有功经学"，遂"呈请政府附祀孔庙，以崇经学巨儒"，其背后更深层次因素是："窃以逵说大纯，汉罕其匹。彼于《公羊》反经行权说，斥为闭君臣之道，此即大权必出朝廷之义也。"③ 换言之，刘师培这时之所以推崇贾逵，乃因他认为贾逵思想中有强调臣下必须服从皇帝的内容，有利于加强君主专制，正契合了袁世凯集权的需要。刘师培此举明显在以经术作政论，为袁世凯称帝及镇压革命党寻找学术上的支持，"方今国体问题，表决在即。远逵一词，赞成君宪。观于群情所趋向，愈征逵说之大醇"。④ 或许是不重视，也或者没有意识到刘师培对贾逵的新解释之重要，袁世凯同样没有接受这个呈请。到 1915 年末规复帝制大局已定的情况下，念念不忘此事的刘师培又提出此议，"因汉代贾逵有功经学，昨呈请政府附祀孔庙，以崇经学巨儒"。⑤ 据时论报道，袁世凯这次将刘师培提议呈交"礼制馆议复"，该馆

---

① 《表彰贾逵之刘师培》，《新闻报》1911 年 5 月 18 日，第 1 张第 3 页。

② 《刘师培恶历史》，《天铎报》1911 年 5 月 25 日，第 3 版。

③ 参看刘师培《汉儒贾逵学行卓绝呈请从祀孔庙以挽世风而维经术呈》，收入万仕国编《刘申叔遗书补遗》下册，第 1321、1323 页。又可参看《专电》，《申报》1915 年 2 月 4 日，第 11 版；《刘师培呈请以贾逵从祀孔庙之原文》，长沙《大公报》1915 年 12 月 21 日、22 日，均在第 2 张第 6 页；《刘师培请祀贾逵之原呈》，上海《亚细亚日报》1915 年 12 月 17 日，第 2 张第 4 页；《贾逵从祀孔庙之复议》，《时事新报》1915 年 12 月 17 日，第 1 张第 3 版、第 2 张第 2 版。

④ 参看刘师培《汉儒贾逵学行卓绝呈请从祀孔庙以挽世风而维经术呈》，收入万仕国编《刘申叔遗书补遗》下册，第 1323 页。

⑤ 参看《专电》，《申报》1915 年 12 月 11 日，第 2 版。

"查核贾逵历史及其著作甚有功于经学"后，认为将其"附祀孔庙尚无不可"。① 刘师培之目的终于实现。时论对此亦有批评，讥笑刘师培善于古为今用，类似叔孙通那样"知当世之务"，不惜"六经为我注脚，左右逢源"。② 而长沙《大公报》则拿刘师培对比贾逵，挖苦自谓"三世儒林"出身的刘师培之私德大有问题，远逊贾逵。③

此类举措之外，刘师培又尽力为袁世凯歌功颂德、粉饰太平、制造盛世气象。在中日关于"二十一条"交涉的关键时刻，面对咄咄逼人的日本最后通牒和可以预知的外交失败，举国悲愤、痛定思痛之际，刘师培竟然上折称颂袁世凯的文治武功，特别是他镇压"白狼"和"二次革命"的功绩："内乱勘定，萌庶乐生。元首之德，贤于尧舜。宣著方略，以诏后人。"④ 刘师培希望袁能仿照清朝《圣武记》旧例，开设"方略馆，并请设总纂、纂修、协修、提调、收掌各官"，"以纪寰宇宁平、兵革不作、修文偃武、民乐升平之盛迹"。⑤ 袁世凯虽然为刘师培请求开设方略馆的建议所吸引，但尚有些许自知之明的他并未完全听从其议，"惟方略馆之名称，当局以为未洽，尚须改定"。⑥ 袁世凯先派吴闿生等十六人编《平乱记》——主要是"平白狼及赣宁乱纪事本末"，并没有设立方略馆，有意思的是，却没将"原请人刘师培"吸纳其中。⑦

因刘师培请开方略馆的言论极为肉麻，又无视客观事实和当时的危急局势，其立论遭到诸多指责，所谓"众口交腾，佥谓此君上书总统讴歌太平"。⑧ 如《申报》上就有评论讽刺道：

① 参看《贾儒附祀孔庙之将核准》，《顺天时报》1915年12月13日，第2版。
② 消摇：《论学术因时而显》，《神州日报》1915年12月19日，第1页。
③ 民盾：《三世儒林》，长沙《大公报》1915年12月21日，第2张第7页。
④ 转见友箕《我独无解于今日之刘师培》，《神州日报》1915年5月24日，第1页。
⑤ 《专电·北京电》，《申报》1915年5月1日，第2版；《北京专电·刘申叔尚作承平雅颂谈》，《神州日报》1915年5月2日，第1页。
⑥ 《最近拟议中之两机关》，《申报》1915年5月7日，第6版。
⑦ 《方略馆主张原来如是》，《神州日报》1915年5月5日，第2页；《方略馆开办之批准》，《神州日报》1915年5月3日，第2页；《专电》，《申报》1915年5月5日，第3页第2版。
⑧ 友箕：《我独无解于今日之刘师培》，《神州日报》1915年5月24日，第1页。

中国之时日，以挨而过，时局可知矣！且此所挨之时日，其能有几危难，亦可想矣。然而今日之世，尚有以为"寰宇又宁，兵革不作，修文偃武，民乐升平"而请开方略馆如刘师培者。①

《神州日报》上则有评论挖苦刘师培此举显示其私心太重，系变相替自己谋饭碗。② 稍后，《神州日报》又专门发表"社论"《我独无解于今日之刘师培》，③ 挖苦其厚颜无耻、公然撒谎，"蛇蛇硕言出自口矣，巧言如簧颜之厚矣"。文章并追溯刘师培在《国粹学报》时期的表现，以衬托其与今日的反差，接着讲述了刘师培民初之经历，感慨刘师培急于为袁世凯效命，居然高调请开方略馆，借以吹捧袁氏，实则是自甘堕落、说谎欺骗。该社论进一步分析刘师培如此做法之原因，认为其系自作聪明、东施效颦、饥不择食，实在可怜可叹。该文发表后应该颇有影响，顾颉刚友人张正甫即曾读过该文。④

参政院参政、政事堂上行走王鸿猷面对刘师培此举及朝野间的复古之风，专门向袁世凯上条陈，分析当前形势，提出解决措施与用人策略。内中王氏点名弹劾"刘师培请开方略馆"系"阿谀取容"。⑤ 王鸿猷的提议及其对刘师培的弹劾，曾引起舆论和时人比较广泛的关注，被认为是逆耳"忠言"。⑥《时报》北京记者对此曾特加关注，为之专发一电披露弹劾之后续情况："刘师培曲学阿世，久为清议所不容，经王鸿猷弹劾后内不自安，将出京谋干。"⑦ 但《时报》此言论未免乐观，刘师培"出京谋干"一说并未成为现实。

青年顾颉刚看到《时报》上述报道后，一度为刘师培鸣不平，认为只依靠这样的简短讯息，并不能判断刘师培之所为究竟如何。换言之，人

---

① 默：《挨时日》，《申报》1915 年 5 月 2 日，第 7 版。
② 老谈：《琐言》，《神州日报》1915 年 5 月 4 日，第 4 页。
③ 友箕：《我独无解于今日之刘师培》，《神州日报》1915 年 5 月 24 日，第 1 页。
④ 参看顾颉刚《顾颉刚读书笔记》第 15 卷，中华书局，2011，第 71 页。
⑤ 参看《北京电》，《申报》1915 年 5 月 17 日，第 2 版。
⑥ 参看《王鸿猷之忠言》，《大同月报》第 1 卷第 6 期，1915 年 6 月 15 日，第 35 页。
⑦ 《内国专电》，《时报》1915 年 5 月 21 日，第 1 张第 1 页。

在北京当官，有阿谀行为自难避免，刘师培难以免俗也可以理解。顾颉刚认为刘师培虽然"品行本不好"，但可以聘任其为大学教员发挥长处，强过陈衍之流文人任教"百倍"。顾颉刚天真地以为大学教员薪水很高，刘师培势必愿意就任，只可惜"政府用人不以其道，一刘氏犹不能保，亦可惜矣"。①

不过，后来顾颉刚也通过朋友张正甫了解到北京大学校长胡仁源希望聘请刘师培担任中国哲学门教员，刘却提出了苛刻条件，每周只愿上课"二点钟"，月薪却需要"五百圆"，顾颉刚感觉刘开价太高，实则是不愿意去大学任教。为此顾颉刚又感慨道："堂堂大学校，只以中材充教员。一二负时望者，又有恃而不愿就，学术其能昌乎？"进而，顾颉刚此处又评论刘师培学术，认为刘氏学问其实也不足以在大学任教。② 此处顾颉刚还记载了张正甫对刘师培多变历史的看法，张认为刘师培清季以来之所以善变，很大程度上是因为"钳制于其妻"，只是不知道此次刘师培于"日本要求迫切时"上书袁世凯之事，"此不知是其妻谋否也"。③ 顾颉刚大概在这时才恍然大悟之前王鸿猷弹劾刘师培"曲学阿世"的缘由，于是他对刘师培的态度发生了大转变，并在昔日为刘师培辩护的记录旁加眉批，表示自己当时失察："至今为新朝佐命，其言验矣。愧吾当时不能审矣。"④

由时论和时人的反应，可以管窥刘师培的吹捧激发的争议程度。无怪乎刘师培此议会成为笑谈，被时人编为《滑稽小说·亏得刘师培》，刊发在《申报》上。该文借募捐"救国储金"的国难现实与刘师培请开方略馆之强国根据的强烈反差，对其进行嘲讽挖苦。⑤ 此事之余波延续颇久，即便经过两个月，《甲寅杂志》上仍刊有评论指责刘师培请开方略馆的提议，系不顾老百姓真实处境之悲惨，公然撒谎，为袁世凯制造盛世幻境。⑥

① 参看顾颉刚《顾颉刚读书笔记》第15卷，第58~59页。
② 参看顾颉刚《顾颉刚读书笔记》第15卷，第70~71页。
③ 参看顾颉刚《顾颉刚读书笔记》第15卷，第71页。
④ 参看顾颉刚《顾颉刚读书笔记》第15卷，第59页。
⑤ 觉迷：《滑稽小说·亏得刘师培》，《申报》1915年5月5日，第14版。
⑥ 伍子余：《言之者无罪》，《甲寅杂志》第1卷第7号，1915年7月10日，"通讯"，第8页。

二 鼓吹复辟帝制

时论不断的批评并没有妨碍刘师培替袁世凯奔走效劳的热情，他愈加积极地投入政治宣传中，为复辟帝制鼓噪声势，参与组织筹安会即其重要表现。①

1915 年 8 月 14 日，杨度、孙毓筠、刘师培、严复、李燮和、胡瑛一起组织筹安会，公布《发起筹安会宣言书》，② 借袁世凯宪法顾问、美国哥伦比亚大学政治学教授古德诺所著的《共和与君主论》一文提出的共和国体不合中国国情、君主较民主为优的论述，抨击四年共和造成的危害，并借研究国体名义倡导君主立宪，为袁世凯复辟帝制大肆造势。据时论之言，此宣言书即"出于刘申叔之手笔"。③ 在时人看来，六人加入筹安会各有所图，其中刘师培经历最为复杂，思想也最为善变。④

筹安会宣言发布后，立刻引起《国粹学报》时期刘师培旧友黄节的不满。1915 年 8 月 18 日，黄节特意致公开信于刘师培表示根本解决当下中国国体的办法，"不在君主之制，而在人民知有国家"，并表达反对君主制、捍卫民国之意，认为刘师培等人的做法是"倾覆民国"，"斯议一出，动摇国本，召致祸败"，劝刘师培等人"深察得失"，及早收手。⑤ 黄节信公开后，《新闻报》特意发表评论进行呼应，认为黄节主张根本解决的方案在于人民知有国家的说法，"可谓探本之论"，只是刘师培等人

---

① 据许指严关于筹安会来历的记载，袁世凯曾指望刘师培写作一文"以解释国体，将与古德诺之西文并刊，期以此变改全国舆论"，并出面组织筹安会，但刘师培写出的文章"博引繁称，词胜于意，甚不惬袁旨，筹安会几不得成立"，袁世凯不得已只好利用杨度撰文并组织筹安会。许此说的可信度颇值得商榷，仅供读者参考。参看许指严《新华秘记》，中华书局，2007，第 59 页。该书初版是上海清华书局 1918 年出版的。

② 《内国专电》，《时报》1915 年 8 月 15 日，第 2 张第 3 页。

③ 北京特约通信：《如是我闻之筹安会》，《神州日报》1915 年 8 月 23 日，第 2 页。

④ 笑：《筹安会六人之分析》，《时报》1915 年 8 月 22 日，第 2 张第 4 页。

⑤ 黄节信见《粤省对于筹安会之态度》，《时报》1915 年 9 月 11 日，第 3 张第 5 页；《黄晦闻与刘师培书》，《新闻报》1915 年 9 月 13 日，第 1 张第 3 版；《是是非非之变更国体谈》，《神州日报》1915 年 9 月 14 日，第 3、4 页。黄节信又见万仕国编《刘师培年谱》，第 243 页。

"以救国自命，未必能因此缄默"。该评论进而批评刘师培等"筹安会六君子"并非真正爱国、在为国家着想，他们只不过是利用爱国、救国名义，这样名实不符造成的结果不但于事无补，且会危及国家前途，让"国家受无形之障害"。①

面对老友苦口婆心的劝说提醒以及媒体的讽刺挖苦，刘师培丝毫不为所动，愈加积极地投身于筹安会的活动中。只是初期筹安会的扩张活动并不顺利，遭遇诸多掣肘，且杨度、孙毓筠因为担心人身安全，很少去筹安会事务所所在地石驸马大街，倒是理事刘师培比较忠于其事，"唯刘申叔咨议尚间日一至耳"。②

不止于此，为扩大筹安会声势，替复辟帝制大造舆论，刘师培出力甚大，还撰写了多篇宣传帝制合理、民主共和不适合国情的文章。③ 因此，在时论看来，筹安会中诸人唯有"仍是书生习气"的刘师培表现最为积极，④"到处拉人相助，为各种鼓吹之文字"。⑤

刘师培撰写的这些文章是以学术文饰政论，援古论今，旁征博引，所谓"刘申叔作文必有几句考据词章"。⑥ 其文发表后，虽被帝制派媒体力挺，但更多招致的是反驳和讽刺。如有人认为刘师培及杨度所发表之鼓吹帝制言论，"千疮百孔，不值识者一噱"。⑦ 包天笑也挖苦筹安会发起以来杨度、刘师培等人的出格表现，批评刘师培竟有热情连续撰写三文为帝制背书。⑧ 包天笑提到的刘师培这三篇文章分别为《国情论》《共和解》《论唐虞禅让与民国制度不同》，以下分别简述其内容及所造成的舆论反应。

《国情论》一文中，刘师培强调"一国政治必与土俗民情""有极大

---

① 介：《新评一》，《新闻报》1915 年 9 月 13 日，第 1 张第 3 版。
② 北京特约通信：《如是我闻之筹安会》，《神州日报》1915 年 8 月 25 日，第 3 页。
③ 参看《筹安会之分理职务》，《顺天时报》1915 年 9 月 2 日，第 2 版；《国体改变问题之最近要闻》，《时报》1915 年 9 月 6 日，第 2 张第 4 页。
④ 《筹安会之面面观》，《新闻报》1915 年 8 月 22 日，第 1 张第 2 版。
⑤ 《内国专电》，《时报》1915 年 8 月 22 日，第 1 张第 2 页。
⑥ 仲斌：《国体问题最近之新气象》，《时报》1915 年 10 月 8 日，第 2 张第 4 页。
⑦ 时中：《六君子与王荆公》，《顺天时报》1915 年 9 月 5 日，第 7 版。
⑧ 笑：《文字收功日》，《时报》1915 年 8 月 30 日，第 1 张第 2 页。

关系"，他从历史角度论证了国体必须符合国情，以"礼教立国"的中国与欧美各国不同，"欧美现行政治""实与基督教有莫大关系"，"民主制度"只能施行于"基督教盛行之国"，像明治维新时的日本，就未接受当时盛行的卢梭"民约之说"，而是采用"伯伦知理"学术，"亦以国情同异之故耳"，而中国国情，与欧美别异，"强效其制"无异于邯郸学步，"匍而归者"，"故讨论一国之国体，不可不研究国情"。① 《新闻报》刊出刘师培《国情论》一文后还附加有读者的质疑和刘师培的答辩。② 可以看出，刘师培表面上是在讨论国情与国体的关系，实际是援古证今，目的在于反对中国采取欧美民主制度，最终为袁世凯更改国体、继续其专制统治的做法提供学理依据。

《国情论》一文公开发表后，引发很大争议。《时报》即评论道："刘师培新著《国情论》，援引经史，说甚枝蔓，而归纳于近日共和之不适用，并闻刘尚撰有《共和解》及《论唐虞禅让与民国制度不同》，两文不日脱稿。"③ 《顺天时报》针对刘师培的诸篇文字，亦发表了类似评论，讥刺刘师培为讨好袁世凯断章取义，任意曲解历史证据。④ 《神州日报》则摘录了《国情论》部分内容，认为该文前半部分"援据经史，以证中国不可无君之说，后半推论欧美，乃谓非基督教国不适用共和国体，其说较杨皙子（即杨度——引者注）尤奇"。⑤ 《新闻报》则发表了短评，将刘师培之言与陕西巡按使吕调元的论调一并批评。⑥ 稍后，《新闻报》又发

---

① 刘师培：《国情论》，原见《申报》1915 年 9 月 1 日，第 6 版；又名《刘师培君之国情论》，《顺天时报》1915 年 9 月 1 日，第 3 版；又载《国体问题纪闻》，《时事新报》1915 年 9 月 1 日，第 2 张第 2 版。该文已被收入万仕国编《刘申叔遗书补遗》下册，第 1326~1327 页。

② 《刘师培之国情论》，《新闻报》1915 年 9 月 1 日，第 1 张第 3 版。

③ 《国内专电》，《时报》1915 年 8 月 30 日，第 1 张第 2 页。

④ 时中：《刘师培引经据典》，《顺天时报》1915 年 8 月 31 日，第 7 版。

⑤ 《是是非非之变更国体谈》，《神州日报》1915 年 9 月 2 日，第 3 页。

⑥ 介：《新评一》，《新闻报》1915 年 9 月 1 日，第 1 张第 3 版。关于吕调元的主张，参看《吕调元之大文章》，《新闻报》1915 年 9 月 1 日，第 1 张第 3 版。吕调元之如此表态，或跟他之前受到肃政史弹劾他有"朦蔽中央"之罪的参案有关（参看《肃政又提四参案》，《神州日报》1915 年 8 月 15 日，第 1 页），为求自保，吕不得不极力献媚讨好袁世凯。

表专门论说，延续此前的角度，进一步从逻辑学（即文中所言的论理学）角度批评《筹安会宣言书》歪曲古德诺之论，武断认为"世界国体君主实较民主为优"，"中国则尤不能不用君主国体"，① 此论为"似是而非之推论"，"殆所谓不成论理者矣"，接下来该文批评刘师培的《国情论》同样"推论尤谬"。② 《顺天时报》等报纸上也发表了署名陈婴的驳论文章——《正刘师培国情论》，批评刘师培武断曲解历史，按照自己需要将其与现实进行附会，"欲固利禄媚兹一人"，"比附经义以欺天下举人之耳目"，文中并指责刘师培滥用旧时法家学说，实际是不懂政治学之故。③ 此外还有"陈无咎"者撰写《国势论》一文，以反驳刘师培之《国情论》。④ 陈文认为刘师培之《国情论》，"以经师之眼光，谭万变之政治，虽不失书生本色，然未脱头巾习气"。陈无咎反驳刘师培的关键点在于"今日民国是否为变更国体之时，是否有变更国体之势"。针对刘师培从历史角度认为共和非中国固有即不符合国情的论断，陈无咎从社会进化论角度认为，"君主政治相沿袭四千年"的中国，"一旦跃为共和，不可谓非历史进化民族文明之一证，如谓吾国吾共和之先例，即不合于国情"，那么"中华民族"就要倒退回原始的"穴居野处"时代。

《共和解》一文则回应了此前鼓吹清室复辟的宋育仁与劳乃宣（玉初）讨论"共和"的旧作。与宋、劳二人一样，刘师培同样从《史记》所记载的周召共和谈起，他旁征博引，认为周召共和有其必要性与合理性，"用是社稷有奉，国家无倾"，但此制为从权达变，并不涉及立国根本，当下实行的"共和政体"则"实原西籍"，源自日本译法，与"周代共和"并非一事，"执今准古，拟实非伦"。⑤

在《论唐虞禅让与民国制度不同》一文中，刘师培故技重施，从辩

---

① 参看《筹安会之成立》，《大同月报》第1卷第9号，1915年9月15日，第35页。
② 《似是而非之论理》，《新闻报》1915年9月18日，第1张第2版。
③ 《正刘师培国情论》，《顺天时报》1915年9月26日，第3版。该文又见《又有痛驳刘申叔之文章》，《神州日报》1915年9月30日，第3页。
④ 陈无咎：《国势论》，《神州日报》1915年9月21日、22日，均在第1页。
⑤ 可参看刘师培《共和解》，收入南桂馨等编《刘申叔遗书》下册，江苏古籍出版社，1997年影印本，第1468页。

证经学源流角度批评部分"调和今古"的"晚近学人"，"曲会殊邦之制度"，将"君位不世袭"的唐虞禅让附会为今日欧美的民主制度，"与方今民国元首略符"，系"割裂经文，曲学阿世"。[①] 同时刘师培该文暗中回应了之前黄节来信中对其的批评。该文发表后，黄节读刘师培该文与《国情论》后，复又致信刘师培进行驳辩。[②]

时论也针对刘师培该文中的立论进行了批驳。《神州日报》即刊出短文讽刺刘师培此文：

> 刘申叔谓晚近学人援引古经类似之言，目唐虞禅让为民主制度，是为曲学阿世。噫！痛哉言乎？吾国学人已甚稀少，其或有之，又苦愦于世界大势，不能掇拾新义以自圆其说，而惟是比附牵合，侈陈一二极腐旧之经训，以妄欲争胜于人，甚至举世讥之，而彼以有利于此弗皇恤也。若而人者，直可谥之曰无耻，仅诃为曲学阿世，犹恕也。噫，申叔洵知言哉！[③]

稍后，《顺天时报》《神州日报》又同时发表了刘世骧的反驳文章，进一步讥笑刘师培伪借学术名义大作政论的做法，系存心曲解唐虞禅让制度，选用何种"国体"的根据，并非刘师培所言的古制，"惟视当时之元首以公天下与私天下一语为之分判"，唐虞禅让并未能延续，最后在大禹那里还是"家天下"，断送了"此共和之见端"。[④] 针对刘世骧对刘师培的反驳，以及之前"筹安会六君子"之一的李燮和族弟李海向检察厅控

---

① 刘师培：《论唐虞禅让与民国制度不同》，原见《顺天时报》1915 年 9 月 2 日，第 3 版；又见《申报》1915 年 9 月 3 日，第 6 版；转见《是是非非之变更国体谈》，《神州日报》1915 年 9 月 4 日，第 3、4 页；《是是非非之变更国体谈》，《神州日报》1915 年 9 月 7 日，第 3 页；《国体问题纪闻》，《时事新报》1915 年 9 月 3 日，第 1 张第 3 版。该文也被收入万仕国编《刘申叔遗书补遗》下册，第 1328～1329 页。

② 黄节信见万仕国编《刘师培年谱》，第 247～248 页。

③ 瞿：《杂书》，《神州日报》1915 年 9 月 4 日，第 2 页。

④ 刘世骧：《答刘申叔之辨民制》，《顺天时报》1915 年 9 月 7 日，第 3 版。此文又见《是是非非之变更国体谈》，《神州日报》1915 年 9 月 7 日，第 3 页。

诉李燮和贪污的情况，《顺天时报》又专门发表短评表达同情与支持。①

其实，《共和解》《论唐虞禅让与民国制度不同》两文的真实目的是刘师培想借此证明当下的"共和国体"徒有其名，从历史依据看完全不具有存在的合法性与必要性，从而为袁世凯更改"共和国体"、垄断大总统之位提供了历史佐证。故此，两文发表后，亦引起时论关注和批评。如《申报》曾特意发文回应刘师培在两文中的观点，批评其立论虽然"用心良苦"，但造成的效果是武断附会、自相矛盾。②

事实上，前引刘师培三文尚未公开发表之时，就有时论通过其题目及刘师培作文风格，推测出其内容如何。进而，该评论认为类似刘师培这样以说经的方式所撰的政论，太过迂腐和脱离实际，很难说服读者。③《新闻报》上则有评论直接说，"刘师培之远引三代，令人思睡"。④

筹安会规复帝制的主张提出后，也曾引起袁政府内部一些人质疑，像袁世凯指定的宪法起草委员会会长汪荣宝即不认可。他参考比利时等国经验，提出可采取民国立君或总统世袭制两种主张，⑤ 认为这是调和帝制论者与维护共和国体论者两造分歧的良好解决方案。汪氏主张见报后，影响颇大，这种论调与筹安会的君主立宪说、各军头的"纯粹帝制说"，"鼎足而三，势均力敌"，诸多袁政府内部政要如梁士诒、曹汝霖等均支持之，"政界中重要人物，无论新派旧派，附和此说者甚多"。⑥ 为此引起力推君主立宪制的孙毓筠和刘师培不满，孙毓筠著文"痛驳总统世袭说"。⑦

① 时中：《李刘之同室操戈》，《顺天时报》1915 年 9 月 3 日，第 7 版。
② 布陶：《刘师培之文章》，《申报》1915 年 9 月 3 日，第 2 张第 7 版。
③ 《说经与国体》，《时事新报》1915 年 8 月 30 日，第 1 张第 2 版。
④ 介：《新评一》，《新闻报》1915 年 9 月 5 日，第 1 张第 3 版。
⑤ 《是是非非之变更国体谈》，《神州日报》1915 年 9 月 4 日，第 3 页。参看《汪荣宝之民国立君说》，上海《亚细亚日报》1915 年 9 月 12 日，第 1 张第 1 页；《汪荣宝主张总统世袭说》，《时事新报》1915 年 9 月 14 日，第 2 张第 3 版；《民国皇帝又备一说》，上海《亚细亚日报》1915 年 9 月 14 日，第 1 张第 1 页；《译电》，《时报》1915 年 9 月 11 日，第 1 张第 2 页；《愈趋愈奇之调停》，《时报》1915 年 9 月 24 日，第 2 张第 4 页。
⑥ 《民主世袭说之变调》，《新闻报》1915 年 9 月 16 日，第 1 张第 3 版。
⑦ 参看《孙少侯也做文章》，《时报》1915 年 9 月 13 日，第 2 张第 3 版。该文又被收入崔唉生编辑《最近国体风云录》，乙卯九月刊行，出版者信息不详，"国体类·甲说"，第 48～52 页。

刘师培则专门写作《民国帝政说之驳议》一文，"力与民国立君说相搏"，认为该主张"于理论与时势皆非所宜"，驳斥"民国立君"论"不合于学理，亦于今日时势决非合宜"的主张，坚持要彻底变更国体为君主立宪。①

刘师培这些举动正是其当年为《国粹学报》撰写的三周年祝词中所讥刺的学者"以学殉时"之举，同其此处所说的"舍禄言学"，甘愿"寂寞自首，不以学术为适时之具"的自我标榜正相枘凿。② 故有署名"弹刘"的有心读者鉴于刘师培加入筹安会后的作为，特意重提旧事，重新拈出刘师培此篇旧文，节选其相关部分寄给《时事新报》发表，并加有按语，希望用以子之矛攻子之盾的方式讽刺提醒刘师培，"借以代祝刘先生之健康，并祷发起余子之长生不老，俾神州四百兆众得永叨福庇于无穷"。③

然而刘师培却不为这些批评所动，依然利用各种场合鼓噪复辟帝制。如 1915 年 10 月 3 日下午，刘师培参加了孙毓筠发起的北京讲经会之闭幕式，会上主讲法师谛闲曾有长篇发言，暗示其反对国体变更。刘师培也有演说回应，"但语语暗射君宪"，可惜笔者无从看到有关其演讲的详细记录。④

这时效法筹安会的"全国请愿联合会、全国商界请愿会相继产出"，类似业界组织的请愿联合会纷纷粉墨登场，以在未来君主制下求得捷足先登的便利与功绩。没能在筹安会中占据要津的刘师培和湖北学界梅宝玑等人受到影响"所激"，"亦欲别树一帜，以求名扬一世，遂借教育界代表名义，组织一全国教育界请愿会"，在成立大会上，刘师培除发表演讲之

① 《刘师培君对于民国帝政说之驳议》，《顺天时报》1915 年 9 月 12 日，第 3 版；《刘师培驳民国帝政说》，《时事新报》1915 年 9 月 15 日，第 2 张第 2 版。
② 参看刘师培《〈国粹学报〉三周年祝辞》，收入南桂馨等编《刘申叔遗书》下册，第 1791～1792 页，引文在第 1791 页。
③ 《来函》，《时事新报》1915 年 10 月 2 日，第 2 张第 3 版。
④ 《讲经会中两种言论》，《神州日报》1915 年 10 月 5 日，第 2 页；《北京讲经会之尾声》《讲经会感言》，《神州日报》1915 年 10 月 8 日，第 4 页；《讲经会之功德圆满》，《时事新报》1915 年 10 月 7 日，第 2 张第 3 版。

外，还建议推举衍圣公孔令贻为会长，受到与会者赞同。① 果然，该会之组织形式和规章均模仿筹安会，"公举"孔令贻为理事长，刘师培和梅宝玑为副理事，目的"以联合全国教育界人员促进请愿为宗旨"。可惜刘师培实际主持下的该会势单力薄，不但缺乏资金支持，亦缺乏学界中人及政界要角加入，"又苦教育界人少，且系无名之士"，遂"拉扯"一些"士不士、商不商"的人入会。② 最后造成的声势与影响不大，反倒因该会曾有特别荒唐离谱的主张而留下笑柄，为时论大加讽刺挖苦："竟有主张将二十二省之将军、巡按使举为名誉会长者，又有主张举为名誉理事者，以将军加入教育界，实属罕闻，以全国教育界请愿会，而竟有四五十人之名誉会长，更为闻所未闻"，"以如此之人组织全国教育界请愿会，实足为全国教育界羞"。③

通过这一系列借学术文饰其政论的举动，以及替袁世凯公开大唱赞歌，刘师培终于赢得袁世凯的认可。媒体有传言刘师培被列入候任教育部长的名单，④ 稍后又传出刘师培有望取代打算辞职的胡仁源出掌北京大学的消息，⑤ 尽管这些仅为传言或谣言，但从侧面或可以反映出袁世凯对刘师培的信任程度。如当事者南桂馨的回忆："关于筹安会的文件宣传，刘也费了一番功夫，所以颇得袁的青睐。这就是刘师培作莽大夫的由来……"⑥ 伴随政治上的暂时得意，刘师培的私人形象却一塌糊涂，被时论斥为"龌龊书痴"，⑦ 说其"以大鸦片烟瘾著名"，"常月余不沐头、洗脸，毛婆茸茸，泥垢满面"。⑧

---

① 《电报》，《时事新报》1915 年 10 月 7 日，第 1 张第 2 版。

② 《关于国体问题之京讯》，《申报》1915 年 10 月 21 日，第 2 张第 6 版。

③ 《全国教育界请愿会简章》，《顺天时报》1915 年 10 月 7 日，第 3 版；《关于国体问题之京讯》，《申报》1915 年 10 月 21 日，第 2 张第 6 版。

④ 《蔡儒楷不愿长教育》，《顺天时报》1915 年 9 月 27 日，第 2 版。

⑤ 《刘申叔有大学校长之望》，《神州日报》1915 年 10 月 25 日，第 2 页。

⑥ 南桂馨：《辛亥革命前后的回忆》（李泰棻执笔，1959 年 3 月），《山西文史资料》第 2 辑，第 97 页。

⑦ 《北京特别通信》，《申报》1915 年 10 月 4 日，第 3 版。

⑧ 《北京特约通信·筹安会与全国联合会》，《新闻报》1915 年 10 月 1 日，第 1 张第 3 版。

三 献策献言

作为对刘师培卖力替自己背书的嘉奖，10 月 23 日，袁世凯让刘师培代正在请假中的王闿运之职，"任命刘师培署参政院参政"。① 10 月 30 日，刘师培再上谢恩奏呈，感谢袁氏能让其署理参政院参政。② 1915 年 11 月 1 日，袁世凯召见了刘师培，以示勉励与信任。③ 11 月 15 日，袁世凯又授予刘师培"上大夫"荣誉头衔。④

此事又引起北京《顺天时报》的关注。该报特意发表长篇评论挖苦刘师培。⑤ 之后，《顺天时报》又继续追评此事，认为通过刘师培等筹安会成员被授上、中大夫等头衔的事实可以看出，筹安会发起诸人之目的在于将其作为"升官发财"的"终南捷径"，各人"欲假此场所为一己功名利禄之猎取，而筹一己之安，其他固非所问"。⑥

舆论批评归批评，好官我自为之。这时刘师培在仕途上总算得偿所愿，获得了名义上的"帝师"待遇，他遂又向袁世凯呈递了谢恩折《奉令授官沥陈谢悃由呈》，表达自己的感恩之情。⑦

而对于袁世凯来说，像刘师培这样主动为其卖命的无行文人太多，在利用过程中对其加以笼络即可，赏赐刘师培上大夫头衔即是如此，至于任命其为参政院参政，更是为了凑人头，该职位同样无多少实权，因

---

① 《任命刘师培职务令》，收入骆宝善、刘路生编《袁世凯全集》第 33 卷，第 186 页。该令又见《大总统策令》，《顺天时报》1915 年 10 月 24 日，第 7 版；《命令》，《申报》1915 年 10 月 26 日，第 2 版。

② 《批署参政院参政刘师培呈恭陈谢悃由》，收入骆宝善、刘路生编《袁世凯全集》第 33 卷，第 258 页；《大总统批令》，《顺天时报》1915 年 11 月 2 日，第 4 版。

③ 《觐见单》，《顺天时报》1915 年 11 月 2 日，第 7 版。

④ 《授刘师培、林万里官秩令》，收入骆宝善、刘路生编《袁世凯全集》第 33 卷，第 398 页。又见《大总统策令》，《顺天时报》1915 年 11 月 16 日，第 7 版；《命令》，《申报》1915 年 11 月 17 日，第 2 版。

⑤ 洗心：《阔哉！刘上大夫》，《顺天时报》1915 年 11 月 17 日，第 7 版。

⑥ 悲观：《为欲从大夫游者告》，《顺天时报》1915 年 12 月 5 日，第 7 版。

⑦ 《大总统策令》，《顺天时报》1915 年 11 月 21 日，第 7 版。参看《批署参政院参政刘师培呈奉令授官沥陈谢悃由》，收入骆宝善、刘路生编《袁世凯全集》第 33 卷，第 428 页；《恭报奉到简任状暨申令日期呈》，收入万仕国编《刘申叔遗书补遗》下册，第 1336 页。

参政院仅仅是名誉机关，是袁世凯拉拢与表扬有资历者或愿为其所用人的工具，用时论之言就是"一空言之机关耳，参政诸公一登场之傀儡耳"。① 刘师培对此似已心满意足，尽心尽力发挥参政院参政的建言献策功能。

扫平二次革命后通过的新约法，已经赋予大总统有封爵权力。之后，袁世凯不断倡导复古，且在官制方面不断恢复旧制，还打算"规复王侯五等制度"，因"五族共和，他四族皆有侯王"，而汉族独无，"《约法》授爵特权本不限于四族"，时论预计汉族封爵一事"将来必办"。② 袁世凯希图恢复五等封爵制一事在袁政府内部屡有讨论，当时媒体亦频加关注，担心此事系袁世凯复辟帝制的前奏。③ 此议提出后遭遇的舆论反弹甚大，袁世凯本拟先封黎元洪王位进行试探，只是因黎本人"对于此事颇不以为然"，没有成功。④ 1915 年 8 月中旬筹安会发起恢复帝制讨论后，仍有人不断提议恢复五等封爵制，袁世凯虽然倾向于接受，但鉴于舆论压力，并未公然实行。⑤ 1915 年 11 月 10 日，淞沪镇守使郑汝成被刺杀，第二天，不再有所顾忌的袁世凯追封其为一等彰威侯，"是为民国封爵之始"。⑥ 在这样的情况下，见机行事的刘师培再度提出汉人封爵之议，以使袁世凯此举制度化和常态化，同时表明自己的职分所在及效忠热情。⑦ 此投机之举也曾引起时论的关注。面对刘师培的提议，袁世凯故作

---

① 知我：《新评二》，《新闻报》1916 年 2 月 15 日，第 2 张第 2 版。
② 参看《专电·北京电》，《申报》1915 年 7 月 6 日，第 2 版。该文亦被收入白蕉《袁世凯与中华民国》，中华书局，2007，第 133 页。
③ 无是：《国将恢复封爵之制耶？》，《顺天时报》1915 年 7 月 18 日，第 7 版。
④ 《封爵制恢复之由来》，《顺天时报》1915 年 7 月 20 日，第 2 版。
⑤ 《规复封爵制之提议》，《时报》1915 年 10 月 16 日，第 1 张第 2 页。
⑥ 《中华民国四年中国大事记》，《顺天时报》1916 年 1 月 1 日，第 6 版。
⑦ 参看《刘师培请封汉人世爵原呈》，《申报》1915 年 11 月 14 日，第 6 版；《汉人世爵之呈请》，《时报》1915 年 11 月 14 日，第 2 张第 3 页；《刘师培请复汉人封爵之文章》，《神州日报》1915 年 11 月 15 日，第 4 页；《刘师培请绍封汉人世爵之文章》，《中华新报》1915 年 11 月 15 日，第 2 张第 2 版；《刘师培请复世爵》，《时事新报》1915 年 11 月 12 日，第 1 张第 3 版。该文正式名为《汉人世爵应与满蒙汉军一律请予绍封呈》，收入万仕国编《刘申叔遗书补遗》下册，第 1334～1335 页。

姿态交铨叙局核议，① 其称帝后，此封爵制度"参仿清制办理，惟无贝子以下名目"，② 立即得到落实，像黎元洪就被封为"武义亲王"。③

12 月 7 日，刘师培又上呈请求将礼部与帝制一起恢复，以便更好恢复旧礼为袁世凯称帝登基服务。袁世凯将此呈交礼制馆核议，④ 然而结果却未如刘师培所请，礼部未能恢复。

刘师培这时还"呈请令中外各机关对于总统之呈文，一律改为奏折"，此奏虽遭到袁世凯的冷处理，"政府批暂置不论"，⑤ 事实上，各大员早已采用此体奏事，刘师培不过是揣摩上意后的因利乘便罢了。⑥ 袁世凯正式称帝后，袁政府决定公文程式"虽新定，仍用'呈'。昨日国务卿亲自改稿，'呈'易为'奏'，圣鉴上加'皇帝陛下'，以为各署先"。⑦

而据刘成禺的说法，在帝制大业将成之际，刘师培还曾帮助袁世凯设计"三揖三让之礼制"，"三揖三让礼成，大总统再受国民推戴书，御帝位，世无间言矣"。⑧ 不过刘氏此说法未必可信，未见有其他材料可佐证，姑且存疑。

尽管没有重用刘师培，但为鼓励和嘉奖刘师培，袁世凯特意拨款 3 万元让刘师培复刊《中国学报》，以更好发挥其经史才能。在刘师培主持下，从 1916 年 1 月开始，每月 1 册，总共出版了 5 册的《中国学报》发表的大多为刘师培等人谈论学术问题的文章，内中刊发的同现实政治比较密切的文章很少，只有刘师培的《君政复古论》（上、中）⑨、《联

---

① 《批署参政院参政刘师培呈汉人世爵应与满蒙汉军一律请予绍封由》，收入骆宝善、刘路生编《袁世凯全集》第 33 卷，第 327 页。
② 参看《封爵案参仿清制》，上海《亚细亚日报》1915 年 12 月 27 日，第 1 张第 1 页。
③ 参看《新帝国封爵之盛典》，上海《亚细亚日报》1915 年 12 月 25 日，第 1 张第 2 页。
④ 《礼部将与帝制同恢复》，《神州日报》1915 年 12 月 8 日，第 1 页；《规复礼部之呈请》，上海《亚细亚日报》1915 年 12 月 10 日，第 3 张第 5 页。
⑤ 《专电·北京电》，《大公报》1915 年 12 月 9 日，第 1 张。
⑥ 《国内专电》，《时报》1915 年 12 月 3 日，第 1 张第 1 页。
⑦ 《呈文改用奏折之首先公布者》，《时报》1915 年 12 月 5 日，第 2 张第 3、4 页；《国内专电》，《时报》1915 年 12 月 20 日，第 1 张第 1 页。
⑧ 参看刘成禺《世载堂杂忆》，山西古籍出版社，1996，第 243～245 页。
⑨ 该文上篇、中篇（下篇未见）原载《中国学报》1916 年 1 月号、2 月号，收入南桂馨等编《刘申叔遗书》下册，第 1708～1711 页。

邦驳议》① 两文同现实政治关系密切，两文风格仍是在试图从历史经验和独特国情角度来论证袁世凯称帝之学理依据与现实需要。只是因其发表时正赶上护国军讨袁，洪宪帝制岌岌可危，时人无暇顾及刘师培的这些言论，故反响不大。

四　洪宪败局之累

袁世凯称帝后，国内外哗然，护国运动兴起。"独立声高，帝制取消"，② 1916 年 3 月 22 日，在中外各方压力下，袁世凯发布申令宣布放弃洪宪皇帝称号，复称大总统。③ 原来怂恿、协助袁世凯称帝的一帮健将，包括筹安会主脑兼参政院参政杨度、孙毓筠与另一参政张镇芳见势不妙，担心被追究罪责，分别向袁世凯请辞参政院参政。④ 在杨、孙、张三人带动下，"帝制派首领纷纷辞职"，"冀以自全"。⑤

杨度等人辞职后，刘师培见大势已去，也上书袁世凯请辞参政院参政。辞呈中对自己出任"参政"以来帮袁世凯出谋划策的生涯进行了总结，借以表达自己的忠诚与无可奈何之情。⑥ 4 月 22 日，袁世凯批准了刘师培的辞职。⑦

1916 年 6 月 6 日，忧惧中的袁世凯因病去世，月底其灵柩由京汉铁路火车运往彰德安葬。"筹安会六君子"中只有刘师培尚念昔日知遇之

---

① 原载《中国学报》1916 年 3 月号，收入南桂馨等编《刘申叔遗书》下册，第 1712 ~ 1722 页。该文又载上海《亚细亚日报》1916 年 3 月 2 ~ 11 日，均在第 1 张第 1 页。

② 木强：《新评三》，《新闻报》1916 年 3 月 25 日，第 3 张第 2 版。

③ 参看《撤销承认帝位案停止筹备事宜令》，收入骆宝善、刘路生编《袁世凯全集》第 34 卷，第 766 ~ 767 页。

④ 参看《杨参政之回光返照》，《顺天时报》1915 年 4 月 11 日，第 2 版。

⑤ 云侠：《政闻片羽·帝制人物之下场》，《神州日报》1916 年 4 月 16 日，第 2 页。

⑥ 《辞参政院参政奏稿》，原见杨亮工《早期三十年的教学生活》，黄山书社，2008，第 21 页。该文又见万仕国编《刘申叔遗书补遗》下册，第 1338 页。值得注意的是，杨度在 1915 年 5 月成为参政院参政，刘师培出任参政则是该年 10 月底，持续时间并没有一年，他使用"一载于兹"的时间界定，或系受到稍前杨度辞呈的影响，杨之原文即有"备位参政，一年于兹"这样的表达。看杨度《辞参政院参政呈文（1916 年 4 月 10 日）》，收入刘晴波主编《杨度集》，第 612 ~ 613 页。

⑦ 《国内专电》，《时报》1916 年 4 月 23 日，第 1 张第 1 页。

恩，素衣到车站为袁世凯出殡送行。[1] 随着袁世凯的病故，原来鼓吹帝制的媒体再无靠山和津贴，又乏销路，纷纷倒闭或转变立场。刘师培主持的《中国学报》自不能例外，1916年7月初自行关张。[2]

较之参与复辟的其他诸人，没有实力和背景的刘师培处境不算太糟糕。因李经羲"爱惜人才"的求情，[3] 以及北洋政府不愿大张旗鼓地惩办帝制罪魁的态度，[4] 刘师培才未被列入"帝制祸首"之一遭受通缉。[5] 后来传说中包含刘师培名字的第二批祸首名单也未公布。[6] 见此情况，一度潜往天津租界避祸的刘师培又再度回到北京，[7] 据说藏于东交民巷"某国医院"，[8] 其人身安全虽无问题，却被时论继续追杀。

早在袁世凯尚在世之际，就有人预言刘师培因其之前鼓吹复辟帝制的文字将会遭遇"文字祸"。[9] 果然，袁世凯死后，媒体对刘师培的讨伐清算更是一直不断，颇有痛打落水狗之势。上海《时报》即发表有评论讥笑刘师培为袁世凯复辟背书之举犹如刘歆之为王莽御用。[10]《申报》时论则认为未将刘师培等人列为帝制祸首惩办不公："刘师培反对共和，曾大发议论"，"谓其无罪，未免太觉便宜"。[11]

墙倒众人推，1916年7月10日，连四川涪陵县第四中学校教习刘朝桢也写密信直接上书时任大总统黎元洪，敦请诛杀包括刘师培在内的筹安会诸祸首以谢天下。[12]

---

[1] 《国内专电》，《时报》1916年7月1日，第1张第1页。

[2] 《〈中国学报〉之消灭》，《顺天时报》1916年7月5日，第2版。

[3] 陶菊隐：《六君子传》，中华书局，1946，第349页。

[4] 亦省：《志撤回申令之两大原因》，《时报》1916年7月21日，第1张第2页。

[5] 《命令·大总统申令》，《顺天时报》1916年7月14日，第7版。

[6] 《对于惩办祸首令之外论》，《民国日报》1916年7月20日，第1张第3版。

[7] 《国内专电》，《时报》1916年7月27日，第1张第1页。

[8] 《关于帝制余孽之记载》，《时报》1916年7月23日，第2张第7页。

[9] 参看《刘师培将遭文字祸》，《顺天时报》1916年4月24日，第2版。

[10] 北京劫外生投稿：《警告新大总统及南方倡义诸公》，《时报》1916年6月22日，第1张第2页。

[11] 《惩办祸首令之各种曲折》，《申报》1916年7月18日，第2张第6版。该文又名《惩办祸首之内幕》，《时事新报》1916年7月19日，第1张第3版。

[12] 《刘朝栋（桢）请惩办筹安会祸首呈（1916年7月10日）》，张黎辉等编辑《北洋军阀史料·黎元洪卷一》，天津古籍出版社，1996，第583～594页。

面对外来的口诛笔伐，一向胆小的刘师培倒显得"老气横秋"，"现尚在京，怙恶不悛"，"心心念念不忘帝制，与人谈话每说皇帝如何好、共和如何不好"，还敢于为自己及筹安会诸人据理力争："帝制一举，首倡者大有人在，伪造民意者为夏（寿田）、顾（鳌）、薛（大可）三人。筹安会不过是进行帝制之辅助机关，且系奉命而设，不能自主，凡事莫不听首倡者之指挥。"他自己及筹安会诸人应该无罪，杨度、孙毓筠"二人实不当祸首之罪"。刘师培还表示他曾致电杨度，"教他大胆来京，到法庭自首，与其辩论"，只是"杨度至今尚无复电，大约不敢来也"。①

刘师培上述之言虽有狡辩成分，但确实也提醒我们不能太过强调刘师培等所谓"筹安会六君子"在促成洪宪帝制中的作用。表面看起来筹安会似乎是恢复帝制大业的功臣，实际上该会只是袁世凯的傀儡和时论针对的箭垛——袁政府内部嫉恨其导夫先路之功和嫌弃其文人气太重，时论则恨其伪造民意、甘做傀儡和复辟工具，这样无形中提升了作为众矢之的的筹安会本未具有的重要性与影响力。

可以说，筹安会一帮文人为复辟帝制大吹法螺，固然功不可没，但若是没有这帮文人的鼓吹帮闲，袁世凯同样可以规复帝制。简言之，刘师培和筹安会不过是为袁世凯所利用的棋子，仅仅起到鼓噪复辟舆论、伪造民意的作用。假若没有袁政府的默许和暗中操纵，以及一帮军人的武力支持，刘师培及筹安会一帮文人哪里有能力兴风作浪？然而顾虑到外国列强的反对，② 袁世凯不敢直接称帝，才不得不费尽心思伪造民意希图通过法律和选举程序来规复帝制，"对内多一分斡旋，即对外少一层辣手"。③ 这样刘师培及筹安会等一干文人才得以有用"文"之地，可惜他们并不自

---

① 《杨度自首之传说》，《时报》1916年7月23日，第2张第3页。相似内容之报道又见《自首之不确》，《民国日报》1916年7月23日，第2张第6版。

② 美国驻华公使芮恩施即曾认为当时袁世凯一度"想强制实行帝制"，但又担心"某些列强采取行动，它们可能对承认新政权提出难于接受的条件"。芮恩施：《一个美国外交官使华记》，第137页。

③ 《北京致各省查照两元电并多认定有复选被选资格者电》，《民意征实录》，第21～22页，收入王水乔、刘大伟主编《护国运动文献史料汇编》第10卷，云南人民出版社，2015，第355～356页。

知，反企图与其他派系争功，结果很快就被边缘化。

其实不管是在时人的意识中，或是在后来的有关理事叙述中，筹安会更多是承担了恶名和骂名的角色，就其具体在洪宪帝制中所发挥的作用，主要是冒天下之大不韪发起帝制讨论、鼓噪"民意"、运动串联帝制请愿，当规复帝制成为确定的目标之后，筹安会所承担的任务也就算完成，之后其所扮演的角色也就无足轻重，顶多是帮闲而已。但护国运动爆发之后，刘师培等筹安会一干没有背景和靠山的文人不但被视为发起帝制、伪造民意的始作俑者，也被袁世凯认为是"误我"首谋，成为替罪羊，为各方所声讨。

五　结语

盘点刘师培在袁世凯当政时期的行迹，身为书生的他居然热衷仕途，"不能忘情爵秩"，[①] 且"帝王师"情结浓厚，所以才会甘心为袁世凯所利用，主动以学术作政论，武断曲解证据，援古证今。结果刘师培不但误人误己，成为洪宪帝制与武人政治的牺牲品，还落下"曲学阿世""莽大夫""龌龊书痴"等恶名，"为世诟病"，以致其朋友钱玄同也认为此时的刘师培，"身败名裂，一钱不值"。[②]

不过，如果换个角度看，刘师培何尝不是在利用袁世凯以实现个人的目的？比如他反复呈请将贾逵附祀孔庙的愿望终于在袁世凯支持下得以实现，另外则是袁世凯帮助刘师培成功复刊《中国学报》，使其能够借此面对晚清以来的"学变"，"扬祖国之光荣，示学人以楷模，以昌亭林、船山之余绪"。[③] 可以说，袁刘双方固然是在互相利用，其实也各有所需、各有所求。无怪乎有时论认为刘师培等"筹安会六君子"是借倡导君主立宪、恢复帝制作为自己追求"吃饭主义"的工具。[④]

---

① 陈钟凡：《刘先生行述》，南桂馨等编《刘申叔遗书》上册，第 15 页。
② 钱玄同 1916 年 9 月 19 日日记，杨天石主编《钱玄同日记》上册，北京大学出版社，2014，第 291 页。
③ 《〈中国学报〉之复活》，《神州日报》1916 年 2 月 17 日，第 2 页。
④ 臞：《杂书》，《神州日报》1915 年 9 月 13 日，第 2 页。

事实上，为了追求功名富贵，清末时已经由古文经学者变为无政府主义者的刘师培突然投靠端方、出卖革命同志，已经是误入歧途，时人和舆论纷纷对之表达不齿与惋惜之意，倾向革命的上海《神州日报》还专门刊出讽刺小说《书生侦探》，① 对刘师培投靠清廷事进行讽刺挖苦。激进的《民呼日报》则模拟刘师培以端方门生口气作文，挖苦刘师培品格不端，出卖同志，甘作暗探，投靠端方，随幕北洋。②

难得的是，这时已同刘师培决裂的学术同道章太炎却未落井下石，仍希望刘能迷途知返，特意致信刘师培进行劝说和提醒，③ 期待刘能归隐山林、壹意学术，然而刘师培并未理睬。④

1911 年、1912 年之交，当追随端方到四川镇压革命的刘师培生死不明之际，章太炎不念旧恶，在 1911 年 12 月 1 日的《民国报》上公开发表《章太炎宣言》，替刘师培变节进行辩护。继而，章太炎又联合蔡元培在1912 年初的《大共和日报》上连续发布《求刘申叔通信》的共同署名广告，希望能联络到刘师培。⑤ 这样，刘师培"赖清流营救，仅乃得免"。⑥其中章太炎之举，让刘师培尤为感动，主动致信章太炎表示感谢，并对以往两人的矛盾进行了解释与道歉，表示愿意同章太炎冰释前嫌，言归于好。

刘师培到北京为袁世凯效力后，全然不顾当年章太炎与蔡元培联合发电拯救他的铁肩道义，非但不去看望被袁世凯囚禁的章太炎，还为袁世凯大肆歌功颂德，完全无视章太炎因反对袁世凯被长期囚禁的现实。难怪刘师培和章太炎共同的旧友黄节在 1917 年 10 月 22 日特意致信蔡元培，表达对其收留刘师培在北大任教的不满，认为将"贻学校羞"，信中又严厉指责刘师培反复多变、大节有亏的行径，还特意拈出其忘恩负义于章太炎

① 参看《滑稽小说·书生侦探》，《神州日报》1909 年 2 月 9 日，第 1 页。
② 《拟刘光汉谢新折直督随带赴任禀》，《民呼日报》1909 年 7 月 24 日，第 4 页。
③ 参看章太炎《与刘光汉书七》，收入南桂馨等编《刘申叔遗书》上册，第 23 页。
④ 参看万仕国编《刘师培年谱》，第 177～178 页。
⑤ 参看汤志钧编《章太炎年谱长编（增订本）》上册，中华书局，2013，第 220 页。
⑥ 友箕：《我独无解于今日之刘师培》，《神州日报》1915 年 5 月 24 日，第 1 页。

的往事。①

凡此均可见刘师培言行引发的诸多争议，同时亦可发现刘氏之势利善变乃其来有自，肇端于其功名心切，并非完全系受外缘诱迫所致，其甘愿加入筹安会即是如此。

值得反思的是，刘师培之所以招致诸多批评，除却其本人具有的名流效应外，还应同其善变且吃相难看有关，所谓曾"就食于便溺者"，更主要或因其系"被服经术，泛滥百家"的饱学之士，只是其为人为学却同顾炎武所谓博学以文、行己有耻的要求大相径庭，亦严重违背于其旧时在《国粹学报》中的自我标榜，"侈言经世"，"执古御今"，落入"策士纵横之习"，"以雅颂致升平，以经术饰吏治，名为用世之良规，实则干时之捷径。虽金人所乐道，亦君子所羞称"。② 一言以蔽之，在时论看来，刘师培之无行不唯系其自我作贱，让当权者由此更加"贱视儒生"。③

抑有进者，身为一个"势弱"书生，刘师培之所以饱受争议和批评，同时人与时论的"势利"也有一定关系。毕竟，批评他不会带来"不自量"的风险，且可借此展示"正义的火气"，甚至借炒作文人无行、书生误国等话题来吸引读者眼球，无形中很容易掩饰或让人忽视"吾国社会之无良"这一深层造因。

〔张仲民，复旦大学历史学系〕

---

① 黄节该信也被收入万仕国编《刘师培年谱》，第 263～264 页。
② 刘师培：《〈国粹学报〉三周年祝辞》，收入南桂馨等编《刘申叔遗书》下册，第 1791～1792 页。
③ 友箕：《我独无解于今日之刘师培》，《神州日报》1915 年 5 月 24 日，第 1 页。

都市工蚁：
近代中国城市苦力的概念史解读*

任吉东

内容提要 对"苦力"进行概念史意义上的考察可以发现，近代"苦力"一词源自东方国度，发轫于西方语境，成为体力劳动者的蔑称，其涵盖行业体现了经济社会的发展阶段和文明进程，其来源群体反映了转型时期的城乡关系和人口流动，而其社会形象更映衬出苦力行业的运行态势和生存状态。

关键词 近代城市 苦力 概念史

作为一种新兴的分析方法，概念史形成于 20 世纪 70 年代，"所谓'概念史'，主要是研究概念的历史，侧重分析概念的历史演变及其背后的文化、政治脉络"。① 这种新兴的研究方法强调在宏观的历史背景下，致力于研究某一概念形成背后蕴藏的历史文化意涵，从政治、社会、文化的角度加以解剖解读，追溯概念之起源衍变，探究时代之语境世情，以达到窥一词而见"全豹"之目的。就如冯天瑜等提出的"历史文化语义学"，注重在概念的变迁中探讨历史文化的演进，以关键术语和核心概念为关注点，通过对概念做历史性考察，探析概念背后的故事。②

* 本文系 2019 年国家社科基金年度项目"多维视野下的华北城市苦力行业与群体研究（1840～1956）"（项目编号：19BZS125）的阶段性成果。原文以《概念史视域下的近代城市苦力》刊发于《史学月刊》2019 年第 2 期，本次收录有部分删改。
① 张旭鹏：《概念史与历史比较——读何平〈文化与文明史比较研究〉》，《史学理论研究》2009 年第 4 期。
② 冯天瑜、余来明：《历史文化语义学：从概念史到文化史》，《中华读书报》2007 年 3 月 14 日，第 15 版。

本文所关注的"苦力"，相关研究颇多，① 然真正界定诠释概念衍变者寥寥。本文力求追本溯源，从苦力概念入手，呈现其词语的本源衍变与指向特征，爬梳其行业的变迁衍化与外延缩展，诠释其群体的来源成分与形成因素，解读其形象的社会认知与印象表征，力求探求词语形成发展背后所反映出来的近代中国转型时期的概念生成、行业变迁、城乡关系及社会思想的多元化与复杂性。

一 源自何处："苦力"词语的本源衍变

从中文词源上来讲，古汉语中的"苦"和"力"在甲骨文和金文中已经出现，两者都有较强的独立性，可单独成词。《说文解字》中对"苦"的解释为："大苦，苓也，从艸，古声。"《尔雅·释言》中则为："咸，苦也。"后引申出其他释义，有痛苦、苦味、为某种事物所苦困、劳苦、刻苦、穷尽、竭力、遗憾等之意。而"力"的基本含义是"筋"，《说文解字》中解释为"力，筋也，象人筋之形，治功曰力，能御大灾"，引申为能力、才干，有威力、勤劳、功劳、徭役等之意。而且其本身就有"干苦工的人"之解，《宋书·王僧达传》中有"立宅于吴，多役公力"，还有仆役的意思，《正字通》中解释"凡为人役者，曰力"。

把"苦"与"力"合在一起，最早见于南北朝时江淹的《自序》："淹尝云人生当适性为乐，安能精意苦力，求身后之名哉。"② 宋朝叶适的

---

① 民国时期的苦力群体研究多为地方性职业群体调查，范围囊括北京、上海、南京、广州等大城市。如 20 世纪 20～40 年代的李景汉、蔡斌咸、吴平、伍锐麟、马超俊等学者的论著。当代学者的研究则借助新兴的社会史和城市史理论从多种角度观察某一特殊群体，分门别类地从政治经济和社会文化等不同角度来考察这些苦力群体的劳动生活、社会救济、矛盾冲突以及代际延续、内在文化机制和边界特征。相关研究把苦力群体的相关层面加以比较综合，探寻苦力行业的共性与差别，如严昌洪、王印焕、邱国盛、刘秋阳、黎霞、苏智良、彭善民、杜丽红等学者。严昌洪主编的《近代中国城市下层社会群体研究——以苦力工人为中心的考察》（湖北人民出版社，2016）综合考察了苦力工人的来源、群体特征、职业特点和群体意识及斗争等，在一定程度上深化了苦力群体的整体性研究。

② 江淹：《自序》，（明）梅鼎祚：《南齐文纪》卷十，（清）永瑢、纪昀等编《文渊阁钦定四库全书》第 1399 册，上海古籍出版社，2003，第 223a 页。

《法度总论三·铨选》中也有："学士大夫，勤身苦力，诵说孔孟，传道先王，未尝不知所谓治道者非若今日之法度也。"但其意与近代"苦力"大相径庭，此处"苦"取"辛苦""劳苦"之意，"力"取"努力""用功"之意，用前者修饰后者，是一个复合短语，形容用功程度之重，乃"竭尽心力、刻苦努力"之意。由此可知，古汉语的"苦力"为复合短语，"苦"被形容词、副词化，"力"则多为名词或动词，"以前者修饰后者，为复合短语，具体语义随语境而变，有较强的灵活性"。①

近代，我们所熟知用作名词的"苦力"一词，乃是西风东渐的舶来品，但这个舶来品的原产地是 17 世纪中叶的东方印度。《韦氏英语大辞典》中对"Coolie"一词的释义是：源于印地语 qūlì，印地语本义为雇工；英文意思包括两方面，一是指东方当地的非技术工人，二是指从事重体力劳动而工资廉价的人，尤指从东方输送而来的人。《汉语外来词词典》中则更为明确地指出其含义为："帝国主义者对殖民地或半殖民地的重体力劳动者的蔑称。又作'咕喇、咕哩'。英 Coolie，Cooly；印地语 qūlì，'雇工'，可能来自 koli，印度 Gujarat 的种族或种姓名。"②

根据晚清学人的论断："苦力二字，非清国固有之言语，自英语之 Coolie 或 Cooly 之文字，转音而来，以发音相同，意义又相似，遂适用苦力二字。初仅西洋人用之，现今则清国人亦用之。矣若清国元来之言，语足当此二字意义者，如做工的人、卖力的人，即苦力等也。英语苦力之文字，有雇入清国人印度人劳动者之意义，其源则发印度语。"③ 近代学者杨荫杭也称："近人用苦力二字，乃由西文译音，而兼译其义。西文原名 Coolies 或作 Coulies，本印度犷悍之民族，繁殖于求耶拉脱省 Gujerat。此类民族，皆在孟买诸地作苦工，欧人因通称印度工人曰苦力。其后乃混称东方工人曰苦力。凡由印度、中国运往美洲及西印度诸地者，一例谥之曰

---

① 李雪雁：《"苦力"的借入及词义演变》，《现代语文》（语言研究版）2015 年第 9 期。

② 刘正埮等编《汉语外来词词典》，上海辞书出版社，1984，第 191 页。

③ 经济学会编《中国经济全书》，经济学会，1910，第 127 页。

苦力，几成一特别阶级。"① 当代学者的考证也验证了"苦力"一词从印度泰米尔语中演化而来，经过英语中介，最后变成汉语。② 同样的，德语和法语语系中的"苦力"一词的来源也都指向了印度。由此可见，"苦力"一词的确经历了"东词西借"和"西词东用"的过程。③

作为一个中西合璧的词，"苦力"以其音义契合、形象准确而被中国的汉语体系接纳。"从意义上讲，汉字的'苦'含有'非佳'的意义。从'非佳'的含义中指出'劳'与'勤'两项含义来注释'苦力'中的'苦'是最贴切的了。至于'苦力'中的'力'，作为'服劳役'或'干苦工的人'解，也十分贴谱。以上是从意义上讲的，若从语音上看，汉语的'苦力'与泰米尔语的 kuli，及英语的 Coolie 或 Cooly 都十分相似。"④

至于近代苦力的指向，在最初的西方使用者来说，就是为东方人量身定做的，英国对印度进行殖民统治时，就开始使用"Coolie"称呼当地"身份卑微的雇佣者"，亦用于称呼从印度输出的廉价劳力，后逐渐延伸至中国输出的劳力。据《简明不列颠百科全书》的定义，苦力就是"欧洲人对亚洲不熟练的劳工或搬运工（特别是印度或中国这类移民）的轻蔑称呼"。⑤ 这里特别提到了印度和中国，即"专指从印度、海峡殖民地和中国沿海口岸被强行掠贩到海外从事奴隶劳动的契约劳工而言"。⑥ 对于这种西方语境中的"苦力"称谓，林语堂曾专门撰文以释，"我们现在谈到苦力之谜，中国从来没有苦力，苦力之意，出之于欧洲人的口中，亦只存在于欧洲人的脑中。中文里边并没有这个名字，我们有所谓

---

① 老圃：《苦力》，《申报》1923 年 5 月 7 日，"申报常识"，第 1 版。
② 根据华昶的考证，"苦力"一词有三种词源，分别是印地语、古吉拉特语、泰米尔语，无论是哪种，都不是英语的本种语言。见华昶《汉语"苦力"词源考略》，《学语文》1993 年第 3 期。综合起来共有以下几种说法：（1）Kholees 或 Kolis（印地语）指于印度北，身份卑微的拉其普特人。（2）Kuli（印度南部泰米尔语），指薪金。（3）可能起源于波斯，从缩短阿拉伯语"仆人"一词而来。（4）突厥语的"奴隶"（kole）。
③ 参见刘以焕《"苦力"词源考辨》，《齐齐哈尔师范学院学报》1995 年第 2 期。
④ 参见刘以焕《"苦力"词源考辨》，《齐齐哈尔师范学院学报》1995 年第 2 期。
⑤ 转引自雷万忠编《劳动学引语辞典》，劳动人事出版社，1988，第 190 页。
⑥ 许涤新主编《政治经济学辞典》（中），人民出版社，1980，第 214 页。

'做苦力的'，但是从不把'苦力'用作名词，并且也不去袭用它，因此作苦力的本来不是苦力，而是欧洲人在心目中把他降低下去。他也许是一个自重的工人、司阍、侍者、工匠等，他也许是一个家佣，但是中文不呼他为苦力"。[①] 在林语堂看来，西方人眼中的苦力是没有"灵魂"、没有自尊的，是比"小工"更低人一等的劳动者，也包含着一定意义上的种族歧视。

词语是一种文化符号，它本身的存在和消亡既有其历史因果，也代表着一种文化信息。"语言是表达思想的工具，也是社会文化发展的产物……它不仅包含本民族的历史和文化背景，蕴藏着本民族的人生观和价值观，而且还深深刻上了世界历史发展的足迹。"[②] "苦力"一词本源于东方，中国古汉语中的"苦力"丝毫没有近代词语的意义，而印度的"苦力"被西方语系吸收后，反过来又成为对东方民族的贬称，更发展为对中国人的歧称。在美国西部，"苦力这一术语竟然变成了中国移民的同义词，而且由此产生的负面影响甚广，并极大贬低了中国人在西部的整体形象"。[③] 甚至在一战时作为协约国参战的中国华工也摆脱不了西方人眼中"苦力"的命运，"一战华工作为所谓'苦力'实际上是'苦'与'力'的结合"。[④] 其待遇也表明了"苦力"的身份："这些华人苦力并非像普通乘客一样有自己独立的舱位；他们就如同大批的货物、牲口一样，被统一装在一个船舱中打包运输。"[⑤]

语言的背后是时代的烙印和历史的记忆，"苦力"一词之所以在近代大行其道，无疑与西方强势崛起，而东方民族积贫积弱有着莫大的关联，它所体现的是西方霸权主义的文化定位与惯性思维。

---

① 林语堂：《讽颂集》，蒋旂译，国华编译社，1941，第 139~140 页。
② 卢睿蓉：《英语种族专有词汇的发展及文化歧视现象》，《天津市职工现代企业管理学院学报》2005 年第 2 期。
③ 曲瑜真：《1848~1882 中国移民在开发美国西部时的作用及"苦力"一词的来源》，《学理论》2010 年第 16 期。
④ 徐国琦：《中国人与第一次世界大战》，《历史教学》（下半月刊）2014 年第 9 期。
⑤ 徐国琦：《一战中的华工》，潘星等译，上海人民出版社，2014，第 52 页。

二　称呼何人："苦力"概念的行业界定

在人们的认知中，"凡劳苦卖他自己的气力的人们就叫做苦力"，[①] 但"苦力"一词确切外延的界定，即它所涵盖的行业，则是随着时代的变化与时俱进的。

在传统中国城市中早已经出现被归入"苦力"的行业，如水业、粪业和装卸工人。按照中国的习惯，通常以"夫"来代指从事这些职业的男性，因此被相应地称为"水夫""脚夫""挑夫""车夫"等。随着"苦力"一词的广泛使用，在近代书报刊物中，"苦力"开始被用作笼统地称呼诸多行业的劳动者。有脚行的搬运工："近日上河河船货运到者二十余万石计，前时行价五两二三，今则行价五两七八，尚无受者。盖运粮之苦力甚少，以致不能销售。"[②] 有车行的人力车夫："昔有人东游日本，适逢甲午之役。一日早出，见凡拉人力车者胸前无不携带日报数种，初以为受人雇送也，继而见其静坐时，则出各报喃喃对诵，或笑或骂或诘或驳，一若深得报中三昧者，异而询之则曰：吾辈苦力不能时购各报，日必向卖报人赁报数分，午前得暇辄读，午后即送还卖报人矣。"[③] 有轮船上的海员："又云据美国政府所查各国商船员（劳银）（苦力工资）表。"[④] 有官僚的下人："常十向充德武官处苦力，被革后昨在李姓首饰铺窃盗物件甚多，经李查明，当于初八日向奥捕官处具控，立即扭获，严刑之下坚不承招，押候覆讯。"[⑤] 有修城筑墙的工人："近时俄人拟于哈尔滨地址修筑城垣一方，特广招苦力人等。"[⑥] 有打扫卫生的清洁工："河北关下一带积秽之处，近因民人渐渐倾倒积秽甚多，昨经卫生局饬派苦力多名，随带

---

① A. A. Softo：《苦趣》，微明学社，1927，第 28 页。

② 《粮食滞销》，天津《大公报》1902 年 7 月 6 日，第 6 版。

③ 《原报》，天津《大公报》1902 年 6 月 22 日，第 2 版。

④ 《译件》，天津《大公报》1902 年 7 月 23 日，第 7 版。

⑤ 《革役窃物》，天津《大公报》1902 年 8 月 13 日，第 3 版。

⑥ 《俄人修城》，天津《大公报》1902 年 10 月 30 日，第 4 版。

马车四辆，开往各处粪除清理，以免臭气熏蒸云。"① 还有从事工程的杂工："卫生甜水公司近由沪上招请美国某工程司人一名……所需铁管及招用苦力工资置购地段等费，则在小包工之内。"②

在同时期的官方文书中，"苦力"的使用也已经非常频繁，这种苦力多是指因为触犯法律而被罚做劳役的杂工，如"犯罪甚轻仅应折工作数日数句，不能入习艺所者，随时充罚除秽苦力，派定地段，每日早晚两次，将城内大街小巷污秽一律扫除洁净"。③ "小关著名土匪董洛迭经犯案，均由该处绅董禀保得释。后因招赌，经前副巡捕官胡讯明羁禁，并由捕官谟君出示招告在案，迄今案已久悬，遂将该犯判罚一年苦力。"④ 外国人也莫不如是，"前有美国官员解送美国兵丁二名，交都署罚充苦力，已发至军械所充当苦工，派有印兵看管"。⑤ 而在一般公文中也有"吴楚公所东总医院内，已蒙卫生局梅君饬派黄袖巡捕四名，在医院门首照料弹压，又派本局苦力三十余名，前往打扫庐室云"。⑥ 这里的"苦力"只是泛称，并没有职业的成分在里面，相当于古代的劳役者。

而最晚在1908年就有专门界定"苦力"行业的论述，1910年的《中国经济全书》把中国的工人分为旧有工匠、工场里的劳动者和苦力三种。至于"苦力"的行业范围，则把传统中国旧有的一些行业和新生行业全部囊括在内，"一闻此二字，即令人想起清国最下等之贫民。如下所列记之劳动者是也，盖是类之人，皆从事于无智能技术之业者也"。书中列举了两类十五种行业：一为从业下婢，包括管家、跟班的（下人、底下人）、打杂的、老妈、丫鬟；一为从事运搬之劳力者，包括推小车的（一轮车）、赶车的（马夫）、轿夫、拉车的（人力车）、挑水的（未设水道之都会为代人挑水之业）、挑脚的（为人运搬货物者）、管栈者、看门的、

---

① 《清理秽处》，天津《大公报》1902年10月31日，第4版。
② 《水司定章》，天津《大公报》1903年3月15日，第4版。
③ 《长垣省朱令佑保禀设立苦力所》，《北洋官报》第1541册，1907年，第7页。
④ 《判罚苦力》，天津《大公报》1902年7月18日，第4版。
⑤ 《美兵获案》，天津《大公报》1902年7月10日，第3版。
⑥ 《医院续闻》，天津《大公报》1902年6月20日，第4版。

带水的（引船出港之人）、打包的。①

《中国经济全书》译自日本东亚同文会编纂的 1908 年版《支那经济全书》，书中很多行业都有与日本行业的比较，如"跟班的，或云下人、底下人，较日本之下男少胜；打杂的，司最下劳动之事，与日本之下男相类"。② 因此，这里的"苦力"范围难免以日概华，有不符合中国实际的嫌疑，比如第一类中的老妈、丫鬟虽然也属于出卖劳动力之类，但和"苦力"毕竟无法相比，如果实在要划入工人行业，应该属于"奴隶工人"或"奴隶的劳工"，因为这类人是没有人身自由的，"主人用钱买来，订立一张契约，就视同他的财产，和其他的私有物品一样，他们的生活就处处要服从主人，他们处处要受主人的束缚……所谓自由，在他们是完全没有了"。③ 这类劳动者是不同于现代工人的封建制度下的余弊，"完全受主人的命令而动，决没有丝毫自主的能力，所以为奴隶性"。④

具有划时代意义的是 1925 年毛泽东在《中国社会各阶级的分析》中对"苦力"的定位，"苦力"被正式列入无产阶级队伍，称为"苦力工人"："都市苦力工人的力量也很可注意。以码头搬运夫和人力车夫占多数，粪夫清道夫等亦属于这一类。他们除双手外，别无长物，其经济地位和产业工人相似，惟不及产业工人的集中和在生产上的重要。"⑤ 在以后的用法中，"苦力"就大多被贴上"工人"的标签。

1925 年出版的《中国劳工问题》使用了另外一个名词——"血汗工人"。所谓血汗工人，"就是专靠卖力气来吃饭的工人。他们没有什么知识，也没有什么技能，他们的本领，就在双手两腿一只肩膀上"。作者把这类工人分为三种：一种是由雇主召集在指定地点工作，一种是包工人向雇主包揽工作，一种则是自由劳动的血汗工人。第一种有矿工、路工、水手，第二种有搬运夫、土木工，第三种则有车夫（包括人力车夫和小车

---

① 经济学会编《中国经济全书》，经济学会，1910，第 128～129 页。
② 经济学会编《中国经济全书》，第 128 页。
③ 见马超俊《中国劳工问题》，民智书局，1925，第 5 页。
④ 陈启修：《中国的劳工状况与各国的劳动组织之比较观》，《评论之评论》第 2 期，1921 年。
⑤ 《毛泽东选集》第 1 卷，人民出版社，1991，第 8 页。

夫）、轿夫、驴夫。① 这里的血汗工人与"苦力"应该是两个词语一个概念。

1928 年出版的《第一次中国劳动年鉴》对苦力的行业做了详细的描述，"我国工人，大多数恃筋肉劳动为生，除少数有技能者外，概可称为苦力"。② 从书中所列举的行业可知，其"苦力"职业范围可以粗略分为装卸（肩货夫、搬运夫、码头挑夫、车站脚夫、装米脚夫、米船夫、扛米、挑黄泥夫）、脚行（脚夫、轿夫、运米夫）、清洁（粪夫、清道夫）、水业（挑水夫、自来水夫、井水夫、零水夫）、车夫（小车夫、人力车夫、骡车夫、趟子车、高低架手车夫、拉煤车夫、踏车夫）等。其中值得注意的是，作者把隶属于大连满铁码头事务所的各种工人也都列为苦力，如直属雇员、海上华工、陆上华工、煤炭华工、警戒华工和常役夫等，③ 并冠以华工的头衔，这是帝国主义在中国本土雇佣的"华工苦力"。

1933 年出版的《二十一年中国劳动年鉴》与 1928 年的大同小异，其行业仍是人力车夫、搬运夫、轿夫、粪夫、水夫及浴堂工人和杂役。④ 1934 年出版的《二十二年中国劳动年鉴》则提出了"自由劳动者"和"苦役劳动者"，前者为旧式工匠，如木竹匠、瓦泥匠、石匠、油漆匠等，后者即为近代苦力，"指纯粹用劳力服苦役之工人而言，如码头起卸工人，肩扛挑担工人，水夫，粪夫，轿夫，车夫，以及其他各种粗作力役工人"。⑤ 学人还区分了手工工人与苦力："所谓苦力，当然是出卖劳动力，以所获工资而维持生活的工人，其与手工劳动者有差别。在封建手工业中，手工业者技术的训练，普通都须三年或三年多的徒弟的生活，从事学习。技精后，满师收工资，方能正式出卖劳动力。苦力则不然，他无需乎长时期的师徒教练，简单的笨拙的无技术可言。只须具有强健的体格力

---

① 马超俊：《中国劳工问题》，第 19 ~ 22 页。
② 王清彬等：《第一次中国劳动年鉴》，北平社会调查部，1928，第 625 页。
③ 王清彬等：《第一次中国劳动年鉴》，第 625 ~ 633 页。
④ 实业部劳动年鉴编辑委员会：《二十一年中国劳动年鉴》，神州国光社，1933，第 241 页。
⑤ 实业部劳动年鉴编纂委员会：《二十二年中国劳动年鉴》，正中书局，1934，第 397 页。

量，就能从事工作的；即如码头工人，装卸和搬运物件的脚夫，以及拉车的人力车夫等是。"①

另外，一些辞典也对"苦力"的行业做了界定。1934 年出版的《经济科学大词典》认为："苦力的意思有不熟练劳动者的含义……其主要成分，为搬运工人、从事于矿山业的半熟练工人，以及从事于近代机械工业的工厂工人的或部分。"② 而 1935 年出版的《实用商业辞典》则指出："凡搬运船舶载卸之货物，铁道载卸之货物，出入堆栈之货物等之下等劳动者，悉谓之苦力。"③ 1949 年出版的《新名词辞典》则一言以蔽之："凡车夫、搬运夫皆是，与英语之 Coolie 相合。"④

"在概念含义的不同界定和争夺中，不同的个体、群体和派别界定着概念的不同含义，不仅使得概念成为竞争性的，反过来也表明，概念变成了不同派别使用的武器，体现了不同派别的意图，并且成为他们的政治和社会实践。"⑤ "苦力"一词由国外的华工"移位"到本土的都市工人，其范畴也"东方化"地涵盖了一些非西方的东方传统行业，反映了西方资本主义生产方式向东方国度的转移和扩大，东方社会逐渐成为西方资本世界的原始劳力市场，从这个意义上说，"苦力"一词正是近代中国经济发展阶段最具有代表性的名片，是当时社会经济发展直观而又鲜明的"标的物"和"指向标"："机械业越不发达的国家，血汗工人越多；所以中国的血汗工人的数目极多。"⑥

同时，"苦力"一词所涵盖行业的缩减和延展也是社会发展的一个真实写照和记录，随着政治制度的变革、社会文明的普及，一些原本划归于苦力行业的"仆从""下人"逐渐从人们的视野中消失，而随着经济的发展、工业的发达乃至科学技术的进步，很多新的苦力行业纷纷诞生并且数量日增，如修马路、人力车夫、车站装卸夫，一些原本属于苦力的行业正

---

① 吴泽：《都市劳动问题中"苦力帮"刍论》，《现代评坛》第 18 期，1937 年。
② 高希圣、郭真：《经济科学大词典》，科学研究社，1934，第 289 页。
③ 陈稼轩编《实用商业辞典》，商务印书馆，1935，第 495 页。
④ 陶萍天：《新名词辞典》，上海春明书店，1949，"社会之部"，第 56 页。
⑤ 李宏图：《概念史与历史的选择》，《史学理论研究》2012 年第 1 期。
⑥ 马超俊：《中国劳工问题》，第 20 页。

被新型技术或新兴行业所代替，如轿夫（即抬着客人来往城镇乡村者，自交通便利以后，这类工人渐渐被淘汰[①]）、挑水工。正如时人所评价的那样："被一般人认为最卑下的有'五夫'，即人力车夫、粪夫、水夫、大车夫和轿夫……譬如交通事业发达，电车、汽车、无轨电车等普遍应用起来，可以不用洋车、大车和轿子，厕所都是水冲的便池，粪夫便不再存在，家家户户若都装设自来水管，也就用不着水夫了。所以在科学发达工业进步的都市，'五夫'已经早没有存在的可能。"[②] 正如同"苦力"行业的兴起表明了社会经济的初步发展，"苦力"行业的消逝也反映出科学技术和社会文明的前进程度。

三 来自何方：苦力群体的组成探究

相对于词语本身而言，"苦力"所对应的群体则更能体现出它的属性与特质，体现出其所容纳的社会信息与文化内涵。城市苦力群体的来源，根据调查，时人总结为："灾民、过剩的农民、城市劳工的失业者、退伍的兵士，甚至于回国的移民等等。这种人，由于生计所迫，愿意做任何的工作。"[③] 作为"苦力"主体的则是离村农民，"这些都市苦力劳动出卖者，大部份是由今日农村破产急流的过程中，失地的贫农所转化而来"。[④]

至于农民离村的原因，早在 20 世纪 20 年代就有相关调查和著作出版，学者普遍认为"帝国主义者对农村经济的破坏，军阀土豪劣绅对农民的榨取，天灾人祸对农民加紧压迫"，这三者是最根本的原因，"资本帝国主义、封建势力、天灾人祸，三方面联合起来向农民进攻，农民无容身之所，故纷纷徙居都市"。[⑤]

---

① 马超俊：《中国劳工问题》，第 22 页。
② 《北平的特殊职业》，天津《大公报》1933 年 6 月 8 日，第 13 版。
③ Dorothy Johnson Orchard：《中国的人力》，王造时译，《东方杂志》第 6 号，1936 年。
④ 吴泽：《都市劳动问题中"苦力帮"刍论》，《现代评坛》第 18 期，1937 年。
⑤ 董汝舟：《中国农民离村问题之检讨》，钱亦石等：《中国农村问题》，中华书局，1935，第 72 页。

农民离村后的主要去向为城市，"农民离村的去路，是海外移民与集中都市。南洋群岛一带是闽粤等省农民的尾闾，但近（笔者加）年来南洋受世界恐慌的影响，胶锡跌价，市况萧条，失业华侨纷纷回国；各地政府对于华侨入口限制极严，此路已告不通了……失地失业的农民只有集中于都市了。上海、武汉、南京、天津、广州各大城市之人口一天天的增多，最重要的原因，便是农民离村他适之结果"。① 据 1935 年的调查，去城市者为 59.1%（到城市逃难 14.2%，到城市做工 21.3%，到城市谋生 15.4%，到城市住家 8.2%），青年男女去城市的比例则高达 65.3%。②

然而，城市并不是这些离村农民的天堂。在中国近代化进程中，城市产业畸形发展，买办型商业居多，这种轻工重商的局面不仅不能为进城的农村人口提供足够的就业机会，反而加剧了城市的失业状况。1930 年前后，"南京失业及无业者计达三十万零三百零六人，上海无职业者则有三十一万八千一百十七人，武汉失业者达十万人以上，北平失业人数约为二十三万，天津失业人数约在十万以上"。③ 于是乎，"在民族工业枯萎的境况下，原来的工人，已经一批一批的被抛弃于十字街头，离村的农民，自然不容易找到工作的"。④ 当这些离村农民到了城市后，由于身无长技，打工无门，不得不和失业大军一起，从事各种临时的职业，其中很大一部分则沦为苦力，这些"破产的小农和雇农佃户来到都市，但他们由农村离开是被动的，向都市展进是盲目的，并非因为感觉着都市在需要他们。所以大批的农民一入都市之后，虽然想卖出他们的劳力，但都市需要此劳力与否还在问题之中。于是，他们入都市后的最可能限度是充当工人、仆役、苦力、拉车夫、泥水匠、清道夫"。⑤ 在时人看来，"照普通来观察，移植到外面去的农民要做粗重的工作，要吃苦，要挣扎，年青的人才能干到，而且一家之中，常是年青的人去冒险，得到了相当的成功，才全家移

---

① 许涤新：《农村破产中底农民生计问题》，《东方杂志》第 1 期，1935 年。
② 《青年男女离村之去处所占之百分比》，《农情报告》第 4 卷第 7 期，1936 年。
③ 参见公度《中国失业概况及救济方法》，《安徽建设月刊》第 24 期，1930 年。
④ 许涤新：《农村破产中底农民生计问题》，《东方杂志》第 1 期，1935 年。
⑤ 逸民：《中国农民离村向市问题的解剖》，《时代青年》第 17 期，1933 年。

殖，在矿坑里和垦殖区内干着苦工，在都市里当人力车夫和苦工的都是男子"。[①] 学者们也普遍认同："民国以来，水旱连年，兵匪为灾，民生困苦，日甚一日。失业流离的或转入沟壑，或变为乞丐。外此尚有三条路可走：入军队，当土匪，拉洋车。"[②]

据金陵大学卜凯教授对河北省盐山县150户离村农民的调查，其中劳动者占57.2%，其他地方则亦多"在都市者为苦力"。[③] 而言心哲对南京1350名人力车夫的调查，发现离村农民占56.96%。[④] 对上海的调查更高，在100名调查对象中，有85人出自农村，而"据《中国劳动年鉴》记者所估计，上海苦力环城所居之草棚，其数当在50000以上，人口约20000至30000，此等苦力以江北之破产农民为多"。[⑤] 在天津，"农村破产，只得逃来天津，以图最后的挣扎。强壮的男人，多去租赁了车，终日作那牛马生活"。[⑥] 对汉口苦力的调查也表明："此类以川人为多数，约占全数之四。此辈原在川河挪船（俗名挪索索），因不胜其苦，习闻汉口繁华，钱尤易得，是以抛弃原有执业，单身来汉。讵知汉口谋生实在不易，既无友朋绍介，万难侧身正途，于是不得不向此道讨生活。"[⑦]

在整个20世纪20年代，进入东北的移民约有600万人，通过抽样调查发现，大约有80%的单身男性进入了长春、哈尔滨及奉天等大城市或铁路沿线地区，从事流动性极大的苦力工作，"1931年《东北年鉴》记载，1930年上半年的62万东北移民中，除25.5%的人从事农渔业外，其它商业、交通业、政界服务业、劳工、矿工、仆役等各业中以劳工人数最多，占63%，这部分人是以出卖劳动力为生的雇佣者，除少数农业雇工外，多是一些在城市、矿工、铁路沿线从事苦力工作的劳动者"。[⑧] 除了

① 吴伯思：《中国农民离村》，《天籁》第2期，1936年。
② 李景汉：《北京拉车的苦工》，《现代评论》第3卷第62期，1926年。
③ 邢必信等：《第二次中国劳动年鉴》（上），北平大北印书局，1932，第179页。
④ 言心哲：《南京市人力车夫生活分析》，李文海主编《民国时期社会调查丛编·城市（劳工）生活卷》（下），福建教育出版社，2005，第1244页。
⑤ 逸民：《中国农民离村向市问题的解剖》，《时代青年》第17期，1933年。
⑥ 《准备拆除了的新开河岸贫民窟》，天津《大公报》1933年3月5日，第13版。
⑦ 刘云生：《汉口苦力状况》，《新青年》第8卷第1号，1920年9月1日。
⑧ 转引自王杉《20世纪20年代东北城市移民管窥》，《绥化师专学报》2001年第3期。

这些当时的资料，近年来的学者研究也论证了这一点。如邱国盛的研究表明，上海、南京的人力车夫大部分来源于农村。[①] 刘秋阳的研究也证明了"农民是上海、南京、武汉等地区都市苦力的最大来源，其中以上海比例最高"。[②]

在理论意义上，近代农民离村进城是社会经济发展的需要和要求，属于"工业革命后各国普遍的社会现象"，[③] 在西方欧美国家，农民离村进城不但无害于农村，而且有利于城市。美国社会学家洛斯（Rose）的"人口空虚论"认为："农业技术改良，生产率增高，如是只用少量的人口便可以耕植从前多量人口所耕植的土地，同时，城市工商业发达，需要资本劳力，农民在此情况，很可以帮助城市繁荣。"[④] 但中国近代农民离村则"除极少数靠近工业城市之区域或与工业化有关，而十九由于天灾兵祸之驱迫而成，是被动的不是自动的，是病态的不是常态的"。[⑤] 因此，这些由离村农民转化而来的城市苦力，不仅无法为城市的经济发展提供必要的劳动力资源，"农民入城市因于觅找工作之故，不惜贬低身体，以较少工资，充作苦役。资方以有利为前提，故往往罢黜旧工，添置新工，旧工则因而失业"，[⑥] 而且使工业发展过度依赖低成本的人力资源，不利于工业技术的改进，并在工业生产中形成恶性循环。同时，大量苦力人口的存在成为城市社会发展的拖累，威胁了城市的正常秩序，加重了城市负担。

中国本土城市苦力群体的产生，正是近代城乡经济社会变迁最形象的写照。"这是我国经济状态下的特有产物，他们是凭借劳力经营一切琐碎不整的劳动工作而勉强度日的劳动者，他们没有受过严格的训练，他们没有严密的组织，他们依赖成性，他们终日劳动，而所得的是世人

---

① 邱国盛：《北京人力车夫研究》，《历史档案》2003 年第 1 期。

② 刘秋阳：《近代中国都市苦力研究：以沪、宁、汉、渝为中心》，武汉出版社，2014，第 21 页。

③ 逸民：《中国农民离村向市问题的解剖》，《时代青年》第 16 期，1933 年。

④ 逸民：《中国农民离村向市问题的解剖》，《时代青年》第 16 期，1933 年。

⑤ 吴至信：《中国农民离村问题》，《东方杂志》第 15 号，1937 年。

⑥ 逸民：《中国农民离村向市问题的解剖》，《时代青年》第 17 期，1933 年。

最低廉的工资。这种苦力的构成原因是我国没有发达机械工业，却因外货的入侵，先把传统的手工业摧毁，农村副产的没落，逼得无路可走，才挤到都市中来填空隙，都市中没有尽多的工厂来容纳，所以流落街道，零卖劳力，换取饱腹的几枚铜子，这种生活状态和乞丐相比，正是相差无几。"①

对于这些新产生的苦力群体来说，正如狄更斯说的那样："这是一个最好的时代，这也是一个最坏的时代。"作为一个从农业社会向工业社会的转型时代，"苦力"群体正是这个时代的产物之一，它的出现既反映了从农耕时代到大机器生产时代的过渡和转变，也反映出西方工业资本向中国小农社会的辐射和渗透。它既是时代进步的表现——劳动力实现了自身的自由买卖，代表了一种新兴的生产关系，为生产力的解放奠定了基础；也是时代罪恶的见证——劳动者本身成为可以买卖出售的商品，形成了一种带有血腥的赤裸裸的剥削关系，伴随着无数苦力的悲惨和牺牲。

对于这些从乡村来到城市的苦力群体来说，也是喜忧参半，一方面近代城市的畸形发展为失去乡村庇护的他们提供了一份可以赖以生存的工作和一个暂时容身的空间，虽然这份工作看起来不是那么美好，这个空间也狭小污秽，但毕竟有别于"面朝黄土背朝天"的乡村僻壤，他们走向了城市，成为城市的一分子，迈出了从乡村到城市具有决定性的一步。另一方面，这些从乡村来到城市的拓荒者，用他们自己并不强壮的血肉之躯背负起城市化所必须拥有的人力资源后备，以自己的健康和一代甚至几代人的代价承担着近代化转型所必须承受的阵痛，成为近代城市化进程中起着基础性作用而又容易被遗忘的"无名英雄"。从这个意义上说，"苦力"一词形象直观地概括出这些群体的生存特质和时代特色，而这些群体又给予"苦力"一词丰富的生命力和多元的想象力。

---

① 世界辞典编译社：《现代文化辞典》（上），世界书局，1939，第287页。

四 形象何如："苦力"群体的社会认知

"概念的社会运用塑造了整个历史。概念绝不仅只是被动的对历史事物的表述，它能以其语词形式主动地参与到历史发展过程中，参与塑造人们对世界的理解。"① 在现实中，一个词语概念从产生到流行需要一个过程，社会对苦力行业和群体的认知也经历了一个从排斥到同情、从轻视到尊重的过程。从这些变化我们不仅可以洞察苦力行业在近代的运行态势，还可以探求人们在使用该词、面对该群体时的心理考量，同时可以考察彼时中国人在社会经济变迁中基本价值观与思维方式的微妙变化。

苦力是一类尴尬的社会存在。作为生活在底层的社会群体，其在社会中几乎没有话语权，他们通常处于"被代表"的地位，人们对他们也大多毁誉参半。他们往往"以力为生"，却又常常"因力生事"，在政府和普通市民眼中，他们是"不稳定因素"，甚至是"行霸""行阀"的代名词。码头小工、苦力挑夫、脚夫、粪夫等聚众斗殴事件数不胜数，常见于各大城市报端，"盖苦工二千万之多，既无技能，又无知识，在社会上的位置最为不幸，而又没有资产，所以就无所顾忌，有事则工，没事则匪"。②

例如，为人们所诟病的"行阀"现象，时人多有记载，他们大多"倚工自重"，动不动罢工歇业，"此受粪阀之赐也……近来所有该堂产业所在地之粪夫，忽然一概不为之清除，大粪山积，已近三星期之久，以致各租户咸兴便难之叹，男子尚可赴官厕所，而女子则大不方便，以致人心惶惶，无可为计"。③ 也多有欺行霸市之举，"各粪厂捡粪人挨户要钱，由数文至百十文不等，稍拂其意，彼即数日不来，是以各居民无不忍气，不敢与较。今西门内永顺米局因拾粪人索钱，该米局人与之互有争辩，拾粪

---

① 章可：《概念史视野中的晚清天主教与新教》，《历史研究》2011 年第 4 期。
② 陈启修：《中国的劳工状况与各国的劳动组织之比较观》，《评论之评论》第 2 期，1921 年。
③ 《粪积如山，住户大感困难》，天津《大公报》1929 年 1 月 5 日，第 6 版。

人遂纠集同伙多人，各持粪叉粪帚与米局寻殴，嗣经巡捕弹压始能解散。噫其事甚小，其臭甚大，人之怕臭，举世同情无惑乎。粪中人倚势作威，而米中人甘拜下风也"。① 并且在大小节日里趁机勒索敲诈，"磕灰的粪夫们每到年节，或届立春、立冬……等等小节，或遇下雨下雪，道路泥泞的日子，他们便要借题发挥，向各住户要点零钱"。②《大公报》也颇为无奈地评价道："水夫与粪夫……曾经有过罢工等情形，其所给于市民的痛苦，尽人皆知，所以在北平有'三阀'之言，除菜阀而外，余二者即为粪阀与水阀，人而为阀，其所给人们的印像，盖可想而知矣。"③ "其它如水夫粪夫，则各有专利区域，社会已公上尊号曰水阀粪阀，其勒索住户，可谓无微不至。"④

就连面对警察，这些苦力也毫不退让，态度依然蛮横："有韩运昌者，素以拉载粪车为业，昨在西关街，赶大粪车一辆，满载肥料，秽气逼人，又复不加留意，致使屎汁流沥满道，且在所经之处任意停留，第十七守望警士刘恩普为地方卫生起见，上前指挥，讵料韩某不独不遵，并肆口谩骂。"⑤ 甚至敢于抗拒官府的力量，"南门外太平庄一带粪厂因抗谕不遵，经卫生局传案枷号发县交地方看管，兹闻于初五日粪厂一律罢工，所有官厕及铺户居民等各厕均已粪积如山，行人皆掩鼻而过，未知确否如有此事。该厂等可谓挟持官府累及居民者矣"。⑥

这样的情景在天津、北平、上海乃至唐山、海州等大中小城市多有发生。如上海"本埠东门外一带，粪场甚多，值此炎夏，有碍居民卫生，第五区署特令饬各场粪夫，即日将积粪搬运出境……乃引起二十余家粪场大哗，全体粪夫七八百人，于十三日起，一律罢工，坚决表示反对。以致三日来，居民大感恐慌，僻街小巷，粪便垃圾，满坑满谷，奇臭迫人，惟

---

① 储仁逊撰，天津图书馆整理《储仁逊闻见录》卷六，国家图书馆出版社，2016，第131页。

② 刘炎臣：《津门杂谈》，三友美术社，1943，第95页。

③ 水心：《北平的自治工人》，天津《大公报》1933年10月23日，第13版。

④ 芷迷：《懒病》，天津《大公报》1934年10月29日，第13版。

⑤ 《不懂卫生》，天津《大公报》1927年9月12日，第7版。

⑥ 《粪厂罢工》，天津《大公报》1906年7月27日，第5版。

此幕臭风波，目前尚未闻有若何解决办法云"。① 唐山则有粪业苦力集体反对政府改革，"本市自卫生整理所接收各官私厕所后，粪夫群起反对，屡次请愿"。② 而海州则发生了粪夫与警察之间的直接冲突，"粪夫已聚约二百余人，见公安局前来，乃蜂拥而上，各将手内所抓之粪，对面抛掷，棍棒飞舞。王巡官因近前劝谕，致被粪夫拖去，服装洒满大粪，清洁主任王求年赶到，当被粪叉击破头部，鲜血直流，满身粪污"。③

这些苦力又是值得同情的，20 世纪二三十年代，学界展开了一场大规模的"苦力"调查，以北平、上海、广州、南京及汉口等城市"苦力"为对象，介绍其衣食住行情况，呼吁社会救济。历次调查都展现出苦力群体生存状态的悲惨："各地苦力之生活，大都贫苦异常。彼等劳碌终日，竟有不得一饱者。衣住两项，更为恶陋不堪。"④ 有学者哀叹："在北平的职业中，工作最辛劳、报酬最微薄、生活最困苦，而被一般人认为最卑下的有'五夫'，即人力车夫、粪夫、水夫、大车夫和轿夫，实则并不是他们在社会上最卑下，而是它的存在，足以证明社会的落后。"⑤

对于码头工人的调查发现，"这种工人是极其可怜的，他们尽力用出来的血汗常常和煤烟尘土凑起来涂在他的面上，简直不像一个人了，他们若是疲倦了，随便倒在那一个地方就鼾声大作，背藁荐饿肚皮更不消说了。他们所受的压迫是层层叠叠的，永久没有出头的希望"。⑥ 在各大城市中，南京的搬运夫"景况甚苦。彼等居住于龌龊之茅蓬，衣服撕烂不全，面目污垢不洗，家中妇孺，须另觅工作，始能生活"。⑦ 汉口劳动界最苦者"莫若驮货一类，人数既众，生活尤难，疾病死亡，无人过问"。芜湖"各码头上挑夫之衣食，以粗饭敝衣为限，衣食外之费用，只以下

---

① 《粪夫罢工》，上海《大公报》1936 年 7 月 20 日，第 10 版。
② 《唐山粪夫请愿》，天津《大公报》1936 年 4 月 29 日，第 10 版。
③ 《东海粪夫暴动》，天津《大公报》1936 年 8 月 14 日，第 10 版。
④ 王清彬等：《第一次中国劳动年鉴》，第 633 页。
⑤ 《北平的特殊职业》，天津《大公报》1933 年 6 月 8 日，第 13 版。
⑥ 马超俊：《中国劳工问题》，第 19～20 页。
⑦ 王清彬等：《第一次中国劳动年鉴》，第 634 页。

等香烟或旱烟及剃头洗澡等项为限"。①

人力车夫也大同小异，"大都如猪一样，七八人或五六人挤卧于一丈纵横三四尺高，放车者用以搁置车辆之屋内阁楼上。其窝内虽有无数之大肚臭虫，乘彼等酣睡时原出吮吸啃咬，但彼等因拉车之过度疲劳，已不复能感觉痛痒矣"。② 吴平在《天津人力车夫生活一斑》中有如下描绘："他们的家，洋楼大厦当然不作此想，就是蜃屋砖房，也是无福消受，他们所住的，不过是拿苇草做成的泥房。土台子当做桌子，炕沿上算是椅子；飞边翘的坑席中间，又加八个大窟窿；父母儿女妻子六口，通腿睡觉，中间搭着一个上下够不着的破被。或者连被多没有。在天津卫有着这样一句俗语，所谓'一间屋子半拉炕'，就是这个情形。在坑的一头，放着一个饭锅，他们是居于是，食于是，衣于是。这里更没有自来水，也没有都市的电灯，所喝的，不过是混浊的井水，所点的，不过是一盏油灯。屋子因为年久失修缘故，顶上泥片，漱漱的堕落，苇把和木架也多宣告仳离。四壁缝裂，到处窟窿，下雨时，好比露天；炎热时，臭气四溢。逢到隆冬的季节，整天的在北风底下，抖颤呻吟。"③

粪夫也是如此："辛辛苦苦的干这种污臭的工作，忍受人们的压迫和鄙视，但所得的工资，真个令人梦想不到。愈是劳苦的得的钱都是极微；而安坐的特殊阶级，却得享受厚利，这是资本社会的特征。"④

就如同"一千个读者就有一千个哈姆雷特"，站在不同的角度，针对不同的对象，就会有不一样的感官和印象。于是，相同苦力群体便有着不同的面孔，同样是描写苦力形象，老舍笔下的《骆驼祥子》和毛姆笔下的中国苦力形象就给予我们相异的人物感受。苦力之所以在行霸与弱者之间摇摆不定，其根本原因在于：一方面，作为行业的苦力，在崇尚丛林法则的近代都市中是强势的，近代政府权威式微和缺乏足够约束力量控制下的行业"垄断"给予了他们和市民乃至政府讨价还价的资本，表现得强

---

① 王清彬等：《第一次中国劳动年鉴》，第 634～635 页。
② 蔡斌咸：《从农村破产所挤出来的人力车夫问题》，《东方杂志》第 32 期，1935 年。
③ 吴平：《天津人力车夫生活一斑》，《劳动季报》第 1 卷第 5 期，1935 年。
④ 实践：《平市粪夫生活》，天津《大公报》1934 年 6 月 22 日，第 13 版。

势无比，而传统时期遗留下的行业陋习和利益驱使刺激下的恶性竞争，使得苦力行业又成为市民和政府部门眼中的"不稳定因素"。另一方面，作为个体的苦力，又处在近代城市中最为悲惨的境地，背井离乡，飘零都市，没有丝毫的话语权，处于社会的最底层，被普通民众所轻视和厌恶。粪夫是让人看不起的行当，"一般人全都认为他们职业是鄙贱的，不但不表示一点同情，且加以轻视的态度"，① 被人笑称为"掏大粪的""屎猴""磕灰的"；码头工人被贬称为码头夫、披麻袋的、臭苦力；人力车夫群体则是"受压迫最深、生活水平最低，也是现代素质最差的一个社会阶层"。② 而这个"可恨又可怜"的矛盾形象正是近代乡村城市化与城市乡村化的典型反映，苦力群体的经历正代表着从乡村文明向城市文明的转型，是城乡两种观念的碰撞和新旧两种文化的博弈，也是转型社会所特有的社会现象。他们既有传统农民的淳朴憨厚与任劳任怨，也有近代市民的市侩狡猾和斤斤计较，既有来自农村的固守惯习，也有进入城市的文明教养，在他们身上集中了人性的善与恶，交织着城乡的新与旧，这也正是"苦力"群体所传达给世人的意蕴与特质，它是相互矛盾的，却也是真实存在的。

五 结语

"当某个词汇成为概念时，必须是在一定的社会和政治语境中为了特定的目的而不断地被使用，具有一定的意义和指向功能的，其被固定下来之后，于是便成为大家所接受与认可的概念。"③ "苦力"一词，形成于特定时期，植入于特殊时代，流行于特别时段，衍化为特有含义，随时而动，随境而迁，承载着社会的型变，演绎着行业的兴衰，凝结着群体的血泪，反映着文化的思潮，与经济政治变革相互影响，与社会文化发展彼此

---

① 刘炎臣：《津门杂谈》，第96页。
② 忻平：《从上海发现历史——现代化进程中的上海人及其社会生活》，上海人民出版社，1996，第165页。
③ 李宏图：《概念史与历史的选择》，《史学理论研究》2012年第1期。

互动。它已经不仅是一个简单的词，还成为反衬时代变迁的投影、体映传统行业的照影、折射底层群体的缩影以及展现社会思想的射影。

"苦力"概念自诞生就是一个"矛盾集合体"，它有着东方血统，却诞生于西方语境，散发着浓郁的帝国主义霸权思维下的种族歧视；它的外延指向近代工业，却又包含传统行业，体现着中西文化博弈融合下的"西词东用"；它的群体来自乡村，却生存于都市，凸显出畸形的城乡经济所导致的社会流动；它的形象貌似恶霸，却又地位卑微，映衬出传统行业垄断陋规背后一个个悲惨的"底层个体"。

与此相对应的，"苦力"的功用也是正反两面、褒贬不一。他们既是社会经济发展的产物和促进经济发展的因素之一，码头工人无疑是近代城市物流的润滑剂，"人力车使城市的交通近代化，并且使人们在城市中活动的速度提高，其作用类似于电话线使城市之间的联系更为便捷，也类似于工厂的大规模生产对生活效率的提高"，[1] 而"大多数的市民，所排泄的粪尿，均须仰仗粪夫去清除，假如粪夫停止工作一日，马桶厕所，粪台高筑，就感觉莫大的不便。由此想到：向来被人视为卑贱职业的粪夫，他们的地位，却极重要，是不可轻视的"。[2] 但这也是社会进一步转型发展的障碍。码头工人的廉价制约了机械作业，"对洋老板来说，码头工人的廉价劳动力比机器要合算得多，使用机器的费用远远超过低微的工资"。[3] 人力车夫砸毁电车，阻止汽车，[4] 粪夫工人抵制粪业改革，[5] 可以说，"苦

---

[1] David Strand, *Rickshaw Beijing*: *City People and Politics in the 1920s* (Berkeley: California University Press, 1989), p. 26.

[2] 刘炎臣：《津门杂谈》，第 94 页。

[3] 《上海港码头的变迁》编写组编《上海港码头的变迁》，上海人民出版社，1975，第 41 页。

[4] 参见王印焕《交通近代化过程中人力车与电车的矛盾分析》，《史学月刊》2003 年第 4 期；杜丽红《从被救济到抗争：重析 1929 年北平人力车夫暴乱》，《社会科学辑刊》2012 年第 1 期。

[5] 相关研究可见辛圭焕《20 世纪 30 年代北平市政府的粪业官办构想与环境卫生的改革》，《中国社会历史评论》2007 年第 8 卷；杜丽红《1930 年代的北平市污物管理改革》，《近代史研究》2005 年第 5 期；彭善民《商办抑或市办：近代上海城市粪秽处理》，《中国社会经济史研究》2007 年第 3 期；等等。

力工人在促进社会转型的同时，又拖了社会转型的后腿"。[①]

而对于他们的感情也是"一分为二"、泾渭分明，有高呼"劳工神圣"[②] 者，寄托以希望者，"尽管中国正在遭遇被外国欺侮的命运，但这里仍然是世界上不可忽视的一方国家。不可忽视的原因……是那些苦力的存在……苦力们是中国的恩人、救世主，可谓苦力大明神"。[③] 也有对此否定者，"有人说，他们是负有完成历史任务的无产大众，这个观念是绝对错误，不能轻易置信的"。[④]

"窥一斑而见全豹"，"苦力"所具有的多元性正是近代中国转型期复杂性的集中体现，"历史沉淀于特定概念，并在概念中得到表述和阐释"。[⑤] 从这个意义上说，解读"苦力"概念无疑就是解读一部近代中国城市底层社会史。

〔任吉东，天津社会科学院历史研究所〕

① 严昌洪主编《近代中国城市下层社会群体研究——以苦力工人为中心的考察》，湖北人民出版社，2016，第 324 页。
② 蔡元培：《劳工神圣》，陈子展编《注释中外名人演词选》，中华书局，1935，第 7 页。
③ 〔日〕德富苏峰：《中国漫游记》，张颖、徐明旭译，江苏文艺出版社，2014，第 444 ~ 445 页。
④ 世界辞典编译社：《现代文化辞典》（上），第 287 页。
⑤ 方维规：《概念史研究方法要旨——兼谈中国相关研究中存在的问题》，黄兴涛主编《新史学·文化史研究的再出发》第 3 卷，中华书局，2009，第 8 页。

政党·媒介·地方：20 世纪 20 年代吴江乡镇小报党派化探析

归彦斌

内容提要 20 世纪 20 年代，在新文化运动的影响下，江苏省吴江县曾涌现《新黎里》《新盛泽》《芦墟》《盛泾》《大分湖》等十多种乡镇小报。小报报人成为创建国民党吴江地方党组织的中坚力量。而国民党地方党部和党员又成为新一批乡镇小报产生的推动力量。随着报人的党员化，原先党派色彩并不明显的小报呈现宗旨党义化和内容党报化的特征。国民党的左右派之争和"清党"导致小报报人群体分裂、离散，也使报界领袖柳亚子陷入消沉，小报因此走向消亡。近代吴江乡镇小报的党派化是政党与媒介相互借力的过程，也是政党通过地方媒介向地方社会辐射、渗透的过程。

关键词 乡镇小报 吴江 国民党 20 世纪 20 年代 柳亚子

1920 年 12 月，江苏吴江籍的著名文人、南社领袖柳亚子游历江南水乡时，了解到周庄镇青年教师朱翊新、陈蕺人、唐庐锋等人合办了一张油印小报《冰心》，但由于经费拮据已经停刊，当即解囊相助，支持他们继续出报，并亲自将《冰心》报更名为《蚬江声》报。该报后于 1922 年 10 月 10 日更名为《新周庄》报。① 这是近代吴江地区的第一份乡镇小报。② 1923 年 4 月 1 日，柳亚子与毛啸岑等人会同黎里区教育会等 9 个团体创

---

① 刘冀：《乡镇小报的先声——〈新周庄〉》，《江苏地方志》1997 年第 4 期。

② 周庄当时分属吴江、吴县。吴江市地方志编纂委员会编《吴江县志》，江苏科学技术出版社，1994，第 55 页。

办《新黎里》报。1923 年 7 月 16 日，徐蓬轩、徐蔚南兄弟在盛泽镇创办《新盛泽》报。1921~1927 年，吴江各乡镇还创办有《芦墟》《盛泽》《盛泾》《大分湖》《新平望》《新同里》《新震泽》《舜湖公报》《震属市乡公报》等报，各种乡镇小报总计有十几种之多，成为近代中国报刊发展史上一个十分独特的现象。① 这些乡镇小报在"督促地方之进行"和"文化之昌明"中发挥了重要作用。② 柳亚子在 20 世纪 50 年代回忆起这一文化盛况时，仍然称赞道："吾邑诸地区，若《新黎里》，若《新盛泽》，若《新吴江》，若《新震泽》，若《新同里》，若《新莘塔》，纷纭并起，霞焕云蒸，读者至目不暇给，盖蔚然一时风气矣！"③

小报最初产生时基本是受到新文化运动的影响，大多没有表现出明显的政治、党派立场。但随着国民党吴江地方党组织的建立和发展，不少小报报人加入国民党，小报的党报色彩日益明显。同大多数党报④相比，吴江乡镇小报的不同之处在于其产生时基本没有明显的党派倾向，而随着形势变化出现的党派化由点及面地迅速催生了一个小报群落。探讨吴江乡镇小报的党派化进程，有助于进一步把握和认识近代中国报业与政党的关系，以及从新文化运动到北伐期间地方政治的发展轨迹。⑤

---

① 关于近代吴江乡镇小报的研究，参见小田《江南场景：社会史的跨学科对话》，上海人民出版社，2007，第 201~213 页；佐藤仁史《近代中国的乡土意识：清末民初江南的地方精英与地域社会》，北京师范大学出版社，2017；金思思《20 世纪 20 年代江南乡镇民俗之改造——以苏州盛泽报刊为中心》，硕士学位论文，上海师范大学，2012。既有研究都未对小报的党派化问题进行探讨。

② 且言：《民国十五年中之吴江回顾》，《吴江》1927 年 1 月 1 日，第 5 版。

③ 柳亚子：《〈学习词典〉叙》，中国革命博物馆、上海人民出版社编《磨剑室文录》（下），上海人民出版社，1993，第 1623 页。

④ 关于国民党党报的研究可参蔡铭泽《中国国民党党报历史研究（1927~1949）》，团结出版社，1998；高郁雅《国民党的新闻宣传与战后中国政局变动（1945~1949）》，台湾大学出版委员会，2005；等等。目前，学界对国民党地方党报和 1927 年前国民党党报的研究较为薄弱。

⑤ 类似研究可参王奇生《党员、党权与党争：1924~1929 年中国国民党的组织形态》，华文出版社，2010，第 28~50 页；林志宏《北伐期间地方社会的革命政治化》，《台湾政治大学历史学报》第 36 期，2011 年 11 月；沈洁《1920 年代地方力量的党化、权力重组及向"国民革命"的引渡——以奉化〈张泰荣日记〉为中心》，《华东师范大学学报》（哲学社会科学版）2016 年第 6 期。

一 从报人入党到党人办报

1923 年 12 月，柳亚子经人介绍，以老同盟会会员的资格加入国民党。[①] 1924 年春，柳亚子受设在上海的中国国民党江苏省临时执行委员会的委派，回吴江县发展组织，筹组县党部，开展党务工作，成为吴江县党部的最高领导人。[②] 许多小报报人在柳亚子等人的鼓动下，纷纷加入了国民党，并且直接参与了各级党部的创建和领导工作。1924 年 8 月 24 日，国民党吴江县第一次代表大会选举产生了第一届执行监察委员会，由 1 名常务执行委员、4 名执行委员、3 名候补执行委员以及 1 名监察委员、1 名候补监察委员等 10 人组成，[③] 其成员全部为知识分子，其中至少 8 名成员具有明确的报人身份。例如，唯一的常务执行委员柳亚子为《新黎里》报的总编辑，后来柳亚子辞去常务执行委员后，由执行委员丘纠生接任常务执行委员，而丘纠生则为《新黎里》报的另一创办人、会计部主任；执行委员李伯华为《新盛泽》报的新闻部主任，执行委员徐任之为《新平望》报发行主任，执行委员沈眉若为《芦墟》报的主要撰稿人；候补执行委员施士知为《新盛泽》报的外地特约通讯员，并于 1925 年 5 月 1 日与另一候补执行委员吴柏如创办发行《新震泽》报；监察委员杨剑秋亦为《新盛泽》的外地特约通讯员。[④] 不但如此，许多区党部或区分部设在报社。例如，第六区党部成立后，"地址暂假莘塔大分湖报社"。[⑤]

---

① 吴江县执委会：《吴江县党务概况》，《江苏党声》第 24 期，1929 年 1 月 6 日，第 17 页。

② 柳亚子在 1924 年 8 月 24 日召开的国民党吴江县第一次代表大会上，当选为国民党吴江县第一届执行监察委员会唯一的常务执行委员。《吴江县志》，第 540 页。

③ 《吴江县党部历届委员一览》（1931 年 4 月 10 日），吴江区档案馆藏档案，档案号：0204－003－1490。

④ 《本报特别通告》，《新黎里》1924 年 3 月 1 日，第 1 版；《本报特别通告》，《新黎里》1925 年 4 月 16 日，第 1 版；平：《新平望报发起会议略闻》，《新黎里》1925 年 7 月 16 日，第 2 版；吴江县黎里镇志编纂委员会编《黎里镇志》，江苏教育出版社，1991，第 202 页；盛泽镇地方志办公室编《盛泽镇志》，江苏古籍出版社，1991，第 376、377 页；《吴江县志》，第 539、540 页；《震泽镇志》编纂委员会编《震泽镇志》，中国矿业大学出版社，1999，第 251 页。

⑤ 民：《国民党各区党部开会消息》，《新黎里》1925 年 6 月 16 日，第 2 张第 1 版。

第三区党部第二区分部设在《盛泽》报社。① 许多党务活动经常借报社开展。例如，县党部追悼孙中山大会的筹办处就设在《新盛泽》报社和《新黎里》报社。② 全县各级党部执行委员联席会议，"乘追悼总理大会之便"，就在《新黎里》报社召开的。③

　　小报报人是当时吴江知识群体中最活跃的力量，那么这一群体普遍加入国民党的原因为何？王奇生曾指出改组后的国民党党员构成以知识青年为主，这一论断也适用于吴江。④ 小报报人大多数接受过新式教育，少数人有出国留学或考察的经历，并在教育界任职，或担任教师，或担任学校或区县教育会的领导工作，且年龄多在 20 岁到 30 岁。例如，《新周庄》报的创办人朱翙新，生于 1896 年，1914 年毕业于江苏省立第一师范学校，毕业后担任周庄小学教员和校长。⑤《新黎里》报的创办人、副总编辑、主要撰稿人毛啸岑生于 1900 年，1914 年考入江苏省立第三师范学校接受师范教育，1919 年毕业后回到黎里，担任母校吴江县立第四高等小学教师，两年后任该校校长，历任黎里区教育会副会长、评议员以及吴江县督学。⑥《新盛泽》报的创办人、主要撰稿人徐蔚南生于 1900 年，曾入日本庆应大学学习；回国后，先到绍兴省立第五中学任教，后受聘复旦大学实验中学任国文教员。⑦ 由于资料缺乏，笔者尚难对大多数小报报人加入国民党的心路历程进行描绘。但正如有学者所指出的，在信仰主义成为时髦的社会风气中，在社会对于新学堂学生需求极为有限的现实下，国民党改组为"开放型的群众组织"对知识青年来说是一次"多好的政治参与机会"。⑧ 而柳亚子个人的作用也不可忽视。作为早已名满天下的南社

---

① 《盛泽镇志》，第 97 页。
② 《中国国民党吴江县党部暨各区党部发起孙中山追悼大会紧急启事》，《新黎里》1925 年 4 月 1 日，第 1 版。
③ 民：《中国国民党吴江县党部开会》，《新黎里》1925 年 5 月 16 日，第 2 版。
④ 王奇生：《党员、党权与党争：1924~1949 年中国国民党的组织形态》，华文出版社，2010，第 29~32 页。
⑤ 《周庄镇志》编纂委员会编《周庄镇志》，南京大学出版社，1999，第 724、1012 页。
⑥ 《黎里镇志》，第 202、218 页。
⑦ 《盛泽镇志》，第 485~487 页。
⑧ 王奇生：《党员、党权与党争：1924~1949 年中国国民党的组织形态》，第 32~41 页。

巨子和老同盟会会员的柳亚子在故乡发展党组织时，他的声望和思想无疑会对周围的知识青年产生辐射引领作用。例如，毛啸岑在回忆录中曾说："我的思想是完全跟柳亚子走的。"①

为配合组织发展，柳亚子与《盛泽》报主编徐因时、《新盛泽》报创办人徐蔚南等国民党党员一起，在吴江乡镇小报上发表了一系列文章，如《国民救国的一条大路》《三民主义》《中国国民党是什么？》《今后青年的责任》《三民主义——五权宪法——是什么东西？》《读了孙中山先生〈建国方略〉后》《中国国民党研究》等，②极力宣传国民党的政治主张，动员民众加入国民党。在《国民救国的一条大路》一文中，柳亚子强调："要想救国，只有一条大路，就是加入孙先生为领袖的中国国民党，帮助孙先生去奋斗，把不良的社会现状彻底改造一下，才可以达到国民救国的目的。"③在《三民主义》一文中，柳亚子在分析了中华民国所患有的三种"国病"后，认为"三民主义就是我们中华民国起死回生的无上灵药了"，强调"孙先生是我们的导师，中国国民党三十万党员都是我们的好友"，呼吁地方民众"快快起来跟着导师和着好友一同合作吧"。④

柳亚子当时在吴江开展的组织发展工作以及基层党组织的建立都是极为秘密的。⑤国民党吴江县第一次代表大会在盛泽召开的消息也仅仅是《新盛泽》报在《本区要闻》栏目中以《名人演讲》为标题隐晦地做了

---

① 毛啸岑：《我在大革命中》，中共吴江县委党史办公室编《吴江革命史料选》，1988，第12页。

② YT：《国民救国的一条大路》，《新黎里》1924年3月1日，第2版；YT：《三民主义》，《新黎里》1924年3月16日，第2版；陕起东：《中国国民党是什么？》，《新周庄》1924年4月1日，第1版；因时：《今后青年的责任》，《盛泽》1924年5月18日，第2版；石泓：《三民主义——五权宪法——是什么东西？》，《盛泽》1924年6月8日，第2版；因时：《读了孙中山先生〈建国方略〉后》，《盛泽》1924年7月8日，第2版；蔚南：《中国国民党研究》（一），《新盛泽》1924年8月1日，第3、4版；蔚南：《中国国民党研究》（二），《新盛泽》1924年8月11日，第3、4版；蔚南：《中国国民党研究》（三），《新盛泽》1924年8月21日，第3版。

③ YT：《国民救国的一条大路》，《新黎里》1924年3月1日，第2版。

④ YT：《三民主义》，《新黎里》1924年3月16日，第2版。

⑤ 吴江县执委会：《吴江县党务概况》，《江苏党声》第24期，1929年1月6日，第17页。

报道。① 大会召开后不久，齐卢战争在江浙一带发生，历时两个多月。其间，党务被迫停顿。② 12 月 11 日，孙中山北上谈判时，国民党吴江县党部为支持孙中山"召开国民议会，解决国是"，"以定国本"的政治主张，亦以《新盛泽》《新黎里》两报联名致电段祺瑞北京政府的方式隐秘处理。③ 1925 年 3 月 21 日，《新盛泽》报率先登载的孙中山逝世讣告，是以国民党吴江县党部的名义刊发的，这是第一次在报刊上明示这一党组织的存在。5 月 3 日，国民党吴江县党部举行了极其隆重的孙中山追悼大会，④ 才使得成立八个多月但一直处于秘密状态的县党部及其各级基层组织和国民党党员，在吴江民众面前第一次公开亮相。

在党组织迅速发展、党务工作顺利开展的同时，一些吴江县的国民党党员在柳亚子的指导下，积极创办了一批"新"字头报纸，掀起了党人办报的热潮。1925 年 5 月 1 日，担任县第一届执行监察委员会候补执行委员的施士知、吴柏如⑤创办发行了《新震泽》报，该报"编撰者多本区及邻区中国国民党同志中知名之士"。⑥ 5 月 30 日，第六区党部第二分部第一次党员大会提议："要求县党部函商第一分部常务委员凌莘子君，以大分湖报为区党部机关报。"⑦ 7 月 24 日，担任第九区党部第三分部常务委员的庞準吾发起创办《新平望》报。当时《新黎里》报刊登的一则消息称：庞準吾鉴于"本县各繁盛市乡，均有地方报发行"，平望"地当交通孔道，商业繁盛，学校林立"，而"言论机关，独付缺如，殊为美中不足，特发起创办半月刊一种"，并"与本党县常务委员新黎里报正总编辑

---

① 《名人演讲》，《新盛泽》1924 年 9 月 1 日，第 2 版。
② 《新黎里》报在 1925 年 5 月 16 日的一则《本县要闻》报道中提到："……县党部自去年八月成立以来，因兵事停顿，搁浅已久。"民：《中国国民党吴江县党部开会》，《新黎里》1925 年 5 月 16 日，第 2 版。
③ 《公电》，《新盛泽》1924 年 12 月 11 日，第 2 版。
④ 国民党吴江县党部由于负责人柳亚子在上海筹备追悼事宜，且对于地点日期极为慎重，所以并没有在短时间内召开追悼孙中山大会。后经过讨论，决定于 5 月 3 日在国民党吴江县党部所在地黎里镇举行大会（参见《追悼孙中山先生》，《新盛泽》1925 年 4 月 21 日，第 2 版）。
⑤ 《吴江县志》，第 537、540 页。
⑥ 《新震泽报出版》，《新黎里》1925 年 5 月 16 日，第 3 版。
⑦ 民：《国民党各区分部开会消息》，《新黎里》1925 年 6 月 16 日，第 2 张第 1、2 版。

柳亚子君往复函商，决定报名为《新平望》，宗旨一方面宣传党义，一方面主持舆论"。① 第二区党部将创办于1912年的《新同里》报重组为党刊，② 并于10月10日出版发行。③ 11月16日，《大分湖》报刊登的一则消息《国民党员组织新北库报》称，第六区党部第三分部常务委员顾依仁及梅卓夫诸君，"以北库现时代无言论机关，在宣传党义，不免缺点。拟发起月刊，不日当见创刊号矣"。④ 到1925年，吴江"报界逐渐发展，风起云涌。尤以国民党党员所主持者，占据最大多数"。⑤ 据此，吴江报界同人发起，十一家报社于1926年元旦，"乘第四次全县代表大会之便"，在新平望报社召开联合会，公推柳亚子为主席，议决组织通讯社和报界联合会。⑥这标志着十一家报纸"站到一条联合战线上面去，打起了革命旗帜，架起七十生的大炮，向帝国主义和军阀，努力的进攻吧！"⑦

二 宗旨党义化与内容党报化

1921～1923年创办的乡镇小报，大多以宣传新文化、推动地方社会进步为宗旨，没有表现出明显的党派或政治立场。《新周庄》报就表示："自从欧战以后，新思潮涌涨得更高更快，澎湃激荡，几乎拖一世界多震惊了。我们周庄，自然不能例外，不受到他的影响，所以同人等很竭其所能，尽力介绍。"⑧《新盛泽》报的《发刊词》中将"新文化则宜输入之"和"新文艺则宜介绍之"作为宗旨之一。⑨《新黎里》自我定位为"宣传

① 平：《新平望报发起会议略闻》，《新黎里》1925年7月16日，第2版。
② 《同里镇志》编纂委员会编《同里镇志》，广陵书社，2007，第488页。
③ 《新同里报双十节出版》，《震属市乡公报》1925年9月28日，第2版。
④ 培风：《国民党员组织新北库报》，《大分湖》1925年11月16日，第2版。
⑤ 《报界同志联合会纪盛》，《新莘塔》1926年1月1日，第3版。
⑥ 《报界同志联合会纪盛》，《新莘塔》1926年1月1日，第3版；张明观：《柳亚子传》，社会科学文献出版社，1997，第257页。
⑦ 柳亚子：《祝〈新震泽〉复刊》，《磨剑室文录》（上），第895～897页。
⑧ 本社同人：《本报的任务》，《新周庄》1922年10月10日，第1版。
⑨ 《发刊词》，《新盛泽》1923年7月16日，第1版。

新文化，提高民众程度之报纸"。① 而且小报大多标榜秉持不党不偏的公正立场。《盛泽》报在创刊将近半年后重申宗旨时将"抱不党不偏的态度"列为第一条。② 《新盛泽》报提出要"建设一种不偏不党，正确健全的批评"。③

小报宗旨的党义化最先发生在《新黎里》报上。柳亚子在 1924 年 2 月 1 日发表的《敷衍社会和反抗社会》一文中，除了强调办报"当然要替新文化尽力宣传"之外，第一次提出"为主义而办报"的观点。④ 这时他已加入国民党。在 1924 年 4 月《新黎里》报创刊一周年之际，他所阐述的《新黎里》报的宗旨是"宣传新文化，反抗旧势力"。⑤ 但仅仅四个月后，是年 8 月，在国民党吴江县"一大"召开前夕，柳亚子在小报上接连发表了三篇文章，明确提出将"提倡三民主义"确定为报纸的宗旨之一，并置于首要地位。他在《对于本报复活周年纪念底感想》和《报纸是给什么人看的》两篇文章中，都明确宣称"提倡三民主义，宣传新文化，反抗旧势力"是《新黎里》等报的宗旨。⑥ 与《新黎里》报关系密切的《新盛泽》报的宗旨也发生了变化，徐蔚南在《新盛泽》报创办将满一周年之际，表示希望报纸"切切实实把民族主义、民权主义、民生主义的救国民智识，灌输到士农工商各界贫乏的脑筋里去"。⑦

作为吴江报界的精神领袖和国民党吴江县党部的负责人，柳亚子积极鼓励、推动和指导其他乡镇小报宣传国民党党义。在《革新后之〈盛泽〉报》一文中，柳亚子对原先"注重于不健全的文艺品，……为讲文学革命社会革命的人所不能满意的"《盛泽》报逐渐"改良"，特别是注重"披

---

① 啸岑：《编辑后》，《新黎里》1924 年 6 月 1 日，第 4 版。
② 《本报启事一》，《盛泽》1923 年 4 月 16 日，第 1 版。
③ 蔚南：《编辑纵谈》，《新盛泽》1924 年 2 月 1 日，第 4 版。
④ YT：《敷衍社会和反抗社会》，《新盛泽》1924 年 2 月 1 日，第 2 版。
⑤ YT：《〈新黎里〉周年纪念宣言》，《新黎里》1924 年 4 月 1 日，"周年纪念特刊"，第 1 张第 1 版。
⑥ YT：《对于本报复活周年纪念底感想》，《新黎里》1924 年 8 月 1 日，第 2 版；YT：《报纸是给什么人看的》，《新黎里》1924 年 8 月 16 日，第 2 版。
⑦ 南：《〈新盛泽〉报继往开来》，《新盛泽》1924 年 7 月 1 日，第 2 版。

露""对于中国国民党的信仰"，给予了充分肯定，并强调："倘然觉得帝国主义的侵掠，军阀的卖国，土匪军队的扰乱，是要不得的，那就非信仰我们的主义，加入我们的工作不可了。"① 因此，柳亚子对于"主义不甚明了"的《舜湖公报》，希望它像盛泽地区的《新盛泽》《盛泾》《盛泽》等三种报纸一样，尽快统一到中国国民党主义的旗帜下。② 1925 年 8 月 1日，柳亚子在《祝〈新平望〉的成立》一文中特别强调：对于《新平望》报的希望，"第一桩是宣传中国国民党的三民主义"。③ 同一天，柳亚子在祝贺《新周庄》报复刊时明确指出："鼓吹党义，提倡思潮，研究新文化，打倒旧势力，当然是我们的天责。"④ 这里的"我们"就是指创办和主办"新"字号报纸的国民党党员。10 月 20 日，柳亚子在祝贺《新严墓》报诞生时，明确宣示："《新严墓》的宗旨，就是中国国民党的宗旨。"⑤ 11 月 27 日，第一区党部创办《新吴江》报，⑥ 柳亚子在祝贺该报诞生时，一针见血地指出："甚么叫'新'？老实说，就是革命！甚么叫《新吴江》？老实说，就是要把顽旧臭腐的《吴江》彻底的改造，换成一个革命的《吴江》！"他认为"一个国家不革命，国家的生命便会消灭，一个地方不革命，地方的生命也会消灭"。所以，身为国民党党员的地方知识分子，"要在文字方面宣传，在主义方面组织，在文化学术上用力，而收功于政治"，其目的是"替吴江换一面新的旗帜"，"替吴江造一个新的生命"，"日新又新，新新不已"。⑦

1925 年 5 月 23 日，国民党县党部的第三次会议不但决定"由县党部编印三五月刊一种，附新黎里报分送"，以加强宣传国民党及其政治主

---

① YT:《革新后之〈盛泽〉报》，《盛泽》1924 年 8 月 18 日，第 2 版。
② YT:《革新后之〈盛泽〉报》，《盛泽》1924 年 8 月 18 日，第 2 版。
③ YT:《祝〈新平望〉的成立》，《新平望》1925 年 8 月 1 日，第 1、2 版。
④ 柳亚子:《祝〈新周庄〉复刊》，《磨剑室文录》（上），第 877、878 页。
⑤ 柳亚子:《祝〈新严墓〉诞生》，《磨剑室文录》（上），第 883~885 页。
⑥ 《吴江县志》，第 705 页。
⑦ 柳亚子:《祝〈新吴江〉之诞生》，《磨剑室文录》（上），第 888、889 页。

张，还决定"全县各级党部活动消息，仍送登新黎里报，以蕲普遍"。①
这样，往后出版发行的乡镇小报，尤其是《新黎里》报，其内容发生了
重大变化，表现在：一是经常大量刊载（转载）国民党中央、省党部及
广州国民政府等关于时局的决议、宣言、通电、通告，全面宣传国民党关
于"打倒军阀，打倒帝国主义"，"取消不平等条约，收回全国租界及租
借地"等政治主张。例如，1925 年 6 月、7 月间，《新黎里》报在突出位
置刊载《中国国民党对"五卅"事件宣言》《中国国民党中央执行委员会
对"五卅"事件通电》《中国国民党中央执行委员会对沙面事件宣言》
《广州政府要人对沙面事件通电》等近十件国民党就"五卅惨案""沙基
惨案"发表的相关宣言、通电。二是每期都刊发县党部、区党部、区分
部开会及其做出的决议和开展活动的消息。② 三是以悼念孙中山和声援
"五卅"为契机，宣传三民主义，宣传国民党，大造革命舆论，为国民革
命和北伐战争造势。

因此，"新"字头报特别是《新黎里》报俨然成为以柳亚子为首的国
民党党员在吴江地方上宣传国民党及其政治主张的"党报"和革命舆论
基层阵地。

三　党内纷争与小报落幕

吴江乡镇小报大都在 1926 年至 1927 年停刊，如《新黎里》报于
1926 年 2 月 16 日停刊，《新盛泽》报于 1927 年 1 月 21 日停刊。小报之

---

① 民：《国民党吴江县党部开会消息》，《新黎里》1925 年 6 月 1 日，第 2 版。国民党吴江
县党部为加强宣传孙中山，宣传"三民主义"和"五权宪法"，宣传国民党，不但在追
悼大会后特别刊行了《吴江追悼孙先生大会特刊》，随 5 月 16 日出版的《新黎里》报附
送，而且于 6 月 1 日创办了国民党吴江县党部"机关刊物"《三五月刊》。《三五月刊》
创刊号上刊登了《中国国民党第一次全国代表大会宣言》和《中国国民党总章》，7 月
1 日的第 2 期上刊登了《孙中山略史》、《中国国民党的经过》和《三民主义问答》。往
后各期发表的主要篇目请阅张明观《关于〈三五月刊〉》，《柳亚子史料札记》，上海人
民出版社，2008，第 102 ~ 104 页。

② 《新黎里》报在停刊前，从 1925 年起完整登了其间吴江县党部、区党部及区分部所召
开的所有会议记录以及所开展的所有活动的消息，这为我们研究早期吴江基层国民党的
历史，提供了极其宝贵的史料。

所以会在这一时段走向落幕，国民党内部纷争的影响是主要因素之一。大革命时期，以柳亚子为首的国民党吴江县、区党部，与中共党员密切合作，开展了一系列卓有成效的革命活动。吴江县党部成为当时江苏著名的左派县党部组织之一，① 而柳亚子成为国民党内著名的左派人士。② 1925～1926 年，在广州、北京、南京相继发生廖仲恺被害、西山会议、中山舰事件、整理党务案等事件，这些事件也波及国民党吴江县党部，引发了党部内部的斗争和分裂，干扰了小报的正常运转。

1925 年 9 月 11 日，在廖仲恺被刺杀身亡后，《新盛泽》报创办人、主要撰稿人徐蔚南③在《新盛泽》报上发表了题为《反共产？反革命！》的重要文章，悼念"为国民革命，为救中国而牺牲了"的廖仲恺，强烈谴责反革命势力谋杀廖仲恺的这一无耻行径。④ 10 月 10 日，国民党吴江县第三次代表大会通过决议，决定在各机关中组织党团，从速产生工人、农民、青年、妇女等四个部主任。⑤ 11 日，县党部在震泽隆重召开了追悼廖仲恺大会，呼吁："要完成国民革命的工作，要实现本党的主义，就要继续仲恺先生，绝对不妥协的反抗帝国主义，扫除一切军阀和反革命派。"⑥

1925 年 11 月 30 日～12 月 30 日，国民党吴江县执行监察委员会连续

---

① 中共吴江县委党史工作委员会：《吴江人民革命斗争史（1919～1949）》，中共党史出版社，1991，第 18～26 页。

② 1923 年 6 月，柳亚子因为在《〈乐国吟〉后序》中自称"李宁私淑弟子"，以及为分湖先哲祠正名、迁址事，与芦墟陆氏父子构衅，而被指为"过激党"。柳无忌：《柳亚子年谱》，中国社会科学出版社，1983，第 63 页。1923 年 10 月，柳亚子所起草的《新南社成立布告》宣称："新南社的精神，是鼓吹三民主义，提倡民众文学，而归结到社会主义的实行。"叶楚伧因对最后一句话"不满意"，"屡次叮嘱"柳亚子，"不要走在国民党的前面"。柳无忌：《南社纪略》，上海人民出版社，1983，第 103 页。1926 年 5 月 9 日，柳亚子夜访恽代英时提出谋刺蒋介石，其意见被恽代英认为是"非常可骇之事"。参见张明观《何日夜访恽代英，"建议为非常可骇之事"》，《柳亚子史料札记》，第 121、122 页；柳无忌《柳亚子年谱》，第 74 页。

③ 徐蔚南，时任国民党绍兴县党部执行委员。参见《新黎里》报在 1925 年 8 月 1 日刊发的一则新闻报道："徐（蔚南）君……，在绍（兴）县入党，现担任县执行委员。"民：《国民党夏令讲学会纪事》，《新黎里》1925 年 8 月 1 日，第 2 张第 1、2 版。

④ 蔚南：《反共产？反革命！》，《新盛泽》1925 年 9 月 11 日，第 2 版。

⑤ 《国民党全县代表大会开会纪事》，《新黎里》1925 年 10 月 15 日，第 2 张第 1 版。

⑥ 《国民党追悼廖仲恺先生大会纪事》，《新黎里》1925 年 10 月 15 日，第 2 张第 1、2 版。

召开了四次会议，对西山会议表示强烈谴责，并查询县内发电附和西山会议的党员及其意向，开除了拥护西山会议的国民党党员张耀德的党籍。[①] 1926 年元旦，《新黎里》报主编柳亚子[②]在《盛泾》报上发表文章《告国民党同志们》，认为要获得国民革命的成功，必须把工农阶级宣传和组织起来，使他们加入革命的队伍；而共产党是代表工农阶级利益的政党。因此，柳亚子强调："既然要吸收工农阶级，绝对无排斥共产分子加入本党的理由。……拒绝工农阶级而要实行国民革命，无异于缘木求鱼。容纳工农阶级而要排斥共产分子，更无异于痴人说梦。"[③]《新盛泽》报主编徐蘧轩也发表文章认为，西山会议的实质是背弃孙中山的三民主义，甘当军阀的走狗，实行反革命运动，破坏革命事业，"打击赤诚贯日的革命同志"。[④] 同一天，国民党吴江县第四次代表大会通过决议，声讨党内背叛孙中山"三民主义"的叛贼，实行清党事务。[⑤]

　　1926 年 2 月 12 日，已被开除国民党党籍的张耀德召开会议发起成立盛泽孙文主义学会，大讲其拥护西山会议。[⑥] 包括《盛泽》报的两位主编徐因时与吕君豪在内的十余人参加会议，徐因时、吕君豪担任该学会的文书。[⑦] 3 月 11 日，已经加入盛泽孙文主义学会的李敬义在《新盛泽》报上刊登启事，声明退出该学会。[⑧] 对于张耀德成立孙文主义学会之事，柳亚子在 3 月 23 日致柳无忌的信中表示了极大的担忧："吴江的党，很靠不住。张耀德发起孙文主义学会，徐因时、吕君豪都加入。曾请南京反动派

---

① 《国民党吴江县党部开会消息》，《新黎里》1925 年 12 月 16 日，第 2、3 版；《国民党吴江县党部开会消息》，《新黎里》1926 年 1 月 1 日，第 3 版；《国民党吴江县党部开会消息》，《新黎里》1926 年 1 月 16 日，第 3 版。

② 柳亚子，时任国民党江苏省执行委员会常务委员、宣传部长，国民党第二届中央监察委员。柳亚子：《自撰年谱》，柳无忌、柳无非编《自传·年谱·日记》，上海人民出版社，1986，第 22 页；江苏省地方志编纂委员会编《江苏省志·国民党志》，江苏人民出版社，2006，第 58、546 页。

③ YT：《告国民党同志们》，《盛泾》1926 年 1 月 1 日，"元旦增刊"，第 4 版。

④ 老耀：《元旦末旦之一席谈》，《新盛泽》1926 年 1 月 1 日，第 2、3 版。

⑤ 《国民党全县代表大会开会纪事》，《新黎里》1926 年 1 月 16 日，第 3 版。

⑥ 《孙文主义学会成立》，《新盛泽》1926 年 2 月 21 日，第 3 版；《盛泽镇志》，第 98 页。

⑦ 《盛泽镇志》，第 369、370 页。

⑧ 《李敬义启事》，《新盛泽》1926 年 3 月 11 日，第 1 版。

高岳生来盛演讲，大讲其拥护西山会议。他们想组织反动派的吴江县党部，不知道成功与否？"① 为了消除孙文主义学会的影响，3月，时为《新盛泽》报主笔的汪光祖受县党部委派前往南塘港、坛丘、严墓等地召集农民演讲《农民的痛苦》《农民谋自身的利益》，宣传三民主义，考察党务，力图将国民党组织发展推向乡村。② 4月1日，汪开竺在《新盛泽》报上刊登启事，声明退出孙文主义学会。③ 4月5日，国民党吴江县第五次代表大会发出通电，强烈反对国民党右派在上海非法召开国民党第二次代表大会，反对3月成立的伪江苏省党部，邀请到会的侯绍裘、杨之华、瞿双成等党内左派人士在大会上做演讲，④ 给予右派一个"霹雳针"⑤式的反击。4月23日，柳亚子在《新莘塔》报的第1版上刊登启事，驳斥"西山会议派"张耀德以共产党头衔陷害异己。⑥ 5月21日，柳亚子在《新盛泽》报的第1版上又刊登启事，驳斥张耀德借共产之名，以诬陷本党真正党员。⑦

随着政治环境的动荡与恶化，柳亚子的心态也趋于消沉。1926年1月1日至19日，在广州召开的中国国民党第二次全国代表大会上，柳亚子当选为中央监察委员，负责江苏党务，于2月"留沪工作"，即主持改组后的国民党江苏省委党务工作。⑧ 5月，柳亚子赴广州参加国民党二届二中全会，因对全会通过"整理党务案""极为不满"，托词"返黎里，杜门不出，消极不问政治"。自云："睹天下事未可为，浩然有退志。"⑨

---

① 上海图书馆编《书信辑录》，上海人民出版社，1985，第68页。

② 《宣传员莅境》，《新盛泽》1926年3月21日，第3版。

③ 《汪开竺启事》，《新盛泽》1926年4月1日，第1版。

④ 《国民党代表大会》，《新盛泽》1926年4月11日，第3版；《代电二》，《新盛泽》1926年5月21日，第2版。

⑤ 柳亚子在3月23日致柳无忌的信中说，"预备在上海多请几个人去"国民党吴江县第五次代表大会上做演讲，以"打他一下霹雳针"。上海图书馆编《书信辑录》，第68页。

⑥ 吴江县档案馆、吴江县地方志办公室编《吴江县大事记》，江苏科学技术出版社，1990，第46页。

⑦ 《柳亚子启事》，《新盛泽》1926年5月21日，第1版。

⑧ 柳无忌：《柳亚子年谱》，第72、73页。

⑨ 柳无忌：《柳亚子年谱》，第74页。

他自此不到省党部任事，埋头书斋研究苏曼殊。其间，侯绍裘①与省党部其他成员多次致信柳亚子，力请他赴沪主持省党部工作，柳亚子遂于 9 月底有赴沪工作的打算。② 然而，10 月，柳亚子在黎里突然遭遇军阀孙传芳查捕，幸亏有人报讯，柳亚子避走平望，后"决心引退"，隐姓埋名，"僦居"上海法租界。③ 实际上，柳亚子已处脱离党组织之态势。直至 1927 年 3 月，革命形势发展到了一个关键时期，侯绍裘请毛啸岑④代拟了一则"广告通讯"："柳安如鉴：你事现在已可解决，但非你亲来不可，见此望速到沪。裘。"该"广告通讯"在 7 日、8 日、9 日上海的《申报》上连续刊登三天。⑤ 但是，当时就在上海匿居的柳亚子，"恝然终勿应"。⑥

1927 年 4 月，国民党中央密令清党，张应春在南京遇害。⑦ 4 月 25 日，第一区党部召开清党运动大会，大肆搜捕县党部执行委员，查封县党部，许多执行委员逃避到外地。5 月 2 日，县党部致电省党部敦促清党委员来吴江。5 月 8 日，北伐东路军派兵到黎里，搜捕柳亚子，柳亚子"匿复壁中获免，旋走上海"，"是月十五日，东渡（日本）"。⑧ 毛啸岑也避难出走。6 月，国民党江苏省党部特派员到吴江成立特别委员会，进行党员登记，凡是由中共党员介绍的或者有左派嫌疑的国民党党员一概否定其党籍，有的被通缉或逮捕，而全县各群众团体相继被解散。自此，吴江地

---

① 侯绍裘，时任国民党江苏省执行委员会常务委员、宣传部副部长。《江苏省志·国民党志》，第 58 页。

② 张明观：《从侯绍裘书信看柳亚子"浩然有退志"》，《柳亚子史料札记》，第 127 ~ 131 页。

③ 柳亚子：《自撰年谱》，柳无忌、柳无非编《自传·年谱·日记》，第 23 页。

④ 毛啸岑，时任国民党江苏省党部秘书长。《黎里镇志》，第 218 页。

⑤ 《申报》1927 年 3 月 7 日，第 1 版；《申报》1927 年 3 月 8 日，第 1 版；《申报》1927 年 3 月 9 日，第 4 版；张明观：《从侯绍裘书信看柳亚子"浩然有退志"》，《柳亚子史料札记》，第 127 ~ 131 页。

⑥ 柳亚子：《秋石女士传》，《磨剑室文录》（下），第 1069 页。

⑦ 张应春，时任国民党江苏省执行委员会执行委员、妇女部长，吴江县第三届执行监察委员会执行委员，同时担任中共江浙区委妇委委员。中共吴江县委党史工作委员会、吴江县民政局：《吴江英烈》，江苏科学技术出版社，1992，第 1 ~ 19 页；《吴江县志》，第 540、833 页；《江苏省志·国民党志》，第 58 页。张应春曾在《新黎里》等吴江小报上发表多篇文章。

⑧ 柳亚子：《自撰年谱》，柳无忌、柳无非编《自传·年谱·日记》，第 23 页。

区的国民党左派势力遭到严重摧残，各级党组织排斥左派，急剧向右。[①]国民党清党后，汪光祖郁郁不欢，于1928年夏病逝。[②]

1927年5月28日，身在日本的柳亚子通过国内的《民国日报》"隔洋"发表了一则启事，宣称："鄙人前以养疴东渡。近见报载，国民政府指鄙人有共产嫌疑，下令逮捕，不胜惊异。窃自思维，鄙人为先总理忠实信徒，服膺三民主义。二十余年，人所共知。党中熟友太多，往来相稔，其中容有共党分子掺杂，而为鄙人未及觉察者。抑或以鄙人在民党资格颇深，薄有微名，而为共党假借，致受此牵累。平生养气学道，绝不敢怨天尤人。差幸年来息影谢客，外来函电概不答复，更绝无言论发表。……所冀当世英豪，考诸始末，谅其愚悃。为党为国，此志不渝。伏祈钧鉴。"[③]后来，柳亚子在了解到5月8日夜里突遭指名查捕是因为党内同志出卖后，从此不愿也不再返回黎里。[④] 自此，作为吴江乡镇小报领军统帅的柳亚子已无意也无暇再过问吴江乡镇小报的事务和命运了。这样，随着柳亚子这一"中心人物"的"退场"，吴江乡镇小报也就只有走向停刊的宿命。

四 结语

近代吴江乡镇小报的党派化是一个政党与媒介相互借力的过程。在国民党改组前，吴江地方知识界的活跃分子在新文化运动的影响下通过创办乡镇小报而初步聚集。国民党吴江县党部依托小报的报人网络而得以迅速发展。已有研究指出，在五四运动前后，新文化运动的领导人物和知识青年与孙中山所领导的国民党经历了从疏离到融合的过程。[⑤] 从吴江地方情

---

① 《吴江人民革命斗争史（1919～1949）》，第29～31页。
② 《盛泽镇志》，第499页。
③ 《柳亚子启事》，《民国日报》1927年5月28日，第1张第1版。
④ 张明观：《5月8日夜半之变的告密者》，《柳亚子史料札记》，第137、138页。
⑤ 吕芳上：《革命之再起——中国国民党改组前对新思潮的回应（1921～1924）》，台北，中研院近代史研究所，1989；陈万雄：《五四新文化的源流》，生活·读书·新知三联书店，1997，第63～80页。

形看，以小报报人为代表的吴江地方新文化运动的领袖人物也是国民党吴江地方党组织的主要领导成员，两个群体高度重叠，地方知识界经历了一个明显的党化过程。而随着小报宗旨的党义化和内容的党报化，国民党的党义、政策和主张以及国民党地方党组织的消息开始出现在方兴未艾的小报中。作为地方报的小报变成国民党的宣传工具，公共的地方舆论空间转型为党派的宣传空间。

另外，吴江报界也借助政党的力量，在 1925 年掀起了党人办报的热潮，推动大批"新"字号报纸的产生。但报人的党派化也使小报的生存更容易受到政治时局的影响。国民党的左右派之争和"清党"都影响到吴江乡镇小报的运转。随着党内斗争的加剧，小报报人无心也无力维持小报的运转。吴江乡镇小报之所以在 1926～1927 年纷纷停刊并非偶然，正是日益恶化的政治环境影响所致。党派化对于小报来说也会在一定条件下成为消解力量。

吴江乡镇小报的党派化也是发端于中心大城市的政党通过地方媒介向地方社会辐射、渗透的过程。国民党通过与其素有渊源的柳亚子得以在吴江迅速铺开其组织。在这一过程中，柳亚子发挥了链接性的作用。[①] 小报将国民党、三民主义、帝国主义等新事物、新思想、新概念向地方社会传播，发挥了信息和思想的传导作用。而国民党中央内部的纷争也反映到吴江地方党部之中。可以看到，在国民革命时期，即使是江南地区的基层乡镇，其文化、政治的发展进程也与外界的思潮与时局紧密关联。在国民党地方党组织和地方小报的作用下，吴江地方社会汇入革命的时代洪流中。

〔归彦斌，复旦大学历史学系〕

---

① 关于地方社会中"链接性角色"的内涵，参见王汎森《"儒家文化的不安定层"——对"地方的近代史"的若干思考》，《近代史研究》2015 年第 6 期。

从"革命党"到"右翼社会"：
国民党在香港之嬗变[*]

孙 扬

内容提要 国民党与香港有着深厚的历史渊源。香港曾是以孙中山为代表的革命党人筹谋起事的基地，在国民党建构自身的历史叙述方面，有着重要而独特的地位。从护法战争到国民革命，香港经历了革命风暴冲击。随着国民党建政南京，香港"革命之城"的光芒日趋暗淡，国民党香港党组织逐渐颓落。全面抗战爆发后，国民党于1939年组建港澳总支部，力图有所振作。虽然香港国民党党员数量大幅增长，但党员与组织脱节，总支部派系斗争不断，内耗严重。从1945年8月英国重占香港到1949年10月中华人民共和国成立，国民党在香港经历了从高调复出到低调蛰伏这一由"地上"而"地下"的过程。20世纪50年代初，在冷战的环境下，国民党主导的香港"右翼社会"逐渐生成。1956年"双十暴动"发生后，香港的"右翼社会"由盛转衰。

关键词 国民党 香港 抗战 "右翼社会" 冷战

直到20世纪80年代，西方学者建构的香港史叙述大多属于"英帝国史"的一部分。塞耶（G. R. Sayer）《谨言慎行年代的香港》和安德葛（G. B. Endacott）《香港史》等即是这方面的代表。[①] 90年代以后陆续发表

---

* 本文为2020年度教育部人文社会科学研究青年项目"香港抗战研究"（项目编号：20YJC770029）的阶段性成果，亦得到南京大学文科卓越研究计划"百层次"项目支持。

① G. R. Sayer, *Hong Kong 1862 – 1919*: *Years of Discretion*, Hong Kong: Hong Kong University Press, 1975; G. B. Endacott, *A History of Hong Kong*, Hong Kong: Oxford University Press, 1985.

和出版的中国内地学者和部分香港学者的香港史论著，则从内地与香港关系的角度重新确立香港与中国母体历史的连接，在当时，这种"内地—香港关系"的叙述范式无疑是对西方学者"垄断"香港史的一种回应，亦包含了中国学者纠正"殖民史观"的努力。① 事实上，英占时期的香港处于近代中国政治秩序崩解、重组和变迁的影响之下，来自中国内地的各种政治力量"嵌入"了香港历史的发展进程之中。笔者以为，"中国近现代史中的香港史"研究路径或许比"内地—香港关系"模式更能彰显历史解释的力度。

在国民党的历史中，香港是其早期活动的重要基地，而国民党也逐渐成为香港社会政治生态的重要组成部分。既往相关研究较少关注这一政治力量在香港社会中"生长""发育"的过程，亦较少探究作为"社会系统"存在的国民党是怎样内化为香港社会的组成部分。② 因此，本文从"中国近现代史中的香港史"这一路径出发，希望通过考察国民党在香港如何从民元前后的"革命党"到冷战时期的"右翼社会"这一嬗变过程，从一个侧面呈现国家历史框架中，一些既往较少被纳入这一视野的"边缘地区"历史的错综面貌，从而为理解香港与中国母体在政治秩序上的认知离合提供一种历史维度的解释。

一 失落的"革命之城"

香港是近代中国的"起点之地"，亦是 19 世纪末至 20 世纪 20 年代中

---

① 这方面的代表性著作主要有：余绳武、刘蜀永主编《二十世纪的香港》，中国大百科全书出版社，1995；邓开颂、陆晓敏主编《粤港关系史（1840～1984）》，香港，麒麟书业有限公司，1997；等等。

② 先行研究比较注重考察抗战前后国民党在香港的组织与活动，代表性论著包括：杨建成主编《南洋华侨抗日救国运动始末》（台北，中华学术院南洋研究所，1983）；刘维开《沦陷期间中国国民党在港九的活动》（港澳与近代中国学术研讨会论文集编辑委员会编《港澳与近代中国学术研讨会论文集》，台北，"国史馆"，2000）；金以林《战时国民党香港党务检讨》（《抗日战争研究》2007 年第 4 期）；李盈慧《战时国民党在澳门的党务与情报活动——兼论香港的国民党党务》（郝雨凡、吴志良等主编《澳门学引论——首届澳门学国际学术研讨会论文集》下册，社会科学文献出版社，2012）；张俊义、刘智鹏《中华民国专题史》第 17 卷《香港与内地关系研究》（南京大学出版社，2015）；等等。

国两场革命的 "革命之城"，只不过后者常常被人们忘却。香港在国民党
建构自身的历史叙述方面有重要而独特的地位。冯自由《中华民国开国
前革命史》《革命逸史》，邹鲁《中国国民党史稿》等均在此方面着墨颇
多。总体而言，在党人所著党史之中，香港既是孙中山革命思想的来源之
处，又是兴中会、同盟会革命活动的策源之地。1923 年 2 月 19 日，孙中
山在香港大学发表演讲，开头便谈及香港对自身革命思想的 "启蒙" 意
义，他说：

> 我之此等思想发源地即为香港，至于如何得之，则我于三十年前
> 在香港读书，暇时辄闲步市街，见其秩序整齐，建筑阂美，工作进步
> 不断，脑海中留有甚深之印象。我每年回故里香山二次，两地相较，
> 情形迥异，香港整齐而安稳，香山反是。我在里中时竟须自作警察以
> 自卫，时时留意防身之器完好否。我恒默念：香山、香港相距仅五十
> 英里，何以如此不同？外人能在七八十年间在一荒岛上成此伟绩，中
> 国以四千年之文明，乃无一地如香港者，其故安在？[①]

对此，孙中山自问自答："研究结果，知香港政府官员皆洁己奉公，
贪赃纳贿之事绝无仅有，此与中国情形正相反。盖中国官员以贪赃纳贿为
常事，而洁己奉公为变例也。"[②] 学界对孙中山此番言论的评价不一，显
然，他对香港政治的清廉程度做了极为夸张的描述。英国学者卡梅隆
（Nigel Cameron）就指出，孙中山没有注意到香港华人的生活并未得到
保障，且当时香港的腐败程度与内地不相上下，所谓秩序井然不过是殖
民统治高压下的结果而已。[③] 1923 年，正值孙中山与港英政府关系短暂
缓和之时，在港大演讲的措辞亦可能是一种策略选择的结果。与其说香

---

① 孙中山：《在香港大学的演说》（1923 年 2 月 19 日），《孙中山全集》第 7 卷，中华书
  局，1985，第 115 页。
② 孙中山：《在香港大学的演说》（1923 年 2 月 19 日），《孙中山全集》第 7 卷，第 116 页。
③ Nigel Cameron, *Hong Kong: The Cultured Pearl*, Hong Kong: Oxford University Press, 1978,
  pp. 136 – 137.

港是孙中山理想政治的范本，毋宁说香港经验带给了孙中山对理想政治的思考。毕竟从 1883 年开始，他在香港接受了完整的中学和大专教育，度过了自己的青年时代。比起世人津津乐道其童年听闻太平军老兵谈洪、杨逸事而矢志革命，香港在孙中山的革命生涯中，显然扮演了更加重要的角色。

确实，孙中山乃至国民党与香港有着深厚的历史渊源。兴中会和同盟会时期，革命党人曾在香港设立重要机关总部。同盟会香港分会成立后，香港成为革命党人往来东京、上海、澳门、南洋以及欧美地区的枢纽，是东亚各国仁人志士关系网络中各条线索的交会之处。孙中山与日本的关系，即缘起于香港。更为重要的是，香港是革命党人筹谋起事的基地。从 1895 年香港兴中会建立至 1911 年辛亥革命爆发的 16 年中，孙中山直接策划的 10 次南方武装起义中就有 6 次是以香港为基地筹备的。① 不仅如此，香港亦是党人从事宣传、募集经费的重要阵地。武昌起义后，1911 年 11 月 9 日广东宣布共和"独立"。香港华人于 11 月 12 日举行庆祝活动，据《孖剌报》（*Hong Kong Daily Press*）估计，仅燃放鞭炮一项就花费了 10 万港元。② 光复后成立的广东军政府中，有不少香港绅商担任要职，如伍廷芳担任外交部长，李煜堂担任财政部长，何启、韦玉担任总顾问官。

20 世纪 20 年代，香港再次被卷入革命的激流中。从护法战争到国民革命，华南一隅俨然成为风暴中心。省港双城，民众气息相通，两地当局则更多是剑拔弩张。尤其是北伐之前，港英当局作为"近在咫尺的帝国主义"象征，经受革命风浪冲击。若从香港史的角度观察，持续 16 个月的省港大罢工才是迄今为止香港最大的社会风潮。以上林林总总，又从一个侧面折射出英国与苏联在华南的国际竞争。国民革命前后，港英当局对国民党怀有较深的敌意。早在 1922 年香港海员大罢工结束时，香港总督司徒拔（Reginald Stubbs）就意识到，罢工结果对于港英当局来说是一个

---

① 余绳武、刘蜀永主编《20 世纪的香港》，中国大百科全书出版社，1995，第 60～61 页。

② 余绳武、刘蜀永主编《20 世纪的香港》，第 69 页。

"不幸"，其原因不在于工人获胜或是资本家失败，而在于港英当局的让步是因为罢工是由国民党组织和操控的。[1]

然而，20 年代中期以后，随着孙中山逝世、北伐军兴、国民党建政南京，香港 "革命之城" 的光芒逐渐暗淡。最重要的标志之一，便是国民党香港党组织的颓落。1925 年，国民党曾成立港澳总支部，以推动革命运动在香港的发展，彼时港澳总支部直属中央海外部管辖。[2] 然而，北伐之后，受限于当地政治情势，在此后的一段时间，香港国民党改隶广东省党部。实际上，宁粤对立之后，两广国民党系统自成一体，两广党务不受南京中央统属和节制。可以推断，此时国民党香港党务，南京方面亦无法掌控。

陈济棠主粤，与港英当局关系大为好转，此谓 "省港复交" 时期，而国民党在香港似已完全沉寂。有鉴于港澳两地的重要性，1932 年底，南京中央决定将两处党部改为直属支部，并于 1933 年 5 月着手筹备。1934 年，"中国国民党驻香港直属支部" 正式成立，由中央组织委员会选派特派员主持。如此一来，在组织架构上，香港党务直属中央掌控，理论上有利国民党在当地的发展，然而事实却并非如此。一方面，由于香港地位特殊，国民政府诸多部门皆有涉港事务需行处置，如外交部、教育部、军政部、侨务委员会、航空委员会、"四行二局" 等，其中某些部门特设驻港机构或选派驻港人员；另一方面，根据香港本地法例，国民党不能在香港公开活动，这对于 1927 年以后成为全国性执政党的国民党而言，实在是一个比较尴尬的处境。国民党号称 "以党治国"，却不能 "以党治港"，理论上其香港党组织与政府驻港各部门应当关系密切，但实际上两者互不关联。国民党和国民政府在港的组织和机构体系庞杂、权责不清，缺乏统一领导。即便在党的系统中，职权亦不明晰。例如，全面抗战爆发前，国民党在香港的宣传工作并非由香港直属支部负责，而是蒋介石委任

---

[1] Hong Kong to Secretary of State for the Colonies, 18ᵗʰ March, 1922, CO 129/474, pp. 224 – 225. 当然，司徒拔的观点是否符合史实，尚有可议之处。

[2] 《改进香港党务案》，1939 年 3 月，国民党中央社会部档案，中国第二历史档案馆藏，11(2)/1626。文中有 "依据十四年先例，将香港、澳门等直属支部合并组织港澳总支部" 一语，可知 1925 年国民党曾设立港澳总支部，但以往相关研究均未提及此史实。

陈其尤为其代表，指导中央社香港分社等宣传机关，然而，香港分社人事更替后竟对陈其尤之职权一无所知。①

两广事变前夕，国民党情报系统进入香港。1935 年，中央组织部党务调查科（中统局前身）华南区办事处在香港成立，王华生担任指导员，办事处设秘密无线电台一部，有两名报务员负责京港之间的通信联系，其主要职责是对两广情况进行监视和调查。② 除中组部调查科外，蒋介石还安排李新俊、唐霍文等在香港从事针对两广的情报搜集工作。③ 全面抗战爆发前，国民党在香港的活动状况基本如上所述，除情报工作外，其组织发展乏善可陈，国民党内也承认香港直属支部"经费不敷，形同搁浅"。④简言之，全面抗战爆发之前，国民党香港工作的重心并非发展党务，虽建立了直属中央的香港支部，但并未积极进行组织建设。

二　战时重振党务的表与里

有鉴于全面抗战爆发后香港地位日益重要而党务疲软不振，1939 年 3 月 8 日，国民党海外部、组织部、宣传部、社会部和中统局会商改进香港党务办法，最终形成《改进香港党务纲要案》提交中常会。5 月 4 日，中常会第 120 次会议通过《驻港澳总支部执行委员会组织条例案》，规定港澳总支部执行委员会由中央执行委员会派任委员 7 ~ 9 人组成，由主任委员主持会务，书记长处理日常事务。5 月 18 日，中常会第 121 次会议决定任命吴铁城为港澳总支部主委、高廷梓为书记长。7 月，港澳总支部在

---

① 《陈其尤致蒋介石电》（1937 年 6 月 22 日），国民政府档案，台北"国史馆"藏，档案号：0010000001924A。

② 〔日〕姬田光义编、解说《重庆中国国民党在港秘密机关检举状况》，东京，不二出版，1988，第 17、65 页。该资料集收录了日本香港宪兵队于 1943 年 4 月破获中统局在港组织的审讯记录等文件资料。

③ 《蒋介石致鄘悌电》（1935 年 6 月 18 日），"蒋中正总统文物"，台北"国史馆"藏，档案号：02000000157A；《蒋介石致唐霍文电》（1936 年 6 月 22 日），"蒋中正总统文物"，台北"国史馆"藏，档案号：02000000177A。

④ 《罗翼群、区芳浦关于视察港澳党务的报告》（1939 年 3 月 25 日），朱家骅档案，中研院近代史研究所藏，档案号：30 - 3。

香港正式成立。

国民党港澳总支部内设组训科、宣传科、总务科、侨民指导委员会和调查统计室，下辖香港、九龙、澳门 3 个支部。1939 年底，广州湾支部也划归港澳总支部管辖（见表 1）。因在香港不能公开活动，港澳总支部规定，对下级仍使用"总支部"的名义，对外和对上级则统一用"西南图书印刷公司董事会"的名义。[1] 内设于港澳总支部的调查统计室并非从属海外部系统，而是中统局的下属机构。调统室的前身是中组部党务调查科华南区办事处。港澳总支部成立后，华南区办事处取消，改设调统室，在形式上归属总支部建制。调统室主任陈积中于 1938 年 7 月 15 日抵港，在具体工作方面，他是直接向中统局请示的。[2] 调统室设有秘密电台，并向港澳总支部下辖的各支部派遣指导员，香港支部指导员为赖志明，九龙支部指导员为胡友椿，澳门支部指导员为杨祺浩，广州湾支部指导员为王炯。1941 年 7 月，陈积中返回重庆任职，由沈哲臣担任调统室主任。[3]

表 1　国民党港澳总支部人员及机构组成（1939~1941）

职务	姓名	内设机构	下辖支部
主任委员	吴铁城*	组训科 宣传科 总务科 侨民指导委员会 调查统计室	香港支部 九龙支部 澳门支部 广州湾支部
书记长	高廷梓		
执行委员	陈策、俞鸿钧、欧阳驹、简又文、区芳浦、陈剑如、陈素		

*1941 年 4 月，吴铁城赴重庆担任国民党中央秘书长，主委职务由陈策代理。

资料来源："中央委员会秘书处"编《中国国民党第五届中央执行委员会常务委员会会议纪录汇编》，台北，编者汇印，1954。根据该资料整理制表。

港澳总支部成立后，国民党香港党务表面上发展迅速，其实相当受局限。吴铁城对担任港澳总支部主委一职似乎并不积极。未赴港上任之前，

---

[1] 《中统局致社会部关于报送港澳九三支部第九次联席会报情况的函》（1940 年 1 月 19 日），国民党中央社会部档案，中国第二历史档案馆藏，档案号：11（2）/1251。

[2] 《陈积中致朱家骅函》（1939 年 7 月 21 日），朱家骅档案，中研院近代史研究所档案馆藏，档案号：30-3。

[3] 〔日〕姬田光义编、解说《重庆中国国民党在港秘密机关检举状况》，第 69~72 页。

吴铁城就对中执会秘书长兼中统局局长朱家骅表示："香港总支部组织及人选问题，弟意俟到港后详查各方情况如何，相宜再行电商决定。昨已商承同意，复思即总支部主任委员亦请暂缓提会，候弟到达再电告办理。"① 吴的意思是，香港的组织与人事应等他赴港了解情况后再决定，主委一职是否亲自担任，亦要视情况而定。朱家骅则回复："关于香港总支部组织已由海外部提出经党务委员会通过，将来倘有高见，当照提修正，并当商请树人先生照办。惟主任委员一席仍请屈就，以利工作之进行。"② 档案原文"屈就"两字后面本为"吾兄暂时"四字，后被删去。树人，即陈树人，时任海外部部长兼侨委会主委。

可以推测，国民党在着手改组港澳党务时，已有意将筹组港澳总支部与整理海外党务做通盘考虑。吴铁城被任命为总支部主委后半年即接掌海外部，大概就是这种意图的具体表现。吴铁城赴港后曾致电朱家骅，表示应当通过各种方式使香港"明了弟之任务不专在香港一隅耳"。③ 由此可见，他并不以总支部主委一职来理解自身的使命。1939 年 11 月，吴铁城取代陈树人担任海外部部长，香港党务只是他诸多工作的一小部分而已。1941 年 2 月，吴铁城受蒋介石召见回重庆，当他向蒋提出拟回港处理公务并与港督餐叙一事时，蒋介石却指示："如无要事，不必亲自飞去。往来不定，将为外人看轻。"④ 由此可见，蒋亦将吴的身份定位为海外部部长，而非专司港澳一地党务。吴铁城晚年撰写回忆录，然而未能完成即去世。从回忆录存目来看，其战时在港澳的经历仅设"南洋之行"一章，内容是赴南洋宣慰华侨，于港澳党务未有丝毫涉及，这一定程度上反映了吴铁城对自身那一段经历的认识。

---

① 《吴铁城致朱家骅函》（1939 年 4 月 17 日），朱家骅档案，中研院近代史研究所档案馆藏，档案号：30-3。

② 《朱家骅致吴铁城函》（1939 年 4 月 19 日），朱家骅档案，中研院近代史研究所档案馆藏，档案号：30-3。

③ 《吴铁城致朱家骅快邮代电》（1939 年 5 月 4 日），朱家骅档案，中研院近代史研究所档案馆藏，档案号：30-3。

④ 《蒋介石对吴铁城报告的批示》（1941 年 2 月 14 日），"蒋中正总统文物"，台北"国史馆"藏，档案号：0010000005409A。

　　原先香港党务工作无法推进的两大症结——人事和经费问题，在港澳总支部成立后亦未得到解决。香港国民党组织的日常事务实际是由港澳总支部书记长高廷梓具体负责的。高廷梓虽为广东人，但从其履历来看，与吴铁城并无交集，亦非原香港直属支部成员。高廷梓是朱家骅的亲信，有关香港党务工作也多向朱家骅商议请示。港澳总支部成立后，人事纠纷不断，"港澳党务不能积极开展与收组训实效之弊，全在总支部大部委员不经常在部与少数在部者对书记长高廷梓先生多所攻讦，甚或取对立状态，致动辄掣肘，力量分散，影响工作至巨"。① 有学者认为，造成此种局面的原因是吴铁城与朱家骅之间的矛盾："一方面吴铁城不甘屈就总支部主委一职；另一方面，朱家骅又极力想加强对总支部控制，以增加自己的势力范围。"② 不过，在高廷梓与吴铁城的关系方面，朱家骅似常常予以正面回应。在致高廷梓的信中，朱家骅表示："铁城先生对兄工作甚满意。前者在渝，时时为弟谈及之。海外工作机关重要，过去成绩甚少，应设法积极推进，时时请示铁城先生办理，开诚相见，秉承努力，当有事半功倍之效。"③ 当然，朱家骅的措辞亦可能是利弊权衡的考量结果，并不能反映他的真实意图。

　　港澳总支部人事纠纷的主要原因，大概还是港澳总支部成立后调港却掌握实权的"新人"高廷梓、陈积中等与原香港直属支部系统的"旧人"陈素等之间的矛盾。"新者以陈积中同志为首，新调港同志附之。后者以陈素先生为首，原有在港澳同志附之。以为分化挑拨口实。基此新旧之中，不免时生猜忌。新者以历史较短，且寄重一方，居于领导地位。"④ 尽管在港澳总支部联席会议上，吴铁城指示"同志之间务应精神团结，

---

① 《朱学贤关于香港党务的情况致朱家骅函》（1941 年 8 月 7 日），朱家骅档案，中研院近代史研究所档案馆藏，档案号：30 - 3。
② 金以林：《战时国民党香港党务检讨》，《抗日战争研究》2007 年第 4 期。
③ 《朱家骅致高廷梓函》（1940 年 3 月 15 日），朱家骅档案，中研院近代史研究所档案馆藏，档案号：30 - 3。
④ 《朱学贤关于香港党务的情况致朱家骅函》（1941 年 8 月 7 日），朱家骅档案，中研院近代史研究所档案馆藏，档案号：30 - 3。

勿生磨擦"，^①但无济于事。1941 年 4 月，高廷梓由渝返港，致电朱家骅：
"别后归来，诸事惟有缄默，谨候中央意旨，以此间人事，似不免全部改
组。缘陈素勾结澳门支部常务委员周雍能等，乘弟离港，彼等即指使不肖
分子，破坏党员征求，以图鼓动风潮，而谋打击。"^②由此可见内耗给香
港党务推进造成的困境。

至于经费问题，港澳总支部成立后，尽管每月经费增至法币 5000 元，
但仍旧面临相当困难。高廷梓赴港后，拟定了总支部 6 个月的工作计划草
案，预算经费每月港币 18300 元。高廷梓解释："原定经费国币五千元，
合港币二千七百元，拟作为总支部及三个支部办公费。"^③也就是说，中
央拨发的经费只够用作办公，至于发展组织、动员民众、开展活动等，还
需另拨费用。但朱家骅并未同意增拨经费："总支部每月经费港币一万八
千三百元似属太多，难获常会通过。"^④此外，为途经香港的国民党要员
安排食宿亦是港澳总支部一笔不小的支出，为此，高廷梓甚至提出将私宅
用于招待："一则可以知道各人行踪，增加联系之机会。二则为公家节省
开支……每月经常费港币五百元足矣。"^⑤或许，高廷梓的提议亦有补贴
家用的私心。通过高廷梓与朱家骅的往来信函可知，他的薪俸不敷家用，
曾求助朱家骅为其在翁文灏的经济部中谋一兼职。^⑥直至 1940 年 2 月，
港澳总支部经费才增加了区区 200 元。^⑦朱学贤曾检讨："总支部年来对
党员发展迅速，固属事实……然大部经费集中上层，其次为支部，而分部

---

① 《中统局致社会部关于报送港澳九三支部第九次联席会报情况的函》（1940 年 1 月 19
日），国民党中央社会部档案，中国第二历史档案馆藏，档案号：11（2）/1251。

② 《余金海（高廷梓）致朱家骅电》（1941 年 4 月 13 日），朱家骅档案，中研院近代史研
究所档案馆藏，档案号：30-3。

③ 《高廷梓致朱家骅函》（1939 年 5 月 26 日），朱家骅档案，中研院近代史研究所档案馆
藏，档案号：30-3。

④ 《朱家骅致高廷梓函》（1939 年 6 月 1 日），朱家骅档案，中研院近代史研究所档案馆
藏，档案号：30-3。

⑤ 《高廷梓致朱家骅函》（1939 年 7 月 8 日），朱家骅档案，中研院近代史研究所档案馆
藏，档案号：30-3。

⑥ 《高廷梓致朱家骅函》（1939 年 6 月 1 日），朱家骅档案，中研院近代史研究所档案馆
藏，档案号：30-3。

⑦ 《中统局致社会部关于报送港澳总支部第三十次会议的函》（1940 年 2 月 2 日），国民党
中央社会部档案，中国第二历史档案馆藏，档案号：11（2）/1251。

则月仅十余元，而所辖党员往往百余人，以少量金钱而欲推动无训练之党员工作，诚至难事。"①

至于发展党员工作，港澳总支部成立后，表面上极有进展。1939 年 12 月，吴铁城指示，除注意吸收社会优秀分子入党外，应加紧训练新干部。② 仅一周内，香港支部就审查入党申请书 420 件。至 1940 年 2 月，港澳总支部新征集党员已有 4000 余人。③ 单从数量上看，似乎国民党在党员发展上颇有成绩，但其发展党员往往疏于审查，仅仅为完成指标而已。谢太青向朱家骅报告："又香港区征求新党员五百余名，皆属失业工友，亦有此间游民，最近该区主持人陈林扬，深知失业工友之弱点，佯称以入党之后，党部即可拨款救济。不问质素如何，滥竽充数，分子复杂，贸然不知，只求数量增加，摄影费用亦由部内开支，在工友何乐而不从？如斯党员，恐亦无益于党。"④ 党是党员的集合体，党员并非报表上抽象的数字，数字的增加并不意味着党力的增强。朱学贤尖锐地指出："党员已未经主义之灌输、思想之训练，以确立其革命人生观，类多徘徊观望，不知所云。纵或勉强集合，亦如蚁附膻，即合即散，不能收效。"⑤ 虽然国民党党员人数增长迅速，在香港沦陷前已是中共数倍，但这些党员也只有数字上的意义而已。

国民党在内地是执政党，但执政的优势并不一定能传导至香港，这种优势反而有时会变成劣势。港英当局对于国共两党在香港的活动，因国民党表面上的强势，故而对其更加戒备。因此，中共对国民党在香港的处境颇有些蔑视的心态："在国内你可以作威作福，在这里你可没有

---

① 《朱学贤关于香港党务的情况致朱家骅函》（1941 年 8 月 7 日），朱家骅档案，中研院近代史研究所档案馆藏，档案号：30 - 3。

② 《中统局致社会部关于报送港澳九三支部第六次联席会报情况的函》（1939 年 12 月 18 日），国民党中央社会部档案，中国第二历史档案馆藏，档案号：11(2)/1251。

③ 《中统局致社会部关于报送港澳九三支部第十三次联席会报情况的函》（1940 年 2 月 15 日），国民党中央社会部档案，中国第二历史档案馆藏，档案号：11(2)/1251。

④ 《谢太青关于香港海员党部情况的报告》（1941 年 7 月 26 日），朱家骅档案，中研院近代史研究所档案馆藏，档案号：30 - 3。

⑤ 《朱学贤关于香港党务的情况致朱家骅函》（1941 年 8 月 7 日），朱家骅档案，中研院近代史研究所档案馆藏，档案号：30 - 3。

那么写意吧?"① 尽管吴铁城曾指示:"凡足以引起社会纠纷之活动极力避免,并应与港府随时取得联络使其了解本党工作之性质。"② 但国民党在应对港英当局的问题上时常进退失据。当国民党的活动超过其容忍底线时,港英当局往往会采取行动予以惩戒。1941 年 5 月,港英当局搜查了位于罗便臣道 98 号的港澳总支部调查统计室,逮捕 3 人,破获秘密电台一部。港督在致英殖民地部的电报中写道:"此电台由一个名为沈恒宗的人负责,他称电台属于国民党中统局系统,由陈素领导。电台负责与重庆联络,也负责杜月笙和蒋介石的联络。我们已经知道,陈素在吴铁城领导之下,负责国民党在香港的事务。现在陈素已经失踪了,我们搜查了他的住宅……在罗便臣道 98 号逮捕的 3 人承认有罪并被驱逐出境。"③ 在俞鸿钧的协调下,尽管事后港英当局将电台还给了国民党,但双方关系一度处于紧张状态。总体而言,在太平洋战争爆发之前,港英政府多少将香港的国民党组织看作麻烦的制造者。

三 从"地上"到"地下"

从 1945 年 8 月英国重占香港到 1949 年 10 月中华人民共和国成立,国民党在香港经历了从高调复出到低调蛰伏这一由"地上"而"地下"的过程。1941 年 12 月香港战役期间,国民党港澳总支部与港英政府及驻港英军会商,组织"中国各机关驻港临时联合办事处",安排人员撤离,协助港英当局维持社会秩序。日军登陆香港岛后,总支部曾拟组织侨胞进行防卫作战,因枪支弹药迟误而未果。港督宣布投降后,总支部主委陈策

---

① 《吴有恒关于香港市委工作给中央的报告——1936 年 9 月至 1939 年 11 月香港的政治环境和党的组织、群运、统战等工作》(1941 年 2 月 16 日),中央档案馆、广东省档案馆编印《广东革命历史文件汇集》甲种本第 44 册《中共香港市委文件》,1988,第 511 页。

② 《中统局致社会部关于报送港澳九三支部第六次联席会报情况的函》(1939 年 12 月 18 日),国民党中央社会部档案,中国第二历史档案馆藏,档案号:11(2)/1251。

③ Governor (Sir G. Northcote) to Secretary of State for the Colonies, 19th May, 1941, FO 371/27719.

率部属随员及英军官兵 70 余人分乘 6 艘鱼雷快艇成功突围。总支部一部分人员留港潜伏，另一部分撤出后在惠阳、曲江集合。① 港澳总支部在后方重建，试图继续领导香港工作。然而，1943 年 4 月，日本香港宪兵队破获港澳总支部调查统计室秘密电台，并牵出国民党在香港的全部潜伏人员。② 香港国民党组织遭到毁灭性打击。此后一直到光复，国民党基本从香港消失了。不过，国民党很快又重返香港。

太平洋战争结束后，在英国重占香港的同时，国民党颇为大张旗鼓地复出。值得注意的是，与战前不同，战后数年国民党组织曾一度在香港公开活动，尽管这有违香港《社团条例》（Societies Ordinance）的规定，但港英政府并未过多干预。英军登陆伊始，国民党港澳总支部和三青团广东支团港九分团便公开亮相，宣布在香港恢复活动。③ 1945 年"双十节"，港澳总支部积极组织庆祝活动。新闻记者谢永光目睹了整个游行的情景："游行队伍挥动小国旗列队前进，宛如长蛇阵……由中、英、苏、美四面国旗先导。国民党港澳总支部及三民主义青年团成员组成的单车纠察队，穿梭往来，风头出尽……游行队伍中不仅有舞龙队、舞狮队，还有潮州同乡会、福建同乡会的高跷队以及各社团的花车，花团锦簇，大多带有民族色彩……站在马路两旁围观的群众，亦挥舞着小国旗，人山人海，一片热闹欢腾。"④

从 1945 年 9 月起，国民党军第十三军、第八军、新一军等部队先后过境香港，由美国海军第七舰队运往华北和东北。在国民党港澳总支部主委沈哲臣组织下，港九各社团多次赴九龙塘慰问"祖国将士"。沈哲臣宣称："今天我们武装同志，能浩浩荡荡，向九龙大进军驻扎，为一百年来之第一次，是如何灿烂光荣，全体侨胞无限兴奋。"⑤ 在国民党和三青团

---

① 《中国国民党驻港澳总支部工作报告书》（1942 年 10 月 31 日），国民党中央宣传部档案，中国第二历史档案馆藏，档案号：718/97。
② 〔日〕姬田光义编、解说《重庆中国国民党在港秘密机关检举状况》，第 8～9 页。
③ 《港澳总支部沈代主委谈目前展开重要工作》，香港《华侨日报》1945 年 9 月 5 日，第 4 页。
④ 谢永光：《香港战后风云录》，香港，明报出版有限公司，1996，第 62 页。
⑤ 《港九民众及侨团代表慰劳第十三军》，香港《华侨日报》1945 年 10 月 6 日，第 4 页。

的组织下，香港掀起了轰轰烈烈的"劳军运动"。[1] 港英当局担心战后香港粮食入不敷出，一再强调过境军队必须自备给养，但新一军过境期间找到了变通办法。军部前进指挥所与三青团港九分团的负责人商洽建立了合作社，由三青团员在香港市面采购必需品供应官兵。[2] 除此之外，国民党港澳总支部还借军队过境之机打击共产党在港势力。1946 年 1 月，国民党军官兵在九龙街头公然收缴共产党主办的《华商报》，并威胁报摊摊主，禁止他们今后出售该报。事发后，《华商报》总编刘思慕致函港英政府，投诉国民党军人的所作所为，要求政府保证"英王陛下领地的新闻自由"。港英当局事后进行了简单的调查，判断为国共两党之间互相攻讦，并没有采取有效措施。[3]

战后数年，国民党组织控制下形形色色的商会、工会、报纸和侨校已然成为香港当地政治权势和社会结构重要的组成部分。国民党在香港的高调活动引发港英政府的忌惮。杨慕琦（Mark Young）复任港督期间，国民党肃奸人员在香港活跃异常。1946 年 6 月，国民党在香港的机关报《国民日报》因在社论中号召民众"活捉"附逆事实有争议的香港华侨日报社督印（即社长）、已入籍加拿大的岑维休，被港英当局以触犯《防卫法》的名义勒令停刊。后经外交部两广特派员公署驻港办事处交涉，才平息事件。[4] 此事发生之后，港英政府对国民党在香港的活动愈发敏感。1946 年"双十节"期间，香港各处再次挂起国民党旗帜，港英政府深受刺激，包括港督在内的许多港英官员认为国民党试图挑战"政府"的权威。[5] 而葛量洪（Alexander Grantham）担任港督期间则爆发了九龙寨城事件，葛氏一度对国民党在香港煽动活动极为恼火，曾向伦敦提出封闭

---

① 《各界发起劳军运动》，香港《华侨日报》1945 年 10 月 6 日，第 4 页。

② 《许参谋与青年团商洽组合作社采办必需品》，香港《华侨日报》1945 年 12 月 1 日，第 4 页。

③ Alleged Illegal Seizures and Suppression of the Paper from Circulation by Chinese Military Officers, HKRS. No. 163, D&S. No. 1 – 60.

④ 中国国民党港澳总支部编《香港华侨日报在沦陷期间附敌经过概况》，外交部档案，中国第二历史档案馆藏，档案号：18(2)/62。

⑤ Steve Tsang, *Democracy Shelved: Great Britain, China and Attempts at Constitutional Reform in Hong Kong, 1945 – 1952*, New York: Oxford University Press, pp. 50 – 54.

《国民日报》、驱逐国民党组织的建议，虽未获得批准，但足以体现国民党与港英政府的关系严重不睦。①

而对于国民党屡次提出限制中共和反蒋人士在港活动的要求，港英政府基本采取敷衍了事的态度。南京方面曾多次要求港英政府限制李济深的言论，但港英当局并没有采取任何行之有效的措施。葛量洪曾表示，尽管他受到来自中国官方的压力，但应当维持香港作为"政治避难所"的形象。② 葛量洪曾对宋子文指出，中共在香港并不是非法组织，除非其所作所为触犯了香港的法律，否则当局无法采取任何行动。③ 即便在蒋介石亲自出面的情况下，英国驻华大使施谛文（Ralph Stevenson）也还是强调，中共在香港十分谨慎，避免违反本地任何法律，当然"如果中国当局能够提供有关他们从事颠覆活动的确凿证据，港府将主动与中国政府合作处理这个问题"。④ 这种回答等于是在"打太极拳"。总体而言，至少在1948年第四季度之前，港英政府对于国共两党在香港的活动并未严加控制。在对待国共两党的态度上，有意维持两党互相牵制的局面，以利于自身统治。

及至1949年5月，港英政府修订《社团条例》，重点在于重新设立强制注册制度。港英政府修订该法例的初衷，是在共产党即将取得全国性胜利的背景下，为稳定香港局势，对当地共产党组织的活动予以压制。不过，如此一来，国民党亦无法通过在香港登记注册而公开活动。随着国民党统治的全面崩溃，香港党务一度处于低潮。1950年1月，英国宣布承认中华人民共和国，国民党从"地上"转入"地下"。然而，随着大量追随国民党的人士逃往香港，尤其是朝鲜战争爆发、中国出兵之后，处于"地下"的国民党组织又开始活跃起来。1953年，英国内部的情报评估显

---

① Future Policy, Kowloon City, 30th January, 1948, CO 537/3705.

② Sir Grantham to G. F. Seel, C. M. G., CO 537/3722.

③ 叶汉明：《香港与四十年代中国民主运动的边缘化》，香港《史薮》第3卷，1998年12月，第330页。

④ Sir R. Stevenson to Mr. Bevin, 21st July, 1948, Confidential 17912, F 10787/154/10, Anthony Best, *British Documents on Foreign Affairs: Reports and Papers from the Foreign Office Confidential Print*, Part IV, Series E, Asia 1948, Volume 5, University Publications of America, 2001, p. 92.

示，当时已在香港成立的主要右翼组织"中国青年反共救国团"有成员
500～600 人，甚或高达 1000 人；在调景岭聚居的右翼分子有 6000 人；
接受右翼机构救济的难民名册上有 7000 人；属于右翼工会成员有 6000
人；右翼另一组织"援助中国知识人士协会"的成员名册中有 2 万人；
第三势力的死硬派有 5000 人，而其追随者则有 1.5 万人；在政治意识上
靠近右翼的香港华人有 10 万人。综合起来，以国民党为首的右翼团体在
香港支持者有 14 万～16 万人。① 如此一来，一个香港的"右翼社会"有
了生成的基础。

四 "香港小台湾"：调景岭"难民营"

香港所谓的"右翼社会"，是指冷战时期在国民党主导下，承担一定
"社会功能"，具备一定"社会系统"的社会政治力量。换句话说，一个
"右翼社会"中的民众，可以不必依靠港英的社会系统而生存。香港的
"右翼社会"起源于调景岭"难民营"，在这个被称为"香港小台湾"的
地方，由于国民党和台湾当局的介入，成为 20 世纪 50 年代备受国际瞩目
的"难民营"。

国民党政权败退台湾前后，1949～1950 年的短短两年内，中国内地
逃往香港的"难民"骤增至 45 万人，占当时香港总人口的 20% 以上。②
港英政府并没有针对他们制定专门的救济政策，而是从解决社会经济问题
的角度着眼，视其为整体社会救济对象的一环而已。另外，港英政府没有
预料这批"难民"会久居此地，只打算采取随机应变的措施，例如鼓励
志愿团体为他们搭建临时住处等。③

在这批"难民"中，最令港英政府感到棘手的是国民党军政人员及

---

① 张少强：《双十暴动：冷战、晚期殖民主义与后政治行动》，张少强等主编《香港·社
　会·角力》，香港，汇智出版有限公司，2017，第 233 页。
② *Hong Kong Annual Report*, *1951*, Printed and Published by the Government Printer, at the
　Government Press, 1951, p. 3.
③ 林芝彦：《"自由"的代价：中华民国与香港调景岭难民营（1950～1961）》，台北，"国
　史馆"，2011，第 27 页。

其眷属。他们虽然在入境香港之前脱下军装、缴交武器，但在港抱团聚居，且多欲以此地为跳板前往台湾。他们对港英政府亦非常不满，有人回忆：

> 那时睡马路、要饭、捡烟头，都是犯法的，警察白天夜里地捉，而且愈来愈紧。我在西环睡了约一年半的马路……谈起港英政府当时对难民的不公道，就叫人愤恨！香港在大陆沦陷前只有八十万人左右，后来增加了一百四十万难民，比原先的人口还多。那时难民除睡马路外，并没有作坏事，不偷也不抢。这些人在三餐不继的穷困情况下，难道不会抢吗？像我们在打游去时，要枪、杀人，哪样没经历过？抢银行是轻而易举的事，可是我们从来都没作坏事。①

起先，港英政府积极向台湾当局交涉，以期将逃港国民党军官兵送往台湾。但此举遭遇台湾当局阻碍，1950 年 1 ~ 2 月，港英政府派轮船将他们送往台湾，但只有极少数人获准入境。台湾当局严苛的入境审查让港英政府大为不满。在收容问题上，港英政府为避免直接介入，委托东华医院收容他们，但闻风而至的"难民"越来越多，港英政府不得已出面，于1950 年 3 月将东华医院收留的近 5000 名"难民"暂时迁至港岛西环的摩星岭山区。② 不到三个月，摩星岭"难民营"已人满为患，收容者有8200 余名，其中包括伤残官兵 1800 余人。

1950 年 6 月 18 日，一批爱国左派工会成员前往摩星岭，并在那里扭秧歌。当地"难民"争相前往围观。③ 结果，部分人认为扭秧歌是故意挑衅，双方爆发严重冲突。据当事人回忆，当时住在那儿的有不少伤残士兵，情绪比较负面。④ "摩星岭事件"造成 20 余人受伤，其中 6 人重伤。

---

① 《郝次航先生访谈录》，胡春惠主访，李谷城、陈慧丽记录整理《香港调景岭营的诞生与消失——张寒松等先生访谈录》，台北，"国史馆"，1997，第 176 页。

② 林芝彦：《"自由"的代价：中华民国与香港调景岭难民营（1950 ~ 1961）》，第 28 ~ 33 页。

③ 白家琪：《摩星岭之役》，高雄，黄埔出版社，1964，第 51 页。

④ 参见《王国仪先生访谈录》，胡春惠主访，李谷城、陈慧丽记录整理《香港调景岭营的诞生与消失——张寒松等先生访谈录》，第 108 页。

此事促使港英政府考虑搬迁"难民"，最终促成了调景岭"难民营"的成立。不过，起初港英政府考虑的"难民营"新址并非调景岭，由于其他地区居民反对，调景岭才成为这批"难民"的落脚之处。在当时，调景岭位置颇为偏僻，位于九龙东部的魔鬼山，面对将军澳海湾，由于尚未开发，水陆交通均不方便。此处原名"吊颈岭"，据说因一位名叫伦尼（Alfred Rennie）的加拿大商人在此开办面粉厂，投资失败上吊自杀而得名。港英政府社会局因担心民众反感，故取谐音改名为"调景岭"。

港英政府对调景岭"难民营"中的部分人员实施救助，社会局发放饭票，一天供应两餐。然而，随着入营人数越来越多，很多人得不到救助。据统计，1951 年调景岭有"难民"25028 人，有饭票的只有 6819 人，无饭票的多达 18209 人。[①] 由于港英政府提供的资助十分有限，他们自己成立了"调景岭居民自治试验办公室"、"自治筹备委员会"以及"自治纠察队"，这些组织均为国民党所掌握。1951 年 5 月，国民党在港澳地区办理党员登记，总共登记党员 9269 人，仅调景岭就有 4000 余人。每逢"双十节""总统蒋公诞辰纪念日"，国民党组织都会在调景岭举办各类庆祝活动。

然而，这个标榜"自由"的地方，其实并不自由。1950 年蒋介石生辰，调景岭"难民营"演戏庆祝，结果发生纠纷。有人怀疑排戏的人别有用心，把《苏三起解》《捉放曹》《黄金台》这几出戏排在一起，有暗藏"解放金台"之意，因而引发殴斗。这些"罪名"当然是子虚乌有，据当事人回忆："大家都是惊弓之鸟。那时有个不好的现象，我们有关的组织，譬如情报局、调查局以及大陆工作会，他们都在那儿发展组织，有些较不安分的，为了邀功，就会乱给人戴帽子。"[②]

1953 年以后，港英政府迫于经济压力，对调景岭的救济态度日渐消极。台湾当局"中国大陆灾胞救济总会"趁机介入，积极在营内推动"救济"活动。国民党驻港人员与"救总"通过"自治办公室"掌管营

---

① 林芝彦：《"自由"的代价：中华民国与香港调景岭难民营（1950～1961）》，第 44 页。
② 《张寒松先生访谈录》，胡春惠主访，李谷城、陈慧丽记录整理《香港调景岭营的诞生与消失——张寒松等先生访谈录》，第 42 页。

内各项事宜，辅以同乡会等社团组织，将调景岭打造成为 "反共难民营"
的 "样板"。营内设立了自成一体的行政、教育、治安、卫生、文体系
统，可以视作一个相对独立运行的小社会。

以学校教育为例，最为典型的莫过于调景岭中学。"岭中" 的前身是
经港英政府社会局核准的 "香港政府社会局调景岭儿童学校"，由该局驻
营办事处副主任谈文焕担任校长。初期只开设幼稚园和小学，于 1950 年
11 月 14 日正式开学。1953 年秋，因毕业生升学困难，增设初中两个班，
更名为 "香港政府社会局调景岭中学"。1954 年春，因谈文焕调离，由社
会局驻营办事处主任方适存兼任校长。1955 年，方适存辞去兼职，学校
由 "救总" 接办，改名为 "香港调景岭中学"，并在台湾当局 "教育部"
注册。至 1966 年 2 月，"岭中" 才向港英政府教育司署注册，也是从这
一年开始，学校由 "救总" 直接主办。

"岭中" 具有强烈的国民党意识形态色彩，校徽用 "青天白日满地
红" 旗帜的三种颜色，以梅花为主要标志。创校宗旨为："首在培养反共
复国人才，维护与发扬中华文化，期能团结侨胞完成复国大业。" 该校校
名由 "救总" 理事长谷正纲题写。公民课教授 "三民主义"，音乐课教唱
反共歌曲，许多课程的教科书从台湾运来。集会时升 "国旗"、唱 "国
歌"。高中生毕业后，台湾当局驻港人员会择优选拔，送往台湾就读大
学。除 "岭中" 之外，调景岭还开办了其他几所学校，大多数是这种模
式。这些学校也容纳了调景岭之外的学生，亦带动当地居民的一种 "生
计"。据调景岭的一位居民回忆：

> 调景岭在全盛时期有四所中学、五所小学、四所幼稚园。调景
> 岭本身并没有这么多孩子念书。那时港府未施行普及教育，念中、
> 小学都要缴费，而调景岭的学校不收学费，有宿舍。因此港九各
> 地不少家境较差的孩子，跑来调景岭读书，每月只需缴膳宿费八、
> 九十元就够了。有时学校宿舍不敷需要，学生就在营内租屋或寄
> 宿。营内人家只要收两、三个寄宿生，就几乎可以养活一家人了。
> 甚至有的人把它当作一种事业，专门盖栋房，收一、二十个寄宿

生。由于有这么多学生寄宿在调景岭，他们每天都要吃东西，因此很自然就有不少卖面、烧饼、油条、面包、豆浆等等的小生意应运而生。①

作为香港"右翼社会"的滥觞，调景岭"难民营"波折不断。台湾当局借助其扩大宣传，将其打造成为反共精神"标杆"。不仅如此，台湾当局还将调景岭"难民"问题"国际化"，以图美国的介入。但另一方面，调景岭"难民"赴台事宜迟迟得不到妥善解决，由于台湾当局严苛的出入境政策和政治、安全、经济等因素，只有少数"难民"能够获准入台。曾担任国民党港澳总支部主委的李大超向"台湾省主席"严家淦建议："调景岭难民问题，在香港断续延长下去，可能成为国际性，为反共斗争前途计，似毋庸全部来台，以期改变国际观念，尤其非调景岭的难民，散住港九各地的虽已纳入调景岭系统之下，仍应扩大他的范围，善以领导，将可发生大的作用，以待联合国的求助。"② 最终，"难民"成了"居民"，"调景岭营"成了"调景岭村"。20 世纪 90 年代，"岭中"迫于现实，将校务行政按港英政府的规范办理。1994 年，"岭中"向港英政府申请津贴并改名为"景岭书院"，迁往将军澳新址，预算和招生均由港英政府负责。而调景岭居民最终也于1996 年大举迁至厚德村，结束了这段特殊的历史。

五 自成一体的"右翼社会"

可以说，调景岭"难民营"既是香港"右翼社会"的滥觞，又是其缩影。放眼冷战时期，调景岭之外的香港"右翼社会"规模亦颇为可观，在教育、工会、新闻出版、文化娱乐等方面自成一体，既与共产党主导下的香港"爱国左派社会"相对立，又与港英政府治下的香港社会相区隔。

---

① 《王国仪先生访谈录》，胡春惠主访，李谷城、陈慧丽记录整理《香港调景岭营的诞生与消失——张寒松等先生访谈录》，第 141 页。

② 李大超：《对于香港值得重视的问题》（1955 年 2 月 25 日），"严家淦总统文物"，台北"国史馆"藏，档案号：006000000008A。

仅就教育方面而言，"岭中"绝非个例，新亚书院亦是颇具亲国民党色彩的学校。1950年冬，钱穆赴台向蒋介石请求办学经费资助，蒋遂命国民党"中央改造委员会"委员雷震赴港调研，最终决定支持新亚书院办学，由台湾当局教育部门予以协助。蒋介石还允诺从"总统府"办公费中每月拨款港币3000元给新亚书院。[①] 据钱穆回忆："学生来源则多半为大陆流亡之青年，尤以调景岭难民营中来者占绝大比数。彼辈皆不能缴学费，更有在学校天台上露宿，及蜷卧三、四楼之楼梯上者。遇余晚间八、九时返校，楼梯上早已不通行，须多次脚踏铺被而过。"[②] 新亚书院刻意营造一种"士大夫花果飘零"的氛围，标榜中国传统文化海外传承的立场。对于国共内战时避居香港的学者和文化人，蒋介石命谷正纲处理"救济"事宜。谷邀请丁文渊、左舜生、钱穆、许孝炎、王元龙等开会协商，决定由亲国民党的学者和文化人出面，成立专门机构，由此，1956年香港"中国文化协会"（Chinese Culture Association）成立。[③] 该协会实际上完全由台湾当局"中国大陆灾胞救济总会"包办。

除了新亚书院以外，在香港的中文学校中，与国民党组织以及台湾当局关系密切的不在少数，华侨中学、仿林中学、德明中学、同济中学、中正中学等是这类学校的代表。这些学校能够得以运作，背后有台湾当局"教育部"和"侨务委员会"的身影，一些学校的校长还兼任"侨务委员会委员"。这些学校在台湾注册，使用的某些教科书亦由台湾运来香港。不仅如此，香港的国民党势力还控制了"香港教师会""私立中文学校联会""私立英文学校协进会"等教育团体。李大超曾透露："至华人教育会在去年（指1954年——引者注）想尽方法，始得当局允许，华人代表周锡年从中出力不少，我方应多为协助，以团结华侨教育事业的力量，而谋打破今后遇到的困难。"[④]

---

① 钱穆：《八十忆双亲·师友杂忆》，生活·读书·新知三联书店，1998，第286~287页。
② 钱穆：《八十忆双亲·师友杂忆》，第282页。
③ 《张寒松先生访谈录》，胡春惠主访，李谷城、陈慧丽记录整理《香港调景岭营的诞生与消失——张寒松等先生访谈录》，第51页。
④ 李大超：《对于香港值得重视的问题》（1955年2月25日），"严家淦总统文物"，台北"国史馆"藏，档案号：006000000008A。

以德明中学为例，该校创办于 1934 年，校名以孙中山族谱中的名字"德明"命名。起初受陈济棠和胡汉民资助，校长林翼中是广东省民政厅厅长，副校长黄麟书是教育厅厅长。校址在旺角洗衣街，校舍由四幢相连的屋宇组成。1936 年 6 月陈济棠下野后，接办德明中学，并把同街斜对面一处 1 万多平方尺的空地购入，兴建五层楼高的新型校舍（连顶层大礼堂）作为中学本部，校舍正门面向洗衣街，侧边是奶路臣街，连接着麦花臣球场，学生们可利用它做田径和各种球类运动。1949 年以后，一些倾向国民党的知识分子南至香港，成为这所中学教师的主力。学校规模进一步扩大，并开办多家分校，鼎盛时期该校就读学生有 6000 余人，60 年代更创办了德明书院。德明的学生高中毕业后可以选择报考台湾各大专院校。台湾著名企业家林百里和梁次震即是德明校友。据梁次震回忆，当年台湾大学一届就有 20 多个德明校友，整个台大所有年级加上医学院有 100 多人，"德明帮"成为香港侨生中势力最庞大的一派。

对于香港侨生赴台求学问题，李大超曾建议："我们为求争取更多侨生来台，今年（指 1955 年——引者注）于招收大专学生或中学生转学，似可免除在港的考试，由各侨校负责保送，放宽来台应办手续，到达后再行甄别考试，视各生程度及志愿，予以升学的便利。此项办法虽有些程度较低使侨生发生就学困难，但能利用假期或休课期间补习，尽可求得解决。"①

工会亦是国共两党重点争夺的阵地。据一份中共内部的报告判断，国民党把持和影响下的工会大致可分为三大类："甲、上层机构为国民党把持而工友觉悟程度很差并且有相当群众的工会。乙、上层为国民党把持但下层有了觉悟，不过迫于环境不能一下子推翻他们的劫持的工会。丙、上层被国民党把持但下面没有群众的招牌工会。"② 在香港的工会团体中，

---

① 李大超：《对于香港值得重视的问题》（1955 年 2 月 25 日），"严家淦总统文物"，台北"国史馆"藏，档案号：006000000008A。

② 《高林邓民光关于香港工运情况报告（1948 年 10 月 10 日）》，《广东革命历史文件汇集》甲种本第 58 册（广东党组织文件，1945 年 11 月 ~1949 年 12 月），1989，第 245 页。"高林"即朱敬文的化名，"邓民光"即黄灯明的化名。

国民党控制的最大的工会组织是 "港九工团联合总会"（Hong Kong and Kowloon Trades Union Council，HKTUC）。"工团总会" 与爱国左派阵营的 "工联会" 构成了香港工会团体中的右翼和左翼，前者的徽号是盾牌与国民党党徽，后者则由齿轮与红五星组成，带有鲜明的政治色彩。工团总会筹备于 1946 年，于 1948 年 9 月 9 日成立，由冯海潮出任成立大会主席团主席，并获选为常务理事。工团总会会员来自制造、运输、服务等行业，其中以港九酒楼茶室总工会及九龙巴士职工总会为主力。港英政府 1956 年的年报对工团总会的力量有下述描述：

> 港九工团联合总会支持台湾国民党政权，1956 年主要活跃在宣传领域，工团总会仍隶属于国际自由工会联合会，但在该组织中并没有发挥积极作用。虽然隶属于工联会的工会数量远低于工团总会下属的工会数量，但在前一机构付费会员的人数几乎是后者的两倍。[1]

在商会方面，国民党在与共产党争夺 "中华总商会" 领导权中落败。不过，在同乡会方面，据李大超报告："香港各同乡会及宗亲会，有普遍的组织，尤其广东各县属各姓氏为最多，且绝大部分均是反共，拥护自由祖国者。"[2] 在金融方面，国民党能够掌握广东银行、东亚银行、上海商业银行等机构。除此之外，国民党在香港还利用各种 "同学会" 发展 "亲台" 势力。

在新闻出版方面，国民党在香港最大的报纸是《香港时报》。该报前身为《国民日报》，创办于 1939 年，是国民党港澳总支部的机关报。日本投降后，该报在香港复刊，由张湖生担任社长。1949 年 8 月 4 日，《国民日报》改名为《香港时报》，社长许孝炎，总编辑李秋生，总主笔陶希圣，继续作为国民党的喉舌活跃在香港。该报的体育版以刊载与足球运动有关的新闻出名，不少香港民众购买或订阅《香港时报》即是因为对体

---

[1] Hong Kong Annual Report 1956，p. 44.

[2] 李大超：《对于香港值得重视的问题》（1955 年 2 月 25 日），"严家淦总统文物"，台北 "国史馆" 藏，档案号：006000000008A。

育新闻感兴趣。① 1993 年 2 月 17 日，该报因经营不善停刊。另一份"亲台"报纸是香港《工商日报》，该报创刊于 1925 年 7 月，1929 年被香港著名富商何东收购。香港沦陷期间，该报停刊，1946 年 2 月复刊。1956年何东去世后，其在台湾担任军职的儿子何世礼②返港接掌家族事业，担任工商日报社董事长兼社长。该报遂成为国民党文宣系统在香港的又一重要阵地。1984 年 12 月 1 日，《工商日报》在《中英联合声明》草签两个月后宣布停刊。此外，《星岛日报》《华侨日报》可以视为"中间偏右"的报纸，与香港的国民党势力颇有牵连。

在电影方面，国民党主要把持的机构是成立于 1956 年的"港九电影从业人员自由总会"，在此之前，"亲台"影人影响有限。据李大超报告："香港自由影人近年来表现虽有进步，但只有联络尚无强固组织，且其组合机构多为私人关系，缺乏资金，以致活力甚弱，想有大作为，恐甚困难。"③ 1957 年该组织易名为"港九电影戏剧事业自由总会"，简称"自由总会"。它的主要功能是调查香港电影是否宣传共产主义，或电影演员是否参与大陆的文艺活动等。如有发现，"自由总会"会向台湾当局相关部门报告，禁止该影片在台湾发行放映。香港电影如要在台湾上映，拍摄前必须先向"自由总会"登记，"自由总会"会审查该影片的内容，再决定是否发出"入台许可证"。④ 60 年代，台湾"新闻局电影检查处"开始收紧规定，严格限制没有加入"自由总会"的香港电影公司、导演、编剧、演员所制作或出演的电影进入台湾。⑤ 凡参与爱国左派电影制作的影

---

① 笔者于香港中文大学对吕大乐教授的访谈（2015 年 1 月 20 日）。

② 何世礼是何东第三子，1906 年生，早年毕业于英国乌烈芝皇家军事学院（Royal Military Academy Woolwich），回国后投身军旅。1949 年何世礼随国民党赴台，历任"国防部"常务次长等职，1998 年病逝于香港。具体经历可参见郑绍泰、黄绍伦《香港将军——何世礼》，香港，三联书店有限公司，2009。

③ 李大超：《对于香港值得重视的问题》（1955 年 2 月 25 日），"严家淦总统文物"，台北"国史馆"藏，档案号：006000000008A。

④ 赵永佳、冼基桦：《两岸三地的政治差异与文化经济的融合——银都在华语电影产业链的角色》，赵永佳、吕大乐、容世诚合编《胸怀祖国：香港"爱国左派"运动》，香港，牛津大学出版社，2014，第 177～178 页。

⑤ 黄爱玲、李培德编《冷战与香港电影》，香港，香港电影资料馆，2009，第 277 页。

人会被 "自由总会" 列入 "黑名单"，相关电影不允许在台湾上映。[①]

而香港的三合会组织，很多亦具有国民党背景。以 "14K" 为例，该组织即洪门 "洪发山忠义堂"，前身为汪精卫伪政权扶植的 "洪门五洲华侨总会西南分会"，位于广州西关宝华路十四号，1945 年由军统特务葛肇煌入驻会址，故当时被称为 "十四号"。葛肇煌将之正名为洪门 "洪发山忠义堂"，但坊间依然称之为 "十四号"。1949 年后，葛肇煌与 "十四号" 的帮众逃至香港，重建社团，被港英政府列为香港 "三合会组织"。"14K" 的主要竞争对手是 "新义安"，直至 20 世纪 90 年代，该组织仍被认为是与国民党关系密切的 "秘密社团"，主要从事贩毒活动，业务已扩展至北美。[②]

六　结语

至 20 世纪 50 年代中期，香港 "右翼社会" 势力大为扩展。1956 年 10 月 10 日，九龙李郑屋邨徙置区港英政府职员拆除为庆祝 "双十节" 而悬挂的徽号，由此引发冲突，香港爆发了战后死亡人数最多的一场社会动乱——"双十暴动"。在短短三四天时间里，这场暴动直接造成 60 人死亡，443 人受伤，超过 6000 人被拘捕，直接财产损失至少 477 万港元。[③] 在暴动中，国民党及其主导下的 "右翼社会" 充分显露出暴戾的一面。[④] 暴动之后，港英政府明显加强了对香港国民党组织和 "右翼社会" 的压制，可以说 "双十暴

[①] 黄爱玲、李培德编《冷战与香港电影》，第 288 页。

[②] 美国政府曾对此有过调查，详见 *Asian Organized Crime*: *Hearing before the Permanent Subcommittee on Investigations of the Committee on Governmental Affairs United State Senate One Hundred Second Congress First Session*, U. S. Government Printing Office, Washington: 1992, p. 93。

[③] 相关数字均引自《九龙及荃湾暴动报告书》（中文版），香港，政府印务局，1956。

[④] "双十暴动" 虽非台湾当局事先有意策划，不过，台湾当局在暴动前，通过香港国民党组织高调鼓动右翼民众庆祝 1956 年 "双十节"，以为蒋介石 "暖寿"，这是暴动发生的重要原因。见《中央心理作战指导会报主席指示事项》（1956 年 4 月至 11 月），"蒋经国总统文物"，台北 "国史馆" 藏，档案号：005000000391A。香港的国民党分子在荃湾地区暴力攻击爱国左派机构，虐杀爱国左派民众。对此，港英政府虽然在事件调查报告书中故意有所回避，但其内部报告是承认这一事实的，见 Minutes by Far Eastern Department, 27th December, 1956, FO 371/120925。

动"是香港"右翼社会"力量达到顶峰后急转直下的转折点。虽然直到
1997 年前后，香港"右翼社会"才算"寿终正寝"，不过，1956 年之后，
其规模、实力和影响已不能与共产党主导的爱国左派社会相提并论。

国民党在香港历经从"革命党"到"右翼社会"的嬗变，既与香港在近
代中国历史中的特殊地位有关，也与香港特殊的社会生态有关。革命往往起
于边缘地带，19 世纪末，孙中山革命思想的酝酿与生发和其在香港接受教育
的经历相关，香港亦成为他招募人马、筹集经费、策划行动、发动宣传、开
展革命活动的重要基地。第一次世界大战结束后，革命浪潮席卷世界，国共
合作、开府广州，国民革命时代的"省港"亦成为两种世界秩序竞存的地缘
政治在东亚的呈现。那时的香港与上海、东京一样，成为革命者川流东亚各
地的重要口岸。国民党建政后，革命色彩褪去，其执政党地位却在香港成为
港英当局的忌惮所在，颇显尴尬。全面抗战爆发后，香港是中国仅存的国际
交通要道之一，共产党充分利用香港的特殊地位开展抗日救亡活动，蓄积干
部、筹募款物。国民党重建港澳总支部却在广东沦陷之后、港英当局强化社
会管控之时，已是姗姗来迟，在与中共的竞逐中显出颓势。

战后一系列的机缘巧合推动了香港社会的演变，从而为各种政治力量
"嵌入"香港社会提供了契机。在冷战背景下，国共两党内化成为香港的
"社会存在"。相较于中国共产党在香港建构的以产业工人为主要力量的、
规模庞大的爱国左派社会，1949 年以后，国民党在香港以南逃的旧政权
军政人员及其眷属为主体，网罗一部分产业工人和商界人士，建构了一个
颇具影响力的"右翼社会"。"右翼社会"形成了一套相对独立运行的
"社会系统"，秉持极具意识形态色彩的身份认同和价值观念。港英当局
之所以能够容忍"右翼社会"的存在，主要在于战后香港民生问题一度
突出，港英政府作为有限，而"地下"的政治力量却衍生出"地上"的
社会功能。国民党在香港从"革命党"到"右翼社会"的嬗变过程，恰
巧亦为香港本身的社会变迁做了一个独特的注脚。这一过程充分呈现了香
港历史和国家历史的连接之处，还蕴含着诸多有待诠释的历史现象。

〔孙扬，南京大学历史学院〕

图书在版编目（CIP）数据

中华民国史青年论坛. 第2辑/李在全，马建标主编
. --北京：社会科学文献出版社，2020.7
ISBN 978 - 7 - 5201 - 6702 - 4

Ⅰ.①中…　Ⅱ.①李…②马…　Ⅲ.①中国历史 - 民
国 - 文集　Ⅳ.①K258.07 - 53

中国版本图书馆 CIP 数据核字（2020）第 088910 号

中华民国史青年论坛（第2辑）

主　　编／李在全　马建标

出 版 人／谢寿光
责任编辑／李期耀
文稿编辑／李蓉蓉

出　　版／社会科学文献出版社·历史学分社（010）59367256
　　　　　　地址：北京市北三环中路甲 29 号院华龙大厦　邮编：100029
　　　　　　网址：www. ssap. com. cn
发　　行／市场营销中心（010）59367081　59367083
印　　装／三河市尚艺印装有限公司

规　　格／开　本：787mm×1092mm　1/16
　　　　　　印　张：23.5　字　数：357 千字
版　　次／2020 年 7 月第 1 版　2020 年 7 月第 1 次印刷
书　　号／ISBN 978 - 7 - 5201 - 6702 - 4
定　　价／128.00 元